BRIEFE VON UND AN

HEGEL

Herausgegeben von

JOHANNES HOFFMEISTER

Vier Bände

FELIX MEINER VERLAG
HAMBURG

BRIEFE VON UND AN
HEGEL

BAND IV, TEIL 2

Nachträge zum Briefwechsel,
Register mit biographischem
Kommentar, Zeittafel

Herausgegeben von
FRIEDHELM NICOLIN

FELIX MEINER VERLAG
HAMBURG

PHILOSOPHISCHE BIBLIOTHEK BAND 238 b

Dritte, völlig neubearbeitete Auflage 1981

CIP-Kurztitelaufnahme der Deutschen Bibliothek

Briefe von und an Hegel : 4. Bd. / hrsg. von
Johannes Hoffmeister. — Hamburg : Meiner.
NE: Hoffmeister, Johannes [Hrsg.]; Hegel, Georg
Wilhelm Friedrich [Mitverf.]; Hegel, Georg
Wilhelm Friedrich: [Sammlung] Briefe von und
an Hegel

Bd. 4 Hrsg. von Friedhelm Nicolin.
Bd. 4, Teil 2. Nachträge zum Briefwechsel,
Register mit biographischem Kommentar, Zeit-
tafel. — 3., völlig neubearb. Aufl. — 1981.
(Philosophische Bibliothek ; Bd. 238b)
ISBN 3—7873—0324—3
NE: Nicolin, Friedhelm [Hrsg.]; GT

Schrift: Cornelia-Antiqua und Baskerville
Satz: himmelheber, Hamburg, und münchner fotoprint, München.
Buchbinderische Verarbeitung: Ladstetter, Hamburg.
Printed in Germany

INHALT

Vorwort VIII

Briefe von und an Hegel
Nachträge

Bern (1793—1796)

Zu 4. Hegel an Stäudlin, 14. XII. 1793 3

Frankfurt (1797—1800)

27a. Unbekannt an Hegel (Fragment), 7. VIII. 1798 .. 4

Bern (1793—1796)

30a. Hegel an die Philosophische Fakultät Jena, 8. VIII. 1801 5
30b. Hegel an Mehmel, vor Mitte August 1801 5
30c. Hegel an Voigt, 16. VIII. 1801 6
30d. Hegel an Voigt, 26. VIII. 1801 7
33a. Ruoff an Hegel, 2. IV. 1802 8
36a. Hegel an die Gebr. Ramann (Fragment), 5. IV. 1803 9
37a. Hegel an Assal (Fragment), nach dem 21. V. 1803 9
37b. Schelling an Hegel, Ende Mai 1803 9
37c. Hegel an Assal, Ende Juni/Anf. Juli 1803 10
Zu 39. „Hegel an Goethe" (stammt nicht von Hegel) 12
43a. Hegel an die Gebr. Ramann, 28. XI. 1803 12
Zu 51. „Hegel an Goethe" (stammt nicht von Hegel) 12
58a. Hegel an die Gebr. Ramann (Regest), 9. I. 1806 .. 12
67a. Hegel an die Gebr. Ramann, 18. VIII. 1806 13

Bamberg (1807—1808)

94a. Hegel an Zellmann, 30. IV. 1807 14
107a. Hegel an Lenz, 17. XI. 1807 14
120a. Hegel an Niethammer, 21. IV. 1808 17

Nürnberg (1808—1816)

195a. Marie v. Tucher an Hegel, Aug./Sept. 1811 23
196a. Hegel an Frau Seebeck, 16. X. 1811 23
223a. Hegel an Döderlein, 3. XI. 1813 25
243a. Hegel an Frommann, 2. XI. 1814 26
Zu 294. Hegel an Christiane Hegel, 28. VIII. 1816 27

Heidelberg (1816—1818)

324a. Hegel an Mohr u. Winter, 20. VIII. 1817 29
324b. Susanne v. Tucher an Hegel, 2. XII. 1817 29

Berlin (1818—1831)

351a. Hegel an Adler, 2. XI. 1818 32
353a. Hegel an Altenstein (?), 30. XII. 1818 32
358a. Hegel an seinen Sohn Karl, 13. VIII. 1819 32
358b. Hegel an seinen Sohn Karl, 29. VIII. 1819 33
363a. Hegel an Triest (Regest), 1819 34
368a. Hegel an die Nicolaische Buchhandlung, 9. VI. 1820 34
371a. Hegel an Boisserée und Bertram, 17. VII. 1820 .. 35
374a. Hegel an Breidenstein, 11. X. 1820 36
Zu 381. Hegel an Goethe, 24. II. 1821 (Entwürfe) 37
406a. Hegel an die Königl. Bibliothek Berlin (?), 10. I. 1822 42
422a. Hegel an v. Henning, 1. VIII. 1822 42
Zu 426. Hegel an Christiane Hegel, 31. VIII. 1822 43
433a. Hegel an Hinrichs, 19. IX. 1822 44
443a. Hegel an die Nicolaische Buchhandlung, 14. II. 1823 45
445a. Hegel an Unbekannt (Fragment), Ende März 1823 46
450a. Hegel an Creuzer, 6. V. 1823 46
465a. Hegel an Ströbel, 20. X. 1823 49
466a. Hegel an Baader, 19. I. 1824 50
466b. Hegel an Teichmann (?), 7. II. 1824 51
466c. Hegel an v. Buttel, 11. II. 1824 52
473a. Hegel an Grüneisen, 26. VI. 1824 52
484a. Hegel an Gustav Asverus, 18. X. 1824 52
486a. Hegel an Gustav Asverus, 8. I. 1825 54
487a. Hegel an Förster (Fragment), 14. III. 1825 56
487b. Hegel an v. Henning (?), 19. III. 1825 56
487c. Hegel an Gustav Asverus, 29. III. 1825 56
502a. Hegel an Abel (Visitenkarte), 16. XII. 1825 59
502b. Hegel an Buttmann, 13. II. 1826 59
505a. Hegel an Rösel (Fragment), 21. III. 1826 59
513a. Hegel an Schall, 12. VI. 1826 59
514a. Hegel an Tholuck, 3. VII. 1826 60
571a. Hegel an Gustav Asverus, 4. I. 1828 62
576a. Hegel an Rosen, 25. III. 1828 63
579a. Zwei Billetts von Hegel, 19. IV./21. IV. 1828 64
582a. Marie Hegel an ihren Mann, Sommer 1828 64
587a. Hegel an Varnhagen, 5. IX. 1828 66
592a. Hegel an Lichtenberg, 5. XII. 1828 66
593a. Hegel an Thiersch, 4. IV. 1828 67
605a. Hegel an v. Meyer, 9. VIII. 1829 67

608a. Hegel an Winter, 27. IX. 1829 69
620a. Hegel an Niethammer (Regest), 29. X. 1829 72
627a. Hegel an Altenstein, 13. I. 1830 73
634a. Hegel an Reimer, 8. IV. 1830 73
634b. Hegel an Reimer (?) (Regest), 25. IV. 1830 74
635a. Hegel an die Nicolaische Buchh. (Fragm.), 3. V. 1830 74
640a. Hegel an Beer, 3. VII. 1830 75
644a. Hegel an Altenstein, 6. VIII. 1830 75
649a. Hegel an Winter, 1. X. 1830 76
650a. Hegel an Reimer, 18. X. 1830 77
651a. Hegel an Baier, 25. X. 1830 77
651b. Hegel an Wohlfahrt, 3. XI. 1830 77
654a. Hegel an Winter, 20. XI. 1830 78
660a. Hegel an Schulze, 14. XII. 1830 79
664a. Hegel an Winter (Regest), 18. I. 1831 80
675a. Philipsborn an Hegel, 8. V. 1831 80
675b. Hegel an v. Beyme, 21. V. 1831 80
679a. Bloch an Hegel, 27. VIII. 1831 82
683a. Hegel an die Nicolaische Buchh. (Fragm.), 29. IX 1831 82

Nicht näher datierbar

695. Hegel an Unbekannt (Regest) 83
696. Hegel an Niethammer (Regest) 83
697. Hegel an Unbekannt 83
698. Hegel an Unbekannt 84
699. Hegel an die Nicolaische Buchhandlung (Fragment) 84
700. Hegel an Wendt 84
701. Magdalena Katharina Rosenberger an Hegel 84

Anmerkungen 89

Personenregister und biographischer Kommentar

Hinweise zum Gebrauch 128
Register (bearbeitet zus. mit Ernst W. Jaskolski) 129

Register der Korrespondenten

Hinweise 308
Register 309

Anhang

Zeittafel zu Hegels Leben und Werk 325
Abkürzungen 331

VORWORT

Mit diesem Halbband, dessen Erscheinen zusammenfällt mit Hegels 150. Todestag, wird die Neubearbeitung des vierten Bandes und damit die gesamte 3. Auflage der *Briefe von und an Hegel* zum Abschluß gebracht.

Bei der Aufteilung des vierten Bandes in zwei Halbbände, die wegen der starken Umfangserweiterung erforderlich geworden war, konnte der erste Teil ganz den Dokumenten und Materialien zu Hegels Biographie gewidmet werden. Für den vorliegenden zweiten Teil verblieben die Edition der nachzutragenden Briefe und das umfangreiche kommentierende Register. Da beides eng auf die übrigen Bände bezogen ist, erleichtert diese Separierung dem Benutzer das Arbeiten mit der Ausgabe.

Die *Nachträge zum Briefwechsel* sind von bisher 34 Stücken auf über 90 Nummern angewachsen. Die hinzugefügten Briefe sind fast alle von Hegel selbst. Es liegt in der Sache begründet, daß Briefe, die an Hegel gerichtet sind, nur noch ausnahmsweise zutagetreten können; sind solche Schreiben nicht in Hegels Nachlaß überliefert und damit längst bekannt, so müssen sie durchweg als verloren gelten.

Die neu aufgefundenen Briefe Hegels sind vielfach schon seit langem durch die Hände der Autographensammler gegangen und erst neuerdings in öffentliche Institute gelangt. Doch gibt es — als Forschungsergebnis oder Zufallsfund — auch Einzelstücke aus Nachlässen und Beständen, die noch nicht systematisch erschlossen waren. Darüber hinaus wird unsere Kenntnis des Hegelschen Briefwechsels immer noch gelegentlich bereichert durch bereits Gedrucktes, das sich an entlegener Stelle findet und erst jüngst in den Blickkreis der Hegelforschung getreten ist (vgl. Br. 94a, 368a, 513a, auch 701).

Überblicken wir die Nachträge im ganzen, so stoßen wir bei dem in dieser Neuauflage Hinzugekommenen einerseits auf Ergänzungen zu Korrespondenzen, die auch bisher

schon ausführlich dokumentiert waren, wie der Briefwechsel Hegels mit Niethammer, Frommann oder dem Heidelberger Verleger Winter. Andererseits tauchen bekannte und weniger bekannte Personen erstmals als Briefpartner Hegels auf: so der Mineraloge Johann Georg Lenz, der Musikwissenschaftler Karl Breidenstein, der Dichter Karl Schall, ein Sohn Georg Christoph Lichtenbergs, der süddeutsche Bildungsreformer Friedrich Wilhelm Thiersch, der Pfarrer Wohlfahrt, der preußische Minister v. Beyme u. a. Eine interessante kleine Gruppe bilden die Briefe, die Hegel 1801 an die Philosophische Fakultät Jena richtete; zusammen mit den im ersten Halbband dargebotenen Dokumenten (vgl. Dok. 62—64) vermitteln sie Einblick in den Vorgang von Hegels Habilitation. Aufmerksamkeit verdienen auch einige Stücke der familiären Korrespondenz: die beiden Briefe Hegels an sein damals sechsjähriges Söhnchen Karl (Br. 358a und b), das besorgte Schreiben von Hegels Schwiegermutter Susanne v. Tucher (Br. 324b) und der Reisebericht Marie Hegels an ihren Mann (Br. 582a). Die Erzählfreudigkeit des letztgenannten Briefes läßt erkennen, welchen Informationsverlust das Fehlen der übrigen Briefe von Hegels Gattin bedeutet. Das gilt nicht nur für ihre Briefe an Hegel selbst, sondern auch für ihre Korrespondenz mit Verwandten, vor allem für die zahlreichen Schreiben an ihre Mutter, von denen wir wissen, die aber nicht erhalten sind.

Die Neubearbeitung des Bandes konnte indessen nicht nur die Brieftexte und die zugehörigen Erläuterungen vermehren, sondern auch einen Beitrag zur Durchklärung des bisherigen Bestandes leisten. Die bereits in der 1. Auflage enthaltenen Texte wurden anhand der angegebenen Quellen nochmals revidiert, die Anmerkungen zu großen Teilen neugefaßt. Die schwer entzifferbaren Entwürfe zu dem an Goethe gerichteten Brief 381, den Goethe für so wichtig hielt, daß er ihn im Rahmen seiner naturwissenschaftlichen Studien veröffentlichte, konnten in erheblich verbesserter Form wiedergegeben werden.[1] Einer der undatierten

[1] Demgegenüber haben wir die wenig ergiebigen Entwurfssplitter zu Brief 432 weggelassen. Solche Lesarten haben ihren Ort in einer historisch-kritischen Gesamtausgabe.

Briefe, die Hegel in einer Prozeßangelegenheit Schellings an den Rechtsanwalt Assal schrieb, konnte zeitlich anders als bisher bestimmt werden (früher Br. 44a, jetzt Br. 37c), was zugleich für die biographische Schellingforschung von Interesse ist. Eine gewichtige Unstimmigkeit im Datum (nämlich 1825 statt 1828) in einem Brief Hegels an Asverus (bisher Br. 486b, nun 571a) mußte nach inhaltlichen Indizien berichtigt und der ganze Brief damit in einen neuen Verständnishorizont gerückt werden. Eine bedeutsame Korrektur ist schließlich die hier begründete Ausscheidung zweier Briefe an Goethe aus den Jahren 1803 und 1804; der Nachweis, daß sie nicht von Hegel stammen (vgl. „Zu 39" und „Zu 51"), beseitigt eine Verzeichnung, die das Bild der ersten Kontakte zwischen Hegel und Goethe geradezu unverständlich machte.

Nicht mehr aufgenommen werden konnten, wegen der schon fortgeschrittenen Registerarbeiten, die vervollständigten Texte der Briefe Sinclairs an Hegel, die Hoffmeister nur gekürzt ediert hat (vgl. Br. 60, 63, 66, 91, 97), die aber inzwischen in ihrem vollen Wortlaut bekanntgemacht wurden.[2] — Sicherlich ist auch weiterhin mit der Auffindung und Mitteilung bisher unbekannter Briefe und Dokumente zu rechnen; Interessenten werden ihre Aufmerksamkeit vor allem auf die jährlich erscheinenden *Hegel-Studien* zu richten haben, die sich solchen Editionen widmen. Dort findet sich auch ein älterer Aufsatz über nachweisliche Verluste aus Hegels Korrespondenz, der immer noch wesentliche Orientierung vermittelt.[3]

Eine besondere Bedeutung kommt dem zweiten Hauptbestandteil dieses Halbbandes zu: dem mit biographischen Kommentaren versehenen *Personenregister*. Es ist daran zu erinnern, daß in den ausführlichen Anmerkungen, die jedem Band unserer Ausgabe beigegeben sind, auf biographische Erläuterungen zu den vorkommenden Personen ganz verzichtet wurde. An die Stelle solcher Einzelanmerkungen,

[2] Vgl. *Sinclairs Briefe an Hegel 1806/07*. Mitgeteilt und erläutert von Chr. Jamme. In: Hegel-Studien. 13 (1978), 17—52.

[3] *G. Nicolin: Verlorenes aus Hegels Briefwechsel.* In: Hegel-Studien. 3 (1965), 79—94.

die zugleich viele hundert Verweisungen nötig gemacht hätten, tritt zusammenfassend das Personenregister mit seinen Kurzbiographien. Auch hier wurde die Fassung der 1. Auflage durchgängig überarbeitet. In vielen Fällen konnten biographische Angaben komplettiert oder berichtigt werden; oft war es möglich, Personen erstmals oder anders als bisher zu identifizieren. Die große Zahl der neu hinzugekommenen Personen stellt nicht nur einen quantitativen Zuwachs dar; das personale Geflecht der Generation Hegels, zu dem dieses Register Zugang eröffnet, erscheint insgesamt dichter und deutlicher. — Erwähnt sei, daß spätere Herausgeber und Autoren von Sekundärliteratur, deren Namen in den Anmerkungen vorkommen, ohne biographische Erläuterung in das Register aufgenommen sind.

Eine Neuerung gegenüber den früheren Auflagen ist das gesonderte *Register der Korrespondenten*. Es enthält die Nummern und Daten der Briefe und macht jeweils kenntlich, ob Hegel Schreiber oder Empfänger eines Briefes ist. So lassen sich die einzelnen Briefwechsel in ihrer Ausdehnung und Entwicklung, mit ihren Schwerpunkten und Unterbrechungen leicht überschauen.

In Rezensionen des ersten Teilbandes wurde u. a. der Wunsch geäußert, dem Registerband möge auch eine *Zeittafel* beigegeben werden, die es ermöglicht, die in Briefen und Dokumenten repräsentierten Ereignisse in den größeren Zusammenhang einzuordnen. Eine solche Zeittafel, die in knapper Form die Stationen von Hegels Leben und Werk dem gleichzeitigen politischen und kulturellen Geschehen gegenüberstellt, bildet den Abschluß dieses Bandes.

Wieder habe ich für mancherlei Hilfe zu danken. Hervorheben darf ich die Unterstützung durch meinen derzeitigen Mitarbeiter *Ernst W. Jaskolski*; sie war so ausdauernd, engagiert und inhaltlich belangvoll, daß ich ihn für das Personenregister samt biographischem Kommentar mit Fug und Recht als Mitverfasser nenne. Viel Zeitaufwand und Sorgfalt hat außerdem Herr *Karl Henkes* der Erstellung des druckfertigen Manuskripts gewidmet.

Ein persönlicher Dank ganz anderer Art sei mir an dieser Stelle ebenfalls erlaubt. Es fügt sich, daß ich diese Vorbemerkungen, wie heute vor vier Jahren das Vorwort zum ersten Teilband, am Geburtstag meiner lieben Frau — *Milly Nicolin geb. Mühlenberg* — niederschreibe. Damals schon sehr krank, ist sie im Sommer 1978 gestorben. Die Vollendung dieser editorischen Arbeit, die mich über Jahre hin beschäftigte, ist mir Anlaß, der unermüdlichen tätigen Anteilnahme meiner Frau an allem, was ich leisten konnte, dankbar zu gedenken.

Bonn, am 20. April 1981 *Friedhelm Nicolin*

BRIEFE VON UND AN HEGEL

NACHTRÄGE

BERN (1793–1796)

Zu 4. STÄUDLIN AN HEGEL *(Fragment)*

Stuttgart, 14. Dezember 1793

[Stäudlin erinnert Hegel an die häufigen gemeinsamen Spaziergänge nach Cannstatt[1], wo sie den Genuß des Weines mit Scherz und Lachen würzten.]

Diese durchlachten Stunden waren so süß, daß ich Ihnen, lieber Hegel, recht herzlichen Dank dafür weiß. Sie sind einer derjenigen Redlichen, die ganz für mich taugen und welche ich eben deswegen immer an meiner Seite haben möchte.

[Weiter ist die Rede von Stäudlins Bedientem Johann, der ihnen durch seine originelle Naivität viel Spaß machte, so daß sie eine gewisse Sorte Witze nach ihm Johannitäten benannten; zum Beispiel:]

Stäudlin: Johann, was ist ein Vers?
Johann: Ein Vers ist, wenn's vornen anfangt und wieder aufhört und dann wieder vornen anfangt. –
Stäudlin: Was macht denn deine Seele nach dem Tode?
Johann: Sie kriegt Flügel und fliegt geradeswegs dem Himmel zu.
Stäudlin: Johann, wenn dein Seelenflügel
Dich dereinst gen Himmel trägt,
Nicht mehr deines Herren Prügel
Staub aus deinem Wamse schlägt;
Wenn dich dann die Engel lehren,
Was ein Vers in Wahrheit sei,
Und erstaunen alle Sphären
Über deine Johannei usw.

FRANKFURT (1797–1800)

27a. UNBEKANNT AN HEGEL (Fragment)

Stuttgart, den 7. Aug. 1798

... So lange übrigens nicht andere Einrichtungen in Absicht auf die Gesetzgebung gemacht sind, kommt bei vielen Landtagen gerade so viel heraus, als wenn in 27 Jahren einmal Einer gehalten wird. Sie sind nicht viel mehr, als eine neue Last für das getäuschte Volk. Auch die Entlassung der Landstände, welche Sie ganz allgemein hingelegt haben, ist eben so nichts weniger, als willkürlich. – Freilich, liebster Freund, ist unser Ansehen tief herabgesunken. Die Sachwalter der großen Nation haben die heiligsten Rechte der Menschheit der Verachtung und dem Hohn unserer Feinde preisgegeben. Ich kenne keine Rache, die ihrem Verbrechen angemessen wäre. Unter diesen Umständen würde auch die Bekanntmachung Ihres Aufsatzes[1] für uns mehr Übel als eine Wohltat sein.

JENA (1801–1807)

30 a. HEGEL AN DIE PHILOSOPHISCHE FAKULTÄT JENA

[*Von fremder Hand:*]
praes. d. 13. Aug. 1801.

Amplissimi Philosophorum Ordinis
Venerande Senior,
ceterique Assessores gravissimi![1]

Cum in illustri hac Academia, philosophiae theoreticae et practicae praelectiones habere in animo mihi sit, vos adeo, Viri amplissimi, ut ab illa, quae vobis est tum potestas, tum benignitas, eam, quae in hunc finem requiritur, facultatem, et quum olim ad philosophiae magistri gradum promotus sim, nunc, quae vocari solet, nostrificationem impetrem.[2]

Amplissimi Viri, Valete.

Jenae
d. VIII. Aug. 1801

Ge. Wilh. Frid. Hegel
Philos. Doctor.

Ad amplissimum
Philosophorum Ordinem
Academiae Jenensis

30 b. HEGEL AN MEHMEL

[Vor Mitte August 1801]

Mit Vergnügen nehme ich Ihre gütige Einladung zu Arbeiten an Ihrem gelehrten Institute[1] an und ersuche Sie daher, mir die Bouterw[ek'sche] Schrift[2] baldmöglichst zu schicken; ich werde Ihrem gütigen Zutrauen zu entsprechen suchen.

Sie wünschen, daß ich einige Schriften, die ich anzeigen möchte, vorschlüge; die jetzige philosophische Literatur bietet wenig eigentlich wissenschaftlich Interessantes dar;

Schellings Schriften ausgenommen; wie Sie selbst am besten wissen. Fichtes sonnenklaren Beweis[3] würde ich als einen unseligen, subjektiven Versuch, die Spekulation zu popula-[ri]sieren, behandeln müssen. Überhaupt wird man wohl genötigt sein, Fichtes und Schellings Sache immer mehr zu trennen, und ich habe dies durch eine Schrift zu befördern versucht[4], die unter der Presse ist und woraus Sie weitere Bekanntschaft mit mir werden machen können. – Sonst sehe ich in den Meßkat[alogen] Rückerts Idealism[us][5], Schulzes Kritik der theor[etischen] Phil[osophie][6], – vielleicht: Über Offenb[arung] und Myth[ologie] als Nachtr[ag] zu Kants Relig[ion][7], was etwa einer weitläufigern Rezens[ion] fähig wäre. Soviel ich mich erinnere, ist Duttenhofer, Versuch[8], schon angezeigt. Wollen Sie mir etwas hievon zuschicken, so werde ich mich mit Vergnügen daran machen.

Ich habe die Ehre zu sein

pp. Hegel.

An

Herrn Professor Mehmel

in

Erlangen

30 c. HEGEL AN VOIGT

[*Von fremder Hand:*]
praes. den 15. August 1801[1]

Wohlgeborner Herr Hofrat!

Ich habe die Ehre, Ihnen hiemit mein Diplom[2], das Sie verlangten, zu schicken.

Was eine Erklärung über die Sicherheit meiner künftigen äußern Subsistenz betrifft, so ist leicht zu erkennen, daß wenn die philosophische Fakultät einerseits die Talente und die von ihnen abhängende Möglichkeit der Subsistenz nicht in Rechnung, als Vermögen, nimmt, sie andererseits auch keine solche Sicherheit versteht, die auf einem von Arbeit unabhängigen, ganz hinreichenden Einkommen beruhte,

sondern Sicherheit gegen eigentliche Not, gegen welche mich teils ein aus einigen tausenden Gulden bestehendes Vermögen[3], teils die Verhältnisse meines Standes in Württemberg[4] schützen.

In Rücksicht auf die Forderung, daß eine Disputation der Erteilung der Erlaubnis zu lesen vorhergehen soll[5] – wovon Sie mir heute die Eröffnung machten, so können Sie selbst urteilen, daß in den zwölf bis vierzehn Tagen, innerhalb welcher die Anzeigen für den Katalog der Prälektionen eingegeben werden müssen, eine Disputation nicht geschrieben, gedruckt, ausgegeben und verteidigt werden kann; aber ich zweifle nicht, daß, wenn ich den größten Teil oder die ganze Dissertation vor diesem Termin eingebe, Sie und die philosophische Fakultät befriedigt sein werden[6]; indem, so wenig ich die Nostrifikation ohne die Erlaubnis zu lesen und die Ankündigung hievon suchen würde, ich ebensowenig, durch Verspätung des Drucks und der Verteidigung der Dissertation, welche alsdenn im Laufe des nächsten Monats geschehen könnte, etwas erreichen würde, da ja die philosophische Fakultät eine Suspension der Erlaubnis in Händen hat.

Wenn Sie, hochzuverehrender Herr Hofrat, diese Vorstellung natürlich finden, so ersuche ich Sie, sie bei der philosophischen Fakultät zu unterstützen, und habe die Ehre zu sein

Ihr

Jena den 16 August 1801

gehorsamer Diener
D. Hegel

30 d. HEGEL AN VOIGT

Wohlgeborner Herr!

Ich wollte mir gestern abend die Freiheit nehmen, Ihnen meine Aufwartung zu machen, um bei Überbringung der Thesen[1] Ihnen anzuzeigen, daß es in Ansehung meines Herrn Respondenten und der Herren Opponenten ganz so geblieben ist, wie ich die Ehre hatte, sie Ihnen zu nennen[2].

Ich überschicke hiemit zugleich meinen Prälektionszettel, und habe darauf gleich die Ordnung bemerkt, wie ich höre, daß es den Statuten der Fakultät gemäß ist, nach der Ordnung der öffentlichen Disputation gesetzt zu werden[3]; und morgen werde ich die Ehre haben, Euer Wohlgeboren, zu der Zeit, die Sie mir bestimmt haben, zu diesem Akte abzuholen. Ich habe die Ehre zu sein, Euer Wohlgeboren

26 August [1801] gehorsamer Diener
D. Hegel

An
Seiner Wohlgeboren
Herrn *Hofrat Voigt*
bei Hause

33a. RUOFF AN HEGEL

Euer Hochwohlehrwürden

verehrliches Schreiben vom 24t Febr.[1] habe ich seinerzeit durch den Herrn Expeditionsrat Günzler erhalten, und dessen Inhalt dem herzoglichen Consistorio vorzutragen nicht ermanglet. Ich habe denselben nun hierauf diejenige Anordnung (auf den Fall, daß solche Ihnen noch nicht bekannt sei) bekannt zu machen, welche seit einiger Zeit allen herzoglichen Stipendiariis, die außer Lands reisen, zur Nachricht und Beobachtung mitgegeben wurde, und welche dahingeht, daß diejenigen, die sich solchergestalten außer Lands begeben, wenigstens ein bis zwei Jahr vor der Zeit, wo ihre Promotion bedienstet zu werden Hoffnung hat, ins Vaterland zurückkehren und sich durch Vikariatsgeschäfte auf ein geistliches Amt vorbereiten sollen, indem man sonsten genötiget sein würde, sie um ein bis zwei Jahre später als die übrigen von ihrer Promotion zu bediensten.[2] — Euer Hochwohlehrwürden kennen übrigens die Stellen, auf die ein herzoglicher Stipendiarius in diesen herzoglichen Landen entweder im Predig- oder im Schul- und Lehramt sich Hoffnung machen kann. Sie kennen auch ohne Zweifel die Forderungen, die man an die Bewerber um eine oder die andere jener Stellen in Absicht sowohl auf Kenntnisse als Ausbildung zu machen bisher gewohnt gewesen ist und machen zu müssen sich verpflichtet und berechtigt glaubt.

Ich zweifle daher ganz und gar nicht, daß Sie diesen Erwartungen seinerzeit zu entsprechen sich werden angelegen sein lassen.

Ich beharre mit vieler Hochachtung

Euer Hochwohlehrwürden

gehorsamer Diener

Konsistorial-Direktor

Ruoff

Stuttgart.

d. 2t. Apr. 1802.

36a. HEGEL AN DIE GEBR. RAMANN (Fragment)

Jena, 5. IV. 1803

Ich überschicke hiemit vier Karolin, da der Abgang der Post mich hindert, die Rechnung zu suchen, um ihren Belauf zu wissen und zu saldieren, und bitte mir einen halben Eimer Erlauer ... aus.

37a. HEGEL AN ASSAL (Fragment)

[Jena, nach dem 21. 5. 1803]

[Mit der Bitte um Übersendung der übrigen Akten und dgl.,] die Prof. Schelling auch ersucht hat, durchzulesen ... Es ist mir diese Durchsicht nötig, um alsdann bei vorkommenden Fällen und weiterem Fortgang der Sache, teils mit Ihnen, nach Prof. Sch[ellings] Wunsche, aus der Sache zu sprechen, teils an Prof. Schelling gehörige Nachricht schikken zu können.

37b. SCHELLING AN HEGEL

[Murrhardt, Ende Mai 1803]

Nur einige Augenblicke bleiben, Dir mit dem rückgehenden Kutscher zu schreiben. Nach einem etwas harten Übergang über den Thüringer Wald haben wir[1] den 3ten Tag glücklich Bamberg erreicht und da zwei äußerst vergnügte Tage zugebracht. Marcus regiert Land' und Leute und hat sich sein zu einer Medizinalschule erhobenes Hospital wieder vortrefflich eingerichtet. Kilian

ist hoffentlich sehr erfreut über seine Anstellung, die viel vorteilhafter ist, als es die von Röschlaub war[2]. Es wäre schön, wenn er nur gleich Jena verlassen und nach Bamberg gehen könnte. Von Bamberg sind wir über Würzburg, wohin wir von Marcus begleitet und wo ein Aufenthalt von 1/2 Tag gemacht wurde, in 3 Tagen hierher nach Murrhardt, in dieses anmutige, grüne waldigte Tal versetzt worden. Das Wetter hat uns trotz der ersten schlimmen Aspekten doch im ganzen begünstigt.

Dein Köfferchen folgt mit größtem Dank von uns beiden zurück.

Sei so gut, meinerseits sämtliche Freunde, insbesondre aber von Mme. Schlegel und mir Frommanns vielfach zu grüßen. Diese werden noch mit einem Auftrag wegen eines zurückgebliebnen Kastens beschwert worden sein. Ist dieser noch nicht abgegangen, so bitte sie, ihn mit Fracht *über Nürnberg* und nicht über Schwäbisch Hall zu schicken.

Karl, der sich vor Freude nicht lassen kann, grüßt Dich: in 14 Tagen wird er Doktor[3].

Leb wohl und schreib mir bald — gerade hierher, aber über Stuttgart

Dein

Schelling.

37 c. HEGEL AN ASSAL

[Ende Juni/Anfang Juli 1803]

P. P.

Ich habe die Ehre, Euer Wohlgeboren die gedoppelte Schrift in Sachen Prof. Schellings zuzuschicken, und mache sehr meine Entschuldigung, daß ich sie so lange habe bei mir liegen lassen; und füge hier die Punkte bei, über die mir eine Bemerkung eingefallen ist und die ich, um Ihnen wenigstens die Aufmerksamkeit zu zeigen, mit der ich Ihre vortreffliche Ausführung gelesen habe, anfüge.

[Zu] Fol. 2 ad II. Hier wünschte Prof. Sch[elling] eine Anführung des Grundes, der Einrückung dieser Rechnung; denn so für sich allein gibt sie nicht zu erkennen, ob Gabler diese Posten als Teile einer größern Schuld abbezahlt hat, oder ob er nicht jedesmal gerade nur so viel schuldig gewesen ist, oder ob diese Bezahlungen nicht Pränumera-

tionen gewesen sind; in welchen beiden Fällen nichts gegen ihn daraus hervorgehen würde.

ibid. pag. seq. Z. 29. *50* rtl. Hier nimmt Prof. Schelling diese höhere Angabe selbst zurück, und 13 Zeilen nachher ist die Summe mit 30 rtlr. erwähnt; die Änderung des obigen ergibt sich aus dieser, die sonst in Widerspruch miteinander stehen würden.

Fol. 4. S. 2. „*Indessen wird dessen Geständnis, – mit der Zeit nicht mehr nötig sein*“, usw.

Dieser Punkt scheint mir besonders wichtig; da der Kläger das Geständnis unmittelbar und offen selbst tut, so kann und muß es akzeptiert werden – wie auch Prof. Schelling bemerkt – und macht die weitere Nachspürung des Bekl[agten] unnötig, noch mehr eine bloß bedingte Akzeptation, auf den Fall, daß solches Negoziieren von dem Bekl[agten] in Erfahrung gebracht werden könne; durch welches bedingtes Annehmen des Geständnisses es vielmehr removiert wird und der Vorteil, der gegen Kläger daraus zu ziehen ist, verloren geht.

– Dies sind die wenigen Dinge, bei denen ich etwas bemerken zu müssen glaubte; da ich heute an Prof. Schelling zu schreiben habe, so ersuche ich Sie, mich im Laufe des Tags, wenn Sie Zeit haben, mit[a]) Wenigem wissen zu lassen, inwiefern Sie besonders über den letzten Punkt in das Verlangen des Prof. Sch[elling], dies Geständnis des Gegners geradezu anzunehmen, eingehen können, damit ich ihm seinem Wunsche gemäß das Nötige darüber schreiben könne, wenn etwa von seiner Disposition abzugehen wäre, an die ich mich zunächst zu halten habe und für mich nicht abstehen kann.

Ich habe die Ehre mit aller Hochachtung zu sein

Euer Wohlgeborn

ergebenster D[iene]r

D. Hegel.

---

[a]) *Hs.:* mich mit

Zu 39. HEGEL AN GOETHE

[Der unter dieser Nummer in Band 1 abgedruckte Brief stammt nicht von Hegel.[1]]

43a. HEGEL AN DIE GEBR. RAMANN

Jena 28. Nov. 1803

Hochgeehrtester Herr!

Mit dem morgenden Postwagen werden sechs Karolins von mir an Sie abgehen. Zugleich ersuche ich Sie, mir einen halben Eimer von dem weißen Franzwein, von dem Sie an Herrn D. Seebeck gegeben haben, zu überschicken; ich ersuche Sie dabei, da er mir einiges davon abgelassen hat und ich ihm es in natura zurückzugeben versprochen, mir wenigstens von gleichguter Qualität, sowie auch sobald als möglich zu übermachen; womit ich mit aller Hochachtung die Ehre habe zu sein

Ihr
gehors. Diener
D. Hegel

An
die Herrn *Gebrüder Ramann*
frei in
Erfurt

Zu 51. HEGEL AN GOETHE

[Der unter dieser Nummer in Band 1 abgedruckte Brief stammt nicht von Hegel.[1]]

58a. HEGEL AN DIE GEBR. RAMANN

Jena, 9. 1. 1806

[Hegel bestellt Wein und bittet, die Sendung möglichst zu beschleunigen, damit sie nicht in den Marsch der Armee, der wie man sagt bevorsteht, fällt.]

67 a. HEGEL AN DIE GEBR. RAMANN

Jena den 18 Aug 1806

Hochgeehrter Herr!

Ich bitte mir wieder, mit nächster Gelegenheit, einen Eimer guten weißen Franzweins zu dem gewöhnlichen Preise und gehörigen Maße aus; außer dem neulich Quittierten habe ich vor einigen Tagen wieder etwas an Mlle Völker abgetragen, und werde nächstens im Stande sein, eine größere Summe zu übermachen[1]; womit ich in aller Hochachtung bin

Hochgeehrter Herr
Ihr
gehorsamer Diener
Prof. Hegel

An
die Herrn Gebrüder *Ramann*
in
Erfurt

BAMBERG (1807–1808)

94 a. HEGEL AN ZELLMANN

Bamberg, 30. April 1807.

Sie werden, wertester Herr, in der Veränderung meines Aufenthaltsortes für diesen Sommer die Entschuldigung dafür finden, daß ich das in Ihrem Schreiben vom 8. dies.[1] gewünschte Testimonium nicht früher geschickt habe; da Sie zugleich darin melden, daß Sie in 14 Tagen von jenem Datum an in Jena sich einfinden werden, so habe ich dieses Testimonium[2] nach Jena adressiert und hoffe, daß es Sie dort treffen wird. Es ist mir leid, daß ich das Vergnügen nicht haben kann, Sie diesen Sommer unter meinen Zuhörern zu sehen, und daß mir diese Aufmunterung bei meinen Geschäften – denn es ist dem Lehrer die größte, für solche Zuhörer zu arbeiten – fehlen wird. Aber die gebietende Gewalt der Umstände hat mich genötigt, diesen Sommer diesem Genusse und dieser Beschäftigung zu entsagen.

Haben Sie sonst an mich eine Bestellung, so wird das Frommannsche Haus sie gern übernehmen; sonst wird es mich freuen, wenn ich von Ihnen selbst Nachrichten erhalte. Ich bin mit aller Hochachtung Ihr gehorsamer Diener

Prof. Hegel.

107 a. HEGEL AN LENZ

Bamberg
den 17. Nov. 1807.

Hochgeehrtester Herr Bergrat!
Teuerster Freund!

Es freut mich, eine Veranlassung zu haben, an Sie zu schreiben, und mich darnach zu erkundigen, wie Sie leben, und wie es mit unsrer lieben Mineralogie[1] geht, deren

Studium ich unter Ihrer Anleitung auf immer liebgewonnen, und kürzlich eine kleine Gelegenheit gefunden habe, es wieder aufzufrischen; was denn auch die Ursache ist, mich mit einer Bitte an Sie zu wenden, mit welcher ich mich freuen würde, Ihnen zugleich eine Gefälligkeit erweisen zu können.

Es befindet sich hier ein angesehener Liebhaber der Mineralogie[2], der dieses Studium erst seit einigen Jahren ergriffen und zum Behufe desselben sich ein Kabinett anzulegen angefangen hat, das zwar schon in manchen Zweigen reichlich versehen ist und selbst einige Prachtstücke enthält, aber noch sehr unvollständig ist. Gegenwärtig arbeitet derselbe daran, es zunächst vollständig zu machen, steht mit vielen Händlern und sonstigen Liebhabern in Verbindung, ist aber, wie das im Anfang immer geht, oft hintergangen und daher itzt etwas mißtrauisch geworden. Ich habe demselben den Vorschlag gemacht, wenn er mir einige Karoline erlauben wollte, so wollte ich an Sie schreiben, und ich zweifle nicht, daß Sie nicht aus Ihrem Kabinette das Fehlende seiner Sammlung, wenigstens in vieler Rücksicht ergänzen könnten, und daß er mit einem Versuche, den ich bei Ihnen darüber machen wollte, sowohl in Ansehung der Qualität als des Preises zufrieden sein werde. Er hat meinen Vorschlag sehr gern angenommen; ich habe die Vollmacht 20 Taler auszusetzen, und zugleich hat mir derselbe seine Liste von Defekten[3], die zu supplieren sind, gegeben, die ich Ihnen hier beilege und um deren Zurücksendung wieder ersuche. Indem ich den Reichtum Ihrer Privatsammlung kenne und weiß, daß Sie in den ausgebreitetsten Verbindungen – wegen des Neuen – stehn, so zweifle ich nicht, daß dies hiesige Privatkabinett nicht die besten Beireicherungen von Ihrer Gefälligkeit erhalten könne; und ich denke, daß Sie ohnehin bei diesen geldschmalen Zeiten geneigt sind, etwas loszuschlagen; da ohnehin bei einem Manne von Ihren Verbindungen es immer mit Mineralien zuströmt. – Meine Bitte besteht also darin, schreiben Sie mir in Bälde, was Sie aus dieser Liste um den Preis von 20 Tlrn überschicken können; ferner was Sie sonst noch, und um welche Preise vorrätig haben. – Vergessen Sie nicht, daß die beigelegte Liste nur das ganz

Fehlende enthält, daß dies Kabinett noch in einer Menge anderer Arten bessere Exemplare bedarf, und daß wenn Ihre Ware zu einem räsonnabeln Preise erfunden wird, – im Verhältnisse zu den Preisen, die wir kennen, sich ein fortdauerndes Geschäfte anknüpfen läßt. – Wenn ich für mich die Bestellung machte, würde ich ohne weiters Sie ersuchen, zusammenzupacken und hieher zu schicken; so aber haben Sie, wie gesagt, die Güte zuerst nur eine Liste der Sendung zu schicken; auf welche, da ich nicht zweifle, daß sie genügend ausfallen wird, denn sogleich die definitive Bestellung der wirklichen Sendung, und nach Empfang derselben ebenso unverweilt die richtige Bezahlung – am besten denke ich durch Pfündel, der immer Geschäfte hier hat – erfolgen soll. – Dies will ich noch erinnern, daß die Exemplare etwa zu 4, 5 Zollen gewünscht werden, sauber, gut konserviert, die Kristallisationen nicht zerstoßen, der Bruch frisch, nicht abgerieben u.s.f. – Auch wissen Sie, daß einem Lehrer oft ein schlechtes, kleines Stückchen von einem neuen Fossil, oder einem, das er nicht in einem bessern Exemplar hat, notwendig ist; in einem Privat-Kabinett wünscht man dagegen mehr, ansehnliche Exemplare zu haben; und verschiebt oft lieber etwas von einem Fossil zu besitzen, wenn das Exemplar nicht ausgezeichnet ist.

Hiemit Gott befohlen; ich ersuche Sie um schleunige Antwort; schreiben Sie, was Sie sonst Hübsches haben; – es soll mich freuen, bald etwas von Ihnen zu hören, und wieder nach langer Unterbrechung, mit Ihnen, teuerster Freund und Lehrer, in einen mineralogischen Verkehr zu kommen, welcher, wie ich hoffe, zu Ihrer Zufriedenheit und Vorteil ausfallen solle. Leben Sie indes wohl

Ihr
ergebenster Freund
und Diener
Prof. Hegel

120 a. HEGEL AN NIETHAMMER

Bamberg, 21. Apr. 1808

Wie sehr bin ich diesmal im Rückstand gegen Sie in unserer Korrespondenz! Ich bin Ihnen, teuerster Freund, auf drei Briefe[1] Antwort schuldig, denn man kann ja Billette für Briefe gelten und noch mehr die Frage dahingestellt oder ganz unaufgeworfen lassen, ob etwa drei Billette einen Brief ausmachen – um so mehr, wenn Billettbriefe mit so reichen Bücherbriefen[2] belegt sind.

Um vom Letzten dieser anzufangen, so sage ich Ihnen hierüber nur erst meinen kurzen vorläufigen Dank. Durchgesehen habe ich Ihre Buchbriefe. Aber sie sind mir zu frisch, als daß ich dem Verfasser von mehr als von der Klarheit der Darstellung, dem festen eindringenden, aus dem Leib geradausgehenden Gange, der den Gegner mitten auf der Brust hält, ihm ebenso gedrängt folgt und ohne Irrlichtern und Herbeiholen jenes Zwars und dieses Auchs und jenes Abers ruhig bei der Klinge bleibt und, was noch ein Geschenk obenein ist, mit Munterkeit und Laune zugleich die bestimmten Begriffe, auf die es ankommt, unterscheidet, durch diese genaue Absonderung die Sache aus der Trübheit, worin sie sich gefällt, bringt und durch diese Klarheit Einsicht und den Sieg gewinnt, – sprechen könnte. Ich irre mich vielleicht nicht, wenn ich den Inhalt nahe mit ihm verwandt betrachte, was die Natur des Elementarunterrichts ausmacht, und in jenem Gegenstand zugleich diesen nach einigen seiner Prinzipien abgehandelt glaube. Doch, wie gesagt, ich wage noch nicht weiter davon zu sagen, da ich weiß, daß ich mich mit dem Inhalte noch nicht vertraut genug gemacht habe. Nur soviel noch, daß, so unbefangen Sie vor dem Publikum und gegen mich gewissermaßen noch unbefangener tun, da Sie mir Klett und das (Gott sei bei uns! †††) Kloster nennen[3], – wir dagegen, d. h. ich und die Bayern, nicht so unbefangen sind und noch was Dahintersteckendes suchen und den Klett und Pasigraphie nur für den Sack, dagegen – hier kann ich aber nicht mehr collective sprechen – andre für etwas anderes halten, das gemeint sei, – und ich für etwas, das auch getroffen ist.

Es ist ein eigenes Talent – und dies ist eine Seite, die

mir darum besonders auffällt, weil ich es nicht zu besitzen glaube, und das ich vornehmlich an den Franzosen in hohem Grade schätze –, einen bestimmten Gegenstand in einem angemessenen Umkreise zu behandeln, der ihn erschöpft und über den doch, ungeachtet alles mit allem zusammenhängt, keine Digressionen hinausschweifen; hierin liegt eine große Schwierigkeit, etwas so weit zu entwickeln, daß die Ausführung mit dem Gegenstand noch verwandt bleibt und daß unerachtet dieser Grenze, welche die Entwicklung hat, und welche eben nur relativ ist, doch keine Unklarheit, d. h. Unzulänglichkeit in der Begründung, bleibt, obgleich die Begründung nicht absolut vollendet sein kann, weil sie sonst die ganze Wissenschaft umfassen müßte. – Es ist das Talent, mit etwas *fertig* zu werden, so daß es zugleich umfaßt ist, und dieses Erschöpfen und zugleich Fertiggewordenzu sein, ist es, was mir an dieser kleinen Schrift beim ersten Ansehen auch so sehr gefallen hat.

Ich statte Ihnen meinen Glückwunsch zur erlangten Würde eines Mitglieds der Akademie ab[4]; ich würde zugleich Bayern glückwünschen und mich über diese erhaltene Ehre im geringsten nicht wundern, wenn ich nicht aus Ihres nunmehrigen Herrn Kollegen, Westenrieders, Gesch[ichte] der Akademie in München[5] jetzt erst gelernt hätte, welche Fülle von Wissenschaft, Gelehrsamkeit und Geschmack seit langer Zeit unter den γηγενεῖς gleichsam zu Hause gewesen ist, so daß sie der Ausländer (gr. βαρβάρων, lat. hostium) sehr wohl entbehren konnten. Ich ersuche Sie, dem Herrn Präsidenten Jacobi meinen verbindlichsten Dank für diese Einsicht zu sagen, die ich durch das freundliche Geschenk seiner Güte erlangt habe; fügen Sie, wenn ich bitten darf, hinzu, daß der Umstand, daß mir dies Geschenk von seiner Hand kommt, demselben einen höchst schätzbaren und für mich selbst rührenden Wert gibt, außerdem, daß seine heitere Absicht, meiner Liebhaberei zu dem Babarischen[5a] Patriotismus eine Ergötzlichkeit zu gewähren, wie Herr Jac[obi] nach Ihrem Briefe sich auszudrücken so gefällig war, auf[s] vollständigste erreicht worden ist.

Ich habe diese Geschichte mit Vergnügen gelesen und daraus ersehen, daß ich mich irrte, wenn ich etwa glaubte, daß z. B. Salat sich durch die Possierlichkeit in seinem Eifer

und Ärger für das Gute und das Vaterland auszeichne. Ich sehe, daß er diese Eigenschaft mit andern teilt, und daß diese Possierlichkeit vielleicht ein bayerischer gout du terroir ist. Ich kann mich nicht enthalten, hier einige Züge auszuheben, die mir besonders aufgefallen sind – auch darum, weil sie vielleicht diesen Ballast gar nicht angesehen haben. Ich fange [an] mit der publizistischen Bemerkung, an die ich dadurch erinnert werde, daß ein solcher Umstand mir hier in der Zeitung von der Zensur nicht passiert würde, wenn es vielleicht auch in München der Fall sein sollte. Herr Westenrieder pflegt zu sagen: *Bayern*, ohne weitere Bestimmung, wenn er nur die Provinz meint. So sehr man noch immer sagt, daß die Buchdruckerkunst in Deutschland erfunden worden, obgleich Straßburg und Mainz itzt zu Frankreich gehören, so bedarf itzt Bayern um viel weniger denn sonst einer Rechtfertigung über das Alter der Existenz von Literatur und Kunst in demselben, da itzt Augsburg, Nürnberg, Ansbach, Ulm, Memmingen u.s.f. dazu gehören, uns Bamberger bescheidnerweise nicht einmal gerechnet. Es ist nicht so unwichtig, daß diese bayrischen γηγενεῖς, wenn sie Bayern sagen, noch immer besonders sich meinen und sich als das herrschende Volk betrachten, – etwa wie lange Zeit, vielleicht noch itzt, die Franzosen in den rheinischen Departementen. Die Logik in dieser Rechtfertigung Bayerns klingt in der Tat oft so, als ob sie nur darum gelten müßte, weil wir γηγενεῖς diese Logik machen. Sehen Sie gleich den Matador unter den Beweisen an! Als nämlich im J. 1750 (Herr Westenr[ieder] mag wohl ein besserer bayrischer Historikus sein, als er die Geschichte der freilich norddeutschen Literatur kennt) und einige Jahre früher, also 48 und 49, auf einmal in Norddeutschl[and] die Liebe zur deutschen Sprache und humanistischen Literatur aufgewacht sei, sei *auch* Bayern nicht zurückgeblieben, sondern von gleicher Liebe ergriffen worden, (Beweis:) wovon der unbeschreibliche Absatz n[ord]deutscher Druckschriften nach den südlichen Ländern zeuge[6]. – Wenn die üppige und heiße Vegetation der Molukken gerühmt und Deutschlands Vegetation dagegen kalt und arm geheißen würde, so können wir entgegnen, daß eine große Menge Pfeffers, Nelken, Muskaten u.s.f. von den Molukken nach Deutsch-

land abgesetzt wird und unsere Pflanzenwelt also nicht gegen die Molukkische zurückbleibe; – item, daß die Literatur des Mittelalters so vortrefflich als je eine war, da damals ja auch Exemplare von Homer, Sophokles, Plato u.s.f. existierten. Gleich geschickt ist die Naivität, durch Anführung einer grämlichen Stelle Wielands[7] aus einem Journ[al] zu beweisen, daß allbereits im J. 1779 (dem Jahr, worin der Nathan[8] erschien und in Norddeutschland sonst eine Regsamkeit herrschte, die bald herrliche Früchte trug) die gute Literatur Norddeutschlands völlig zugrunde gegangen war, und dagegen zu rühmen, daß sich im Gegenteil in Bayern die Literatur im vortrefflichsten Zustand befunden und erhalten habe, *weil* (dies ist ein gutes *weil*) nämlich damals seine, Herrn Westenrieders, bayrische Beiträge zur *nützlichen* und *schönen* Literatur mehr als 700 Subskribenten gehabt haben, und zweitens, weil eine in Amberg angekündigte Übersetzung der Iliade von Stolberg – ohne Zweifel ein Nachdruck – 700 Subskribenten gehabt hat.[9] Über erstere beigetragne nützliche und schöne Literatur habe ich, da ich sie nicht kenne, kein Urteil, nur ein Vorurteil; – besonders, wenn der Herr Graf von Larosée, der im hiesigen Irrenhause ist, es sein sollte, der damals Direktor der ästhetischen Klasse der Akad[emie] war[10]; – was das Zweite betrifft, so zweifle ich nicht, daß nicht Herr Westenr[ieder], wenn er in einer Chronik gefunden, daß Juden einen Diebstahl an Edelsteinen nach Bayern geflüchtet und dort gut an den Mann gebracht haben, dies in seiner bayr[ischen] Geschichte als einen Beweis von der Liebhaberei und dem Flor der Mineralogie in Bayern angeführt haben wird. – Nicht wenig verwundersam war mir auch, von Herrn Westenr[ieder] ehrlich erzählt und eingestanden zu finden, daß von diesen Monumentis boicis, welche ich von bayr[ischen] Akademikern und Nichtakademikern als ein unsterbliches Verdienst der Akad[emie] habe rühmen, herbeiholen und zur Überzeugung habe mitgeben sehen, ein a) norddeutscher, b) protestantischer Gelehrter, Dr. Semler in Halle, gezeigt habe, wie unzuverlässig und höchst mangelhaft diese Sammlung sei. Herr Westenr[ieder] weiß dies Semlern Dank[11], ebenso daß ein anderer mit seiner bayr[ischen] Geschichte nicht besser, wie es

scheint, verfahren ist[12]; Sie sehen darin seine Uneigennützigkeit, Herr Westenr[ieder] gibt sich, gibt seine historische Klasse, gibt vielleicht alle Bäume preis, wenn er nur den Wald, Bayern, erhält. – Die gute Lektion an die protestantischen theologischen Professores, die bezahlt werden, daß sie nicht über die Schnur hauen, und es doch tun[13], werden Sie doch selbst sich bemerkt haben, ich habe sie auch Paulus zu Gemüte geführt. – Ein Land verunglimpfen, *das*, sagt Herr Westenr[ieder], *kann jeder Narr*, aber es rechtfertigen, sehe ich, kann nicht jeder kluge Mann. Auch glaube ich, daß sich die Geschichte einer Akademie überhaupt noch auf eine andere Art schreiben läßt, als in der diese Gesch[ichte] der M[ünchner] Ak[ademie] geschrieben ist. Vielleicht aber ist diese Geschichte eines solchen Geschichtsschreibers würdig; es fehlte somit nur noch die Nutzanwendung, welche diese Übereinstimmung heraushöbe und darlegte.

Doch ich denke, ich habe Ihnen hiemit hinreichend so sehr das Vergnügen an diesem Geschenke als das Interesse an bayer[ischer] Kunst und Wissenschaft und mein Bestreben, mich einzubayern, beurkundet. –

Da mein Billett ein Brief zu werden beginnt, so spreche ich nur noch von der schönen Hoffnung, die Sie gemacht haben, daß wir die beste Frau vielleicht bald hier sehen sollen[14]; ich werde wohl noch diese hinzufügen dürfen, daß Sie wenigstens einen begleitenden oder abholenden Abstecher hieher machen.

Das Inserat vom *Streit* ist besorgt[15]; es ist schon viel gewonnen, wenn die ecclesia pressa zur ecclesia militans erhoben wird; der Schritt von dieser bis zur triumphans soll wohl nicht lange währen, denn ich denke, der Krieg bestehe eigentlich nur darin, daß man diese dickhäutigen[a]) Schemen versichert und durch die Festigkeit der Versicherung zur Überzeugung bringt, daß sie eigentlich gar [nicht] existieren, noch je existiert haben. Diese Überzeugung muß in ihnen nicht so schwer hervorzubringen sein, da ihr ganzes Tun ja nur in dem Lärmen: ich und mein Esel ist auch da! besteht, ein Lärmen, der wohl den Glauben an das letztere hervorbringt, aber eben aus der Angst für die Existenz des

a) *Hs.:* dickhäusigen

ersten herrührt – und bekanntlich, wenn wir nicht objektiv sind, sind wir auch nicht subjektiv, und wer nicht gesehen wird, der ist unsichtbar. –

Leben Sie wohl und erhalten Sie mir ihre Freundschaft, und da Sie mich bereits auf die Diät schriftlicher Billette herabgesetzt haben – so lassen Sie mich wenigstens um die Abreichung solcher bitten,

Ihr

Hgl.

NÜRNBERG (1808–1816)

195 a. MARIE V. TUCHER AN HEGEL

[Aug./Sept. 1811]

Lieber Hegel

Ich überschicke Dir hier gleich selbst den Behälter, weil ich die Schreinerjungen ohnehin holen lassen mußte, um ihn von unserem Boden herunterzuschaffen. Frage sie nur, wieviel sie dafür verlangen. Adieu, Lieber. Mit Freude seh ich dem heutigen Abend entgegen.

Herrn Rektor
Hegel

196 a. HEGEL AN FRAU SEEBECK

Nürnberg, den 16 Okt. 1811

Ich beeile mich, Ihnen, hochgeschätzte Freundin, wegen der Wechselangelegenheit, die Sie mir anvertrauen wollten, sogleich Nachricht zu geben. Ich habe, wie auch Ihr Gedanke war, den Wechsel Herrn Merkel angeboten, der ihn zwar nicht selbst braucht, aber dessen Verkauf besorgen will, so daß Sie darauf zählen können, den Betrag durch den Sonnabend von hier abgehenden Postwagen zu erhalten. Da ich gewiß weiß, daß Herr Merkel dies Geschäft aufs vorteilhafteste besorgt, Sie auch keinen Preis bestimmten noch verlangten, vorher eine Benachrichtigung von dem Preise zu erhalten, so wird das Geschäft unmittelbar abgemacht, und Sie, wie Ihr Wunsch ist, [werden] den Betrag aufs bäldeste empfangen. Herr Merkel konnte mir den nähern Preis noch nicht angeben, und ich Ihnen also denselben nicht zum Voraus berichten; ich bin aber vollkommen versichert, daß er so vorteilhaft sein wird, als es nur möglich ist.

Es hat mich zugleich sehr gefreut, durch diese Veranlassung von Ihnen und Ihren lieben Kindern, sowie von See-

beck Nachricht erhalten zu haben. Ich nehme an Ihrer gegenwärtigen Lage den größten Anteil; es ist aber nicht die Entfernung Seebecks[1], auch nicht die Kriegsgerüchte, die seit längerer Zeit im Umlauf waren[2], was Sie dabei am meisten bekümmern wird; – an seine Entfernung auf Reisen sind Sie längst gewohnt, um sie mit weniger sorglicher Unruhe zu ertragen, – und was jene Gerüchte betrifft, so dürfen Sie einem alten Politikus, für den Sie mich noch kennen werden, glauben, daß zwar keine förmliche Gewißheit über Erhaltung des Friedens vorhanden ist, – da natürlich das Publikum von derlei nicht näher unterrichtet ist, – daß aber wenig Wahrscheinlichkeit und kein Anschein gegenwärtig zum Ausbruch eines Krieges sich zeigt, – daß sich im Gegenteil seit einem Monat die Aussicht[en] sehr verbessert und aufgehellt haben.

Aber die jetzige Reise Seebecks soll, hoffe ich, die Frage über Ihren künftigen Aufenthalt zur Entscheidung bringen; ich habe ihm sehr zugesprochen, dies nicht länger in der Unentschiedenheit zu lassen und seine Verhältnisse in seinem Vaterlande für diesen Zweck zu bestimmen. Seine Konnexionen in Petersburg machen den jetzigen Zeitpunkt dafür sehr vorteilhaft. Ich wünsche aufs höchste, daß diese Entscheidung für Sie erwünscht ausfallen möge; ich bin bei diesem Wunsche nicht uneigennützig, denn es würde mir für mein künftiges Leben nichts so interessant und erfreulich sein, als wenn das Schicksal mich mit Seebeck wieder zusammenführte und wir fernerhin in der Gemeinschaft wissenschaftlichen Bestrebens zusammenleben könnten. Es hat mich gefreut, ihn entschlossen gefunden [zu] haben, sich in bestimmte Verhältnisse zu begeben; seine Konnexionen in Rußland eröffnen ihm vielleicht sehr günstige, und die andern Rücksichten bewegen ihn zur Annahme; ich weiß, Sie sind, wenn es sein muß, auch dazu entschlossen. Ich wünsche freilich, auch ohne Rücksicht auf mich, daß es ihm möglich wird, ohne zu große Aufopferungen sich für den Aufenthalt in Deutschland zu entscheiden.[3]

Die Teilnahme, die Sie mir an der Veränderung meiner Verhältnisse bezeugen, hat mich sehr gerührt; meine Trauung hat bereits den 15. vor. Mon. stattgehabt, und ich bin schon ein monatlicher Ehemann. Ich habe meiner Frau

schon früher und öfter von Ihnen erzählt und immer den Wunsch dabei geäußert, daß wir Ihr Familienglück erreichen. Eine liebevolle Frau ist sie bereits und, so Gott will, einst auch eine glückliche Mutter. Seebeck hat mir so viel Liebes mit inniger Freude von dem schönen Aufwachsen und den Fortschritten Ihrer Kinder erzählt, daß ich von keinem schönern Troste sprechen kann als von dem, den Sie in ihnen finden. Ich bitte Sie, dieselben in meinem Namen recht herzlich zu grüßen; wie soll es mich freuen, diesen schönen Kreis wiederzusehen, und zugleich meine Frau mit demselben und mit Ihnen bekannt zu machen. Ich empfehle sie Ihnen, und sie läßt sich Ihnen gleichfalls empfehlen, — besonders auf die Hoffnung, daß wir einst noch zusammentreffen; es hat mich sehr gefreut, daß auch Sie diesen Wunsch bezeugen.

Geben Sie mir recht bald wieder Gelegenheit, etwas für Sie zu besorgen; ich werde mir jeden Auftrag aufs Beste angelegen sein lassen. Ich hoffe durch eine solche Veranlassung auch wieder Nachricht von Ihnen zu erhalten. Schreiben Sie an Ihren Herrn Gemahl, so vergessen Sie nicht, ihn auch an meinen Wunsch zu erinnern, daß wir einander auch örtlich nahe bleiben. Ich empfehle mich, verehrteste Freundin, Ihrem fernern gütigen Andenken und bin mit vollkommner Hochachtung

Ihr
ergebenster Hegel

223 a. HEGEL AN DÖDERLEIN

Nürnberg d. 3 Nov 1813

Wie leid es mir getan hat, liebster Ludwig, daß ich gestern abend nicht zu Hause war, kann ich Ihnen nicht sagen. Kommen Sie aber desto bälder von Erlangen herüber[1], mich zu besuchen; sehen Sie Nürnberg und mein Haus einstweilen für Ihre nähere Heimat an, wo Sie ein stehendes Quartier haben. Da Sie gestern nur ein paar Stunden hier bleiben wollten, so tröste ich mich über meine Abwesenheit damit, daß diese Zeit nicht hingereicht hätte, alles Erzählenswerte von Ihnen zu hören. Kommen Sie aber um so

bälder; wie wäre es, wenn Sie nächsten Sonnabend und Sonntag hieher kämen? Was kann Sie abhalten? Sie gehen zu Fuß oder mit Gelegenheit in Gesellschaft zu Wagen; es findet sich an diesen Tagen gewöhnlich Gelegenheit. – Der Inhalt des kurzen Billetts von Ihrem Herrn Vater[2] ist mir sehr erfreulich gewesen; – aber Sie können mir ohne Zweifel noch vieles darüber sagen. – Leben Sie indes wohl.

Ihr

Hegel

Ich adressiere dies Billett an Herrn Hofrat Groß, wo ich nicht zweifle, daß es Ihnen zu Hand kommen wird; empfehlen Sie mich demselben gehorsamst.

243 a. HEGEL AN FROMMANN

Nbg 2/11 14.

Teuerster Freund!

Herr Schrag hat mir seit Ihrem letzten vom 7., erh[alten] den 13. vor M.[1] zugesagt, 109 [f] an Sie auszahlen zu lassen; ich hoffe, daß dies, wie ich ihn aufforderte, noch während Ihrer Anwesenheit in Leipzig effektuiert worden ist. Einige zufällige Umstände haben den Abgang des Rests von 102 f, die ich hiemit übermache, aufgehalten.

Den Ballen mit den Exempl[aren] des ersten Teils des griech[ischen] Lexikons[2] habe ich erhalten; die Ansicht, die ich vorläufig von der Ausführung genommen, zeigt sie als sehr befriedigend, in passendem Verhältnisse der Ausbreitung und der ganzen innern u. äußern Einrichtung. Das jedem Auffallende muß der Preis für das sein, was geliefert wird; das Alphabet scheint auf 18–20 Gr. zu kommen, was für solchen Druck gewiß sehr wohlfeil ist.

Ich mache auch meinen ergebensten Dank für die Beilagen; Döring[3] wünsche ich zu einem mehrern Gebrauch empfehlen und bringen zu können, als bisher von ihm gemacht worden ist. – Zur Griesbachischen Auktion[4] erlauben Sie mir, noch Aufträge zu geben; ich bediene mich dieser Gefälligkeit; anliegendes Blättchen enthält solche von einem

Freunde u. von mir. Daß die Auktion gut gehe, heißt frei-l[ich,] daß die Bücher hoch hinaufgetrieben werden, und so möchten wir nicht sehr viele erhalten.

Meine Frau ist vor 5 Wochen von einem Knaben entbunden worden[5], der sich sehr wohl befindet; die Frau jedoch hat das Bette noch nicht verlassen, wegen langsamer Rückkehr der Kräfte; sie mußte durch den Arzt accouchiert werden; doch übrigens fehlt ihr nichts. – Von Louis[6] versprechen Sie mir bald weitere Nachrichten; grüßen Sie ihn indes herzl[ich] von mir und meiner Frau; ebenso insbesondere Mde Bohn u. Ihre Frau Gemahlin. Bei Knebels bitte ich gleichfalls meine Empfehlungen zu machen; es ist lange, daß er hier nichts von sich hat hören lassen. – Seebecks sind recht wohlauf – Justizrat Hufeland war mit seiner Frau u. Sohn vor einigen Wochen hier; sie sind recht munter; sie ist stärker als in Jena. Oken hat sich, wie wir hören, verheiratet, doch wissen wir nicht, ob wirkl[ich] mit Mlle Stark[7]. – Statten Sie ihm gefälligst meinen Glückwunsch ab.

Leben Sie recht wohl,

Ihr
aufrichtiger
Hgl

Haben Sie die Gefälligkeit, den beiliegenden Brief nach Berlin zu bestellen u. mir das Porto zu verrechnen.[8]

Zu 294. HEGEL AN CHRISTIANE HEGEL

Nürnberg
den 28 Aug. 1816

Liebe Christiane!

Dir weitläufig zu erzählen, warum ich Dir solange nicht geschrieben habe, würde zu nichts führen; denn daß es nicht Gleichgültigkeit gegen Dich war, wirst Du voraussetzen. Eine vierteljährige Krankheit meiner Frau, daneben eine ununterbrochene schriftstellerische Arbeit[1] neben meinen andern Geschäften verboten mir an irgend etwas anderes

zu denken; und neuerlich, wo meinem Schicksal eine andere Wendung bevorstand, wollte ich den Erfolg abwarten, und da dieser itzt entschieden, benachrichtige ich Dich sogleich davon. Vor einigen Wochen erhielt ich einen Ruf nach Heidelberg[2], und vor etlichen Tagen nach Berlin[3], jener war aber schon berichtigt und nach erhaltner Zugestehung meiner Forderungen meine Erklärung abgegangen[4]; wegen des zweiten habe ich also heute dem preußischen Ministerium verneinend schreiben müssen[5]. Diesen Herbst ziehe ich also mit Frau und Kindern nach Heidelberg, Du kannst nicht glauben, wie glücklich ich mich dadurch fühle; wenn nur meine Frau immer gesund bleibt, die Dich herzlich grüßen läßt; von Dir hoffe ich ein gleiches zu hören; meine Kinder sind wohl auf; Karl holt mich alle Tage von oben zum Essen und bemerkt gewöhnlich in der Stube, die du bewohntest: Tantele ist verreist.[6]

Grüße den Vetter Dekan[7] herzlich; nächstens mehr; morgen haben wir Preisverteilung[8]

Dein
Wilhelm H.

An
Mademoiselle Christiane
Hegel
in
Aalen
frei im Württembergischen

HEIDELBERG (1816–1818)

324 a. HEGEL AN MOHR UND WINTER

Ich habe den Auftrag von Herrn *Prof. Döderlein* in *Bern,* Sie zu veranlassen, ihm

Benedicti Commentarii Critici in Thucydidem[1]

Bredows Bemerkungen zu seiner Übersetzung des Thucydides[2], die einzeln erschienen sind, als Rezensionsexemplare, ferner

n. 41. der Heid. Jahrb. von 1815. S. 641 ff.[3]

u. die Schlegelsche Rezension der Niebuhrschen röm. Geschichte aus denselben[4], — gegen spätere Abrechnung, durch Buchhändler-Gelegenheit an Sauerlaender in Aarau oder Jenny in Bern zu übersenden.

Prof. Hegel $\frac{20}{8}$ [1817]

Die Marxische Rezension kann freil[ich] n[ich]t [au]fgenommen werden.

324 b. SUSANNE VON TUCHER AN HEGEL

Nürnberg, den 2. Dezbr. 1817.

Die Nachricht, welche Sie, verehrter Freund, mir von dem traurigen Ereignis, das unsre gute Marie betroffen hat, gegeben haben,[1] war mir allerdings sehr schmerzlich, doch haben wir Ursache, Gott zu danken, daß es so glücklich für den ersten Augenblick wenigstens vorüberging, der Himmel gebe, daß ich ferner so tröstliche Nachrichten über das Befinden meiner guten Marie bekommen möge. Ich hoffe, Sie werden, lieber Freund, Mittel gefunden haben, die Heidelberger Bekannten und teilnehmenden Freunde so in Respekt zu setzen, wie wir es hier getan haben, um Marie in der Ruhe zu lassen, die zu ihrer Erholung so sehr nötig ist.

Auch ich fühle in diesem Augenblick schmerzlich meine Trennung von Ihnen, inzwischen bin ich in der Erinnerung an Ihre

sorgfältige und liebende Teilnahme ebenso beruhigt, als in dem Zutrauen, welches meine gute Marie und Sie Herrn Hofrat Nägele zu schenken gewiß Ursache haben.

In der nämlichen Stunde, wo ich Ihren Brief erhielt, war vielleicht der meinige abgegangen, in welchem ich Marie gebeten hatte, mir zu schreiben, was sie wohl mit der Weihnachtskiste, welche ich den 15ten abschicken wollte, noch zu bestellen hätte; ich überlasse es inzwischen Ihrem Ermessen und Ihrer Bestimmung, lieber Freund, ob die Kiste bis dorthin schon oder 8 Tage später abgeschickt werden soll, damit ich nicht durch die Unruhe, welche die Ankunft und das Auspacken der Sachen meiner guten Marie, wie ich im voraus weiß, machen werden, mehr Leid als Freude in das Haus bringe. Ich weiß, daß man nicht vorsichtig genug mit ihr sein kann. Mlle Thérèse oder Gottlieb[2] wird mir wohl Ihre Willensmeinung hierüber kundtun.

Daß Sie mir von Gottlieb soviel Gutes zu sagen wissen, ist mir eine große Beruhigung, welche mir sehr notgetan hat, weil ich in seinem langen Stillschweigen eine Nachlässigkeit zu finden glaubte, welche ich fürchtete von seinem ganzen Tun und Lassen übergegangen sein möchte. Dem Himmel sei Dank, wenn es nicht so ist, und sein Bestreben recht ernst und daurend bleibt. Wo könnte er besser sein als bei Ihnen, verehrter Freund. Von Herzen bin ich es überzeugt, daß er unter keiner bessern und sichrern Leitung stehen könnte. Sie sind ein zu entschiedener Freund alles Guten, und alles dessen, was zum Guten führt, als daß ich mich nicht der vollen Überzeugung hingeben sollte, daß Sie auch an Gottlieb das Gute fördern werden, soviel an Ihnen liegt, und das dient mir zur großen Beruhigung und Trost!

Wäre nicht so manches *wenn* und *aber*, so wollte ich recht sehr wünschen, Fritz[3] wäre noch bei Ihnen. In diesem Augenblick wäre sie vielleicht imstande, ihrer Schwester nützlich zu sein und das viele Gute, das sie bei Ihnen empfangen hat, nur einigermaßen zurückzugeben. Sie ist noch immer glücklich in der Erinnerung, was mich aber so sehr freut, sie ist noch nicht einen Augenblick verdrießlich gewesen, daß sie hier und nicht dort ist. Manche frohe Stunde hat sie mir durch die Erzählungen von meinen guten Kindern gemacht, Karls ernstes ordentliches Wesen, Immanuels launigte Einfälle und Lustigkeit machen mir viel Freude und berechtigen uns zu schönen Hoffnungen, wenn der Himmel ferner seinen Segen und Gedeihen gibt, was ich hoffe und Ihnen von Herzen wünsche.

Meine Kinder empfehlen sich Ihnen bestens; meine gute Marie, meine lieben Kinder umarme ich von Herzen, wenn sie recht brav und ruhig sind, so wird ihnen die Weihnachtskiste gute und

schöne Sachen von der Großmutter aus Nürnberg bringen. Gottlieb grüße ich herzlich. Ich bitte Sie, mir recht oft Nachricht von meiner guten Marie erteilen zu lassen. Leben Sie inzwischen so wohl, als ich es Ihnen immer wünsche.

v. Tucher

Die Wartburger Versammlung[4] wird im Korrespondenten so oft und viel und so gehässig besprochen, daß ich mir recht sehr die Erlaubnis wünschte, den schönen Brief der Frau Präsidentin Schwendler darin aufnehmen zu lassen. Er ist so ganz in dem schönen natürlichen religiösen Sinn geschrieben, aus welchem die ganze Feierlichkeit hervorging, und was von Herzen geht, geht so gerne wieder zu Herzen. Geben Sie einen gefälligen Wink hierüber.

351a. HEGEL AN ADLER

Trotz alles Suchens habe ich das Exemplar der Enzykl[opädie][1] nicht vollständig zusammenbringen können; ich habe aber nun die Bestellung gemacht, daß ich morgen oder in 8 Tagen eines komplett erhalte, welches ich Ihnen dann sogleich, als ein Andenken von mir, zustellen lassen werde.

Hegel $\frac{2}{11}$ 18

Herrn
Dr. Adler,
auf dem Schiffbauerdamm n. 22
hieselbst

353a. HEGEL AN ALTENSTEIN (?)

In meiner am 21. dieses gemachten gehorsamsten Eingabe[1] war der Erlaß des Senats an mich vom 16. dieses als *beiliegend* bezeichnet, den ich aber soeben noch unter meinen Papieren vorfinde; ich nehme mir daher die Freiheit, diese Nachlässigkeit zu verbessern und den Senatsschluß hiemit nachträglich anzuschließen.

Euer Exzellenz
untertänigster
Hegel, Prof. p. o.
der Philosophie

Berlin den 30. Dez.
1818

358a. HEGEL AN SEINEN SOHN KARL

Berlin den 13ten Aug. 1819

Mein lieber Sohn!

Es hat mich gefreut, von Dir einen Brief aus Neustadt zu bekommen, der recht ordentlich geschrieben ist. Wenn

ich nach Neustadt [komme,] mußt Du mir die zwei Mühlen auch zeigen, die Du gesehen hast; ich weiß aber noch nicht genau, wann ich kommen werde.[1]

An des Königs Geburtstag haben wir eben nichts Besonderes gehabt, außer einer Rede im Universitäts-Saal, welche Herr Professor Böckh gehalten hat.[2] Abends ist wohl ein Feuerwerk gewesen, das ich aber nicht gesehen habe; wenn Du und Deine Brüder und die Mutter hier gewesen wären, so wäre ich wohl mit Euch hinausgegangen.

Da Du in Neustadt nicht in die Schule gehst, so lerne bei der Mutter desto fleißiger, damit Herr Blenz sieht, daß Du nicht zurück im Lernen gekommen bist.[3] Lebe nun wohl, mein lieber Sohn, und grüße den Manuel.

Dein Vater Professor

An
meinen Sohn
Karl Hegel

358 b. HEGEL AN SEINEN SOHN KARL

Berlin den 29 Aug. 1819

Mein lieber Karl!

Ich danke Dir recht herzlich für die schöne gemalten Blumen, die Du selbst gemacht und mir zum Geburtstag geschickt hast. Es freut die Eltern an ihrem Geburtstag am meisten, wenn sie sehen, daß ihre Kinder sie lieb haben, und schon selbst etwas Schönes machen können, sowie, daß sie brav, fleißig und folgsam sind. Bleibe dies immer, so werde ich Dich auch immer recht lieb haben. Auch so schöne Blumen und gar noch Kirschen und Trauben und anderes mehr habt Ihr mir geschickt; ich wollte nur, Ihr wärt dabei gewesen und hättet mit essen helfen; mit der Melone sind wir noch nicht fertig worden. Die Mutter wird Euch aber auch Schokolade und anderes an meinem Geburtstag gegeben haben.

Du fragst mich in Deinem Briefe, ob ich nicht bald komme. – Ich wäre wohl schon bei Euch, aber die Mutter schreibt mir, daß sie länger baden muß, als ich geglaubt,

und ich will erst kommen, um Euch abzuholen, und da wollen wir noch eine Reise zusammen machen und wohl das Meer sehen und auf dem Meer schiffen.[1]

Englische Reuter[2] sind w[ohl] auch hier, der Ludwig hat sie gesehen, aber so geschickte Hasen und Hirsche sind nicht dabei, als bei euch. Weil Du mir so was Schönes gemalt, schicke ich Dir ein paar Bilderbogen, einer davon ist für Manuel, und auch Trauben für die Mutter und für Euch beide.

Nun lebe wohl, lieber Karl

Dein Vater
Prof. Hegel

Grüße den Manuel und ich lasse ihm für das Bildchen, das wohl von ihm war, danken.

An
meinen Sohn
Karl Hegel

363 a. HEGEL AN TRIEST

Berlin [. . .] 1819

[Hegel reklamiert den fehlenden Bogen 4 in einem Exemplar des ersten Bandes von Müllers Allgemeiner Geschichte.[1]]

368 a. HEGEL AN DIE NICOLAISCHE BUCHHANDLUNG

Ich übersende hiemit einen Pack M[anu]s[krip]t – die eine Hälfte (oder etwas darüber) für die Zensur, mit dem Ersuchen jedoch, den Druck nicht anfangen zu lassen, bis auch der Rest, den ich bald nachsenden werde, aus der Zensur zurück ist.[1]

Hochachtungsvollst

Hegel $\frac{9}{6}$ 20

371a. HEGEL AN BOISSERÉE UND BERTRAM

Berlin 17 Jul. 20

Ich kann mein[en] werten Freund, Herrn Justizrat Krause, nicht nach Stuttgart reisen sehen, ohne ihm ein paar Zeilen an das freundliche, brüderliche Kleeblatt mitzugeben. Daß er bei Ihnen gut aufgenommen sein wird, darum brauche ich Sie nicht besonders zu bitten, denn Ihre Gefälligkeit kommt für sich der Vortrefflichkeit der Dinge, die bei Ihnen zu sehen sind, gleich; aber ich werde Ihre Gefälligkeit gegen ihn und seine zwei (sehr schön singende – sie können Ihnen unter anderem von Goethes *Faust* komponiert vom Fürsten Radziwill erzählen[1] – vielleicht gar daraus singen) Begleiterinnen[2] als eine Güte gegen mich ansehen. Vornehmlich sollen also diese Zeilen ein freundlicher Gruß an Sie sein, mein Andenken bei Ihnen aufzufrischen. Von unserem hiesigen Zustand kann Ihnen Herr Krause gleichfalls Auskunft geben, wenn Sie davon hören wollen; wir haben seit Jahr und Tagen mancherlei von uns herkommen lassen, was draußen so oder anders mag ausgesehen haben; hier sehen wir nach den ersten Schreckschüssen, wie es ja auch im alten deutschen Reiche hergebracht war, und eigentlich so ziemlich überall geschieht, die Sache sich bald wieder ins alte Geleis der Mildigkeit setzen; und da, wie Sie wissen, das Verkleinerungsglas kleinerer Städte die Wirkung hat, entfernte Dinge, die man in den Zeitungen liest, als uns nahe, ja sehr viel angehend vorzustellen, u. ebendamit sie kollosal zu machen, der Gesichtskreis einer großen Stadt aber sie in ein entfernteres und ebendamit das Individuum sich in ein richtigeres Verhältnis zu ihm stellt, so weist dieses auch sein Interesse weit ruhiger auf seinen Wirkungskreis an, und für diesen habe ich so auf hiesigem Terrain stärkere Aufregungen[3] gefunden, als ich sonstwo gehabt hätte. Die nächste Zugabe für unsereinen ist dabei, daß für wissenschaftliche Zwecke, Sammlungen, Kunst wohl nirgend so viel aufgewendet wird als hier; die Finanzen in feste Ordnung bringen und Sparen, Sparen ist freilich itzt als Basis festgestellt, aber im genannten Kreise ist kein Abbruch zu spüren.

Daß es Ihnen in Stuttg[art] recht gut geht, daß Ihre Sammlung die gehörige Ehre der Aufstellung erhalten, habe

ich häufig mit Vergnügen gehört.[4] Von Ihren schriftstellerischen Arbeiten hoffe ich bald auch zu hören, so wie ohnehin von Ihrem Kunstwerk wohl bald das Ganze zu sehen sein wird. Meinen und so vieler alten Wunsch will ich nicht wiederkäuen und füge nur den ebenso alten hinzu, in Ihrem freundschaftlichen Andenken zu bleiben; leben Sie recht wohl und vergnügt,

Ihr
Hegel

An
die Herrn Boisserée und Bertram
in
Stuttgart

374a. HEGEL AN BREIDENSTEIN

Berlin den 11 Okt. 1820

Besser später als gar nicht, dies ist der erste Gedanke, den ich habe, indem ich mich an die Beantwortung Ihres Briefes[1], wertester Herr, der schon vor 6 Wochen geschrieben, mache; eine Herbstreise, von der ich erst vor kurzem zurückgekommen[2], hat es so sehr verspätet, daß es mir in die Hand gekommen, und dann hat mich die Aufsuchung meiner Heidelb[erger] Kollegien-Listen noch in Ungewißheit gelassen, welcher meiner Vorlesungen Sie angewohnt; ich finde Sie nur auf der Liste der Vorl[esung] über die Enzykl[opädie] der Philos[ophie] im Wintersemester 1816/17[3]. Von Herzen gern habe ich beikommendes Zeugnis ausgestellt und wünsche von meiner Seite etwas zur Beförderung Ihres Wunsches beitragen zu können.[4]

Ihr freundschaftliches Andenken und fortwährendes Interesse an der Philosophie, das ich aus Ihrem geneigten Schreiben gesehen, hat mir viel Vergnügen gemacht, und

sehr freuen wird es mich, weiter von Ihrem Wohlergehen zu vernehmen; indes ein herzliches Lebewohl

von

Ihrem Prof. Hegel

An
Herrn Carl Breidenstein
in
Homburg
vor der Höhe

Zu 381. HEGEL AN GOETHE

Aus Entwurf I

[*Am oberen Rande:*] Gen. Helwig, Versuche –[1]
– in anderer Gestalt an dasselbe

Damit arbeiten d[ie] Phys[iker], sowie jede andere Wissenschaft, der Philosophie in die Hände, – denn das konzentrierte Außenleben unserer Idee, die wir zugleich als das Allg[emein]e wissen, haben wir bis dahin in Glieder ausschlagen zu lassen, in die Wissenschaft, wo diese Glieder wieder die Anfänge werden, die insofern die Urphänome werden. – Das Übrige können wir für uns nicht brauchen.

In Ansehung des Anblicks der Vers[uche] selbst könnte ich nichts so sehr wünschen, als dieselbe[n] unter Ihrem Vorzeigen durchloffen zu haben, – eine Gunst, um die ich in Jahr und Tag etwa einmal zu bitten wagen würde; – vor der Hand begnüge ich mich – indem hier nicht Sehen und doch Glauben keine weitere Anstrengung und Aufopferung erfodert – mit dem Allgem[einen] der Resultate – worunter ich des Gedankens nicht genug habe freuen *(?)* können – nämlich was ich, wie ich glaube, von E. E. bewerkstelligt zu sehen hoffte, nämlich die innere Wirkungsweise des Kalkspats durch eine äußerliche mechanische Vorrichtung nachgeahmt und dargestellt zu sehen, – hier in Ans[ehung] des Wechsels der Hellung und Verdunkelung, nun bereits – eben in dem entoptischen Apparat – bereits als bewerk-

stelligt gezeigt wird. Was hier des[a]) äußeren entg[egengesetzten] Scheins bedarf – dies Formelle ist hier innere Natur. Dies, E. E., ist einer der schönsten Griffe, die getan werden konnten, – ein tiefer Griff.

Solches Gegenbild von Begr[iff] und Realität, wie wir es heißen würden, – es kann unsereinem nichts darüber gehen; – hier Seele, dort leiblich, mechanisch auseinandergehalten und bedingt –.

Ich höre, es ist viel Lärmens unter die Physiker gekommen durch Versuche von Oerstedt – Verh[ältnis] von Magn[etismus] und Elektr[izität] oder Galvan[ismus][2] –, was in letzterm auseinandertritt – im Zus[ammen] und Durchdringen magn[etischer] Weise Wirkung wird – ich sehe dasselbe darin

Magn[etismus] als Subj[ekt], das als Seele d[ie] Entg[egengesetzten] – Extreme – in seiner Kraft in Eins zusammenzuhalten vermag. – Elektr[izität,] Galv[anismus] Gegensätze, die sich nur entlassen oder in der Entladung in den momentanen Funken sich indifferentiieren und erlöschen, – zu ▽ werden[3] – oder gem[eines] Glas

– itzt, soviel ich nämlich ganz aus den gemeinsten Zeitungen habe mir vermerken können – im *perennierenden* Sichdurchdringen der Extreme – in *geschlossener* Kette – wieder aufgezeigt, als hervorgebracht – eben jene Seele, den Magnet[ismus] – itzt glauben an naturphilos[ophischen] Begr[iff] des Magnet[ismus] – So E. E.

die am spröden Glase durch äußerlichen Gegensatz des Schein[s] bewirkte Umwandlung des hellen und dunklen Kreuzes – itzt als Seele –

Was im Magnet[ismus] als Seele ist – daß es in Galv[anismus] und Elektr[izität] – als Pole im präz[isen] Sinne des Wortes auseinandertretende Extreme – itzt diese im Zus. führen – wirken wie jener – itzt ihre Ident[ität]. Aber E. E., da wirkt gl. beide Phänomene – beide Scheine – entspricht

Noch ist mir sehr dienlich, förderlich die Steigerung von der Differenz des sprödes Glases – formelle Entg[egen-

---

a) *Diese drei Worte gestrichen; darüber und am Rande:* Der Apparat als selbst ein in sich Äußerliches.

setzung] zwischen der Punktual[ität] – ein Wort das ich auch vor Jahren gebraucht[4] findet *(?)* und der Flüss[igkeit] (d. i. nicht fließender) sondern Homog[eneität] der Durchsichtigkeit und Zusammenhangs – nicht Pulver – dieser form[elle] Gegensatz – im Glimmer etc. entwickelt zum Gegensatz der rhomboidal[isch] sich durchkreuzenden Naturlinien – e[ine]r körperl[ich]er Dimens[ion] in der Homogeneität kristall[ischer] Durchsicht[igkeit] – Jene formelle der Punktual[ität] bedarf noch so gut des äußerl[iche]n Gegensatzes – als daß form[eller] Begr[iff] und Idee den punkt[uellen] Gegensatz äußerlich aufnehmen und erfassen müssen.

Noch eins – worauf ich glaube früher auch schon angespielt[a]) – Nun bedarf es doch auch wohl kaum eines trippelnden Schrittes [*über der Zeile:* keiner mit Siebenmeilenstiefeln] von jener um Licht und Schatten bemühten Duplizität – zur Duplizität eines ganzen Bildes im Doppelspate – daß ich auf Weis[en] der Philos[ophen] damit bereits fertig, brauche ich E. E. nicht zu bemerken, mit was Allem sind wir Philos[ophen] nicht fertig.

Wie der verkehrte Doppelsp[at] die Bilder der 2 Reti[nen] in Eins brechen [*darüber:* zurückführen] – die rhomb[ische] N[atur] des Doppelsp[ats] – das Eine Bild – diese doppelte Retinität – innere Damastweberei – Zettel und Einschlag

Der sich auf dem Sehhügel *(?)* einer Retina durchkreuzende Nerv des Kristalls – in einem Zettel und Einschlag in 2 vollständige Retinen – d. i. Bilder

Aus Entwurf II

[Der erste Teil lautet bereits sehr ähnlich der endgültigen Fassung des Briefes: vgl. Bd 2, S. 247 bis S. 249, Z. 2. Dann fährt Hegel, nach einem Absatz, fort:]

Eben dieser geistige Othem – und von dem ist es, daß ich eigentlich sprechen wollte – ist es, der mich in der

---

a) *Am Rande:* Zweiheit als immanente Erhellung und Verdüsterung – als 2 vollst[ändige] Bilder

Darstellung E. E. von den Phänomenen der ent[optischen] Farben und dem damit Verwandten höchlich erfreuen hat müssen. Was Sie treffend das Urphänomen nennen, dies Einfache und Abstrakte mit seinen einfachen Bedingungen an die Spitze gestellt, und dann die konkreten Phänomene als durch Hinzukommen weiterer Einwirkungsweisen und Zutaten zusammengesetzt und verwickelt (daraus analytisch d. h. dekomponiert in *α*) das Urphänomen und *β*) in die weitern ihm zufälligen Umst[ände]) zu erkennen, dabei noch die hinzugesetzten Umstände und den ganzen Verlauf so zu regieren, daß die Reihenfolge vom Einfachen zum Zusammengesetzten fortschreitet – diesen Gang halte ich in der Erkenntnis für das wahrhaft Wissenschaftliche. Das Urphänomen auszuspüren, es von seinen weitern ihm zufälligen Umgebungen zu befreien, es abstrakt [zu] machen, das ist die Sache des großen *geistigen* Natursinns. Die Anwendung desselben nun auf die Erscheinung in weitläufiger werdendem Stoff, neue Fälle der Spezifikation zu finden; – es durch die ganze Litanei von Reagentien durchzuführen und durchzuquälen, – ist so wie immer artig, – und auch dergleichen Artigkeiten haben E. E. viele gegeben und sind eine Art von Bestätigung, – so in seiner Art gleichfalls notwendig, aber nicht von jenem ersten Interesse und Befriedigung, – das heißt für unsereinen. Newton wie die Physiker seines Reflexionskreises [*am Rande:* können nicht daran ... den Gaul beim Schwanz aufzuzäumen –] sehen wir dagegen irgendein zusammengesetztes Phänomen ergreifen statt aus ihm das abstrakte, von den Umständen, in denen es erscheint, befreite Urphänomen herausheben, [sie] verwechseln diese hinzugekommenen ihm selbst gleichgültigen Umstände – ja wenn es selbst nichts weiter andres ist, als daß der Gaul ihnen beim Aufzäumen seines Schwanzes in die Hände gek . . . t hat, – mit den Bedingungen seiner selbst – und statt das abstrakte Urphänomen herauszuheben, stecken sie dazu ein metaphysisches Abstraktum; sie als erschaffene Geister – ihrer würdig – ein Erschaffenes Innres hinein, und sind itzt in diesem Centro so festgerannt und eingemauert, [*am Rande:* in der Herrlichkeit, Weisheit sich so erfreuend und so emsig arbeitend] als ein guter Freimaurer in seinem Tempel Salomonis

Doch das alles wissen ja E. E. selbst nur zu gut; aber das erlauben Sie mir noch zu sagen, warum mich besonders solches Urphänomen auch in philosophischer Rücksicht so sehr freut. Es ist nämlich nicht nur, daß es mir das Verständnis der Erscheinungen so sehr aufschließt, sondern daß ich so ein Urphänomen geradezu, mit E. E. Erlaubnis, in den philosophischen Nutzen verwenden kann. Von jener Seite habe ich vorhin gesprochen und füge noch das Beispiel hinzu, die Erzählung, die E. E. Ihrer Farbenlehre vorausgehen lassen, von der Begegnis nämlich wie Sie mit Büttners schon die Treppe hinuntereilenden Prismen noch die Wand angesehen und *nichts* gesehen als die weiße Wand, — dieser Eingang hat mir den Eingang in die Farbenlehre erleichtert, und so oft mir die ganze Materie vorkommt, sehe ich immer das Urphänomen vor mir, nämlich E. E. mit Büttners Prismen die weiße Wand betrachten. Was nun zweitens den philosophischen Nutzen betrifft, so können wir einen solchen jedoch nur erst haben, nachdem wir mit jenem Innern der Natur, d. i. mit jener verdammt schlechten Metaphysik, abgemacht haben; — und dies kann der Physik vielleicht zu einem Nutzen von uns dienen. — Jenes Abmachen besteht nun nur darin zu zeigen, daß, wie jene Physikanten — Metaphysiker sind, — et il y [a] de la métaph[ysique] dedans, et rien que de la métaphys[ique] — zu dieser Erk[enntnis] kommen aber die Phys[iker] nicht — nur jener Engländer ist am Ende seines Lebens noch so glücklich zu erfahren, daß er so geschickt sei, Prosa zu sprechen — und dann ferner, daß jene Kräfte, Zusammens. Materie, verdammt schlechte Metaphysik ist. Auf diese Weise somit würden wir Philosophen Ihnen insofern in die Hände arbeiten, daß wir solche Usurpatoren der Stelle des Urphänomens durch solche Metaphysik bekriegen und diesem den legitimen Thron freimachen. — Das andre nun ist, daß wir unser zunächst austernmäßig eingeschlossenes Absolutes sich herausarbeiten lassen nach Licht und Luft — so brauchen wir dazu abstrakte Fensterstellen, um es[a]) in das

a) *Hs.:* sie

Reich des Tages und der Realität herauszuführen,[b]) welche eben diejenigen Stellen sind, welche E. E. Urphän[omene] nennen; hier im Zwielichten, wie man zu sagen pflegt, geben sich Wolf und Fuchs guten Abend – es sind die Sinne sozusagen, – sowohl Geist nach ihrer Einfachheit – als Fleisch nach ihrer Erscheinung, wo beide Welten, unsere abstruse der Begriffe – und die heitere, wo man sieht und mit Händen greift, sich begrüßen.

[Es folgen, z. T. am Rand, noch einige unfertige Ansätze, die in den endgültigen Text des Briefes Bd 2, S. 250, Z. 15—18 und 23—28 eingegangen sind.]

406 a. HEGEL AN DIE KÖNIGLICHE BIBLIOTHEK BERLIN (?)

Müller, Glauben, Wissen – der alten Hindus, 1r Band, Mainz 1822[1]

wünschte ich zur Einsicht zu erhalten, aber noch diesen Vormittag durch Überbringer dieses

Prof. Hegel $\frac{10}{1}$ 22

422 a. HEGEL AN V. HENNING

Es soll in dem Lektions-Verzeichnis die Anzahl der wöchentlichen Stunden Ihrer Repetitionen angegeben werden; es sind deren zwei für jede; es können aber auch die Konversatorien namhaft gemacht werden, wieviele Stunden hiefür angegeben werden können; vielleicht eine für jede Vorlesung, – wenn Sie nämlich anders gesonnen sind, diese

---

b) *Am Rande die nicht ganz entzifferbaren Stichworte:* denn so geradezu können diese die leuchtende Buntheit der [...] Welt nicht gewohnten Schemen [nicht] hineingestellt werden – sie würden erblinden – ihre Seele zu leeren Formalismen zus[ammen]schwinden –

ganz von Ihrem Belieben abhängende Unterhaltung hinzuzufügen.[1] Bitte um alsbaldige Antwort.

Guten Morgen.

Hegel $\frac{1}{8}$ 22

Herrn
D. von Henning
Fr. Str. n. 161

Zu 426. *HEGEL AN CHRISTIANE HEGEL*

Berlin d. 31. Aug. 1822

Es ist schon sehr lange, meine liebe Schwester, daß ich keine Nachricht von Dir erhalten, gleichfalls aber, daß ich Dir keine von mir und von unserem hiesigen Leben gegeben. Ich will die Hoffnung in mir ernähren, daß Du das vergangene Jahr in Gesundheit und erträglichem, zufriedenem Zustande zugebracht habest; denn wenn wir erfahren haben, was das Glück in dieser Welt heißt und wie diejenigen daran sind, welche man oft glückliche Menschen heißen hört, so lernen wir es für das Höchste schätzen, wenn nicht in allem zufrieden, doch in uns befriedigt und nach außen erträglich daran gewesen zu sein. – Was uns hier betrifft, so hat vorigen Winter und diesen Sommer viel auf mir gelegen und ist viel über uns ergangen; meine Frau hat vorigen Winter einen harten Zustand durchgemacht, indem die Hoffnung, ein reifes Kind zur Welt zu bringen, sich leider und mit großer Gefahr der Mutter aber zunicht gemacht worden ist.[1] Nachdem sie sich davon im Anfang des Sommers zu erholen angefangen, ist sie in eine heftige Krankheit verfallen, bei welcher wir alle unaussprechlich gelitten, und es ist seit 8 Tagen etwa, daß wir mit beruhigterer Hoffnung der Wiederherstellung ihres Bewußtseins sowie ihrer körperlichen Gesundheit entgegensehen können; sie kann itzt doch wieder den größten Teil des Tages auf dem Sopha zubringen, und wenn es, wie gottlob seit einer Woche den Anschein, in der Wiederherstellung fortfährt, so können wir in einigen Wochen doch der Befestigung ihrer Gesundheit entgegensehen. – Meine beiden Jungen aber

gedeihen gottlob bisher zu meiner Freude, – an Gesundheit und im Lernen, in welchem sie nun mit Ernste begriffen sei[n] müssen; Karl ist dieses Frühjahr 9 Jahr alt geworden; beide sind gottlob folgsame, gutgeartete und gesunde Knaben. – Was zuletzt mich betrifft, so bin ich vorigen Winter und dann wieder diesen Sommer nicht völlig gesund gewesen, und wenn die schwere Krankheit meiner Frau mich nicht abgehalten hätte, so hätte ich diese Ferien eine Reise in ein Bad gemacht; aber in 8 oder 14 Tagen muß ich womöglich mich noch auf einige Zeit auf den Weg machen.

Eine Vergünstigung des Ministeriums hiefür[2] macht es mir möglich, Dir einen Beweis meiner brüderlichen Teilnahme zukommen zu lassen; ich habe an unsern Vetter, den Herrn Hauptpostamtskassier, einen Wechsel von 50 f geschickt; er ist am geschicktesten, ihn realisieren zu lassen. Ich wünsche recht herzlich, daß dieser Beitrag Dir zu einiger Erleichterung gereichen könne. – Die Meinigen grüßen Dich insgesamt recht herzlich. Schreibe mir bald wieder und gib mir von Deinem Zustande und Einrichtung und, wie ich hoffe, erfreuliche Nachrichten.

Dein getreuer Bruder

Wilhelm.

433 a. HEGEL AN HINRICHS

Kassel 19/9 22

Diesen Abend erhalte ich, geschätztester Freund, nun die bestimmte Nachricht aus Berlin, daß Ihre Ernennung[1] bestätigt und das ministerielle Schreiben an Sie abgegangen ist. Ich kann nicht genug sagen, wie sehr mich diese nun vollbrachte Einfahrt in den Hafen erfreut und befriedigt. – Gestern schrieb ich noch ein Billett an Sie[2], worin ich Ihnen über die Möglichkeit, zu scheitern, schrieb, um wenn ja das erhobene Bedenken eine Wichtigkeit erlangen sollte, Sie doch zum Voraus benachrichtigt zu haben. Nun aber darf ich Ihnen den herzlichsten, besten Glückwunsch machen; wie freut es mich, nun einen solchen Mitarbeiter in der Wissenschaft auf einer preußischen Universität zu haben. –

Steffens, der ein paar Tage vor meiner Abreise in Berlin ankam, äußerte sich sehr zufrieden, einen Philosophen Ihres Stoffes neben sich in Breslau zu haben.

Ich schreibe Ihnen obige Nachricht auf den Fall, daß dieser Avis Sie noch früher erreichen könnte, als das ministerielle Schreiben bei Ihnen ankommt.

Heute abend, das heißt nun: Sonnabends abends den 20. d. gehe ich nach Koblenz ab und werde in 5 bis 6 Tagen in Köln sein; sollte ich weiter nach dem nördlichen Deutschland gehen, so werde ich auf allen Fall, daß Sie Ihren Besuch zu Hause machten, eine Benachrichtigung nach Jever unter Ihrer Adresse schicken, wo dann eine Möglichkeit wäre, daß wir [uns] in dasigen Gegenden treffen.

Leben Sie indes recht herzlich wohl, – auch an Ihre Familie meine besten Empfehlungen

Ihr

Hgl

An Marheineke, den Sie haben kennengelernt, werden Sie einen Freund von uns und von der Philosophie gefunden haben; – haben Sie seine Dogmatik[3] nicht gelesen? – Unter einem Professor aus B., gegen den Sie die vorseiende Anstellung Ihrer nicht laut werden lassen sollten, hatte [ich] einen andern, Bks, aus andern Verhältnissen – gemeint. –

An
Herrn D. *Hinrichs*,
Privatdozenten auf der
Universität
zu
Heidelberg.

443 a. HEGEL AN DIE NICOLAISCHE BUCHHANDLUNG

Von *Beck's Anleitung* zur Welt- und Völkergeschichte[1]
habe ich des *ersten Teils erste Hälfte*,
2te Ausg.,
Einl. Urgeschichte – Griechenland,
und es fehlt mir daher dieses ersten Teils *2te Hälfte* –,

die zwischen jener ersten Hälfte und den von Ihnen neulich überschickten zweiten Teil u. folg. hineinfällt. –

Ich bitte, diese 2te Hälfte des ersten Teils 2te Ausg. mir gefälligst, wenn es sein könnte, durch Überbringer dieses zu überschicken, wenn diese 2te Hälfte anders nicht noch unediert wäre.

Prof. Hegel $\frac{14}{2}$ 23

An die Fr. Nicolaische Buchhandlung

445 a. HEGEL AN UNBEKANNT (*Fragment*)

[Ende März 1823]

Meine Vorlesung über die Philosophie der Geschichte hat mir besonders gegen das Ende sehr viel zu tun gemacht und den Kopf auch so angegriffen, daß ich itzt erst – ein paar Tage nach dem Schlusse – ich habe diese Woche noch lesen müssen – schreiben konnte [. . .]

450 a. HEGEL AN CREUZER

Berlin den 6 Mai 1823

Der Überbringer dieses, Herr von Hagen, der seine Studien absolviert hat und im Begriffe steht, eine Reise durch das südliche Frankreich und Italien zu machen, ein sehr gesitteter und wissenschaftlicher junger Mann, wünscht einige Zeilen von mir in Händen zu haben, sich Ihnen zu präsentieren, die ich ihm ebensosehr auch darum nicht verweigern will, um wieder einmal Sie, geschätztester Freund, etwas von mir vernehmen zu lassen und mich gleichfalls nach Ihnen zu erkundigen; D. Blums bald zu erwartende Rückkunft wird uns Nachrichten von den Heidelberger Freunden, vielleicht auch einige Zeilen, zunächst mitbringen, und wir werden durch denselben wenigstens vernehmen, wie sie diesen schlimmen Winter durchgebracht haben; ich hatte mich so ziemlich konserviert, gegen das Ende jedoch habe ich mich matt gefunden, in den Ferien aber wieder erstarkt,

und der seit[a]) ein paar Tagen bei uns anbrechende Frühling soll mir noch, hoffe ich, gut tun.

Das letztemal, daß wir in Verkehr zusammen gewesen sind, hat den nicht zustande gekommenen Verkehr betroffen. Ihre beiden Schreiben an mich[1], worin Sie mir Ihren bereits gefaßten Entschluß und Anstalt zu einer anderweitigen Reise anzeigten, habe ich erhalten; ich kann nicht genug sagen, wie sehr ich durch diesen Durchflug Belgiens und Hollands befriedigt worden bin[2]. Ich höre, daß Sie mit Ihrer Reise nach München und mit München gleichfalls zufrieden gewesen sind; ich gründe darauf die Hoffnung, daß diese Erfahrung selbst dazu beitragen kann, Ihnen ein Unternehmen nach Dresden als leichter ausführbar darzustellen; ich weiß nicht, ob Sie schon dagewesen sind; haben Sie die Dresdner Schätze itzt erst durch Anschauung kennen zu lernen, so verbürge ich mich, daß Sie gleichfalls nicht ohne die größte Befriedigung davon zurückkommen werden, und für mich wird das größte Interesse sein, einige Tage in Ihrer Gesellschaft zugebracht zu haben; wenn Sie Ihrerseits Daub dahin werden mitbringen können, so hoffte ich meinerseits, Marheineke zur Gesellschaft geneigt zu finden.

Übrigens habe ich den vergangenen Winter viel in Ihrer Gesellschaft gelebt, und dasselbe ist diesen Sommer der Fall; meine Vorlesungen über die Philos[ophie] der Weltgeschichte im vorigen Winter, sowie die Wiedervornahme der Ästhetik für diesen Sommer stehen mit Ihrer Symbolik[3] in so vielfache[r] Berührung, daß ich daraus die reichlichste Materie sowohl der Materialien als des Gedankens ziehe und Ihnen vielfach dankbar zu sein Veranlassung habe. In welchem Verhältnisse sonst mein philosophisches Treiben zu dem Vielen, was sonst hier ist und gilt, und ist und nicht gilt, und gilt und nichts ist, stehe und wie sich dieser Zustand sonst in sich selbst befinde, darüber wäre wohl viel sich zu unterhalten, aber es wäre für schriftliche Unterhaltung zu weitläufig; — auch drängt es mich innerlich eben nicht sehr, darüber mich zu expektorieren; denn unser Wesen hier hat den Vorteil in seiner Weitläufigkeit, davon be-

a) *Hs.:* sein

rührt zu werden meist nur, soweit man Lust hat, und seinem Leib es von sich so ziemlich halten zu können. Dabei geschieht immer dies und das, und darunter sehr bedeutendes Neues, das Interesse gewährt. – Unser großes Museum zu bauen, ist nun entschieden; es wird diesen Frühling angefangen werden; der König hat 100 000 Tlr. dazu ausgesetzt. Die Aegyptiaca des Hn. General Minutoli[4] habe ich diese[r] Tage durchgegangen (der König hat sie itzt für 22 000 Tlr. in Gold acquiriert); da habe ich Sie dabei gewünscht; die schönsten Mumien; Idole von 1½ Fuß Höhe zu Dutzenden; kleine zu Hunderten, – darunter ein 30 von *Wachs*, einen Finger lang, – die übrigen von Porzellan, Ton, Holz, – *Bronze* insbesondere, u.s.f.

Von Wilkens Krankheit werden Sie gehört haben; es ist immer dasselbe mit ihm; – ein Consilium von 4 der angesehensten Ärzte, das dieser Tage[b]) gehalten, gibt auch weiter kein entscheidendes Urteil, als daß es eine cachexia nervosa sei; – sein Zustand ist insofern nicht förmlich nur Verrücktheit, als er fortdauernd physisch krank ist, welche Krankheit aber die Ärzte nicht anders als durch den angegebenen Schwerwenzel zu bestimmen wissen.[5]

Über Baader, von dem Sie vielleicht Nachrichten interessieren, schrieb man mir aus Estland, daß er die Erlaubnis, seine Reise von da nach Petersburg fortzusetzen[6], nicht erhalten, sondern um Polangen (außerhalb der russischen Grenzen gewiesen) derselben immer noch harrt; an Marheineke schickte er vor einigen Wochen das M[anu]s[krip]t eines 2ten Heftes von Fermentis[7] und will es schnell gedruckt haben, um es nach Petersburg zu schicken.

Hinrichs wird sich, hoffe ich, in Breslau machen[8]; er hat freilich zunächst Arbeit genug, sich in diesem bösen Turnernest Raum zu verschaffen und seine Kuckuckseier darein zu legen. Von den dasigen Freunden, an die Sie ihn empfohlen, verspricht er sich, seit sie erkannt, daß er sich nicht zur Bande ziehen lasse, auch nicht viel Besseres, als daß sie sich die Mühe, seine Eier zu zerbrechen zu suchen, nicht verdrießen lassen werden. – Sollte seine Frau annoch in Heidelberg sein, so könnten Sie zu einem sehr guten Werke

b) *Hs.:* Tagen

helfen, ihr von da fortzuhelfen. – Herzliche Grüße noch an Daub und Thibaut –

Ihr

Hgl.

Des
Herrn Geheimen Hofrats
Prof. u. D. *Creuzer*
Wohlgeborn
in *Heidelberg*
durch Güte

465 a. HEGEL AN STRÖBEL

Berl. $\frac{20}{10}$ 23

Ich habe über eine Anzahl Logenbilletts zur morgenden Oper, Dido[1], zu disponieren und lade Sie daher, hochgeschätzter Freund, ein, mich morgen Abend dahin zu begleiten; wollen Sie sich zu diesem Behuf gefälligst um 5 Uhr bei mir einfinden.

Ich habe gestern vergessen, Ihnen zu sagen, daß diesen Vormittag die öffentliche Rektoratsübergabe stattfindet, wo Sie das gesamte Professoren-Personal und unsere Aula sehen können; der abgehende u. der neue Rektor[2] sprechen dabei – der Akt findet um 11 Uhr im Univers[itäts]gebäude statt, – eine Treppe hoch – Sie werden ohne Anstand den Ort finden –

Guten Morgen

Ihr

Hegel

An
Herrn *Ströbel*
im König von Portugal[3]
abzugeben

Euer Hochwohlgeborn

habe ich persönlich meinen verbindlichsten Dank für das gefälligst überschickte Heft der Fermenta[1] machen wollen, aber Sie nicht zu Hause getroffen[2], und da ich gestern zufällig ebenso daran gehindert wurde, Sie zu besuchen, so will ich es nicht länger anstehen lassen, Ihnen zu bezeugen, wie sehr mich das Geschenk Euer Hochwohlgeborn interessiert hat, um so mehr da der Arbeiter in diesem Felde, wo die Arbeit am nötigsten ist, so wenige sind.

Ich denke, wir sind über die Hauptsache einverstanden, einige Bedenken über etliches, was Sie von mir anführen[3], würden sich wohl leicht heben lassen; bei der Art, wie ich von der Verschiedenheit der Religion und Philosophie spreche, reduziere ich alles auf den Unterschied in der *Form* der Erkenntnis; und bei der nicht nur Gemeinschaftlichkeit des *Inhaltes* der Wahrheit, sondern bei der Dieselbigkeit desselben in beiden, dem der (heilige) Geist *Zeugnis* gibt, d. h. in welchem die Vernunft *bei sich,* d. i. *frei* ist, bezeichne ich die Form des Religiösen mit dem Ausdrucke *Vorstellung* vornehmlich, – einer Weise, wodurch das relig[iöse] Bewußtsein als mit einem *Äußerlichen, Gegebenen* usf. zu tun hat; weil die Religion für *alle* Menschen sein soll und ist, nicht bloß für die denkend gebildeten, soll ihr Inhalt, so zu sagen, von der Vorstellung aus, von der Weise unsers gewöhnlichen Bewußtsein, ins Herz gehen, ohne von wissenschaftlichem Begriff bearbeitet zu sein, – und *nach dieser Seite,* sage ich, ist die *denkende* Vernunft in solchem als nur Vorgestellten nicht bei sich selbst.

Den faulen Fleck, an dem unsere Zeit und unser Norden laboriert, haben Sie tüchtig getroffen und ihn sehr glücklich als den *religiösen Kotzebuanism*[4] bezeichnet; er wird es nicht an Widerstand fehlen lassen, der aber eigentümlicher Art ist[a]). Es ist die *Weltweisheit* hier in der Tat, – mit welchem Spitznamen diese Leute wieder die Philosophie zu bezeichnen affektieren – welche sich so von Form als Inhalt losgesagt und sich la maison nette gemacht hat[5]; der

a) *Hs.:* sind

Henker reitet sie aber, nicht bloß, oder auch nicht nicht religiös, sondern auch Theologen sein zu wollen, und so gemeinschaftlich Inhalt und Gedanken zu hassen und zu bestreiten, und mit *(?)* Eitelkeiten, subjektiven so sehr als objektiven, grammatischen, geschichtlichen usf. Futilitäten, – ein geistloses Zeugnis zu geben. Der Widerstand wird daher Kraft der Trägheit gegen den Begriff, – und Kraft der Eitelkeit gegen ebendenselben, und Aktivität ihn zu verkehren und nicht zu fassen, – ihm die Krätze anzuhängen und so zu bekratzen[6].

Doch genug hievon. – Daß Collegienhefte von meinen Vorlesungen kursieren, kann ich ohnehin nicht verhindern; Herr von Henning wird gern die Gefälligkeit [haben,] Ihnen von den seinigen mitzuteilen; – für das was in solchen Heften steht, kann ich überhaupt nicht einstehen; über den Gebrauch aber, den Sie davon machen, bin ich in [einer] zutrauensvollen Sicherheit.

Schenken Sie mir doch bald einen Abend; – lassen Sie mich wissen, an welchem Sie diese Woche abkommen, und mir die Gefälligkeit Ihres Besuchs gewähren könnten.

Hochachtungsvollst

Hegel

B[erlin] $\frac{19}{1}$ 24.

Sr. Hochwohlgeborn
dem Kön. Bayr[i]schen Herrn Oberbergrat
Herrn *Franz* von *Baader*
Gr. Friedr. Str. n. 66

466 b. HEGEL AN TEICHMANN (?)

[Berlin] 7. Febr. 1824

Ich bin so frei, von Ihrer Güte, hochgeschätzter Herr, Gebrauch zu machen, um durch dieselbe ein Parkett-Billett zur Olympia[1], links, womöglich in den ersten Bänken und nach außen, da ich wegen m[eine]r Vorlesungen[2] nicht gleich anfangs da sein kann, zu erhalten – Ergebenst

Prof. Hegel

466c. HEGEL AN V. BUTTEL

Herr Prof. Hinrichs trägt mir in einem Briefe vom 30. v. M. auf, beifolgendes M[anu]s[krip]t Ihnen „zur bewußten Besorgung zu übergeben“, welches ich hiemit bewerkstellige.[1]

Hegel $\frac{11}{2}$ 24

An
Herrn Studiosus von Buttel

473a. HEGEL AN GRÜNEISEN

Herrn D. Grüneisen
bitte auf heute abend ergebenst zu Tee und Abendbrot.

Prof. Hegel $\frac{26}{6}$ 24

484a. HEGEL AN GUSTAV ASVERUS

Berlin, den 18. Oktober 1824

Mein lieber Herr Doktor!

Außer meiner mir selbst verdrießlichen dilatorischen Gewohnheit im Schreiben und Beantworten freundschaftlicher Briefe ist bei meiner Schuldigkeit gegen Sie der besondere Grund hinzugekommen, daß ich mir von Zeit zu Zeit immer die Hoffnung machte, zugleich mit einer Erwiderung der vergnüglichen Nachrichten, die Sie mir öfters von Ihnen und von Ihren Verhältnissen gegeben, auch die schließliche Entscheidung Ihrer hier noch schwebenden Angelegenheit[1] geben zu können. Eine solche ist nun erfolgt, und ich beeile mich, Ihnen von dem so unerwarteten Resultate wenigstens diese vorläufige Anzeige zu machen; daß ein gegen Sie und sogar mit harter Strafe ausfallendes Urteil auch unter andern ganz gegen die Ansichten des Herrn Geh. Rats von Kamptz geht, dies ist Ihnen ebenso wenig unbekannt als mir. Das Urteil soll Ihnen durch die Immediat-Kommission[2] eröffnet werden, die bei Herrn Justizrat Krause nach

Ihrem Aufenthalte und Verhältnissen angefragt hat; doch will derselbe ihr die Eröffnung an ihn zu machen angeben.

Ich habe Herrn Geheimen Rat Kamptz mir die Freiheit genommen, darüber zu sprechen, und er hat mir erlaubt, Ihnen seine Ansicht über den Weg, den Sie einschlagen sollten, mitzuteilen, indem der Wege nämlich zwei sind, der eine des Rechtsmittels der Appellation, der andere der Gnade, so ist seine Meinung durchaus, daß Sie zunächst den ersteren ergreifen sollten, um gerichtliche Lossprechung zu verlangen, wonach dann im schlimmsten Falle der wohl für unfehlbar zu haltende Weg der Gnade immer noch übrig bleibe.

Soviel habe ich Ihnen vorläufig anzeigen wollen, damit Sie auf die zu erfolgende förmliche Insinuation vorbereitet seien und dabei wissen, daß Sie auf das Interesse Ihrer hiesigen Freunde dabei zählen können.

Von unserem hiesigen Lebwesen kann ich mich – umso mehr enthalten, Ihnen hier noch mehr zu schreiben, als Ihr Fräulein Braut Ihnen davon erzählt haben wird, die es uns herzlich gefreut hat, kennen zu lernen, mit dem Bedauern zugleich, daß meine Frau von ihrer Gesellschaft nicht mehr hat profitieren können. – Ich habe diesen Herbst eine Reise nach Wien gemacht und dabei sehr vielen interessanten Genuß nicht nur gehabt, sondern auch meine Gesundheit für die Winterkampagne wieder sehr befestigt; auch meine Frau und Kinder befinden sich gottlob wohl. – Griesheim ist Regiments-Auditeur; überhaupt alle Ihre Bekannte[n] aus[a]) früherer Zeit, soweit mir bekannt ist, in einer bestimmten, ruhigen Karriere begriffen.

Die Ergebnisse der Untersuchungen in Köpenick[3] sind Ihnen ohne Zweifel, – sowie die Namen der Hauptpersonen aus den öffentlichen Blättern und von der hiesigen Stelle ausgehenden Bekanntmachungen bekannt.

Daß Ihre lieben Eltern sich recht wohl befinden, habe ich diesen Herbst von Herrn Frommann zuletzt vernommen, und ich hoffe und wünsche, daß dieses Wohlbefinden sich seitdem erhalten hat; ich bitte, dieselben von unserer Seite aufs herzlichste zu grüßen; insbesondere wünsche und

---

a) *Hs.:* auf

hoffe ich, daß das Erkenntnis gegen Sie – es hängt ohnehin von Ihrer Beurteilung ab, ob Sie ihnen von dieser Benachrichtigung etwas mitteilen wollen – denselben keinen Kummer mache; der Weg Rechtens sowohl als der Gnade könne völlige Zuversicht und Beruhigung darüber gewähren. – Leben Sie indes wohl, mein lieber Freund, Ihr

ergebener und aufrichtiger
Freund, Prof. Hegel.

486 a. HEGEL AN GUSTAV ASVERUS

Berlin, den 8. Jan. 1825.

Mein wertester Freund!

Zuerst meine besten Wünsche zum neuen Jahre. Dann auf Ihre Angelegenheit und Ihren letzten Brief in dieser Rücksicht zu kommen, so habe ich mir dieser Tage die Freiheit genommen, Herrn Geheimen Rat v. Kamptz wieder darüber zu sprechen und zunächst des von Ihnen berührten Umstands erwähnt, nämlich die Verlegenheit, die Strafe sogleich antreten zu sollen, ehe noch das Urteil erster Instanz rechtskräftig geworden wäre. Nach den Gesetzes-Stellen, die der Herr Geh. Rat nachgesehen und mir vorgelegt hat, scheinen wir hierüber völlig beruhigt sein zu können; es ist in denselben ausdrücklich enthalten, daß wer nicht verhaftet ist, die Suspension der Exekution des Urteils verlangen kann.

Weiter aber hat derselbe nunmehr die bestimmte Ansicht geäußert, daß das Ratsamste es sei, daß Sie sogleich nach erfolgter Insinuation des Urteils sich an die Gnade des Königs wenden, und zwar so unverzüglich als möglich, so daß Sie zum Voraus die Eingabe ungefähr bereit machen, womit in Verbindung der Rechtsbeistand die Fatalia vorzubehalten habe. Derselbe findet gleichfalls ratsam, das Gesuch durch Atteste Ihrer Regierung unterstützen zu lassen, die Sie ebenso zum Voraus bereit zu halten hätten. Der Verwendung Ihrer Regierung werden Sie sich wohl dabei zu erfreuen haben, und es wird wohl auch in dieser Rücksicht die nötigen Schritte vorher zu tun nützlich sein. Die Art

dieser Verwendung wird jedoch, wie ich mir etwa vorstelle, nicht ohne Einfluß sein; denn ich erinnere mich, daß vor einem Jahre etwa bei Gelegenheit des Gegenstandes der demagogischen Umtriebe Ihr Ministerium (ich glaube Herr Geh. Rat Schweitzer) – es versteht sich, daß ich dies ganz unter uns schreibe – eine Art hat eintreten lassen, die hier nicht gut – auch von Ihrem damal[igen] Gesandten, der dadurch kompromittiert worden und in unangenehme Verwicklungen, die ihn veranlaßten, seinen Posten aufzugeben, gekommen, – nicht gut angesehen worden ist und womit dasselbe nicht hat durchkommen können.[1] – In meinem von der Diplomatie entfernten Standpunkte weiß ich dergleichen zwar nicht näher zu beurteilen, doch aus dem soeben berührten Vorgange meine [ich][a]) die Konsequenz ziehen zu können, daß [von daher] zu viel geschehen und gegen eine ger[ichtlich] gewordene Sache solches Zuviel vielleicht nachteilig werden könnte.

Übrigens ist dann der Gang, daß das Begnadigungsgesuch an die Ministerien der Justiz und der Polizei vom Könige zum Berichte gegeben wird, und ich zweifle nicht, daß diese günstig ausfallen werden.

Die Insinuation des Urteils an Sie wird übrigens wohl, wenn sie nicht schon angekommen, mit nächstem geschehen.

In einem ähnlichen – jedoch gravierenderen Falle[2] als der Ihrige – hat kürzlich der König wenigstens die Begnadigung, die Strafzeit auf eine verhältnismäßig sehr geringe zu verkürzen, eintreten lassen.

Noch meine herzlichsten Grüße an Ihre hochgeschätzten Eltern, ingleichen Fräulein Braut, von mir und meiner Frau, die wir uns wohl befinden und Sie aufs beste grüßen.

Ihr ergebener Freund
Prof. Hegel

Herrn Dr. Gustav *Asverus,* Wohlgeboren
abzugeben bei
Herrn Justizrat Dr. Asverus
in Jena.

---

a) *Hs. beschädigt; die in* [ ] *stehenden Worte sind ergänzt.*

487 *a.* HEGEL AN FÖRSTER (*Fragment*)

Berlin, 14. März 1825

Ganz richtig haben Sie meinen gefühlten Dank für die Freundschaft und das Wohlwollen ausgedrückt, das ich in der beabsichteten Vereinigung[1] habe erkennen können, und je teuerer dasselbe meiner Empfindung ist, desto reiner wünsche ich mir diese, und von Äußerlichkeiten und heterogenen Einmischungen frei zu erhalten ...

487 *b.* HEGEL AN V. HENNING (?)

Guten Morgen!

Sismondi, Hist. de France[1]
u. Mably, Obss.[2]
habe ich noch für meine Vorlesungen u. zwar insbesondere über den Sonntag – unentbehrlich notwendig.

Tragen Sie daher gefälligst einem der Herren Bibliothekare meine Bitte vor, dieselbe[n] noch 8 Tage behalten zu dürfen. Ich lege zu dem Ende neue Zettel bei. Sollte es nötig sein, die beiden Werke zum Vorzeigen hinzuschicken, so daß jedoch mein Aufwärter sie mir gleich zurückbringen würde, so kann auch dies geschehen.

Ergebenster

Prof. Hegel $\frac{19}{3}$ 25

P.S. Ich glaube sonst kein Buch mehr von der Bibl[iothek] in Händen zu haben; sollte dies doch der Fall sein, so bitte mich zu benachrichtigen.

487 *c.* HEGEL AN GUSTAV ASVERUS

Berlin, den 29. März 1825.

In letzter Woche, mein wertester Freund, – es war der Schluß meiner Vorlesungen[1], – bin ich so beschäftigt ge-

wesen, daß ich verhindert wurde, Ihnen die Nachrichten zu geben, die über Ihre Angelegenheit zu meiner Kenntnis gekommen sind; auf den Fall, daß noch keine Kabinettsordre Ihnen zugekommen, will ich nicht unterlassen, sie Ihnen mitzuteilen, daß Sie und Ihren wertgeschätzten Herrn Vater interessieren wird, wenn der Unterschied auch nur wenige Tage betreffen würde, von dem vorläufigen Stande Nachricht zu erhalten.

Was ich durch die Güte des Herrn Geh. Rats von Kamptz – der mir gleichfalls die Erlaubnis gegeben, es Ihnen mitzuteilen – gehört, besteht darin, daß der König ein Begnadigungsgesuch an das betreffende Ministerium oder höchste Behörde zum Bericht gehen läßt; das Ihrige ist erst nach längerer Zeit an die Ministerial-Kommission gegeben worden, wobei Herr v. Kamptz nun zugleich als den gewöhnlichen Gang angab, daß der König, ehe er entscheide, das Erkenntnis der zweiten Instanz abzuwarten pflege; diesem nach ging seine Meinung dahin, daß die Kommission wohl das Gutachten dahin stellen könnte, Sie hiernach zu bescheiden. Wenn es nun wahrscheinlich ist, daß die Kabinettsordre von diesem Inhalte sein möchte, so steht es jedoch immer dahin, wie die königliche Entscheidung ausfallen wird.

Bei jener Aussicht ging Herr von Kamptz vornehmlich von dem Gesichtspunkt aus, daß von der durchs Urteil ausgesprochenen Strafzeit zum Antrage auf völlige Begnadigung ein zu großer Sprung sein würde und diese daher kaum zu hoffen sein dürfte; dabei hegt er hingegen sehr gute Hoffnung von dem Erfolge der Appellation; er hat sich im Gespräche über die näheren Punkte des Urteils, – insbesondere über die Wichtigkeit, die darin auf ein Drohschreiben an Herrn von Haller gelegt sei, eingelassen. Wenn auch nicht ein gänzliches Umstoßen des Urteils das Resultat wäre, so würde doch für beträchtliche Verminderung der Strafe gegründete Hoffnung sein, von welcher Verminderung der Übergang zum völligen Erlaß dann um so leichter sei.

Außerdem vermindere der Verfluß einer längeren Zeit von selbst die Bedeutenheit einer Sache und ihrer Strafe, – vollends im Vergleich mit den wohl bald zur Vorlage

oder spruchreif werdenden, wichtigeren Entdeckungen in den Köpenicker Untersuchungs-Sachen.[2]

So viel ist es ungefähr, was ich Ihnen von daher ungefähr melden kann; Sie glauben, daß es mich bei meiner herzlichen Teilnahme sehr freut, daß die Sache gut steht, denn für gut habe ich alle Ursache, ihren Stand zu halten.

Noch habe ich hinzuzufügen, daß Herr Justiz-Rat Krause, den ich heute gesprochen, mir angegeben, Sie darauf aufmerksam zu machen, den Termin für die Appellation nicht zu versäumen, – es kommt dabei darauf an, inwiefern Ihr Begnadigungsgesuch hinreichend ist, sich denselben vor[zu]behalten. Auf jeden Fall wäre es zweckmäßig, Herrn Justiz-Rat Krause dafür zu legitimieren, die nötigen Schritte zu tun, daß nichts versäumt oder wenigstens sonst aus dem Verzug hervorgehende größere Weitläufigkeiten vermieden werden.

Wir befinden uns gottlob sämtlich wohl; ich habe viel Umgang gegenwärtig mit Herrn Prof. Cousin aus Paris, dessen definitive Freilassung[3] noch von der Antwort der Mainzer Kommission[4] abhängig gemacht ist, – wie Sie sich in einem ähnlichen Verhältnisse befunden hatten.

Das neueste in ähnlichen Angelegenheiten ist, daß Jahn, dem das Breslauer Oberlandesgericht drei Jahre zuerkannt hatte, wie ich höre, von drei andern Oberlandesgerichten, an die in zweiter Instanz die Sache verschickt worden, freigesprochen worden ist.

Noch habe ich hinzuzufügen, daß Herr Kamptz mit seinen Empfehlungen mir aufgab, Ihnen zu schreiben, daß er Ihrem Herrn Vater – wie auch den Mitgliedern der v. Ziegesar'schen Familie, die sich mit vieler Teilnahme über Ihre Sache an ihn gewandt haben – noch nicht geantwortet habe, weil er noch nichts Näheres habe zu schreiben gewußt; – vielleicht hat er es jedoch indes getan. – Meine besten Empfehlungen an Ihre lieben Eltern und Fräulein Braut.

Ihr Hegel.

Herrn
Dr. Gustav Asverus
Wohlgeboren in *Jena*

502a. HEGEL AN ABEL (*Visitenkarte*)

Prof. Hegel

Von Ihrem gütigen Anerbieten, etwas für m[eine] Schwester mitzunehmen, bin ich frei Gebrauch zu machen; es wird mich freuen, wenn Sie diesen Abend bei mir einsprechen wollten, oder mich wissen ließen, wann ich Sie heute od[er] morgen zu Hause träfe.

$\frac{16}{12}$ 25

502b. HEGEL AN BUTTMANN

Auf den geäußerten Wunsch Herrn Buttmanns, ihm irgend etwas von mir Geschriebenes in die Hände zu geben, brauche ich nichts als diese Angabe selbst hier schriftlich auf das Papier zu setzen, – wozu ich von meiner Seite noch einen herzlichen Gruß an meinen Kollegen Wilken hinzusetzen will, durch welchen die Äußerung jenes Wunsches gegangen sei.

Prof. Hegel $\frac{13}{2}$ 26

505a. HEGEL AN RÖSEL (*Fragment*)

[Berlin] 21. März 1826

[. . .] auf ein Whist mit Mde Milder und den Empfang der Danksagungen meiner Frau.

Hegel

513a. HEGEL AN SCHALL

Schönen guten Morgen!

Ich bin so frei anzufragen, ob Sie morgen abend mir das Vergnügen machen wollen, bei mir zuzubringen; um ein kordiales Zusammensein auf keine Weise durch Gedanken

zu stören, will ich meine *(?)* Freunde ohne Saphir dazu bitten[1] –

Mit der Bitte um gefällige Antwort

Ihr
ergebenster
Hegel
12/6 26

An
Herrn Karl Schall
Wohlgeboren
im König v[on] Portugal[2] –

514 a. HEGEL AN THOLUCK

Berlin, den 3. Juli 1826

Hochgeschätzester Herr Professor!

Herr Prof. Radlof, der von hier nach Halle zieht, dessen Blindheit schon Interesse für ihn erweckt, ersucht mich, ihm Briefe an Bekannte mitzugeben, und ich bin so frei, denselben Ihrer Teilnahme zu empfehlen. Ich tue dies um so lieber, als es mir Veranlassung wird, eine ältere Schuld, in der ich gegen Sie bin, abzutragen und Ihnen meinen Dank für Ihre mir gütigst überschickte Schrift über die spekul[ative] Trinitätslehre des späteren Orients[1] zu machen. Die Nachrichten, die Sie dem Publikum darin zuerst mitgeteilt, sind auch für mich besonders interessant; man erkennt, wie Sie ausführen, den Einfluß griechischer, jüdischer und neuplatonischer Philosophie, wie denn überhaupt die Araber in keiner Wissenschaft selbständige Erzeugnisse und Entwicklungen hervorgebracht zu haben scheinen. Daß ich einige Punkte antraf, die ich anders ansehe, ist etwas Natürliches; denn was Sie von dem kalten Boden verständiger Erfahrung sagen, worauf Aristoteles' Philosophie (S. 48) soll gestanden haben, kann ich z. B. nicht beistimmen; Arist[oteles] ist bei weitem mehr spekulativ als Plato. Bei

diesem kommt die Trinität, freilich nur sehr abstrakt, am bestimmtesten im Timäus vor, – im Philebus, den Sie anführen, ist freilich auch Dahingehöriges; die Hauptbestimmungen sind dort ἀπειρον und περας, und der Unterschied von νους und ψυχη ist wohl eben nicht etwas Festgehaltenes. Auch bei Plotin läßt es sich schwerlich so leicht abtun, daß im νους Zweiheit sei. Die Hauptsache ist das Schwierige, das Verhältnis solches Unterschiedes in der Tätigkeit zu fassen; ferner, wenn Sie Chinesisches und Indisches zitieren wollten, so sind nicht so einzelne Stellen hinreichend. – Abel Remusats Abhandlung[2] war Ihnen freilich am nächsten zur Hand gekommen. Aber es sind darüber viel wichtigere, bestimmtere, ältere Angaben vorhanden; alles dergleichen bedarf einer weiteren Ausführung, wenn etwas Genügendes sich ergeben soll. – Sehr leicht habe ich auch den Übergang S. 40 gefunden: Auf ähnliche Weise wie *christliche* Theologen aus unbestimmten ? und nur ? mit Bezug aufs Praktische ? hingestellten Ausdrücken des N. T. ein spekulatives Theorem *ableiteten,* – unter Einflüssen platonischer und aristotelischer Philosophie. Verdient die hohe christliche Erkenntnis von Gott als dem Dreieinigen nicht eine ganz andere Ehrfurcht, als sie nur so einem äußerlich historischen Gange zuzuschreiben? In Ihrer ganzen Schrift habe ich keine Spur eines eigenen Sinns für diese Lehre fühlen und finden können. Ich bin ein Lutheraner und durch Philosophie ebenso ganz im Luthertum befestigt; ich lasse mich nicht über solche Grundlehre mit äußerlich historischer Erklärungsweise abspeisen. Es ist ein höherer Geist darin, als nur solcher menschlichen Tradition. Mir ist es ein Greuel, dergleichen auf eine Weise erklärt zu sehen, wie etwa die Abstammung und Verbreitung des Seidenbaues, der Kirschen, der Pocken u.s.f. erklärt wird.

Doch es ist Zeit abzubrechen; Sie werden übrigens diese Bemerkungen verzeihen und sie dem Interesse zuschreiben, welches mir Ihre Schrift erweckt hat, für die ich nochmals bestens danke. Mit erfreulicher Teilnahme haben wir hier vernommen, daß schon der Beginn Ihrer Laufbahn in Halle fruchtbares Gedeihen hat.

Mit aller Hochachtung empfehle ich mich ergebenst

Prof. Hegel

571 a. HEGEL AN GUSTAV ASVERUS

Berlin, den 4. Jan 1828

Mein sehr wertgeschätzter Freund!

Wir haben herzlichen Anteil an dem schweren Unglück, das Sie betroffen und das Sie mir in einem freundschaftlichen Briefe gemeldet, genommen[1]; es traf Sie in dem Beginn einer glücklich sein sollenden Lebensperiode auf eine lange Reihe von Widerwärtigkeiten. Sie und Ihre Freunde durften für Sie auf einen nunmehr ruhigen Verlauf Ihrer Lebensbahn hoffen, nachdem die jahrelange Unruhe durchgemacht und endlich beschwichtigt war. Es sollte nicht so sein. Sie haben zu fühlen bekommen, daß es noch schmerzlichere Empfindungen und härtere Schläge gibt, als die, von denen Sie betroffen worden.

Trostgründe sind gegen solchen Verlust wirkungslos; die Zeit allein, das Bewußtsein seiner eigenen Bestimmung und die Beschäftigung, woran es Ihnen nicht fehlen wird, beruhigen das Gefühl des Schmerzes, ohne das Gemüt denselben vergessen zu machen, das, wenn es nicht leichtsinnig ist, die Erinnerung und das Andenken desselben um so heiliger aufbewahrt, je reiner nur der Schmerz über einen Verlust, von dem nicht ein wesentlicher Teil auf eine Handlung fällt, ist.

Es ist ein Freund von mir in Ihrer Nähe, der gleichfalls Schmerzliches und in seiner Art Bittereres durchgemacht hat; Professor Leo ist Ihnen ohne Zweifel bekannt; vielleicht haben Sie auch seine persönliche Bekanntschaft schon früher oder kürzlich gemacht. Auf allen Fall werden Sie seine Adresse in Jena kennen und ihm den eingeschlossenen Brief zustellen lassen können, um welche Gefälligkeit ich Sie ersuche und mich deshalb wegen der Möglichkeit an Sie wende, daß Leo seitdem Jena verlassen hätte; in diesem Falle werden Sie seine Adresse (— vielleicht bei Prof. Göttling) erhalten können, und ich darf Sie dann ersuchen, ihm den Brief nachzuschicken.

Sie fragen in Ihrem Briefe nach der Kaution, die ich ehemals geleistet; den Staatsschuldschein hatte ich schon früher zurückerhalten, so daß die Kaution nur noch persönlich war,

die glücklicherweise nun auch längst von selbst erloschen ist.[2]

Machen Sie meine und meiner Frau herzlichste Empfehlungen an Ihre lieben hochgeschätzten Eltern, so wie wir denselben und Ihnen überhaupt und näher zum neuen Jahre Gesundheit und alles Wohlergehen wünschen.

Meine Gesundheit hatte sich durch eine Reise, die ich im Herbst nach Paris gemacht, recht gut ins Geleis gebracht; aber es hat, wenigstens in Ansehnung des Schnupfens, der mich sehr hartnäckig geplagt und seit 14 Tagen im Zimmer hält, nicht nachgehalten; doch werde ich Montags meine Vorlesungen wieder anfangen.

Leben Sie recht herzlich wohl, lieber Freund; erhalten Sie mir Ihre Freundschaft, Ihr

ergebenster

Prof. Hegel.

P. S. Wissen Sie, daß mein Schwager Gottlieb Bräutigam mit seiner Cousine, einer geborenen Haller, ist?

576 a. HEGEL AN ROSEN

Hiemit bin ich so frei, mein lieber Herr Doktor, den Brief an Herrn Cousin[1], – aber außerdem auch noch ein Paket an denselben zu übersenden; letzteres hatte ein Bekannter von mir, an ihn im Auftrag zu schicken; können Sie es noch mitnehmen, so werden Sie Herrn Cousin sehr verbinden.

Noch einmal von Herzen glückliche Reise –

Ihr

Hegel $\frac{25}{3}$ 28

An
Herrn D. Rosen
Wohlgeborn
Brüderstr. n. 35
3 Treppen hoch

579 a. *ZWEI BILLETTS HEGELS*

I.

Mr le Prof. Cousin
Rue d'Enfer, n. 14
Hrn. Dr. Donndorf
rue de Fauxbourg Prissoniere n. 64
Hrn. Prof. Raßmann in Ghent
bitte mich bestens zu empfehlen

Prof. Hegel $\frac{19}{4}$ 28

II.

Mr le Prof. Cousin
Rue d' Enfer, n. 14
Hrn. Dr. Donndorf
rue de Fauxbourg Prissoniere n. 64
Hrn. Prof. Raßmann in Ghent
bitte mich bestens zu empfehlen

Prof. Hegel $\frac{21}{4}$ 28

ingl. Hn. Staats-Referendaer van Ghert
u. seiner Frau Gemahlin
in Brüssel
Hn. Prof. Becker in Löwen

582 a. *MARIE HEGEL AN IHREN MANN*

Frankfurt/M. [Sommer 1828]

Lieber Herzensvater! Glücklich und wohl bin ich gestern (Freitag) mittag hier angekommen und mit Liebe und Freude empfangen worden. Ich habe Fritzchen[1] und Mann und Kinder alle recht wohlaussehend — Fritzchen noch recht hübsch gefunden. Die Kinder sind ohne Schüchternheit, freundlich und zutraulich — alle sind rot- und dickbackig — es ist eine Freude, Fritz unter diesen Kindern zu sehen. — Ich kann es Dir nicht genug danken, lieber guter Mann, daß Du mir diese Reise und die Freude dieses Wiedersehens gestattet hast. Du solltest sehen, wie glücklich wir zusammen sind, wie viel wir uns zu sagen haben — Du und meine guten Jungen sind der liebste Gegenstand unserer

Unterhaltung. Freilich gibt es daneben auch viel und mancherlei anderes — kurz es geht nichts über die Freude von Schwestern, die sich lieb haben, sich nach 8 Jahren unter glücklichen Umständen wiederzusehen[2]. — Ich kann für heute nicht ausführlich schreiben und muß alles so kurz als möglich zusammenfassen, damit mir die heutige Post nicht entgeht, — also meine Reise war, wie Du aus meinem B[rie]f [von] Eisenach ersehen, in der ersten Hälfte nicht die angenehmste, von Eisenach aber war es mir recht behaglich, es begleitete mich bis Frankf[urt] ein junger Mann namens Wegeler aus Koblenz, Sohn des Geh. Obermedizinalrat Wegeler in Koblenz, er ist Mediziner, hat aber noch nicht promoviert (Zelter kennt ihn und seine Eltern), dieser gute Junge hat[te] alle mögliche Aufmerksamkeit auf der Reise für mich, er war mir wie ein jüngerer Bruder. — In Eisenach hatte ich am Abend mit Beg[leitun]g *(?)* noch die Wartburg bestiegen und mich an der herrlichen Umgebung und Aussicht erfreut, die Laube, wo Manuel das Schnapsglas leerte[3], steht noch an ihrer alten Stelle. Die erste Nacht war ich in Fulda, die 2te in Gelnhausen, wo wir schon um 6 Uhr Halt machten, der Kutscher war nicht zu bewegen, vollends bis Hanau zu fahren. Ich machte mit meinem Chapeau d'honeur noch einen Spaziergang in die Weinberge, von wo aus das Tal im Wiesengrund mit anmutigen Ortschaften sich gar freundlich ausnimmt — Ihr erinnert Euch vielleicht noch der 3 krummen Türme, die als Merkwürdigkeit einer verrückten Baukunst da stehen, der eine senkt sich wie der Zipfel einer Narrenkappe[3a] — dann besahen wir die Ruinen eines Schlosses[4] — das hat Rösel gewiß auch schon gezeichnet, fragt ihn doch darnach, ihr Jungen. —

Eben war Carové da, dem ich diesen Morgen die Bücher zugeschickt habe, ich habe mit ihm verhandelt und besprochen, wie wir es verabredet haben[5], er hat mir aber dadurch die letzte 1/4 Stunde vor Abgang der Post verkürzt. Bei den Eltern war ich schon, der liebe Vater Meyer hat mich recht herzlich aufgenommen, auch hab ich gestern abend noch einen kleinen Spaziergang um die Stadt gemacht. Ich fühle mich gar nicht ermüdet von d[er] Reise, sehe besser aus als in Berlin, esse und schlafe mit Appetit. — Gott gebe, daß auch Du und die Kinder wohl sind. Ich küsse Dich in Gedanken — bald mehr von Deiner Marie.

In den ersten Tagen schreibe ich ausführlicher wieder, an Sophie und Jette meine Grüße.

587 a. *HEGEL AN VARNHAGEN*

Berlin, den 5. September 1828

Ich habe die Ehre, verehrtester Herr Geheimer Rat, hiebei eine eingegangene Rezension von Gabler[1] in Bayreuth zu überschicken.

Mde Mendelssohn hat mir inzwischen den 5ten Band von Rovigo[2] geschickt; darf ich Sie um den 4ten bitten, ich werde beide schnell expediert haben.

Mit vollkommener Hochachtung

Ihr ergebenster

Hegel $\frac{5}{9}$ 28

592 a. *HEGEL AN LICHTENBERG*

Euer Wohlgeborn

habe die Ehre zu benachrichtigen, daß ich mit Herrn von Cotta über Ihre Absicht, die Sammlung der Schriften Ihres verst[orbenen] Herrn Vaters herauszugeben[1], gesprochen; indem er sich nicht abgeneigt erklärte, darauf einzugehen, verlangte er, um eine Entscheidung fassen zu können, daß ihm ein näherer Plan über das Unternehmen, Anzahl der Bände, Honorar u.s.f. von Ihnen vorgelegt werden möchte.

Indem ich dabei bemerke, daß derselbe nur morgen noch hier bleiben wird (in der Stadt Rom wohnhaft[2]), habe ich die Ehre, mit der Versicherung der vollkommensten Hochachtung, zu sein

Ihr

ergebenster

Prof. Hegel

B[erlin] $\frac{5}{12}$ 28

[*von anderer Hand:*]
Herrn Obersteuerrat
Lichtenberg
Wohlgeborn
Linden No 44

593 a. HEGEL AN THIERSCH

An den Herrn Professor Thiersch in München erlaube ich mir einen Freund, den Königl. Preuss. Garde-Leutnant, Herrn von Wulffen, der auf einer Reise nach Griechenland, die derselbe ohne diplomatische Verhältnisse allein in der Privatabsicht seiner eigenen Belehrung unternommen, begriffen ist, mit der Bitte zu adressieren, demselben durch etwaige Empfehlungen zu seinem Vorhaben gefälligen Vorschub zu tun, wie er sich ein Vergnügen machen wird, etwaige Aufträge dahin zu besorgen.

Mit dieser Erneuerung alter werter Bekanntschaft verbinde ich die Versicherung meiner fortdauernden vollkommenen Hochschätzung und empfehle mich zu gütigem Angedenken.

Berlin den 4 Apr. 1829

Professor Hegel

An
Herrn Professor Thiersch
Wohlgeboren
in
München

605 a. HEGEL AN V. MEYER

Berlin d. 9. Aug. 1829

Mein hochgeschätzter lieber Herr Schwager!

Ich war nahe daran, diesen Herbst Sie in Frankfurt zu besuchen und die Angelegenheit, wegen der ich Sie mit diesem Briefe behellige, dabei selbst zu berichtigen. Ich muß aber diesmal weitgehende Projekte aufgeben und bin dadurch veranlaßt, Ihnen die Bitte einer gefälligen Bemühung zu machen. Diese bestände einfach darin, den Herrn Buchhändler Wesche fragen zu lassen, ob er meine Antwort vom 29. Juni auf sein Schreiben vom 15. des. erhalten[1], wie ich nicht zweifle, und ihm zu äußern, daß ich bisher vergebens einer gefälligen Antwort entgegengesehen und ihn um eine solche baldigst ersuchen lasse.

Es handelt sich um eine neue Auflage, die, wie er mich benachrichtigt, von meiner Phänomenologie des Geistes

nötig geworden sei. Herr Wesche hatte den Rest der ersten Auflage aus dem Nachlasse der Verlagshandlung [Goebhardt] an sich gekauft, und um dieses Umstandes willen war ich geneigt, ihm auf seine Erklärung die zweite Auflage, worüber im Kontrakte über die erste nichts stipuliert ist, gern zu überlassen. Aus jenem Umstande ohnehin geht keine weitere Berechtigung hervor. In meiner Antwort legte ich ihm die Bedingungen vor, die ich dabei mache. Hierauf habe ich noch keine Erwiderung von ihm erhalten.

Auffallen hatte mir in seinem Schreiben müssen, daß er, indem er eines frühern Briefs, den er an mich geschrieben, erwähnt, der mir aber nicht zugekommen ist, äußert, ich würde es ihm nicht haben übel nehmen können, wenn er das Werk, da er keine Antwort von mir erhalten, sofort wörtlich abgedruckt hätte, was er noch effektuieren wolle, im Falle er keine definitive Antwort von mir auf seinen zweiten Brief erhalte. Seine Gesinnung schiene hiernach zu sein, daß er für eine neue Auflage meine Einwilligung und ein Übereinkommen mit mir über Bedingungen eben nicht für strikte notwendig halte; auch die Rücksicht, daß ich die Umarbeitung des Werkes für nötig halte, bringt er nicht in Anschlag; und der Fall, daß ihm mein Brief vom 29ten Juni nicht zugekommen (was, da ich denselben durch die Post, nicht wie er seinen ersten, durch unsichere Gelegenheit, abgeschickt, nicht wahrscheinlich ist) oder auch eine bloße Angabe seinerseits, jene meine Antwort nicht erhalten zu haben, möchte ihm Veranlassung genug scheinen, jenes geäußerte Vorhaben, ohne sich weiter mit mir einzulassen, ins Werk zu richten, was dann von meiner Seite allerdings weitere Einschreitungen zur Folge haben würde.

Dies, mein lieber Herr Schwager, ist der Fond der Sache, den ich Ihnen nur auseinandergesetzt habe, um meine obige Bitte an Sie durch den Sinn, den dieselbe hat, und damit den Wert, den Ihre Gefälligkeit haben wird, zu motivieren. Als einem Diplomaten brauche ich es Ihnen kaum noch ausdrücklich zu sagen, daß meine Bitte sich zunächst ganz auf die Anfrage, ob Herr W. meinen Brief erhalten, und auf die Äußerung des Wunsches, bald eine Antwort von seiner Seite zu bekommen, beschränkt. Aus jener Auseinandersetzung werden Sie die Art seiner Erwiderung zu beurtei-

len im Stande sein. Ein Mißtrauen irgend einer Art, das in mir veranlaßt werden könnte, mag leicht ganz ungegründet sein. Doch teils durfte ich die Umstände nicht ganz übersehen, teils um mich mit andern Buchhandlungen, deren mir bereits dafür offen stehen, einlassen zu können, möchte ich mein Anerbieten an Herrn W. erledigt haben durch eine ausdrückliche Äußerung von ihm. Denn an sich bin ich durch dasselbe nicht an ihn gebunden, wenn er mich ohne Antwort läßt. – Nun nur noch die Entschuldigung meiner Bitte an Ihre Gefälligkeit und unsere herzlichste[n] Grüße der Teilnahme insbesondere an Ihrer lieben Frau, die wir leider vernommen, dieses Frühjahr leidend geworden sei. Mehreres von uns kann Ihnen der Überbringer dieses, der liebe Freund Prof. Hotho berichten. Ihr

aufrichtiger Schwager

Hegel

[*Am oberen Rande:*]

Von der lieben Frau Schwiegermutter in Teplitz haben wir noch keine direkten Nachrichten, nur die durch Freunde, daß sie daselbst angekommen.

An des Großherzogl. Mecklenburgische[n]
Herrn Legations-Rat
Guido von Meyer
Hochwohlgeboren
d. Güte in Frankfurt am Main

608 a. HEGEL AN WINTER

Berlin den 27. Sept. 1829

Bei meiner Rückkunft von einer Ferienreise habe ich erst, hochgeschätzter Herr, Ihr gefälliges Schreiben vom 22ten vor. Mon. vorgefunden, nebst den mehrern Beilagen[1], woraus ich das eingetretene Verhältnis der Oswaldschen Buchhandlung, und dann den schnellen Absatz der zweiten Auflage meiner Enzyklopädie[2] und das Bedürfnis einer neuen ersehen habe. Indem ich in Gemäßheit des Inhalts jener Schreiben über diese Angelegenheit vornehmlich an Sie

meine Äußerungen zu richten zu haben glaube, so beeile ich mich nun, Ihre Zuschrift zu beantworten. Und zwar will ich zunächst Beziehung auf die Erklärung nehmen, die Sie infolge der übernommenen Verwaltung in Ihrem gefälligen Schreiben machen, daß Sie im Namen derselben für die pünktliche Abtragung des Honorars einstehen. Ich glaube diese Erklärung nicht anders nehmen zu können, als daß, wenn ich zwar darüber indirekt zu dem mir unbekannten und durch die getroffene Veranstaltung vielmehr für ungenügend erklärten Fond der Verlagshandlung in Beziehung stehe, ich jedoch für das Unternehmen dieser Auflage ganz nur an Sie und Ihre Zusage als Garantie gewiesen bin, und diese von allen etwa bereits oder später für nötig erachteten andern Dispositionen unabhängig gemacht ansehen darf, so daß ich das Verhältnis Ihrer gefälligen Zusicherung zu jenem Fond ganz nur Ihnen zu überlassen habe. In der Voraussetzung dieser Ansicht, um deren Bestätigung ich Sie ersuche, gehe ich zu dem Weitern über.

Aus dem Kontrakte, meiner Korrespondenz mit Herrn Oswald und den Rechnungen über die zweite Auflage der Enzyklopädie werden Sie entnommen haben, auf welchen Terminis unsere Übereinkunft für eine folgende Auflage steht. Für die ursprüngliche Bogenzahl von 18, in der ersten Ausgabe, haben wir ²/₃ des Honorars von 25 f festgesetzt; für die weitere Bogenzahl sind wir auf dieses ursprüngliche Honorar zurückgegangen und für die weitern 18 Bogen der 2ten Aufl. sind wir über 22 f p. Bogen miteinander zufrieden geworden; bei welcher Übereinkunft ich mir für den Zuwachs in einer neuen Aufl. die Honorierung der ersten vorbehalten habe. Infolgedessen mache ich die einfache Proposition, daß für 18 Bogen die zwei Drittel des Honorars der ersten Aufl. belassen bleiben; für die weitere Zahl, die in der zweiten sich gleichfalls auf 18 belief, gleichfalls 22 f stipuliert werden; ob und um wieviel in der bevorstehenden Aufl. diese Bogenzahl sich noch vermehren könne, kann ich noch keinen Gedanken haben, da die Arbeit mich überrascht und ich die Schrift noch nicht in dieser Beziehung durchlaufen konnte; aber im allgemeinen sehe ich voraus, daß ich keine bedeutende Veränderung und Vermehrung vornehmen werde. — Die Auflage bleibt

wie bisher auf 1000 Exemplare festgestellt, mit 18 Freiexemplaren, 12 auf Velin und 6 auf Schreibpapier.

Da sich die Benachrichtigung des Bedürfnisses einer neuen Auflage an mich so sehr verspätet hat (Hn. Oswald[s] Brief ist bereits vom 13. Jul. datiert), so hängt damit zusammen, daß die Absendung von M[anu]s[krip]t gleichfalls später, als Sie wohl wünschen, erfolgen kann; bei meinen seitdem so sehr gehäuften Arbeiten[3] kann ich über die Zeit noch nichts Bestimmtes angeben; ich werde aber das Mögliche [tun,] daß die Auflage auf Ostern erscheinen kann[4].

Ein dringender Wunsch wäre freilich, was ich in Zukunft bei fernern Drucksachen zur Bedingung machen werde, daß der Druck hier in Berlin veranstaltet, und die Revision von mir besorgt werden könne; die letzte Ausgabe ist aus der Oswaldschen Druckerei mit gar zu häßlichen Fehlern hervorgegangen, die bei abstrakten Materien doppelt und dreifach mißliebig sind. Es ist von der Druckerei sehr wesentlich größere Sorgfalt und Genauigkeit zu verlangen.

Herrn Oswald und Herrn Bankier Fries bitte ich recht sehr meine angelegentlichen Empfehlungen zu machen; letztern würde es mich gefreut haben in Berlin persönlich zu sehen; an denselben, wie auch an erstern, wäre es wohl überflüssig, daß ich besonders geschrieben hätte; an Hn. Osw[ald] ohnehin wird dieser Brief so gut als [an] ihn selbst geschrieben gelten; versichern Sie ihn gefälligst von meinem Anteil an seinem künftigen Wohlergehen. – Hn. Geh.K.Rat Daub bitte ich beil[iegenden] Brief[5] zukommen zu lassen; übrigens wagte ich es nicht, ihn noch einmal um die Bemühung der Revision anzusprechen.

Ihrer gefälligen Antwort entgegensehend und mit vollkommener Hochachtung verharre ich,

hochgeschätzter Herr,

Ihr

ergebener

Prof. Hegel

An

Herrn Buchhänd[l]er *F. Winter*

in

Heidelberg

frei pr. Gr.

620 a. HEGEL AN NIETHAMMER

Berlin, 29. 10. 1829

Mein geliebter Freund!

[Der Brief beginnt mit einer weitläufig begründeten Entschuldigung Hegels wegen seines langen Schweigens. Danach erwähnt Hegel sein Zusammentreffen mit Schelling zu Anfang September in Karlsbad[1] und die Gespräche mit ihm, die weniger auf einen philosophischen als auf einen politischen Ton gestimmt waren, der von Schelling nach Art eines Monologs festgehalten wurde, in dem er sich des längeren und breiteren über die Verhältnisse in München ausließ. Dabei wurde auch des gemeinsamen Freundes Niethammer gedacht, von dessen Lebewesen Schelling eingehend berichtete. Auf Hegels Frage, ob Schelling einen Beitrag für die „Kritischen Jahrbücher", vielleicht über Religionsphilosophie schreiben würde, habe dieser sich ausgeschwiegen.

Schelling habe „sein altes trotziges Wesen" behalten, aber dies habe nichts dagegen getan, daß Hegel sich in alter kordater Weise Schelling gegenüber aufgeführt und mit keinem Wort an die Verstimmungen in den letzten 20 Jahren erinnert habe.

Danach schreibt Hegel über die Kritischen Jahrbücher und versucht, Niethammers Vorbehalte zu zerstreuen. wenn er den Freund darauf aufmerksam macht, daß er, Hegel, mit den Jahrbüchern ein Organ, ja mehr als ein Organ, eine „schneidende Waffe" gegen Obskurantismus, gleich ob er von dieser oder von jener Seite, ob in mystischen Verquerungen oder in plattester Trivialität sich bemerkbar mache, habe schaffen wollen.

In diesem Zusammenhang wird Schleiermacher genannt, „der alte Widersacher", der nichts unversucht lasse, die Wirkungen der *Jahrbücher für wissenschaftliche Kritik* durch boshafteste Nachreden zu beeinträchtigen und sogar dem Minister (von Altenstein) zu suggerieren, daß Hegel mit seinen Schülern allerwärts dafür Stimmung mache, die Tätigkeit der philosophischen Klasse der Akademie als bedeutungslos herabzusetzen.

Im letzten Teil des Briefes berichtet Hegel über seine Frau und seine Söhne, deren älteren, Karl, er gern bald einmal nach München zu Niethammer schicken würde, damit er sich von dem Freund und von der besten Frau für sein bevorstehendes Studium wie für sein weiteres Leben mit Rat und Weisung versehen lasse.

Der Brief schließt mit Grüßen an Julius und an Ludwig (Döderlein).]

Der alte treue Hegel

627 a. HEGEL AN ALTENSTEIN

Euer Exzellenz

nehme ich mir die Freiheit zu bitten, Hochdenselben meine untertänige Aufwartung machen zu dürfen, und falls Euer Exzellenz dieser meiner ehrerbietigen Bitte stattgeben wollten, hochgeneigtest die Stunde zu bestimmen, in welcher Dieselbe mir eine kurze Audienz zu gewähren geruhten.[1]

In tiefster Devotion verharre
Euer Exzellenz

Berlin den 13 Jan. 1830

untertänigster
Hegel, Professor
u.d.Z. Rektor an hies.
Friedr. Wilh. Univ.

An des Kön. wirklichen geh. Staatsministers
Chefs des Departements der Geistlichen,
Unterrichts- u. Medizinal-Angelegenheiten etc.
Herrn Freiherrn von Altenstein
Exzellenz

634 a. HEGEL AN REIMER

Nach unserer letzten genommenen Absprache durfte ich die Hoffnung haben, daß der Abdruck wenigstens in gleichem Fortgang sich erhalten, ja vielmehr mehr beschleunigt werden würde[1]; nun habe ich aber diese ganze Woche noch keine Revision erhalten; ich ersuche Sie daher, hochgeehrtester Herr, angelegentlich, gefällige wirksame Anstalt zu treffen, daß diese Unterbrechung eingebracht und der Abdruck einen beschleunigten Fortgang erlange.

Mit vollkommener Hochachtung
Ihr
ganz ergebener
Hegel

B[erlin] 8 Apr. 1830

[Es i]st in 14 Tagen, daß ich den Anschlag
[für] die Studierenden zu machen habe, daß
[sie] Exemplare erhalten können, und das Bedürfnis,
daß wenigstens 24 Bogen[2] abgegeben werden könnten.

634 b. HEGEL AN REIMER (?)

B[erlin] 25. 4. 1830

[Über Abänderungen an seinem im Druck befindlichen Werk, die Schwierigkeiten machen, die Hegel aber auf jeden Fall berücksichtigt sehen möchte.[1]]

635 a. HEGEL AN DIE NICOLAISCHE BUCHHANDLUNG (Fragment)

[Berlin] 3. Mai 1830

[Hegel bestellt:]
Leben und Werke der Troubadours – von Fr. Diez.
Zwickau, Schumann. 1829 . . .[1]

Prof. Hegel

640 a. HEGEL AN BEER

Ich habe Sie, mein hochgeschätzter Freund, gestern nicht zu sehen bekommen, wie ich hoffte, mache daher die schriftliche Erwiderung auf Ihre gefällige Einladung auf morgen mittag, daß ich mit meiner Frau derselben gemäß [mich]

bei Ihnen einfinden werde. Der Frau Gemahlin bitten wir uns bestens zu empfehlen.

B[erlin] $\frac{3}{7}$ 30

Ihr ergebenster
Hgl

Herrn
Bankier Heinrich Beer
Wohlgeboren
Charlottenburg
im gräfl. Kampeschen Garten

644 a. *HEGEL AN ALTENSTEIN*

Euer Exzellenz

nehme ich mir die untertänige Freiheit, die an der Säkularfeier der Übergabe der Augsburgischen Konfession von Amtswegen von mir gehaltene, eben im Drucke erschienene[a]) Rede[1] ehrerbietigst zu überreichen. Geruhen Euer Exzellenz diese Blätter mit derjenigen Nachsicht und Huld gnädigst anzunehmen, die ich dankbarst so vielfach erfahren und welcher mich nicht unwert zu machen und zu erhalten wie meine schuldige Pflicht, so zur Gewohnheit eines Bedürfnisses mir geworden ist.

Wollen Hochdieselben den Ausdruck der tiefsten Ehrerbietung genehmigen, mit der ich verharre

Euer Exzellenz
[Berlin,] d. 6. Aug. 1830 untertäniger
Hegel, Prof. p. o.
u.d.z. Rektor an hies.
Kön. Universität.

[Herrn St]aatsminister
[Frh. v.] Altenstein

---

a) *Hs.:* gehaltenen ... erschienenen; *über der Zeile steht ohne erkennbaren Sinnzusammenhang:* auf der

649 a. HEGEL AN WINTER

Endlich, mein hochgeehrter Herr, habe ich heute die Revision von dem Schlusse der Enzyklopädie erhalten; diese Ausgabe hat eine Erweiterung von 5 Bogen gegen die vorhergehende erhalten, und beträgt in allem 41 Bogen[1].

Es ist für Sie und mich höchst mißliebig, wie sehr der Druck verzögert worden ist; Herr Reimer hat ihn nicht selbst übernehmen können, und nur eine mittelmäßige Druckerei gefunden, der er ihn übergeben hat[2], so daß es schon lange gedauert, bis es zum Anfange gekommen; eine Verwechslung des Papiers hat veranlaßt, daß 5 Bogen umgedruckt und die sehr beschwerliche Revision von mir doppelt hat gemacht werden müssen; zuletzt, außer dem gewöhnlichen Weglaufen von Setzern, hat die Druckerei zu den Vorreden[3] Lettern borgen müssen, wo ich fast verzweifelte, ob es zum Schlusse kommen werde; der Druck dieser Vorr[eden] ist unförmlich und zu groß ausgefallen, wie die Lettern des ganzen Textes etwas kleiner sind als die der vorhergehenden Ausgaben.

Nachdem ich nun, ohne Vorschuß zu verlangen, in Ansehung des Honorars so sehr verzögert worden bin, so ersuche Dieselben nunmehr, mir nach unserer Übereinkunft den Betrag baldigst hieher zu übermachen, und hoffe, daß die Verlagshandlung keinen Schaden an diesem Unternehmen haben wird.

Für Herrn Geh. Kirchen-Rat Daub werde ich Ihnen ein schreibpap[iernes] Exemplar zugehen lassen; vorläufig bitte ich demselben, so wie Herrn Geh. Hofrat Creuzer und Thibaut meine besten Empfehlungen zu machen; nicht weniger empfehlen Sie mich gefälligst Herrn Oswald.

Schließlich bitte ich Sie die Versicherungen meiner vollkommenen Hochachtung anzunehmen, mit der ich bin

Ihr

Berlin den 1 Okt. 1830

ergebenster
Prof. Hegel
an hies. K. Univ.

An
Herrn Buchhändlers C. F. Winter
Wohlgeboren
in Heidelberg

650 a. HEGEL AN REIMER

Ich bin so frei, Sie, hochgeehrtester Herr, zu ersuchen, nachdem ich nun die Exemplare der Enzyklopädie erhalten, beiliegendes schreibpapiernes den Exempl[aren] — und zwar gleich dem ersten Ballen, den Sie an Herrn Winter nach Heidelberg abgehen lassen, beizupacken[1]. — Ich mache Ihnen auch von meiner Seite meinen Dank für alle Mühe, die Sie mit der Besorgung dieses Geschäfts gehabt.

An das Aushängeexempl[ar] hat der Autor sich gewöhnt, Korrekturen darin gemacht; — können Sie es noch durch den letzten Bogen, den die nachlässige Nortmannsche Druckerei nicht geschickt, komplettieren, so tun Sie mir einen Gefallen.

Hochachtungsvollst
Ihr ergebenster
Hegel

B[erlin] $\frac{18}{10}$ 30

651 a. HEGEL AN BAIER

Ihrem Verlangen gemäß, sehr geschätzter Herr Doktor, habe ich beiliegendes Zeugnis[1] verfaßt; ich wünsche, daß Ihre Absicht auf die Stelle, von der Sie schreiben, von Erfolg sein möge.

Hochachtungsvoll
Ihr
ergebener
Prof. Hegel

Berlin, 25. Okt. 1830

651 b. HEGEL AN WOHLFAHRT

Euer Hochehrwürden

bin ich für das gütige Andenken und das damit verbundene Zutrauen, das dieselben mir in Ihrem gefälligen Schreiben vom 15ten vor. Mon. bezeigen, recht sehr verbunden. Ich habe mich Ihrem Wunsche gemäß nach einem

Studenten, der absolviert hätte und geneigt wäre, eine Hauslehrerstelle anzunehmen, umgesehen. Herr Boos, der mir sonst unbekannt ist, ist mir als ein geschickter und gesitteter junger Mann von tadelloser Aufführung und von lebendigem Charakter recht sehr empfohlen worden, und sein verständiges, anständiges, von Anmaßung nicht begleitetes kräftiges Aussehen hat mir diese Beschreibung bestätigt. Er glaubt auch in der Musik Genüge leisten zu können, doch nicht so im Französischen; die Anforderungen sind allerdings bedeutend, im Verhältnis zum Salar.

Er wird Euer Hochehrwürden selbst schreiben, oder wohl ohne Zweifel schon geschrieben haben; ich wünsche nun, daß die Unterhandlung zu Ihrer und Ihres Herrn Patrons Zufriedenheit ausfallen möge, und erbitte mir, wenn es nötig ist, Ihre weitern gefällige Aufträge darüber aus.

Indem ich mich Ihrem fernern gütigen Andenken empfehle, verharre ich mit ausgezeichneter Hochachtung

Euer Hochehrwürden
ganz ergebener Diener
Prof. Hegel

Berlin den 3 Nov. 1830

Sr Hochehrwürden
Herrn Prediger Wohlfahrt
in Gehren
bei Straßburg in der Uckermark

654 a. HEGEL AN WINTER

Berlin den 20 Nov. 1830

Ein Schreiben von mir vom 10. d[ieses] an Sie, hochgeehrter Herr, hat sich mit einem, das ich von Herrn Fries von dems[elben] Datum erhalten, gekreuzt[1]; die in letzterem enthaltene Berechnung des Honorars ist von der abweichend, die ich in jenem Schreiben an Sie aufgesetzt demjenigen gemäß, worüber ich mit Ihnen übereingekommen bin.

Das Verhältnis, in welchem Herr Fries mit der Oswaldschen Verlagsverwaltung steht, kenne ich nicht näher; ich

muß die Abweichung der Berechnung dem zuschreiben, daß dieselbe nicht gehörig mit Ihnen reguliert worden ist; da ich mit Ihnen die Bedingungen verhandelt, so habe ich mich an Sie mit dem Ersuchen, die Berichtigung zu bewirken, zu wenden. Jene Bedingungen sind teils in Folge des frühern Vertrags mit Herrn Oswald gemacht, teils aber dahin abgeändert worden, daß – wie mein Schreiben vom 8. Aug. vor. J. besagt[2], indem 18 Bogen mit 2/3 von 25 f berechnet werden, jeder Bogen darüber mit 22 f honoriert werden soll; nachdem Ihr Schreiben vom 10. Nov. dess. J. meinen Vorschlag zugestanden, habe ich das M[anu]s[krip]t an die Druckerei abgegeben.

Indem Sie diese Angaben richtig finden werden, werden Sie gefälligst Herrn Fries veranlassen, das an den zu berechnenden 828 f noch Fehlende durch eine Anweisung hieher gefälligst zu decken.[3]

Hochachtungsvoll verharre, hochgeehrter Herr,

Ihr

ergebenster
Prof. Hegel

660 a. HEGEL AN SCHULZE

Ich glaube Ihnen, wertester Herr Geheimer Rat, beiliegendes Schreiben[1] übersenden zu dürfen und mir gelegentliche Andeutung zu einer Rückäußerung erbitten zu dürfen; – Sie werden noch ein Kuriosum, Vitruv betr., das Hirt interessieren wird, darin finden; den Brief bitte ich bald mir zurückzuschicken für die Besorgung des Auftrags auf der Bibliothek.

Wie geht es mit Ihrer Gesundheit? – mit der meinigen ging es leidlich.

Guten Morgen

Ihr

Hgl $\frac{14}{12}$ 30

Ich hielt es nicht für ganz geziemend, dem Herrn Minister ein Exempl[ar] der Medaille[2] zu schicken; für einen sehr

freundlichen und verbindlichen Brief über
das Ex[emplar] der Enzyklop[ädie][3] habe ich
wohl auch Ihnen über Ihren Anteil daran
Dank zu sagen.

664 a. *HEGEL AN WINTER*

Berlin, 18. 1. 1831.

[Hegel mahnt rückständiges Honorar an.]

675 a. *PHILIPSBORN AN HEGEL*

Euer Hochwohlgeboren

wundern sich, und nicht mit Unrecht, daß Sie auf Ihre geehrte Zuschrift vom 2. d. M. noch ohne Antwort sind. — Ein rheumatisch-nervöses Fieber, was mich in der Nacht vom 1. zum 2. d. M. befallen hat, gestattete mir im Laufe dieser ganzen Woche nicht, irgend Geschäfte zu treiben; nur seit gestern nachmittag kann ich erst wieder damit beginnen.

Der befohlene Schluß des Aufsatzes[1] erfolgt anbei: wie leicht es übrigens wird, sich Gehör zu verschaffen, wollen Euer Hochwohlgeboren aus der *sub voto remissionis* zur *vertraulichen* Kenntnisnahme angeschlossenen Antwort des Herrn Geh. Kabinetts-Rats Albrecht[2] gefälligst ersehen. Wäre man nicht ein zu solider Protestant, was könnte man alles werden? —

Hochachtungsvoll und ganz ergebenst
der Ihrige bin und bleibe ich

Philipsborn
8/5 31.

675 b. *HEGEL AN V. BEYME*

Eure Exzellenz

haben in Ihrer hochgeneigten Zuschrift vom 16ten d[ieses Monats] die mir schmeichelhafte Bezeugung Ihrer Zufriedenheit mit einem Artikel in der Staatszeitung machen wollen, für dessen Verfasser ich ausgegeben worden bin[1]; was diese Autorschaft betrifft, so ist dem Vernehmen nach

zwischen der Direktion der Staatszeitung und dem Verfasser das Einverständnis getroffen, den Namen, auch wenn er erkannt worden wäre, – was aus mancherlei Umständen leicht geschehen könnte, – nicht einzugestehen; wonach ich die gegen Eure Exzellenz ganz unverfängliche Befugnis, von meiner Seite eine Äußerung zu machen, da sie als einseitig sich qualifizierte, als mir nicht zustehend anzusehen hätte; noch weniger aber könnte ich das zu große Lob, das Eure Exzellenz jenem Aufsatze erteilen wollen, auf mich nehmen. Da die Tendenz desselben, Prinzipien in Anspruch zu nehmen, die unter anderem auch eine konstante Quelle der Verkennung und Verunglimpfung der preußischen Verfassung und Gesetzgebung sind, wie gegen dieselbe auch die Prätension und der zugestandene Ruhm der englischen Freiheit gelten gelassen wird, die Gelegenheit der englischen Reformbill genommen hat, so hat der Gesichtspunkt daraus erwachsen können, daß die englische Staatsverfassung damit angegriffen wurde, was als ungeeignet für die preußische Staatszeitung den Abdruck des Beschlusses des Artikels verhindert habe.[2] Ein besonderer Abdruck, wozu Eurer Exzellenz gnädige Aufmunterung der wichtigste Bestimmungsgrund sein würde, erforderte wohl eine größere Ausführung, wozu es wohl weniger an Stoff als an Zeit gebräche.

Bei dieser Gelegenheit habe ich die Ehre, Eurer Exzellenz den gefälligst mitgeteilten Auszug der englischen Rezension von Cousins Schrift[3] mit dem untertänigsten Danke zurückzuschicken, mit der angelegentlichsten Entschuldigung zugleich über die lange Verzögerung; es ist mir, da es mich zugleich am nächsten trifft, sehr interessant gewesen zu sehen, wie weit Engländer in philosophische Studien und Bekanntschaft mit auswärtigem Philosophieren eingehen, und daß sie gegen deutsche Ideen auch mit deutschen, mit Kantischen Ansichten polemisieren.

Indem ich noch bitten darf, daß Eure Exzellenz die Versicherung meiner tiefsten Verehrung gnädigst aufzunehmen geruhen mögen, habe ich die Ehre zu sein

Eurer Excellenz untertäniger Diener
Professor Hegel

Berlin den 21 Mai 1831

679 *a.* BLOCH AN HEGEL

Guten Morgen, liebster Freund!

Rösel und Zelter werde [ich] heute zu Ihnen abholen — ich habe auch schon denselben wegen morgen mittag das Nötige mitgeteilt — wen Sie noch dazu nehmen wollen, überlasse [ich] Ihnen.

Der Ihrige

Bloch

den 27/8. 31

683 *a.* HEGEL AN DIE NICOLAISCHE BUCHHANDLUNG (*Fragment*)

[Berlin,] 29. 9. 1831

[Hegel bestellt:]
Rückert Östliche Rosen[1], Mittermaier Privatrecht[2] und Cottu De l'administration de la justice criminelle en Angleterre[3].

NICHT NÄHER DATIERBAR

695. *HEGEL AN UNBEKANNT*

[Jena erscheine ihm wie ein Kloster. Seine Wissenschaft und selbst seine Kunstansicht sei einseitig. Diese Periode sei notwendig gewesen, aber sie sei vorbei, die Schule habe sich vollbracht; ihr Treiben sei zersplittert und in die lebendige Welt hinausgeworfen. Der Reichtum des Geistes und Lebens habe die Einsamkeit der Schule nicht berührt, sie aber auch ihn nicht. Interessen hätten regiert, von denen in Deutschland, Jena und Weimar ausgenommen, kein Mensch etwas wußte. Bücher seien hier als allgemein geltend angesehen, von denen kaum hundert Exemplare ins Publikum gekommen. Heidelberg scheine vorteilhafter als Jena gelegen zu sein, die politische Verwirrung und die Eitelkeit eines oberflächlichen Wissens zur Ordnung zurückzuführen und die Macht der Wissenschaft auch in die Wirklichkeit übertreten zu lassen.]

696. *HEGEL AN NIETHAMMER*

[Mehrere Jahre hindurch habe er sich mit dem Vorhaben getragen, die Physiologie Richerands[1], eines Schülers von Bichat, aus dem Französischen zu übersetzen. Freilich seien keine deutschen Ansichten darin.]

697. *HEGEL AN UNBEKANNT*

Indem ich durch Herrn D. Gans nicht die bestimmte Zusage, Sie heute bei mir zu sehen, erhalten habe, so bin ich so frei, Sie hiemit noch zu bitten, mir, wenn Sie es möglich machen können, das Vergnügen Ihrer Gegenwart auf heute Abend zu schenken

Ihr
ergebenster
Prof. Hegel

698. *HEGEL AN UNBEKANNT*

Guten Morgen!

Ich wollte Ihnen Inliegendes gestern Abend zu lesen geben, ich schicke es Ihnen, um zur Kuriosität daraus zu sehen, mit welche[n] Leuten ich zu tun habe, und was für ein Geschäftsgang bei uns ist; – bitte es mir diesen Vormittag zurück aus; oder sind Sie um 1/2 12 zu Hause, so spreche[a]) ich einen Augenblick bei Ihnen an –

Ihr

Hgl

699. *HEGEL AN DIE NICOLAISCHE BUCHHANDLUNG (Fragment)*

Fermenta Cognitionis. Von Franz von Baader. Heftweise herauskommen[d], bitte mir aus[1]

Prof. Hegel.

700. *HEGEL AN WENDT*

Professor Hegel

bittet Herrn Hofrat Wendt diesen Abend (Sonnabend) bei ihm vorzusprechen, wenn derselbe sonst nicht engagiert ist.

701. *MAGDALENA KATHARINA ROSENBERGER AN HEGEL*

Herr Professor! Beim zufälligen Durchblättern der Jahrbücher für wissensch. Kritik Nr. 108[b]) fiel mir die Fortsetzung Ihrer Anzeige, oder Kritik[1], oder eigentlicher — Schmähschrift in die Augen. Wie jeder, der seinen oder den Namen derer, die ihn nahe angehen, unerwartet nennen hört oder liest, von einer unwiderstehlichen Neugierde getrieben wird, die Beziehung, in welcher er steht, zu ermitteln, so fühlte auch ich mich im Augen-

---

a) *Hs.:* sprechen

b) *Erstdruck:* 103

blick der Entdeckung aufs lebhafteste von ihr ergriffen. Ich las in aller Unschuld meines Herzens, was zu verstehn ich wohl nicht erwarten konnte und auch nicht erwartete, las dennoch weiter. Aber wie schildere ich Ihnen mein Erstaunen, die schmerzlichen Gefühle meines Herzens, als ich die verklärten Gestalten meiner Eltern entstellt, nur ihre Schattenseiten hervorgehoben und im grellsten Licht mir vors Auge geführt, und der größten Öffentlichkeit preisgegeben sah. — Sie erschienen mir als ein Räuber, der unvorgesehen in das Paradies meiner Jugendträume brach, um es auf eine tückische Weise zu zerstören; was Ihnen aber nur für einen Augenblick gelang. Dennoch fühle ich mich durch und durch erbittert und im Geiste ergrimmt, fühle im Geiste meines Vaters, daß mein Mund beredt werden müsse, den Frevel zu rügen und meinem Herzen durch Worte gegen Sie Luft zu machen. Es traf mich um so unerwarteter, da ich bisher die vertrauten Briefe meines Vaters an seine vertrautesten Freunde, in welchen er sie ohne Rückhalt in das Innerste seiner Seele blicken ließ, für unantastbar gehalten habe: ebenso, habe ich geglaubt, mußte die unverschleierte Selbstanklage seiner schwachen menschlichen Natur, der jeder Sterbliche mehr oder minder unterliegt, ihn gegen alle Angriffe, vor allen aber gegen solche, wie Sie sich gegen ihn erlauben, schützen. Obenein waren diese brieflichen Ergießungen, worin sich sein individuellstes Wesen aussprach, keineswegs von ihm zum Drucke bestimmt; auch ist es gewiß des Herausgebers Absicht nicht gewesen, durch denselben ihn, seine Kinder und Kindeskinder zu brandmarken. Aus diesen und mehreren Gründen, die sich aus Quellen reiner Humanität herleiten und beweisen ließen, halte ich diese vertrauten Mitteilungen meines Vaters noch in diesem Augenblick für ein Heiligtum, das so bitter zu rügen sich niemand erlauben sollte.

Ja, er war ein Sünder, dieser Hamann — wie wir alle, wenn wir auch nicht wie Er es offen und laut bekennen: und oft war der Größte als Ankläger und Richter gegen sich selbst. Er unterlag mancher Selbsttäuschung: ermüdete, von Irrtum zu Irrtum verleitet, er dennoch nicht im ernsten eifrigen Streben nach Wahrheit und Licht, bis ans Ende. Ein Heuchler aber, wozu Sie ihn gern stempeln möchten, war er nie, weder in Wort noch Tat. Was — nachdem Sie ihm alle Gedankenfähigkeit, wie das Vermögen dieselben zu Tage zu fördern, absprechen — was Sie bewogen haben kann, den Toten aus der Gruft zu rufen, ihn gerupft und jeder menschlichen Veredlung entblößt, nur seine krassen Seiten hervorhebend mit noch krasseren Farben gezeichnet dem Publikum zur Schau zu stellen, begreife ich nicht. — Wie Sie ihn schildern, den Mann voller Ungereimtheiten, ein ge-

haltloses Zerrbild, war er wahrlich kein Gegenstand für Sie, einen hochgelehrten Herrn Professor, und Ihrer philosophischen Betrachtung durchaus unwürdig. Oder ersahen Sie sich den Namen, den seine Zeitgenossen nicht ganz verstanden, der sich selbst oft nicht verstand — ersahen Sie sich ihn nur zum Gegenstande Ihrer Schmähsucht? so ist sie feiger Natur, da sie sich an Tote und wehrlose Weiber wagt: Ihre Arbeit in jeder Hinsicht nicht nur eine nutz- und zwecklose, sondern auch eine undankbare, die Ihnen schwerlich den Weg zur Unsterblichkeit eines Nero bahnen und um die Sie niemand beneiden wird. — Aber nehmen Sie ihn hin, den Mann ohne Furcht vor Tadel — widerlegen und verachten Sie seine Ansichten und Meinungen nach Belieben; Sie tun damit doch nur, was nach Jahren auch Ihnen geschieht, und nehmen so im voraus Rache an der Vorwelt für ein Weh, das die Nachwelt Ihnen nicht vorenthalten wird und dem Sie nicht entgehen werden. Auch seinen Charakter würde ich Ihnen preisgeben, wären Sie weniger ungerecht in Ihrem Urteil über ihn: der aber steht noch in zu großem Ansehen bei allen, die ihn kannten, und der zum Teil noch lebenden Welt, als daß der giftige Hauch der Verleumdung ihm was anhaben könnte: daß man überdem eben kein Philosoph zu sein braucht, um das Reinste, Höchste in den Staub zu ziehen ... weiß jeder. Was mich aber vor allem an Sie zu schreiben auffordert — ist — daß Sie sich's erlauben, das häusliche Verhältnis meiner Eltern der Vergessenheit zu entziehen und es zur großen Publizität zu bringen — ein Verfahren, was sowohl Ihrem Herzen, als Ihrer Delicatesse nur zum größesten Vorwurf gereichen und ich Ihnen nicht vergeben kann. Wie gehört, frage ich Sie alles Ernstes — in welcher Absicht und zu welchem Zweck kommt die Ehe meiner Eltern in das gelehrte, von der ganzen Welt gelesene Blatt? — Daß meine Mutter von niederer Herkunft war, kann keinem von beiden zum Vorwurf gereichen; denn es hat schon mancher Professor und noch höher Gestellte sich seine Lebensgefährtin aus der Küche an den Lehrstuhl gezogen, weniger glücklich und ehrenvoll als es bei meinem Vater der Fall war; ohne daß es jemanden eingefallen wäre, in die Posaune zu stoßen. Daß die Ehe eine Gewissens und keine förmliche war, ist allerdings ein Unrecht, das mein Vater gegen die bürgerliche Ordnung und dadurch ein noch größeres gegen meine Mutter beging. — Da sie aber gegenseitig mit der unverbrüchlichsten Treue geführt wurde, ist und bleibt sie vor dem höhern Tribunal eine reinere, vollgültigere als manche durch Priesterhand unter Glockengeläut und Chorgesang geknüpfte, aus der der Engel der Treue nicht selten auf immer entwich. — Fiel es Ihnen endlich in Ihrem

Feuereifer gar nicht ein, daß aus dieser Gewissensehe, deren große Fruchtbarkeit Sie zu wiederholten Malen erwähnen, noch Kinder leben könnten, denen Sie ein flüchtiges Erröten wie ein früheres Herzweh recht gut ersparen konnten? Es waren der Kinder nur vier, von denen noch 3 Töchter am Leben sind und ich die mittelste bin: außer diesen leben auch mehrere Enkel, die Ihnen für Ihre unberufenen Mitteilungen ebensowenig Dank wissen, ihren Großvater aber nie verleugnen oder sich seines Namens schämen werden.

Und nun — lasset die Toten ruhen! ruft feierlich eine ernste Stimme in unserer Brust. Lasset die Toten! rufe, wenn auch zu spät — ich Ihnen zu.

Sollte dieses Schreiben Ewr. Wohlgeboren sonderbar dünken, so dienet zur Nachricht, daß es mir unmöglich war, die Gefühle meines Herzens zu unterdrücken, da der frühe Tod unseres Bruders uns die Genugtuung raubt, die tiefgekränkte Ehre meines seligen Vaters gerechtfertigt zu sehen.

ANMERKUNGEN

BRIEFE VON UND AN HEGEL

NACHTRÄGE

Zu 4

Stäudlin an Hegel (Fragment) - 14. XII. 1793

Abdr. nach den Zitaten bei *Ros.* 42; die ergänzenden, in eckige Klammern eingeschlossenen Inhaltsreferate nach den ebd. gemachten Mitteilungen. In Band 1 dieser Ausgabe (S. 9) ist nur das kurze erste Zitat zusammenhanglos aufgenommen. Tatsächlich läßt sich aus *Ros.* nicht unmittelbar erkennen, daß auch das Nachfolgende dem zitierten Brief entstammt. Vgl. dazu jetzt K. Rosenkranz an Karl Hegel, 29. X. 1840: „Aus dem einzigen Briefe Stäudlins sehe ich, daß sich unter den Stiftlern damals eine Art Coteriesprache und Coteriewitz gebildet hatte, wofür der Ausdruck eine ‚Johannität' war und was unstreitig mit der Lektüre der Hippelschen Schriften zusammenhängt. Stäudlin teilt glücklicherweise Proben mit." (Zitiert nach *F. Nicolin: Karl Rosenkranz als Herausgeber und Biograph Hegels.* Bonn 1979. Brief Nr 16.) Diese briefliche Äußerung nach der ersten Durchsicht der im Hegel-Nachlaß vorgefundenen Korrespondenz läßt sich zwar nicht völlig zur Deckung bringen mit dem Bericht, den Rosenkranz in der Biographie gibt, fixiert aber als Quelle eindeutig den Brief Stäudlins, der somit vollständiger zu präsentieren ist.

1) Bad Cannstatt, nordöstlich von Stuttgart auf der anderen Seite des Neckar gelegen (seit Anfang unseres Jahrhunderts eingemeindet). — Der nach Rosenkranz referierte Hinweis auf die Spaziergänge Hegels mit Stäudlin bezieht sich auf die Zeit, die Hegel vor und nach dem Konsistorialexamen (vgl. dazu Dok. 44—46) in Stuttgart verbracht hat. Ob er auch in den voraufgegangenen Jahren schon persönlichen Umgang mit Stäudlin hatte, ist uns nicht bekannt; Stäudlins Eintragung in Hegels Stammbuch (s. Teil 1 dieses Bandes) ist leider undatiert.

27 a

Unbekannt an Hegel (Fragment) - 7. VIII. 1798

Abdr. nach dem Zitat bei *Ros.* 91.

1) Gemeint ist Hegels Schrift *Daß die Magistrate von den Bürgern gewählt werden müssen,* deren Titelblatt (mit der Jahreszahl 1798) und Einleitung noch handschriftlich erhalten sind. Rosenkranz berichtet a.a.O.: „Bis auf einige Fragmente ist diese Schrift nicht mehr vorhanden. Er wollte sie drucken lassen und teilte sie dreien Freunden in Stuttgart mit. Diese gaben ihm noch einige Winke für passende Änderungen, verstärkten noch seine Materialien, rieten aber am Ende, den Druck zu unterlassen, da die Schrift nicht nur nichts helfen, vielmehr unter den

herrschenden Umständen eher schaden würde. Der eine dieser Freunde schrieb aus Stuttgart am 7. August Folgendes: [Es folgt das Zitat]."

30 a

Hegel an die Philosophische Fakultät Jena - 8. VIII. 1801

Abdr. nach der Hs. (Fotografie) aus den Dekanatsakten der Philosophischen Fakultät, Band 1801/02, Universitätsarchiv Jena, Bestand M Nr 215. – Erstdr. bei *H. Kimmerle: Dokumente zu Hegels Jenaer Dozententätigkeit.* In: Hegel-Studien. Bd 4. Bonn 1967. 21—99; dieser Brief: 28.

Die folgenden Anmerkungen wie auch diejenigen zu Br. 30 c und 30 d sind der Veröffentlichung von Kimmerle verpflichtet.

1) Das älteste Fakultätsmitglied hieß „Senior", während alle übrigen den Titel „Assessor" führten.

2) Hegel schreibt: „... und da ich einst zum Grad eines Magisters der Philosophie promoviert wurde, erbitte ich nun die sogenannte Nostrifikation." Der Vorgang der Nostrifikation bedeutete, daß die Fakultät, an der ein andernorts graduierter Bewerber die Dozentenlaufbahn einschlagen wollte, den akademischen Grad dieses Bewerbers anerkannte. Für Hegel war demnach der Akt der Nostrifikation in Jena die erste Voraussetzung zur Erlangung der Venia legendi. Zu beachten ist in diesem Zusammenhang, daß die Titel „Magister" und „Doctor" nicht als rangunterschieden zu betrachten sind. Während Hegel von Tübingen her offiziell den Titel eines Magisters trug (vgl. dazu in dieser Ausgabe Dok. 32), hatte sich im Sprachgebrauch der Jenaer Fakultät, deren Statuten aus dem Jahre 1759 die Graduierten ebenfalls noch „Magistri" nennen, zu Hegels Zeit der Titel „Doctor" durchgesetzt. Vgl. auch Hegels Unterschrift in dem vorliegenden Brief.

30 b

Hegel an Mehmel - Vor Mitte August 1801

Abdr. nach der Hs. in der Autographensammlung Karl Weinhold, Literaturarchiv der Deutschen Akademie der Wissenschaften, Berlin. – Am oberen Rand von Mehmels Hand: „den 16. August [1801] beantwortet".

1) Mehmel war seit 1800 Mitherausgeber, seit 1801 alleiniger Herausgeber der in Erlangen erscheinenden *Literatur-Zeitung.* – Die Einladung an Hegel zur Mitarbeit erfolgte auf die Vermittlung Schellings hin, der in einem Brief an Mehmel vom 4. VII. 1801 wegen eigener Überlastung Hegels Namen und Adresse angegeben hatte für den Fall, daß das Bouterweksche Buch (s. Anm. 2) schon „bald angezeigt werden" sollte; vgl. *Schelling: Briefe und Dokumente.* Hrsg. v. H. Fuhrmans. Bd 1. Bonn 1962. 249.

2) *Friedrich Bouterwek: Anfangsgründe der spekulativen Philosophie.* Versuch eines Lehrbuchs. Göttingen 1800. — Hegel übersandte die Rezension an Mehmel mit Br. 31; sie erschien Mitte September (*Literatur-Zeitung.* Jg. 1801, Bd 2, Nr 181 und 182). Jetzt abgedruckt in *Hegel: Gesammelte Werke.* Bd 4: *Jenaer kritische Schriften.* Hrsg. v. H. Buchner u. O. Pöggeler. Hamburg 1968. 95—104.

3) *Johann Gottlieb Fichte: Sonnenklarer Bericht an das größere Publikum über das eigentliche Wesen der neuesten Philosophie. Ein Versuch, die Leser zum Verstehen zu zwingen.* Berlin 1801.

4) S. Anm. 2 zu Br. 32.

5) *Joseph Rückert: Der Realismus, oder Grundsätze zu einer durchaus praktischen Philosophie.* Leipzig 1801. Vgl. Anm. 5 zu Br. 38.

6) *Gottlob Ernst Schulze: Kritik der theoretischen Philosophie.* 2 Bände. Hamburg 1801. Vgl. Hegels spätere Rezension: *Verhältnis des Skeptizismus zur Philosophie. Darstellung seiner verschiedenen Modifikationen und Vergleichung des neuesten mit dem alten.* In: Kritisches Journal der Philosophie. Band 1, Stück 2. Tübingen 1802.

7) [*Joh. Chr. Aug. Grohmann:*] *Über Offenbarung und Mythologie. Als Nachtrag zur Religion innerhalb der Grenzen der reinen Vernunft.* Berlin 1799. — Die Schrift war in der *Literatur-Zeitung* schon im Jg. 1800 (14./15. Okt.) besprochen worden.

8) *Jakob Friedrich Duttenhofer: Versuch über den letzten Grundsatz der christlichen Sittenlehre.* Tübingen 1801.

30 c

Hegel an Voigt - 15. VIII. 1801

Abdr. wie bei Br. 30 a. — Erstdr. bei *H. Kimmerle,* in: Hegel-Studien. Bd 4. 31 f.

1) Empfänger des Briefes war der derzeitige Dekan der philosophischen Fakultät, J. H. Voigt. Das Eingangsdatum am Kopf des Briefes stimmt überein mit der entsprechenden Eintragung im Protokollbuch der Fakultät (s. in dieser Ausgabe Dok. 63). Es ist daher anzunehmen, daß Hegel sich bei der Niederschrift des Datums am Schluß des Briefes um einen Tag geirrt hat.

2) Zum Beweis seiner in Tübingen erfolgten Promotion mußte Hegel sein Magisterdiplom vorlegen. Das Diplom ist ausgefertigt am 20. IX. 1790; hier abgedruckt als Dok. 32.

3) Nach dem Tode seines Vaters hatte Hegel einen Vermögensanteil von 3154 Gulden geerbt — vgl. Dok. 57.

4) Da Hegel als herzoglicher Stipendiat studiert und vor dem Konsistorium in Stuttgart das theologische Examen (vgl. Dok. 45 und 46) abgelegt hatte, bestand für ihn in Württemberg die Anwartschaft auf Anstellung im kirchlichen Dienst.

5) Die Fakultät bestand auf Einhaltung der Statuten, in denen bestimmt war, daß kein Magister eher Vorlesungen halten dürfe,

„als bis er sich durch eine Disputation habilitiert" habe (vgl. *Kimmerle:* a.a.O. 34).

6) Auf diesen Vorschlag Hegels ging die Fakultät nicht ein, sondern forderte, daß er statt über eine zu diesem Zwecke verfaßte Schrift über Thesen zu disputieren und die Habilitationsdissertation nachzuliefern habe; vgl. Br. 30 d mit Anm. 1, sowie Dok. 63.

30 d

Hegel an Voigt - 26. VIII. 1801

Abdr. wie bei Br. 30 a. — Erstdr. bei *H. Kimmerle,* in: Hegel-Studien. Bd 4. 37 f.

1) S. Anm. 6 zu Br. 30 c und Dok. 63. Die für die Disputation abgefaßten Thesen sind abgedruckt in *Hegel: Erste Druckschriften.* Hrsg. v. G. Lasson. Leipzig 1928. 403 ff. Die bisher geltende Annahme, daß Hegel aufgrund der eingereichten Dissertation *De orbitis planetarum* habilitiert wurde (s. auch Anm. 8 zu Br. 31), wird durch die jetzt vorliegenden Akten korrigiert.

2) Respondent war Karl Schelling, der Bruder des Philosophen; als Opponenten nennt die Eintragung im Fakultätsprotokoll (s. Dok. 63) die Professoren Niethammer und Schelling sowie den Studenten Thomas Schwarzott. Vgl. auch den in Anm. 8 zu Br. 31 nachgewiesenen, heute verschollenen Notizzettel Hegels für die Disputation und die kritische Anmerkung Kimmerles (a.a.O. 43 f.) zu Hoffmeisters Abdruck.

3) Dieser Zettel Hegels ist nicht erhalten. Bei der hier berührten Frage der Rangordnung der Dozenten bezieht sich Hegel wohl auf eine Stelle aus den Statuten, die besagt, daß die Reihenfolge „nach der Zeit, wann die Disputatio pro loco gehalten worden, entschieden [wird]" (s. *Kimmerle.* 38).

33 a

Ruoff an Hegel - 2. IV. 1802

Abdr. nach der Hs. in der Handschriftenabteilung der Staatsbibliothek Preußischer Kulturbesitz, Berlin.

1) Dieses Schreiben konnte bisher nicht aufgefunden werden. Auch in den Sitzungsprotokollen des Konsistoriums findet der Vorgang, soweit wir sehen, keine Erwähnung.

2) Vgl. hierzu den im Protokollbuch des Konsistoriums festgehaltenen Beschluß vom 1. VII. 1800, „die schon längst abwesende Parastaten aufzurufen, nicht nur Nachricht von ihrem Aufenthalt zu geben, sondern auch $1^1/_2$ Jahr wenigstens vor der Zeit ihrer Bedienstung ins Vaterland zurückzukehren". (Landeskirchliches Archiv Stuttgart. Bestand A 3: Konsistorialprotokolle. Nr. 65: 1800—1801.)

36 a

Hegel an die Gebr. Ramann (Fragment) - 5. IV. 1803

Abdr. nach dem Erstdr. in einem Antiquariatskatalog (Ausschnitt von Georg Lasson). — Der Verbleib der Hs. ist nicht bekannt.

37 a

Hegel an Assal (Fragment) - Nach 21. V. 1803

Abdr. nach dem unvollst. Erstdruck in Katalog Nr 531 (Auktion 72) der Firma Karl u. Faber: „An den Hofadv. D. Assall, O. O. u. J. 2 SS." Nachgewiesen und wiederabgedruckt bei *G. Nicolin: Verlorenes aus Hegels Briefwechsel.* In: Hegel-Studien. Bd 3. Bonn 1965. 87. — Unsere Datierung „nach dem 21. 5. 1803" soll den Brief zugleich möglichst nahe an diesen Termin heranrücken. An diesem Tag schreibt Schelling, unmittelbar vor seiner Abreise aus Jena, an Assal und erklärt Hegel in Sachen des Prozesses gegen Gabler als „Committenten", „dergestalt, daß Sie die Güte haben werden, ihm die Akten zur Einsicht mitzuteilen" (vgl. *Schelling: Briefe und Dokumente.* Hrsg. v. H. Fuhrmans. Bd 1. Bonn 1962. 277). Der vorliegende Brief Hegels scheint unmittelbar hieran anzuknüpfen und vor aller weiteren Beschäftigung Hegels mit der Prozeßsache geschrieben zu sein.

37 b

Schelling an Hegel - Ende Mai 1803

Abdr. nach der Hs. im Schiller-Nationalmuseum, Marbach. — Als Brief an Hegel bestimmt aus dem Zusammenhang mit Br. 38 und sonstigen inhaltlichen Indizien; so duzte sich Schelling in Jena nur mit Hegel, und hier wie in anderen Briefen an Hegel erwähnt er seinen Bruder Karl und die Frommanns. Die Datierung ergibt sich von dem Tage her, an dem Schelling in Jena abreiste: 22. V. 1803 (vgl. das zu Br. 37 a Gesagte).

1) Schelling reiste zusammen mit Caroline Schlegel, vgl. Anm. 1 zu Br. 34.

2) Siehe jedoch Anm. 5 zu Br. 52.

3) Karl E. Schelling promovierte mit einer *Dissertatio inaug. de idea vitae huiusque praecipue formis* (erschienen: Tübingen 1805).

37 c

Hegel an Assal - Ende Juni / Anfang Juli 1803

Abdr. nach der Hs. im Schiller-Nationalmuseum, Marbach. — Die Datierung dieses Briefes in der 1. Aufl. des vorliegenden Bandes („Februar 1804") und bei H. Fuhrmans („Frühjahr 1804" — vgl. *Schelling: Briefe und Dokumente.* Bd 1. 303) hat schon H. Kimmerle *(Zur Chronologie von Hegels Jenaer Schriften.* In: Hegel-

Studien. Bd 4. Vgl. 155) kritisiert und durch die begründete Annahme ersetzt, daß der Brief — wie Br. 37 a — in der Zeit zwischen 21. V. und 16. VIII. 1803 geschrieben sei. In der Tat läßt sich das Schreiben inhaltlich nicht in die Nähe von Br. 45 (vom 27. II. 1804) verweisen. Außerdem ist zwischen Br. 40 und Br. 45 kein Platz für einen weiteren Brief Hegels an Schelling (vgl. im letzten Abschnitt des vorliegenden Briefes: „. . . da ich heute an Prof. Sch. zu schreiben habe"). Letzteres gilt indessen auch für den Zeitraum zwischen Br. 38 (11. VII. 1803) und Br. 40 (16. VIII.): auch hier ist in der Korrespondenz keine Lücke. Dagegen erwähnt Schelling in Br. 38 einen uns nicht erhaltenen Brief Hegels, den er binnen 14 Tagen vor dem 11. VII. empfangen hat. Dieser allein kann mit Hegels gegenüber Assal erwähntem Schreiben an Schelling identisch sein. Offenbar handelt es sich um den ersten Brief Hegels an Schelling nach dessen Abreise, also um die Antwort auf Br. 37 b. Die Annahme, daß darin auch von der Prozeßangelegenheit die Rede war, würde zusammenstimmen mit der Tatsache, daß Schelling in Br. 38 auf sie eingeht — was dann erst wieder geschieht in seiner Antwort auf Hegels ausführlichen Bericht vom 27. II. 1804. Aus dem ganzen Zusammenhang setzen wir auch den vorliegenden Brief an Assal — die zeitliche Eingrenzung zwischen 21. V. und 16. VIII. weiter präzisierend — auf Ende Juni oder Anfang Juli 1803 an.

Zu 39

Hegel an Goethe - 3. VIII. 1803

Der irrtümlich Hegel zugeschriebene Brief, abgedruckt in Band 1 dieser Ausgabe S. 72, muß ausgeschieden werden.

1) Der Erstdruck des Briefes findet sich in folgender Veröffentlichung: *Acht Briefe Hegels an Goethe.* Hrsg. von A. Genthe. In: Goethe-Jahrbuch. 16 (1895), 56—79. Von dort wurde er in die vorliegende Ausgabe übernommen. Der Irrtum ist zurückzuführen auf eine Unterschrifts-Verwechslung durch den mit der Handschrift Hegels nicht hinreichend vertrauten Herausgeber. Verfasser und Unterzeichner des Briefes ist in Wirklichkeit der damalige Jenaer Bürgermeister Georg Wilhelm Vogel, dessen Unterschrift die falsche Lesung „Georg Wilhelm Hegel" nahelegt. Nachweis dieses Sachverhalts, mit Faksimile-Abdruck der Unterschriften, bei *G. Nicolin: Georg Wilhelm Vogel an Goethe.* Eine Richtigstellung zu Hegels Briefwechsel. In: Hegel-Studien. Bd. 4. Bonn 1967. 109—111. — Die Korrektur ist insofern wichtig, als durch die falsche Zuschreibung (die auch Br. 51 unserer Ausgabe betrifft) die Anfänge der Beziehung zwischen Hegel und Goethe verzeichnet wurden.

43 a

Hegel an die Gebr. Ramann - 28. XI. 1803

Abdr. nach der Hs. im Schiller-Nationalmuseum, Marbach.

Zu 51

Hegel an Goethe - 6. XII. 1804

Der irrtümlich Hegel zugeschriebene Brief, abgedruckt in Band 1 dieser Ausgabe S. 88, muß wie Br. 39 ausgeschieden werden.

1) S. oben Anm. 1 zu der Br. 39 betreffenden Mitteilung. — Die Richtigstellung beseitigt nicht nur eine Fehlorientierung über Hegels frühes Verhältnis zu Goethe, sondern enthebt auch des weiteren Nachdenkens hinsichtlich einer Beziehung zwischen Hegel und dem Theologen Marezoll, die sonst nirgendwo erwähnt wird.

58 a

Hegel an die Gebr. Ramann - 9. I. 1806

Regest nach der Mitteilung im Lagerkatalog 10 der Autographenhandlung Henrici, Berlin; s. dort Nr 690. Vgl. *G. Nicolin: Verlorenes aus Hegels Briefwechsel.* In: Hegel-Studien. Bd 3. 80.

67 a

Hegel an die Gebr. Ramann - 18. VIII. 1806

Abdr. nach der Hs. in der Österreichischen Nationalbibliothek, Wien.

1) Dieser Hinweis, den Hegel wohl angesichts seiner noch nicht beglichenen Schulden bei der Weinhandlung für nötig hält, bezieht sich auf eine von ihm erhoffte baldige Honorarzahlung durch den Verleger Goebhardt für die bereits im Druck befindliche, aber im Manuskript noch nicht vollendete *Phänomenologie des Geistes;* vgl. Br. 68.

94 a

Hegel an Zellmann - 30. IV. 1807

Abdr. nach dem bislang unbeachtet gebliebenen Erstdr. in: Blätter für literarische Unterhaltung. Jg. 1835, Nr 155 (4. Juni). Unter der Überschrift *Zwei Briefe von Hegel* findet sich dort neben diesem der bekannte (in *Hegel: WW 1832* wiedergegebene) Brief an Zellmann vom 23. I. 1807, d. i. Br. 85, für den damit ebenfalls der eigentliche Erstdr. entdeckt ist. Darlegung dieses Sachverhalts und erster Wiederabdr. des vorliegenden Briefes bei *G. Nicolin: Zwei unbekannte Briefe Hegels aus dem Jahre 1807.* In: Hegel-Studien. Bd 4. 101—107.

1) Der Brief Zellmanns ist nicht bekannt.

2) Diese Studienbeschreibung Hegels, die man sich ähnlich wie das in Teil 1 (S. 175) abgedruckte Zeugnis für Gabler vorstellen muß, hat sich nicht erhalten. Welche Vorlesungen der zum Sommer 1805 immatrikulierte Zellmann bei Hegel gehört hat, geht aus den neuerdings veröffentlichten Hörerlisten hervor: vgl.

Hegel-Studien. Bd 4. 62 f. Siehe auch ebd. 67 das Urteil Gablers über Zellmann; letzteres auch: *Hegel in Berichten seiner Zeitgenossen.* Hrsg. v. G. Nicolin. Hamburg 1970. 61 f.

107 a

Hegel an Lenz - 17. XI. 1807

Abdr. nach Fotografie der Hs. aus dem Mineralogischen Institut der Universität Jena (Akten der Herzogl. Jenaischen Mineralog. Sozietät). — Erstdr. bei *G. Nicolin: Zwei unbekannte Briefe Hegels.* In: Hegel-Studien. Bd 4. 101—107.

1) Hegel war Assessor der Mineralogischen Gesellschaft: vgl. die in vorliegender Ausgabe als Dok. 69 abgedruckte, von Lenz als Direktor unterzeichnete Ernennungsurkunde vom 30. I. 1804 sowie den Auszug aus dem Mitgliederverzeichnis der Sozietät. — Was Hegels Verhältnis zu Lenz angeht, wie er selbst es hier anspricht, so verdient angemerkt zu werden, daß sich in seiner persönlichen Bibliothek das folgende Buch befand: *Johann Georg Lenz: System der Mineralkörper, mit Benutzung der neuesten Entdeckungen.* Bamberg u. Würzburg 1800.

2) Um wen es sich hier handelt, konnte nicht festgestellt werden.

3) Das Wort „Defekt" hier gebraucht in der Bedeutung von „fehlender Teil" (vgl. *Adelung: Wörterbuch der Hochdeutschen Mundart.* T. 1. Wien 1808. 1432).

120 a

Hegel an Niethammer - 21. IV. 1808

Abdr. nach der Hs. im Landeskirchlichen Archiv, Nürnberg. — Erstdr. bei *M. Simon: Ein Brief Hegels an Niethammer.* In: Zeitschrift f. bayerische Kirchengeschichte. Nürnberg. 27 (1958), 82—88.

1) Die drei Briefe bzw. Billette Niethammers an Hegel sind nicht bekannt. Eins von ihnen dürfte auch auf die in Hegels letztem vorausgegangenen Brief vom 28. III. 1808 (= Br. 119) gestellte Rückfrage wegen einer Anzeige von Niethammers Schrift *Der Streit des Philanthropinismus und Humanismus* geantwortet haben.

2) Die Wendung „Bücherbriefe" nimmt in erster Linie Bezug auf Niethammers Schrift *Über Pasigraphie und Ideographik* (Nürnberg 1808), die in Briefform abgefaßt und gemäß dem auf den Titel folgenden Widmungsblatt „An meinen Freund K.... in J." gerichtet ist. Die Annahme Hoffmeisters, daß die *Pasigraphie* sich bereits unter den (namentlich nicht genannten) Büchern befunden habe, deren Empfang Hegel in seinem an Niethammer gerichteten Brief vom November 1807 bestätigt (s. Anm. 2 zu Br. 108), entbehrt wohl einer sachlichen Stütze. — Außer dem Buch Niethammers meint Hegel mit den „Bücher-

briefen" das unter Anm. 5 genannte Werk von Westenrieder, und zwar — nach den inhaltlichen Bezugnahmen im vorliegenden Briefe zu urteilen — dessen zweiten Band.

3) Siehe wiederum den Widmungstitel der vorgenannten Schrift.

4) Niethammer wurde am 19. III. 1808 zum Mitglied der Bayerischen Akademie der Wissenschaften berufen. Unter diesem Datum genehmigte König Max I. Joseph außer der Berufung der vorgeschlagenen Ehrenmitglieder, ordentlichen und korrespondierenden Mitglieder die Errichtung einer neuen Klasse von „außerordentlichen, wirklichen, dahier wohnenden Mitgliedern", zu deren ersten drei Vertretern Niethammer zählte. Demgemäß heißt es auf dem Titelblatt des bald erscheinenden Buches über den *Streit des Philanthropinismus und Humanismus:* „von Friedrich Immanuel Niethammer, der Philosophie und Theologie Doktor, der Königlichen Akademie der Wissenschaften zu München außerordentlichen wirklichem Mitgliede . . ."

5) *Lorenz Westenrieder: Geschichte der bayerischen Akademie der Wissenschaften, auf Verlangen derselben verfertigt.* 2 Teile. München 1784—1807. Die Vorrede zu Band 2 beginnt: „Ich muß vor allen Dingen einem sonderbaren Mißverständnis begegnen, welches seit einiger Zeit (in einem sehr nachteiligen Sinne für unser Vaterland Bayern) irrig als historische Tatsache auf die Bahn gebracht . . . wurde." „Nun muß ich aber wahrnehmen, daß man . . . auf den Einfall gekommen sei, zu erzählen, die Literatur und Verstandeskultur in Bayern sei vor der Stiftung der Akademie in einem Zustand von der rohesten Verwilderung gelegen."

5a) Mit dieser Schreibung bezweckt Hegel anscheinend eine wortspielerische Verknüpfung von „barbarisch" und „bavarisch".

6) Vgl. *Westenrieder.* Vorrede: „Der unbeschreibliche Absatz von Druckschriften, welchen die norddeutschen Buchhandlungen nach den südlichen Ländern machten, ist der beste Beweis, wie sehr man in diesen an Bildung und Geschmack zugenommen, und wie allgemein sich der echte Geist der humanistischen Literatur verbreitet habe."

7) Westenrieder zitiert (Bd 2. 16—18) eine Äußerung aus Wielands *Deutschem Merkur* (März 1779); diese beginnt: „Nie ist mehr geschrieben und mehr gelesen worden; aber nie ist überhaupt weniger Geschmack unter uns gewesen, und nie scheinen Autoren und Leser weniger gewußt zu haben, was sie wollen."

8) *G. E. Lessing: Nathan der Weise.* Ein dramatisches Gedicht in fünf Aufzügen. 1779.

9) Vgl. *Westenrieder.* Bd 2. 22: „Auf die, im Jahr 1780 in Amberg angekündigte, Graf stollbergische Übersetzung der Ilias des Homer meldeten sich über 700 Pränumeranten, und die vom Lorenz Westenrieder, damals Professor der Poesie und Rhetorik, angekündigten und von 1778 bis 1882 fortgesetzten bayerischen Beiträge zur schönen und nützlichen Literatur zählten noch ungleich mehrere und wurden überall mit einem begeisterten Bei-

fall aufgenommen." – *Homers Iliade* verdeutscht von Friedrich Leopold Graf zu Stolberg erschien zuerst 1778.

10) Innerhalb des Verzeichnisses der Mitglieder der Akademie führt *Westenrieder* (Bd 2. 588; vgl. 33) auf: „Direktor der ästhetischen Klasse: Titl. Herr Kaspar Aloys Reichsgraf von la Rosee."

11) Vgl. *Westenrieder*. Band 2. 331: „Hr. Semmler gab sich die ganz besondere Mühe, wofür ihm ... die Akademie Dank weiß, die bis 1782 herausgekommenen Vol. der monum. boicorum mit kritischem Auge zu prüfen ..."

12) Vgl. ebd. 227: „Auch die westenriederische, von der Akademie zum Druck beförderte Geschichte [von Bayern, München 1784] zog sich an dem Verfasser des Buchs ‚Prüfung der Geschichte von Bayern für die Jugend und das Volk mit Urkunden, Frankfurt und Leipzig 1787' einen heftigen Widersacher zu, und das zum Vorteil der bayerischen Geschichte."

13) Vgl. die Vorrede des erörterten Buches, wo es heißt: „... im Fach der höhern Wissenschaften hielt man im ganzen Deutschland einen gleichen Schritt; nur im Betreff der dogmatischen Theologie muß erinnert werden, daß in Ländern, wo die Regierungen konsequent oder sach- und schlußrichtig zu Werk gingen, den katholischen Professoren zur strengsten Pflicht (und mit vollem Recht) gemacht wurde, buchstäblich das, wofür sie zu Professoren angestellt, und wofür sie auch bezahlt wurden, das katholische Glaubensdogma nämlich (und nicht etwa ihre Privateinfälle und Meinungen) zu lehren."

14) S. Anm. 2 zu Br. 121.

15) Siehe oben Anm. 1. – Die von dem Verleger Friedrich Frommann unterzeichnete Anzeige erschien in der von Hegel redigierten Bamberger Zeitung zwei Tage vor Ostern, am 15. IV. (Nr 106). Nach erfolgter Auslieferung des Buches – auf die Hegel laut Br. 122 am 20. V. noch wartete – brachte die Zeitung in der Ausgabe vom 17. VI. nochmals eine Annonce. Sie ist nicht unterzeichnet und verweist darauf, daß die Schrift im Zeitungs-Kontor zu haben sei. Der Text ist anscheinend von Hegel selbst verfaßt. Er erläutert kurz die beiden Titelbegriffe und dürfte somit die überhaupt erste öffentliche Aufnahme des von Niethammer geprägten Begriffs „Humanismus" darstellen.

195 a

Marie v. Tucher an Hegel - Aug. / Sept. 1811

Abdr. nach der Hs. im Besitz von Familie Schumm, Neuenstein/Württ. Das Blättchen befindet sich als Beilage in Hegels Haushaltskalender für das Jahr 1811 (vgl. Teil 1 dieses Bandes). Die Nachricht steht ohne Zweifel im Zusammenhang mit Hochzeitsvorbereitungen.

196 a

Hegel an Frau Seebeck - 16. X. 1811

Abdr. nach der Hs. im Besitz von Herrn Dr. Eberhard Fahrenhorst, Tegernsee.

1) Vgl. den Anfang von Br. 188 (Regest).

2) Die russischen Handelsverfügungen von 1810 und 1811 hatten die Wirksamkeit der von Napoleon gegen England gerichteten Kontinentalsperre durchlöchert. Napoleons Proteste beim Zaren blieben unwirksam, so daß die französisch-russischen Beziehungen sich im Laufe des Jahres 1811 immer mehr zuspitzten und die Kriegsgefahr aufs höchste stieg.

3) Seebecks genialisches und unstetes Wesen, das schon Goethe bei aller sonstigen Wertschätzung gerügt hatte, auch wohl ein gewisser Mangel an Grundlagenkenntnissen (vgl. Hegels Urteil in Br. 300) verhinderten immer wieder eine feste Anstellung Seebecks als Physiker. Versuche hierzu in Jena und Bayreuth waren bereits gescheitert, auch die jetzige Reise nach Berlin und Petersburg blieb erfolglos, ebenso zerschlug sich 1816 die Aussicht auf eine Stelle in Heidelberg. Erst 1818 fand Seebeck durch Ernennung zum ordentlichen Mitglied der Akademie der Wissenschaften eine feste Heimstatt in Berlin.

223 a

Hegel an Döderlein - 3. XI. 1813

Hs. im Besitz der Nachkommen Döderleins. — Abdr. nach dem Faksimile bei *L. Döderlein: Ein unbekannter Brief Hegels.* Aus Ludwig von Döderleins Erlanger Studentenzeit. In: Frankenspiegel. Jg. 1, H. 5. Nürnberg 1950. 9—11.

1) Döderlein studierte im WS 1813/14 in Erlangen.

2) Das Billett ist nicht erhalten; sein Inhalt mag sich auf die Ernennung Hegels zum Schulreferenten bezogen haben: vgl. Dok. 92.

243 a

Hegel an Frommann - 2. XI. 1814

Abdr. nach der Hs. im Hegel-Archiv der Ruhr-Universität Bochum. — Erstdr. bei *G. Nicolin: Zwölf unbekannte Briefe von und an Hegel.* In: Hegel-Studien. Bd 7. Bonn 1972. 81—95; dieser Brief: 82 f. — Auf der letzten Seite von Frommanns Hand: 1814. 8/XI. R[ekto]r Hegel. b[eantwortet] 24/II. 15.

1) Dieser Brief ist wie alle Briefe Frommanns an Hegel verschollen.

2) S. Anm. 1 zu Br. 237.

3) *F. W. Döring: Anleitung zum Übersetzen aus dem Deutschen ins Lateinische.* 1. und 2. Kursus. 6. verm. u. verb. Aufl. nebst einer Beilage für die ersten Anfänger. Jena: Frommann 1815.

4) Wohl die Versteigerung der Bibliothek des im März 1812 verstorbenen Jenaer Theologieprofessors Johann Jakob Griesbach.

5) S. Br. 239 mit Anm. 1.

6) Hegels unehelicher Sohn Ludwig, damals noch in Jena.

7) In der Tat vermählte sich Oken 1814 mit Louise Stark.

8) An welchen Briefpartner in Berlin sich Hegel damals wandte, ist nicht bekannt. Immerhin bleibt darauf hinzuweisen, daß Hegel im Sommer und Herbst 1814 sehr mit dem Gedanken einer möglichen Berufung auf den durch Fichtes Tod freigewordenen Lehrstuhl an der Berliner Universität beschäftigt war (vgl. etwa Br. 235, 243).

Zu 294

Hegel an Christiane Hegel - 28. VIII. 1816

Abdr. nach der Hs. im Schiller-Nationalmuseum, Marbach. — Es handelt sich um den unter Nr 294 nur auszugsweise referierten Brief. Die Hs. mußte damals als verschollen bezeichnet werden; inzwischen gelangte sie nach Marbach.

1) Gemeint ist Buch 3 der *Wissenschaft der Logik.*

2) Vgl. Br. 277.

3) Über die geplante Berufung Hegels nach Berlin s. die ausführlichen Darlegungen in Anm. 1 zu Br. 278; vgl. auch Br. 284.

4) S. Br. 286.

5) S. Br. 292.

6) Rückerinnerung an den längeren Aufenthalt der Schwester Hegels in Nürnberg, Sommer/Herbst 1815: vgl. Br. 249 (letzter Abschnitt) und 253.

7) Ludwig Friedrich Göriz, damals Dekan in Aalen.

8) S. *Allgemeines Intelligenz-Blatt der Stadt Nürnberg.* Jg. 69. Nürnberg 1816. 761: „Die öffentliche Preis-Verteilung wird den 29. August vormittags auf dem untern Rathaus-Saale dahier mit den gewöhnlichen Feierlichkeiten vorgenommen werden." Die ebenfalls öffentlichen Abschlußprüfungen des Schuljahrs 1815/16 fanden zwei Wochen zuvor, vom 15. bis 17. VIII., statt.

324 a

Hegel an Mohr und Winter - 20. VIII. 1817

Abdr. nach der Hs. im Hegel-Archiv der Ruhr-Universität Bochum. — Erstdr. bei *G. Nicolin* (s. Anm. zu Br. 243 a). 84. — Empfänger und Jahr ergeben sich aus dem Vergleich mit Br. 330.

1) S. Anm. 1 zu Br. 330.

2) *Thukydides: Geschichte des Peloponnesischen Krieges.* Aus dem Griechischen übersetzt u. mit kritischen Anmerkungen erläutert von J. D. Heilmann. Neue Ausgabe mit Zusätzen von G. G. Bredow. Lemgo 1808.

3) Das hier bezeichnete Heft der Heidelbergischen Jahrbücher (= Jg. 1815. 641—656) enthält eine mit D. A. E. unterzeichnete

Rezension von: *Specimen novae editionis tragoediarum Sophoclearum edidit Ludovicus Doederlein.* Sulzbach 1814.

4) *B. G. Niebuhr: Römische Geschichte.* Teil 1 u. 2. Berlin 1811—12. A. W. v. Schlegels Rezension dieses Werkes findet sich in den Heidelbergischen Jahrbüchern Jg. 1816 (Nr 53—57), 833 bis 906.

324 b

Susanne von Tucher an Hegel - 2. XII. 1817

Abdr. nach der Hs. im Freiherr von Tucherschen Familienarchiv, Simmelsdorf. — Erstdr. bei *W. R. Beyer: Aus Hegels Familienleben.* In: Hegel-Jahrbuch 1966. 52—110; vgl. 71 f und dazu die Faksimile-Wiedergabe 107—110.

1) Der Brief Hegels an seine Schwiegermutter ist nicht erhalten. Bei dem „traurigen Ereignis", von dem darin die Rede war, handelte es sich um eine erneute Fehlgeburt Marie Hegels: aus einem Brief der Frau von Tucher an ihre Tochter vom 21. VIII. 1817 (Hs. im gleichen Nachlaßbestand) geht hervor, daß diese wieder ein Kind erwartete.

2) d. i. Hegels junger Schwager Gottlieb von Tucher, der seit dem Wintersemester 1817/18 in Heidelberg studierte.

3) Seit der Übersiedlung nach Heidelberg war die Schwägerin Friederike von Tucher (im Verwandtenkreise „Fritz" genannt) ein ganzes Jahr in Hegels Familie zu Gast gewesen.

4) Dieses Interesse der Briefschreiberin am Wartburgfest der deutschen Studenten (18. X. 1817) hängt nicht zuletzt damit zusammen, daß auch ihr Sohn Gottlieb dorthin gereist war, nachdem sie ihm auf Drängen Hegels die Erlaubnis dazu erteilt hatte. (Susanne von Tucher an Marie Hegel, 22. IX. 1817: „Weil es denn doch Hegel leid tut, daß er nicht auf die Wartburg soll, so will ich's ihm denn in Gottes Namen erlauben ...") Auf der Wartburg hielt auch Hegels Heidelberger Schüler Carové eine Rede — s. Anm. zu Br. 377, sowie die Akten über die Promotion Carovés, mitgeteilt bei *F. Nicolin: Hegel als Professor in Heidelberg.* In: Hegel-Studien. Bd 2. Bonn 1963. 71—98 (darin: 87 ff.).

351 a

Hegel an Adler - 2. XI. 1818

Abdr. nach der Hs. im Hegel-Archiv der Ruhr-Universität Bochum. — Erstdr. bei *G. Nicolin* (s. Anm. zu Br. 243 a). 85. — Der Empfänger ist nicht näher bekannt.

1) Gemeint ist Hegels *Enzyklopädie der philosophischen Wissenschaften im Grundrisse.* Heidelberg 1817.

353 a

Hegel an Altenstein (?) - 30. XII. 1818

Abdr. nach einer Abschrift des Besitzers der Hs., Herrn Prof. Dr.

Iring Fetscher. — Das Billett ist vermutlich an Minister v. Altenstein gerichtet.

1) Worum es sich bei dieser Eingabe handelte, ist aus anderen Briefen Hegels und aus den bisher veröffentlichten Akten (s. *Hegel: Berliner Schriften*) nicht zu entnehmen.

358 a

Hegel an seinen Sohn Karl - 13. VIII. 1819

Abdr. nach dem Erstdr. bei *H. Schneider: Neue Briefe aus Hegels Berliner Zeit.* In: Hegel-Studien. Bd 7. Bonn 1972. 97—111; dieser Brief: 97. — Hs. im Besitz von Nachkommen Hegels.

1) Über die Erholungsreise, die Hegels Frau — nach einer Fehlgeburt — im August 1819 nach Neustadt an der Ostsee machte, sowie über Hegels etwas spätere eigene Reise dorthin vgl. die Mitteilungen aus seinem Haushaltsbuch von 1819 in Teil 1 dieses Bandes, S. 207.

2) Der Philologe August Böckh hat viele Jahre lang am 3. August, dem Geburtstag des Königs Friedrich Wilhelm III., eine lateinische Festrede in der Universität gehalten. Die Reden erschienen auch jährlich im Druck unter dem gleichbleibenden, nur in Geburtstags- und Jahreszahl variierten Titel: *Oratio natalitiis . . . Friderici Guilelmi III. regis Borussiarum celebrandis auctoritate universitatis litterariae Berolinensis d. III. Aug. A. . . . habita.*

3) Vgl. hierzu, was Karl Hegel in seinem autobiographischen Rückblick (*Leben und Erinnerungen.* Leipzig 1900. 2) über die erste Berliner Zeit festhält: „Hier gehen meine frühesten Erinnerungen auf die Wohnung in der Leipziger Straße und auf die Schule des Herrn Blenz zurück, in die ich als fünfjähriger Knabe geschickt wurde. Auch als wir darauf nach dem Kupfergraben Nr. 4 a gezogen waren, besuchte ich noch kurze Zeit dieselbe von dort weit entfernte Schule . . ."

358 b

Hegel an seinen Sohn Karl - 29. VIII. 1819

Abdr. nach der Hs. im Hegel-Archiv der Ruhr-Universität Bochum. — Erstdr. (mit beigegebenem verkleinertem Faksimile) bei *O. Pöggeler: Zwischen Philosophie und Philologie. Das Hegel-Archiv der Ruhr-Universität Bochum.* In: Jahrbuch 1970 der Ruhr-Universität Bochum. 137—160.

1) S. Anm. 1 zu Br. 358 a. Die Reise nach Rügen, die Hegel zusammen mit seiner Familie unternahm, ist auch erwähnt in Br. 359 und, in späterer Reminiszenz, am Schluß von Br. 433. Vgl. ferner die von Karl Hegel festgehaltene Erinnerung, abgedruckt in: *Hegel in Berichten seiner Zeitgenossen.* Hrsg. v. G. Nicolin. Hamburg 1970. 198 f.

2) Gemeint sind hier englische Kunstreiter, wie sie seit dem letzten Drittel des 18. Jahrhunderts Mitteleuropa bereisten.

363 a

Hegel an Triest - 1819

Das Regest stützt sich auf die in zwei verschiedenen Auktionskatalogen enthaltenen Angaben über die zuletzt 1965 von einem unbekannten Sammler erworbene Hs.: 1) Auktion Stargardt/Eutin u. Kunstkabinett/Stuttgart, Katalog 492, Nr 54: „An Lieutenant Triest. ... Mit Verlust des Monatsdatums beschädigt ... betreffs der Ergänzung eines unvollständigen Exemplars von Müllers Allgemeiner Geschichte." 2) Katalog: Précieux autographes, composant la collection du Président Robert Schuman. Paris (1965). Nr 246,2: „il reclame le Bogen 4 du 1er volume de Muller, Allgemeine Geschichte."

1) *Johannes v. Müller: 24 Bücher der allgemeinen Geschichte.* Hrsg. nach des Verfassers Tode von Joh. Georg Müller. 2 Teile. Stuttgart 1810. 2. Aufl. 1811. 3. Aufl. (3 Teile) 1817.

368 a

Hegel an die Nicolaische Buchhandlung - 9. VI. 1820

Abdr. nach einer Fotografie der Hs. aus dem Istituto per gli studi storici, Neapel (Nachlaß Benedetto Croce). — Erstdr. durch Croce in: La Critica. 38 (1940), 71. — Das Monatsdatum ist durch den unteren Papierrand halb abgeschnitten, aber noch deutlich als „6" erkennbar.

1) Es handelt sich um das Manuskript von Hegels *Grundlinien der Philosophie des Rechts,* die im Oktober 1820 (mit der Jahreszahl 1821 auf dem Titelblatt) bei Nicolai erschienen. — Laut Br. 359 wollte Hegel diese Schrift schon im Herbst 1819 zum Druck geben, schob aber sein Vorhaben mit Rücksicht auf die Zensurmaßnahmen auf: Am 20. IX. 1819 wurden durch Bundestagsbeschluß die im August gefaßten Karlsbader Beschlüsse in Kraft gesetzt; sie sahen u. a. eine präventive Zensur vor für „Schriften, die in der Form täglicher Blätter oder heftweise erscheinen, desgleichen solche, die nicht über 20 Bogen im Druck stark sind". (Vgl. *Dokumente zur deutschen Verfassungsgeschichte.* Hrsg. v. E. R. Huber. Bd 1. Stuttgart 1961. 91.) Das ausgedruckte Buch Hegels umfaßte 355 Seiten, also über 22 Bogen Text, wozu noch 1½ Bogen „Vorrede" kamen. Nach dem, was Hegel in Br. 359 schreibt, mag er zunächst noch mit einem geringeren Umfang seines Werkes gerechnet haben. Indessen schloß man sich in Preußen, wo die erwähnten Bundesgesetze mit Verordnung vom 18. X. 1819 bekanntgegeben wurden, der Einschränkung der Zensur auf Schriften von weniger als 20 Bogen Umfang ohnehin nicht an. Artikel 1 der preußischen Zensur-Verordnung lautete: „Alle in Unserem Lande herauszugebende Bücher und

Schriften sollen der . . . Zensur zur Genehmigung vorgelegt und ohne deren schriftliche Erlaubnis weder gedruckt noch verkauft werden." *(Dokumente zur deutschen Verfassungsgeschichte.* Bd 1. 95.)

371 a

Hegel an Boisserée und Bertram - 17. VII. 1820

Abdr. nach der Hs. in der Württembergischen Landesbibliothek, Stuttgart. — Erstdr. *G. Nicolin: An die Herren Boisserée und Bertram.* Ein unbekannter Brief Hegels. In: Hegel-Studien. Bd 5. Bonn 1969. 41—45.

1) Die Musik zu Goethes *Faust* von Anton Heinrich Fürst von Radziwill wurde zum erstenmal am 24. V. 1820 in Berlin, im Beisein des Hofes, aufgeführt.

2) Eine der Begleiterinnen war Krauses Frau, „eine vortreffliche Sängerin" (Hegel in Br. 421). Amalie Krause geb. Sebald war eine Schülerin Zelters. Einige Jahre vor ihrer Verheiratung, 1811 und 1812, begegnete sie Beethoven in Teplitz; möglicherweise hat man in ihr Beethovens „unsterbliche Geliebte" zu sehen.

3) „Aufregungen" hier (wie öfters bei Hegel) im Sinne von „Anregungen".

4) S. Br. 368 mit Anm. 2.

374 a

Hegel an Breidenstein - 11. X. 1820

Abdr. nach einer vom Besitzer der Hs., Herrn Apotheker R. Alther in St. Gallen, freundlich überlassenen Fotokopie. — Erstdr. bei *G. Nicolin* (s. Anm. zu Br. 243 a). 85 f.

1) Der Brief Breidensteins ist bis jetzt nicht bekanntgeworden.

2) Hegel war im August/September nach Dresden gereist. Vgl. dazu *Hegel in Berichten seiner Zeitgenossen.* Hamburg 1970. 215—218.

3) Die Vorlesung über *Enzyklopädie der philosophischen Wissenschaften* hielt Hegel in seinem ersten Heidelberger Semester. Die hier erwähnte Hörer-Liste ist nicht erhalten.

4) Der von Breidenstein geäußerte Wunsch steht in Zusammenhang mit seiner Absicht, an der Universität Gießen ein Gesuch um Promotion einzureichen. Die Promotionsakte im Universitätsarchiv Gießen enthält ein Schreiben Breidensteins an den Dekan der philosophischen Fakultät vom 23. VII. 1821, in dem es heißt: „Ew. Hochwohlgeboren überreiche ich gehorsamst einen noch unvollendeten Versuch: über das Schöne in der Musik; mit der Bitte, solchen der hohen philosophischen Fakultät zu Gießen zu geneigtem Urteil und zur Erteilung der philosophischen Doktorwürde in absentia gütigst vorzulegen. . . . Ich bin in dem Augenblick nicht im Besitz meiner Papiere und kann daher der hohen Fakultät nur ein Zeugnis des berühmten Herrn Professors

Hegel, meines Lehrers, als einen Beweis meines wissenschaftlichen Strebens mitteilen." (Zitiert nach den Erläuterungen zum Erstdruck. Wie G. Nicolin dort weiter mitteilt, fehlt das Zeugnis Hegels in den Akten und konnte auch bei Nachforschungen im Nachlaß Breidensteins an anderer Stelle nicht gefunden werden.) Breidenstein wurde am 30. VIII. 1821 promoviert.

Zu 381
Hegel an Goethe - 24. II. 1821

Abdr. nach Fotografie der Hs. aus der Bibliothek der Harvard University, USA. — Die beiden erhalten gebliebenen Entwürfe zu Br. 381 verdienen hinsichtlich ihrer Abweichungen vom endgültigen Brieftext mitgeteilt zu werden. — Insgesamt vgl. die Anmerkungen zu Br. 381; zu einzelnen Punkten sind auch Br. 321 und 322 mit Anm. heranzuziehen.

1) Der Artilleriegeneral Helvig hatte sich schon in der schwedischen Armee durch Einführung von eisernen Geschützrohren anstelle der vorher verwendeten bronzenen verdient gemacht. Durch Versuche war er bestrebt, die preußischen Militärs von der Richtigkeit seiner Ansichten zu überzeugen. Da er aber gegen die konservative Haltung des Generalstabs nicht durchdringen konnte und darüber einen heftigen Streit heraufbeschwor, wurde er 1826 in den Ruhestand versetzt. Hegels Notiz deutet nicht nur auf Kenntnis des Sachverhalts hin, sondern läßt auch persönliche Bekanntschaft zwischen Helvig und Hegel, sowie vielleicht Teilnahme an Versuchsvorführungen vermuten. Zur Zeit der Notiz Hegels hatte die Auseinandersetzung Helvigs mit dem preußischen Generalstab ihren Höhepunkt erreicht.

2) *Joh. Chr. Oerstedt: Experimenta circa effectum conflictus electrici in acum magneticam.* Stockholm 1820.

3) Das auf die Spitze gestellte Dreieck verwendet Hegel als Symbol für „Wasser".

4) Vgl. *Hegel: Enzyklopädie der philosophischen Wissenschaften.* Heidelberg 1817. § 237.

406 a
Hegel an die Kgl. Bibliothek Berlin (?) - 10. I. 1822

Abdr. nach der Hs. im Besitz der Familie Schumm, Neuenstein/Württ. — Die Weise der Bestellung läßt vermuten, daß das Billett an die Berliner Bibliothek gerichtet ist. Auf der Rückseite des Blattes ist (von alter Hand) vermerkt: „1823. 10. Jan./Prof. Hegel". Sofern dies eine Notiz der Bibliothek wäre, müßte das von Hegel gesetzte Datum als eine — am Jahresanfang leicht verständliche — Verschreibung gelten und das Billett ein Jahr später (also in dieser Ausgabe nach Br. 443) eingeordnet werden.

1) S. Anm. 3 zu Br. 415.

422 a

Hegel an v. Henning - 1. VIII. 1822

Abdr. nach der Hs. im Besitz von Herrn Prof. Dr. Hans-Georg Gadamer, Heidelberg.

1) Nach dem Vorlesungsverzeichnis für das Wintersemester 1822/23 (s. Dok. 103) hat v. Henning zu jeder der beiden Vorlesungen Hegels ein Repetitorium von zwei Wochenstunden gehalten, außerdem ein Konversatorium von einer Stunde wöchentlich.

Zu 426

Hegel an Christiane Hegel - 31. VIII. 1822

Abdr. nach der Hs. im Stadtarchiv Stuttgart. — Es handelt sich hier um den Brief, von dem bei Drucklegung von Band 2 dieser Ausgabe nur ein Zitat bekannt war (s. Br. 426 mit Anm.). Die Hs. wurde Ende 1952 von der Stadt Stuttgart erworben.

1) Hierdurch wird der in Br. 411 enthaltene Hinweis: „Meine Frau befindet sich jetzt nach schlimm zugebrachtem Winter wieder wohl . . .“ konkretisiert.

2) Vgl. Br. 417.

433 a

Hegel an Hinrichs - 18. IX. 1822

Abdr. nach der Hs. im Hegel-Archiv der Ruhr-Universität Bochum. — Erstdr. (mit vollständigem Faksimile): *Hegel an Hinrichs.* Ein unveröffentlichter Brief aus dem Besitz des Hegel-Archivs Bonn. Den Teilnehmern der Heidelberger Hegel-Tage 29. Juli—1. August 1962 überreicht vom Verlag Felix Meiner Hamburg.

1) Gemeint ist die Ernennung von Hinrichs zum Professor der Philosophie in Breslau.

2) Das Billett ist verschollen.

3) S. Anm. 5 zu Br. 531.

443 a

Hegel an die Nicolaische Buchhandlung - 14. II. 1823

Abdr. nach der jetzt im Schiller-Nationalmuseum, Marbach, befindlichen Hs.

1) *Christian Daniel Beck: Anleitung zur genauern Kenntnis der allgemeinen Welt- und Völker-Geschichte vorzüglich für Studierende.* Ersten Teiles erste Hälfte. 2., gänzlich umgearbeitete u. stark vermehrte Ausgabe, Leipzig 1813. — Dieser Band befand sich, nach Ausweis des Versteigerungskatalogs von 1832, in Hegels Bibliothek, außerdem Teil 2, 3 und 4 des Werkes in der 1. Ausgabe, Leipzig 1788—1807. Die von Hegel mit dem vorliegenden Brief angemahnte 2. Hälfte von Teil 1 in der 2. Ausgabe ist nicht

erschienen — vgl. *M. O. Krieg: Mehr nicht erschienen.* T. 1. Bad Bocklet [usw.] 1954. 55.

445 a

Hegel an Unbekannt (Fragment) - Ende März 1823

Abdr. nach einem Zitat im Lagerkatalog 68 der Fa. Meyer u. Ernst, Berlin. Vgl. *G. Nicolin: Verlorenes aus Hegels Briefwechsel.* In: Hegel-Studien. Bd 3. 86. — Das Datum des Briefes ist aus dem Inhalt des Zitats und dem Vergleich mit anderen Briefen zu erschließen: In Br. 447 und 450 berichtet Hegel, wie hier, von den Anstrengungen der Vorlesung und von seinem angegriffenen Gesundheitszustand am Ende des Wintersemesters 1822/23. Die Vorlesung über Philosophie der Weltgeschichte hat Hegel am 25. III. 1823 beendet.

450 a

Hegel an Creuzer - 6. V. 1823

Abdr. nach der jetzt im Hegel-Archiv der Ruhr-Universität Bochum befindlichen Hs.

1) Siehe Br. 428 u. 429.

2) Vgl. die brieflichen Berichte Hegels über diese Reise an seine Frau: Br. 437—441.

3) S. Anm. 1 zu Br. 359.

4) S. Anm. 1 zu Br. 446.

5) S. Anm. 4 zu Br. 454.

6) Im Zusammenhang mit seinen Bestrebungen um einen Ausgleich zwischen den Kirchen reiste Franz v. Baader 1823 nach Rußland, zusammen mit Boris v. Uexküll (der übrigens auch Hegel zu dieser Reise eingeladen hatte — s. Br. 421). Es gelang ihm indessen nicht, nach Petersburg zu kommen; nach monatelangem Warten auf die Einreiseerlaubnis erhielt er einen abschlägigen Bescheid und kehrte im Dezember 1823 zunächst nach Berlin zurück, wo er bis zum Frühsommer 1824 blieb. — Vgl. auch Anm. zu Br. 406.

7) *Franz v. Baader: Fermenta cognitionis.* Heft 1—4. Berlin 1822—24; Heft 5. Leipzig 1825.

8) S. Anm. 1 zu Br. 433 a.

465 a

Hegel an Ströbel - 20. X. 1823

Abdr. nach der Hs. in der Staatsbibliothek Preußischer Kulturbesitz, Berlin. — Erstdr. bei *H. Schneider* (s. Anm. zu Br. 358 a). 102.

Der freundschaftlich angesprochene Empfänger dieser Zeilen ist wohl Christoph Siegmund Ströbel; er war mehrere Jahre lang

unter Hegels Rektorat Schüler am Nürnberger Gymnasium gewesen.

1) Komponist der Oper *Dido* war der Berliner Musikdirektor Bernhard Klein, den Hegel schon seit seiner Heidelberger Zeit kannte und mit dem er freundschaftlich verkehrte. Die Uraufführung der Oper, bei der Hegel anwesend war, fand im Hause Parthey statt (Klein war mit Gustav Partheys Schwester Lilli verheiratet), die erste Aufführung auf dem Theater am 15. X. 1823 als Festvorstellung zum Geburtstag des preußischen Kronprinzen Friedrich Wilhelm (IV.); die Titelrolle sang Anna Milder. Vgl. *Karl Koch: Bernhard Klein. Sein Leben und seine Werke.* Leipzig, Phil. Diss. 1902. 38 f.

2) Im abgelaufenen Studienjahr 1822/23 war der Historiker Friedrich v. Raumer, im beginnenden Studienjahr 1823/24 der Nationalökonom Johann Gottfried Hoffmann Rektor der Universität Berlin.

3) Das Hotel „König von Portugal", Burgstraße Nr 12, wird zu Hegels Zeit (vgl. *Berlin wie es ist. Ein Gemälde des Lebens dieser Residenzstadt und ihrer Bewohner.* Berlin 1831. 307) „zu den Gasthäusern ersten Ranges" gerechnet.

466 a

Hegel an Baader - 19. I. 1824

Abdr. nach dem von Hans Graßl besorgten Erstdr. in: Hegel-Studien. Bd 2. Bonn 1963. 108 f. — Hs. im Besitz der Familie Köck (Nachlaß Fam. Jochner).

1) Gemeint ist Heft 5 der Baaderschen *Fermenta cognitionis.* Berlin 1823.

2) Baader weilte seit Dezember 1823, nach Rückkehr von seiner gescheiterten Rußlandreise (s. Anm. zu Br. 450 a), in Berlin.

3) Zum Inhaltlichen der Auseinandersetzung zwischen Hegel und Baader vgl. Hegels Vorrede zur 2. Ausgabe seiner *Enzyklopädie,* in der er aus dem 5. Heft von Baaders *Fermenta* zitiert und dazu Stellung nimmt, ferner auf Baaders *Bemerkungen über einige antireligiöse Philosopheme unserer Zeit* (Leipzig 1824) eingeht. Siehe *Hegel: Enzyklopädie der philosophischen Wissenschaften.* Hrsg. v. F. Nicolin u. O. Pöggeler. Hamburg 1959 u.ö. (Phil. Bibl. 33.) 15—18 mit den Anm. der Herausgeber.

4) Baader schreibt: „Schon hieraus (aus der Untrennbarkeit der Funktion der Intelligenz von jener der Liebe oder, wie man sagt, des Herzens) läßt sich die Schlechtigkeit jener Maxime einsehen, welche dem neuern faden Pietismus (diesem wahren religiösen Kotzebuanismus unserer Zeit) zum Grunde liegt, und nach welcher behauptet wird, daß die Religion nur Sache des Herzens und nicht der Spekulation sei, und man sich somit bei ihr der Intelligenz nicht nur füglich entschlagen und diese ruhen lassen könne, sondern selbst müsse." *(Baader: Sämtliche Werke.* Bd 2. 337.)

5) Diese französische Wendung findet sich schon in den Notizen Hegels aus der Jenaer Zeit, aus denen Rosenkranz im Anhang zu seiner Hegel-Biographie „Aphorismen" mitgeteilt hat. Allerdings geht dieser Wiedergabe (*Ros.* 537—555), wie erst vor kurzem entdeckt wurde, ein Vorabdruck in dem wenig verbreiteten Königsberger Literatur-Blatt voraus, der inhaltlich mehr umfaßt. Dort heißt es unter einigen Sätzen zum Stichwort „Naturphilosophie": „Das absolute Erkennen der große Besen, der alles wegfegt, qui fait la maison nette." (Vgl. *F. Nicolin: Unbekannte Aphorismen Hegels aus der Jenaer Zeit.* In: Hegel-Studien. Bd 4. Bonn 1967. 9—19; Zitat: 14.)

6) Zu dieser schon in Hegels frühen Manuskripten vorkommenden und später mehrfach wiederholten Wendung vgl. *W. Ritzel: Zur Herkunft eines Hegelschen Ausdrucks.* In: Hegel-Studien. Bd 3. 278—281.

466 b

Hegel an Teichmann (?) - 7. II. 1824

Abdr. nach dem Erstdr. im Lagerkatalog Nr 36 (1900) der Autographenhandlung R. Bertling, Dresden. Nachgewiesen und wiederabgedruckt bei *G. Nicolin: Verlorenes aus Hegels Briefwechsel.* In: Hegel-Studien. Bd 3. 82. — Der nichtgenannte Empfänger des Billetts läßt sich vom Inhalt her vermuten.

1) „Olympia", eine Oper von Spontini, zuerst aufgeführt 1819.

2) Im Wintersemester 1823/24 las Hegel von 17—18 Uhr „Geschichte der Philosophie".

466 c

Hegel an v. Buttel - 11. II. 1824

Abdr. nach der Hs. im Schiller-Nationalmuseum, Marbach. — Erstdr. bei *G. Nicolin* (s. Anm. zu Br. 243 a). 87.

1) Der Brief von Hinrichs an Hegel ist nicht erhalten. Der sachliche Zusammenhang des vorliegenden Billetts ist unbekannt. Sollte es sich bei dem von Hegel weitergereichten Ms. um das in Br. 472 genannte „faustische Manuskript" von Hinrichs handeln?

473 a

Hegel an Grüneisen - 26. VI. 1824

Abdr. nach der Hs. im Schiller-Nationalmuseum, Marbach.

484 a

Hegel an Asverus - 18. X. 1824

Abdr. nach dem durch das Marx-Engels-Institut (Moskau) besorgten Erstdr.: *Vier unveröffentlichte Briefe Hegels.* In: Unter

dem Banner des Marxismus. Berlin. 5 (1931), 285—294; dieser Brief: 288 f.

1) S. Anm. 1 zu Br. 358. Es handelt sich um das am 8. XII. 1824, also fast zwei Monate nach Hegels Ankündigung, gefällte Urteil erster Instanz gegen Asverus. Der in obiger Anmerkung aus den Prozeßakten geschilderte Fortgang der Sache zeigt, daß Asverus sich genau an Hegels mit v. Kamptz durchgesprochene Weisungen gehalten hat.

2) Zum Zusammenhang s. Anm. 1 zu Br. 358. Am 1. X. 1819 wurde die unter Kamptz wirkende Kommission umgestaltet und förmlich mit den Befugnissen eines Kriminalgerichts ausgestattet. Sie bestand aus fünf Mitgliedern des Kammergerichts und zwei Verwaltungsbeamten. Die oberste Leitung der gesamten Untersuchungen übernahm eine Ministerial-Kommission, bestehend aus Hardenberg, Kircheisen, Schuckmann, Wittgenstein, Kamptz und Oberpräsident Bülow. In dieser hatte Kamptz „ziemlich freien Spielraum“ (Treitschke). (Anm. zum Erstdr.).

3) Nachdem im preußischen Kultusministerium Nicolovius durch Kamptz, der seine Stellung im Polizeiministerium beibehielt, als Chef der Unterrichtsabteilung ersetzt worden war, wurden „die Untersuchungen gegen die geheimen Umtriebe mit größerem Eifer geführt“. „In Halle hatte man im Mai 33 Studenten relegiert, 102 konsiliiert ... Endlich hatte der Spürsinn der Verfolger in dem Jünglings- und Männerbunde eine wirkliche Konspiration entdeckt. Von Woche zu Woche wurden neue Verdächtige in das Schloß von Köpenick und in die Hausvogtei eingeliefert, darunter auch frühere Burschenschaftler wie Gustav Asverus und ... Franz Lieber.“ Schon nach wenigen Wochen ließ aber der behördliche Druck merklich nach. Zahlreiche Verhaftete wurden, teils gegen Kaution, entlassen, bzw. im Gegensatz zu Präzedenzfällen verhältnismäßig milde verurteilt. „Auch seitens der Studentenschaft kam nichts vor, was die Eintracht hätte stören können. Hierfür haben wir ein sehr starkes Zeugnis in einem Brief Ludwig Feuerbachs, der Ostern 1824 in Berlin studierte, an seinen Vater vom 6. Juli: ‚An Trinkgelage, an Duelle, an gemeinschaftliche Fahrten usw. ist hier gar nicht zu denken; auf keiner andern Universität herrscht wohl solch allgemeiner Fleiß, solcher Sinn für etwas Höheres als bloße Studentengeschichten, solches Streben nach Wissenschaft, solche Ruhe und Stille wie hier. Wahre Kneipen sind andere Universitäten gegen das hiesige Arbeitshaus‘.“ (Zitate nach *Lenz*. 182 f.)

486 a

Hegel an Gustav Asverus - 8. I. 1825

Abdr. nach dem Erstdr. in: Unter dem Banner des Marxismus. 5 (1931). 291 f.

1) Der Weimarer Hof und die Jenaer Universität, an der Fries, Luden und Oken lehrten, waren bei der Reaktion als zu liberal verschrieen. Metternich nannte Herzog Karl August, der

das Wartburgfest und den Burschentag in seinem Gebiet geduldet hatte, verächtlich „Burschenfürst“ (nach Anm. des Erstdr.). Eine Intervention weimarischer Behörden konnte deshalb unter Umständen statt einer Entlastung neue gravierende Momente bringen.

2) Wahrscheinlich meint Hegel den Fall des Burschenschaftlers Ulrich (s. Anm. 1 zu Br. 423). — Leider ist die Korrespondenz zwischen Hegel und Ulrich bis auf einen Brief von beiden Briefpartnern vereinbarungsgemäß vernichtet worden. Es besteht nach nunmehr näherer Kenntnis des Anteils, den Hegel an der Sache Gustav Asverus genommen hat, genügend Grund zu der Annahme, daß er auch in Sachen Ulrichs sich nicht auf Trostbriefe beschränkt, sondern tätig in den Ablauf der reaktionären Justizmaschine eingegriffen und Ulrich nicht nur ein mildes Urteil, sondern auch eine Existenz im preußischen Staat verschafft hat. — Hegel setzte sich mit der ganzen Autorität seiner Persönlichkeit gerade für die am meisten „belasteten“ Burschenschaftler ein. Leidenschaftslos vernünftig brachte er das einmalige Faktum zustande, den „ärgsten Demagogenhasser“ v. Kamptz gleichsam zum Rechtsanwalt Asverus’ zu machen, — ein Faktum, das nicht nur Beweis für Hegels diplomatisches Geschick und menschliches Gewicht, sondern auch vielleicht für ein nicht ganz so verabscheuungswürdiges Bild des gefürchteten Polizeimannes sein dürfte.

487 a

Hegel an Förster (Fragment) - 14. III. 1825

Abdr. nach dem Zitat im Auktionskatalog Nr 48 der Firma Liepmannssohn, Berlin. Als Adressat ist dort angegeben: „An D. Förster in Berlin.“ Vgl. *G. Nicolin: Verlorenes aus Hegels Briefwechsel.* In: Hegel-Studien. Bd 3. 83.

1) Welcher Art die hier „beabsichtete Vereinigung“ war, konnte nicht festgestellt werden.

487 b

Hegel an v. Henning (?) - 19. III. 1825

Abdr. nach der Hs. im Besitz der Familie Lasson, Nürnberg. In der 1. Aufl. dieses Bandes versehentlich ohne das Postskript abgedruckt. — Der Adressat ist nicht genannt. Die Vermutung, daß v. Henning Empfänger des Briefes ist, liegt jedoch sehr nahe; vgl. z. B. Br. 458 u. Br. 490.

1) *Jean Charles Léonhard Simonde de Sismondi: Histoire des Français.* (Continuée depuis l’avènement de Louis XVI. jusqu’à la convocation des Etats-Généraux de 1789, par A. Renée.) 31 Bde. Paris 1821 ff. (bis 1844).

2) *Gabriel Bonnot de Mably: Observations sur l’histoire de France.* 2 Bde. Genf 1765.

487 c

Hegel an Asverus - 29. III. 1825

Abdr. nach dem Erstdr. in: Unter dem Banner des Marxismus. 5 (1931), 292–294.

1) Die Vorlesungen des Wintersemesters 1824/25, „Natur- und Staatsrecht" und „Philosophie der Weltgeschichte", beendete Hegel am 24. bzw. 25. III. 1825.

2) S. Anm. 3 zu Br. 484 a.

3) S. Anm. 1 zu Br. 486.

4) S. Anm. 14 zu Br. 359.

502 a

Hegel an Abel - 16. XII. 1825

Abdr. nach der Hs. (einer mit schöner Blindprägung verzierten Visitenkarte) im Schiller-Nationalmuseum, Marbach. — Vgl. Br. 502.

502 b

Hegel an Buttmann - 13. II. 1826

Abdr. nach der jetzt in der Stadtbibliothek Nürnberg befindlichen Hs.

505 a

Hegel an Rösel (Fragment) - 21. III. 1826

Abdr. nach dem Zitat in Auktionskatalog 42 der Lengefeldschen Buchhandlung, Köln. Vgl. *G. Nicolin: Verlorenes aus Hegels Briefwechsel.* In: Hegel-Studien. Bd 3. 83.

513 a

Hegel an Schall - 12. VI. 1826

Abdr. nach der Hs. im Hegel-Archiv der Ruhr-Universität Bochum. — Erstdr. in: *Karl Schalls nachgelassene Reime und Rätsel nebst des Dichters Lebenslauf.* Hrsg. v. A. Kahlert. Breslau 1849. 29. Da bisher in der Hegelforschung nicht bekannt, wurde der Ende 1975 zur Versteigerung gelangte Brief von H. Schneider mitgeteilt in: Hegelstudien. Bd 12. Bonn 1977. 27.

1) Schall kam von Breslau im Mai 1826 nach Berlin und lebte dort einige Jahre. Über seine Auseinandersetzung mit Saphir, dessen Ausschluß von dem abendlichen Zusammensein Hegel eigens erwähnt, vgl. *Hegel in Berichten seiner Zeitgenossen.* Hamburg 1970. 296 (K. v. Holtei) und 537 (H. Laube).

2) S. Anm 3 zu Br. 465 a.

514 a

Hegel an Tholuck - 3. VII. 1826

Hs. im Archiv des Tholuck-Konvikts, Halle. — Abdr. nach dem Erstdr. bei *W. Lütgert: Die Religion des deutschen Idealismus und ihr Ende.* Bd 3. Gütersloh 1925. 463 f.

1) *August Tholuck: Die spekulative Trinitätslehre des späteren Orients.* Eine religions-philosophische Monographie aus handschriftlichen Quellen der Leydener, Oxforder und Berliner Bibliothek. Berlin 1826. — Hegel hat auf dieses Buch in der Vorrede zur 2. Ausgabe seiner *Enzyklopädie* (1827) näher Bezug genommen; vgl. *Hegel: Enzyklopädie.* Hrsg. v. F. Nicolin u. O. Pöggeler. Hamburg 1959. 13 f.

2) *Abel Rémusat: Mémoires sur la vie et les opinions du philosophe chinois Laotsen.* Paris 1823. Vgl. dazu Tholuck im Vorwort (VII) zu seiner oben Anm. 1 genannten Schrift. S. auch *Hegel: Vorlesungen über die Geschichte der Philosophie.* Hrsg. v. J. Hoffmeister. Bd 1. Leipzig 1940. 280 ff.

571 a

Hegel an Asverus - 4. I. 1828

Abdr. nach dem Erstdr. in: Unter dem Banner des Marxismus. 5 (1931), 289—291.

Der Brief wird hier anders datiert als in den bisherigen Veröffentlichungen. Im Erstdr. ist die Jahreszahl im Datum offenbar falsch gelesen als 1825 und der Brief dementsprechend vor den vom 8. I. 1825 gestellt, wobei sich der Widerspruch ergibt, daß der zweite, scheinbar vier Tage später geschriebene Brief ungeachtet des ersten mit einem Neujahrswunsch beginnt. Datum und Reihenfolge der Briefe sind auch in der 1. Auflage dieses Bandes beibehalten und sogar noch durch eine Textkonjektur gestützt worden: im letzten Abschnitt, wo Hegel seine vorjährige Reise nach Paris erwähnt, wurde stattdessen als Zielort der Reise „Wien“ eingesetzt (was auf den Herbst 1824 zutreffen würde).

Gerade von hier aus ist aber das richtige Datum zu erschließen. Wenn Hegel, auf den vorausgegangenen Herbst zurückblickend, von seiner Reise nach Paris spricht (s. dazu Br. 559 ff), so muß der Brief im Januar 1828 geschrieben sein. Dazu stimmt dann weiter, daß Hegel im 3. Abschnitt die Anwesenheit von Heinrich Leo in Jena erwähnt; dieser hatte Berlin Ende 1827 verlassen: vgl. Br. 571 mit Anm. 2, ferner auch das Postskript in Br. 573.

1) Nach der Umdatierung des Briefes kann das „Unglück“, von dem hier die Rede ist, nicht mehr wie bisher auf Asverus' Verurteilung bezogen werden. Vielmehr muß es sich, wie aus dem folgenden hervorgeht, um einen persönlichen „Verlust“ handeln, etwa um den Tod der in allen drei früheren Briefen Hegels (= Br. 484 a, 486 a, 487 c) erwähnten Braut von Asverus.

(Näheres hierüber konnten wir nicht in Erfahrung bringen; auch wissen wir nicht, ob A. inzwischen verheiratet war.)

2) S. Anm. 1 zu Br. 358 (Bd 2. 440) und Br. 451.

576 a

Hegel an Rosen - 25. III. 1828

Abdr. nach der Hs. im Hegel-Archiv der Ruhr-Universität Bochum. — Erstdr. bei *G. Nicolin* (s. Anm. zu Br. 243 a). 87 f.

1) d. i. Br. 575, der — schon am 3. III. 1828 geschrieben — ein Postskriptum mit gleichem Datum wie das vorliegende Briefchen enthält.

579 a

Zwei Billette Hegels - 19./21. IV. 1828

Abdr. nach der Hs. im Staatsarchiv Hamburg, Dienststelle Altona. — Wem Hegel diese Empfehlungen mitgegeben hat und ob beide für ein und dieselbe Person ausgestellt wurden, ist unbekannt.

582 a

Marie Hegel an ihren Mann - Sommer 1828

Abdr. nach der Hs. im Besitz der Familie Schumm, Neuenstein/ Württ. — Erstdr. bei *G. Nicolin* (s. Anm. zu Br. 243 a). 93 f. — Der Brief trägt kein Datum. Unsere Datierung stützt sich auf die in Anm. 2 und 5 genannten Gegebenheiten. Zur näheren Eingrenzung vgl. Br. 587, aus dem hervorgeht, daß Hegels Frau sich am 1. IX. 1828 in Heidelberg aufhielt.

1) d. i. Marie Hegels jüngere Schwester Friederike, seit 1821 mit Guido v. Meyer in Frankfurt verheiratet.

2) Marie Hegel hatte im Sommer 1820 mit ihren Söhnen Karl und Immanuel ihre Verwandten in Nürnberg besucht und dabei ihre noch zu Hause wohnende Schwester Fritz zuletzt gesehen. Bei deren Hochzeit im darauffolgenden Jahre war Marie Hegel, wie aus den Briefen ihrer Mutter Susanne v. Tucher zu entnehmen ist, nicht zugegen.

3) Diese Erinnerung bezieht sich vermutlich auf einen Aufenthalt der Familie Hegel während der gemeinsamen Umzugsreise von Heidelberg nach Berlin im September 1818.

3 a) Anscheinend die Gelnhausener Marienkirche, von deren drei Türmen einer krumm war, bevor er 1876 abgetragen und begradigt wurde.

4) Gemeint ist die bei Gelnhausen gelegene Kaiserpfalz Barbarossas.

5) Wahrscheinlich handelt es sich hier um Bücher, die Carové für die Berliner Jahrbücher besprechen sollte — vgl. Br. 591, in dem Carové ein Rezensionsmanuskript übersendet und auch auf den Besuch Marie Hegels in Frankfurt Bezug nimmt.

587 a

Hegel an Varnhagen - 5. IX. 1828

Abdr. nach dem Erstdr. bei *H. Schneider* (s. Anm. zu Br. 358 a). 106. — Hs. in der Deutschen Staatsbibliothek Berlin.

1) S. Br. 584 mit Anm. 1.

2) *Mémoires du Duc de Rovigo, pour servir à l'histoire de l'empereur de Napoleon.* 6 Bände. Paris 1828. [Deutsch:] *Memoiren des Herzoges von Rovigo als Beiträge zur Geschichte des Kaisers Napoleon. Leipzig* 1828. — Vgl. die Rezension von Varnhagen in: Jahrbücher für wissenschaftliche Kritik. Jg. 1828, Bd 2. 598—620.

592 a

Hegel an Lichtenberg - 5. XII. 1828

Abdr. nach der Hs. im Hegel-Archiv der Ruhr-Universität Bochum. — Erstdr. bei *G. Nicolin* (s. Anm. zu Br. 243 a). 88 f. — Als Empfänger des Briefes kommen, aufgrund von Inhalt und Anschrift, die beiden ältesten Söhne Lichtenbergs, Georg Christoph und Christian Wilhelm Lichtenberg, in Frage; beide waren Beamte der hannoveranischen Steuerbehörde.

1) Der Verleger Cotta führte 1828/29 im Auftrage der Könige von Württemberg und Bayern, deren Staaten seit Anfang 1828 in einem Zollverein verbunden waren, in Berlin zuerst vertrauliche Besprechungen und später förmliche Verhandlungen zur Vorbereitung eines Handels- und Zollvertrags mit Preußen, der dann im Mai 1829 abgeschlossen wurde (vgl. ADB, Bd 4. Leipzig 1876. 531). — Das hier anstehende Projekt einer neuen Ausgabe der Schriften von G. Chr. Lichtenberg kam damals nicht zustande. Erst 1844—1847 erschien eine achtbändige Ausgabe im Verlag Dieterich, Göttingen, herausgegeben von den beiden obengenannten Söhnen des Autors.

2) Das Hotel „Stadt Rom", Unter den Linden, gehörte zu den führenden Häusern Berlins (s. *Berlin wie es ist.* Berlin 1831. 307).

593 a

Hegel an Thiersch - 4. IV. 1829

Abdr. nach der Hs. in der Bayerischen Staatsbibliothek München. — Erstdr. bei *H. Schneider* (s. Anm. zu Br. 358 a). 106 f.

605 a

Hegel an v. Meyer - 9. VIII. 1829

Abdr. nach der seit 1954 im Besitz von Herrn Verleger Ernst Klett, Stuttgart, befindlichen Hs. — Auf dem oberen Rand von der Hand v. Meyers: „accepi d. 21. Aug. 1829".

1) Beide Briefe sind bisher nicht bekannt geworden.

608 a

Hegel an Winter - 27. IX. 1829

Abdr. nach der Hs. im Schiller-Nationalmuseum, Marbach.

1) Unter diesen Beilagen hat man sich neben dem vom 13. Juli datierten Brief Oswalds an Hegel, den dieser im folgenden erwähnt, verschiedene gedruckte Rundschreiben zu denken, durch die Oswald und Winter gemeinsam ihre Vereinbarungen wegen der Übernahme des Verlages durch Winter mitteilen. In einem solchen Zirkular vom 18. II. 1829, das der Verlag C. Winter, Heidelberg, uns freundlicherweise zur Einsicht überließ, zeigt Oswald an, daß er nach einer „bedrängt gewesenen Lage" nur seine Sortimentshandlung und die Druckerei fortführe, dagegen seinen „bisherigen ganzen Verlag ohne Ausnahme ... an einige Freunde ... abgetreten habe" und daß seine Verlags-Artikel künftig „unter der Firma: Verwaltung des Oswaldschen Verlags von Herrn C. F. Winter hier und von dessen Kommissionär, Herrn L. F. Herbig in Leipzig für Rechnung dieser Firma ausgeliefert werden". Dem entspricht der Erscheinungsvermerk auf dem Titelblatt der 3. Ausgabe von Hegels *Enzyklopädie;* er lautet: „Heidelberg. Verwaltung des Oswald'schen Verlags (C. F. Winter) 1830."

2) Die erste Auflage der *Enzyklopädie* war 1817, die zweite 1827 erschienen.

3) Hegel war für das Studienjahr 1829/30 zum Rektor gewählt worden.

4) Der Druck der 3. Ausgabe wurde erst im Februar/März 1830 begonnen und Anfang Oktober 1830 fertiggestellt — vgl. Br. 633 u. 654, sowie die in diesem Band enthaltenen Schreiben an Reimer und Winter (Br. 634 a, 634 b, 649 a, 650 a), die den zögernden Fortgang der Arbeit im einzelnen belegen.

5) d. i. Br. 609.

620 a

Hegel an Niethammer - 29. X. 1829

Abdr. nach: *Regest eines Briefes von Hegel an Niethammer.* Mitgeteilt v. J. L. Döderlein. In: Hegel-Studien. Bd 13. Bonn 1978. 75 f. — Hs. im Döderleinschen Familienarchiv, zur Zeit nicht erreichbar.

1) Vgl. dazu Br. 607 mit Anm. 2 sowie die Erwähnungen in Br. 609 und 613.

627 a

Hegel an Altenstein - 13. I. 1830

Abdr. nach einer von Herrn Prof. Dr. Hermann Glockner, Braunschweig, zur Verfügung gestellten Fotokopie der in seinem Besitz befindlichen Hs. — Erstdr. bei *G. Nicolin* (s. Anm. zu Br. 243 a). 90.

1) Anhaltspunkte für den Anlaß dieser Audienz fehlen. Es liegt aber nahe anzunehmen, daß Hegel in seiner Eigenschaft als derzeitiger Rektor der Universität und stellvertretender Regierungsbevollmächtigter bei Altenstein vorstellig zu werden wünschte.

634 a

Hegel an Reimer - 8. IV. 1830

Abdr. nach der Hs. im Hegel-Archiv der Ruhr-Universität Bochum. — Erstdr. bei *G. Nicolin* (s. Anm. zu Br. 243 a). 90 f. — Als Empfänger ergibt sich aus dem Inhalt der Berliner Buchhändler Reimer.

1) Es handelt sich um den Druck der dritten Ausgabe der *Enzyklopädie der philosophischen Wissenschaften;* vgl. Br. 608 a mit Anm.

2) Die von Hegel verlangten 24 Bogen umfassen in der 3. Auflage der *Enzyklopädie* den ersten und zweiten Teil des Systems: Logik und Naturphilosophie; über diese beiden Systemteile hatte Hegel für das Sommersemester 1830 je eine Vorlesung angekündigt, s. Dok. 103 (S. 114, 124). Zu der Vorlesung über „Logik und Metaphysik" hat sich im Nachlaß Hegels ein Blatt erhalten, das am Kopf das Datum 6. V. 1830 trägt, womit der Vorlesungsbeginn bezeichnet ist (vgl. auch *Hegel: Berliner Schriften.* 748), und auf dem Hegel zu Anfang das Stichwort „neue Ausgabe" notiert: s. *Blätter zu Hegels Berliner Logikvorlesungen.* Hrsg. v. R. P. Horstmann u. J. H. Trede. In: Hegel-Studien. Bd 7. Bonn 1972. 61—79; darin: 74. So scheint es, daß Hegel hierfür in der Tat die ausgedruckten Bogen zur Verfügung hatte.

634 b

Hegel an Reimer (?) - 25. IV. 1830

Regest nach der Angabe in Auktionskatalog Nr 91 der Firma Henrici, Berlin. Vgl. *G. Nicolin: Verlorenes aus Hegels Briefwechsel.* In: Hegel-Studien. Bd 3. 85. — Ohne Zweifel bezieht sich der Brief auf die Neuausgabe der Hegelschen *Enzyklopädie.* Er dürfte an Reimer als den eigentlich mit der Durchführung des Drucks Beauftragten gerichtet sein, andernfalls direkt an die Druckerei Nortmann.

1) Die schwierigen Abänderungen könnten etwa im Zusammenhang stehen mit dem in Br. 649 a erwähnten Umdrucken von fünf Bogen.

635 a

Hegel an die Nicolaische Buchhandlung (Fragment) - 3. V. 1830

Abdruck nach dem Zitat in: Der Autographensammler. Neue Folge. Jg. 18, Nr 1. Marburg 1968. 19.

1) *Friedrich Diez: Leben und Werke der Troubadours.* Ein Beitrag zur nähern Kenntnis des Mittelalters. Zwickau: Schumann 1829. — Das Buch ist im Auktionskatalog der Hegelschen Bibliothek (1832) nachgewiesen.

640 a

Hegel an Beer - 3. VII. 1830

Abdr. nach dem Erstdr. bei *H. Schneider* (s. Anm. zu Br. 358 a). 109. — Hs. in der Deutschen Staatsbibliothek Berlin.

644 a

Hegel an Altenstein - 6. VIII. 1830

Abdr. nach der jetzt im Hegel-Archiv der Ruhr-Universität Bochum befindlichen Hs. — Das Blatt ist beschädigt (mit Textverlust in Datum und Anschrift).

1) *Hegel: Oratio in sacris saecularibus tertiis traditae Confessionis August*[*anae*] *ab Universitate regia Frider. Guil. Berolinensi d. XXV. M. Junii A. MDCCCXXX rite peractis habita.* Berlin: Nicolai 1830. Auf diese Ausgabe der Rede bezieht sich zweifellos auch der an die Nicolaische Buchhandlung gerichtete Br. 647, der bisher nicht kommentiert werden konnte. — Die Gesamtausgabe der *Werke* (1832 ff) gibt zwar den Text der Rede wieder, erwähnt aber den Originaldruck nicht, so daß der Eindruck entstehen konnte, den damaligen Herausgebern habe nur Hegels Manuskript vorgelegen. Auch Hoffmeisters Ausgabe von *Hegel: Berliner Schriften* greift nicht auf den ersten Druck zurück.

Über den Verlauf der Feierlichkeit findet sich folgende Schilderung im Intelligenzblatt der Allgemeinen Literatur-Zeitung (Halle), Nr. 57, Juni 1830: „Berlin. Am 25. Junius mittags um 12 1/2 Uhr fand auf der Friedrich-Wilhelm-Universität daselbst die dritte Säkularfeier der Übergabe der Augsburgischen Konfession statt, nachdem das ganze Personal der Professoren und Dozenten der Universität, nebst den Beamten, um 9 Uhr morgens dem Gottesdienst im Dom auf den der Universität angewiesenen Plätzen beigewohnt hatte. Die Feier auf der Universität, zu welcher der akademische Senat durch einen lateinischen Anschlag eingeladen hatte und welcher sämtliche Mitglieder der Friedrich-Wilhelms-Universität und der Akademie der Wissenschaften sowie die zahlreiche studierende Jugend beiwohnten, und zu der sich Se. Exz. der wirkliche Geh.rat und Direktor der Königl. Ministerien der geistlichen Unterrichts- und Medizinal-Angelegenheiten und Justiz, Hr. Baron *von Kamptz,* die Räte des erstgenannten sowie anderer hohen Ministerien, viele Mitglieder der Geistlichkeit und eine große Anzahl von Freunden der Wissenschaften versammelt hatten, begann mit Absingung des Liedes:

Veni Sancte Spiritus! Hierauf betrat der zeitige Rektor der Universität, Hr. Prof. Dr. *Hegel,* den Katheder und hielt zur Eröffnung des Festes eine lateinische Rede, worin er die durch die Wiederherstellung der reinen evangelischen Lehre bewirkte Aussöhnung der geistlichen und weltlichen Macht abhandelte und besonders zeigte, wie die Reformation — als das gemeinschaftliche Werk der Fürsten mit ihren Untertanen und der Geistlichkeit — die Übereinstimmung des Gewissens mit den Gesetzen und der Religion mit dem Staate begründet habe, indem diese wahrhafte Einigkeit derselben allein auf den Grundsätzen und Lehren der evangelischen Kirche beruhe.

Derselbe proklamierte ferner die von den Fakultäten der Universität vollzogenen Doktor-Promotionen. ... [Es folgen die Namen der Ehrendoktoren der Theologie, darunter K. A. von Kamptz, und der Philosophie, darunter W. von Humboldt und Friedrich Zelter.]

Endlich wurde von dem Rektor die von der theologischen Fakultät gestellte Preisaufgabe: „Über die Veränderungen, welche Philipp Melanchthon im Berufe der Zeit mit seinem dogmatischen System vorgenommen", mit dem Preise von hundert Talern mit der Eröffnung bekannt gemacht, daß die Abhandlungen bis zum 4. Mai nächsten Jahres eingeliefert werden müßten und der Preis bei der Feier des 3. August [d. i. des Königs-Geburtstags] 1831 ausgeteilt werden würde. Darauf wurde das Lied: „Eine feste Burg ist unser Gott" nach einer lateinischen Übersetzung angestimmt ... Die hierauf folgende lateinische Rede des Dekans der theologischen Fakultät, Herrn Professor Dr. *Marheinecke,* hatte zum Zwecke: zunächst eine historische Schilderung des ganzen Vorgangs der Übergabe der Konfession zu Augsburg im Jahre 1830 und sodann die Widerlegung eines zweifachen Vorwurfs gegen die Bekenner des evangelischen Glaubens ... Das Fest endigte mit feierlicher Absingung des lateinischen Ambrosianischen Lobgesanges ..."

649 a

Hegel an Winter - 1. X. 1830

Abdr. nach der Hs. im Hegel-Archiv der Ruhr-Universität Bochum. — Erstdr. bei *F. Nicolin: Zwei Briefe Hegels an den Verleger C. F. Winter.* In: Hegel-Studien. Bd 2. Bonn 1963. 99—103.

1) Der Text der dritten Ausgabe der *Enzyklopädie* umfaßt 600 Seiten, denen LVIII Seiten mit Titel, Vorreden und Inhalts-Anzeige vorangehen. Das „Vorwort zur dritten Ausgabe" (datiert: 19. September 1830) findet sich auf den Seiten XXXIX—L. — Der Umfang der zweiten Ausgabe beträgt XLII, 534 S.

2) Hegel hatte in Br. 608 a den Wunsch geäußert, daß der Druck in Berlin veranstaltet werde, damit er selbst die Revision besorgen könne. Winter beauftragte, wie aus Hegels Briefen zu erschließen ist, den Berliner Buchhändler G. Reimer, der seinerseits den Druck an K. H. Nortmann vergab.

3) Die Neuausgabe enthält außer dem in Anm. 1 erwähnten Vorwort auch die Vorreden der beiden früheren Ausgaben. Die umfangreiche programmatische Vorrede von 1827 steht an erster Stelle, dann folgen die von 1817 und 1830.

650 a

Hegel an Reimer - 18. X. 1830

Abdr. nach der Hs. im Kestner-Museum, Hannover. — Erstdr. bei *G. Nicolin* (s. Anm. zu Br. 243 a). 91. — Das ohne Adresse überlieferte Schreiben ist wieder, wie der Zusammenhang ergibt, an Reimer gerichtet: vgl. Br. 634 a mit Anm.

1) Das Exemplar war für Daub bestimmt, s. Br. 649 a; Daub hatte bei der 2. Ausgabe der *Enzyklopädie* (1827), die in Heidelberg gedruckt wurde, für Hegel die Korrektur der Druckbogen übernommen, vgl. Br. 519.

651 a

Hegel an Baier - 25. X. 1830

Abdr. nach der Hs. in der Universitätsbibliothek Erlangen. — Der Empfänger ist ohne Einsicht in die Fakultätsakten, in denen vermutlich seine Promotion verzeichnet ist, nicht näher zu bestimmen.

1) Das Zeugnis ist in Teil 1 dieses Bandes auf S. 177 abgedruckt.

651 b

Hegel an Wohlfahrt - 3. XI. 1830

Abdr. nach der Hs. im Besitz der Familie Wohlfahrt, Ratzeburg. — Erstdr. bei *G. Nicolin: „Hegel war mein Freund“*. Johann Martin Daniel Wohlfahrt und Hegel. In: Hegel-Studien. Bd 10. Bonn 1975. 129—131. Daselbst einige Mitteilungen über die Person Wohlfahrts und seine Verbindung zu Hegel.

654 a

Hegel an Winter - 20. XI. 1830

Abdr. nach der Hs. im Goethe-Museum, Düsseldorf (Sammlung Kippenberg). — Erstdr. bei *F. Nicolin: Zwei Briefe Hegels an den Verleger C. F. Winter*. In: Hegel-Studien. Bd 2. 99—103.

1) Das Schreiben von Fries ist nicht erhalten.

2) Dieses Datum beruht wohl auf einem Irrtum Hegels. Wie aus Br. 608 a hervorgeht, hatte sich Winter am 22. VIII. 1829 zum erstenmal an Hegel gewandt, und andererseits enthält dessen Antwortbrief vom 27. IX. 1829 (eben dieser Br. 608 a) die Ausführungen über die Berechnung des Honorars, auf die Hegel hier zurückgreift.

3) Dies ist erst nach Verzögerung geschehen — vgl. Br. 664 a sowie die in Hegels Haushaltsbuch von 1831 am 12. Januar, 1. und 5. Februar notierten Einnahmen (Teil 1 dieses Bandes, S. 209 f.).

660 a

Hegel an Schulze - 14. XII. 1830

Abdr. nach einer dankenswerterweise mitgeteilten Fotografie der Hs. im Zentralen Regierungsarchiv alter Akten der UdSSR, Moskau. (Die Hs. stammt aus der Autographensammlung des Fürsten Jussupoff.) — Am unteren Rand des Blattes von alter Hand mit Bleistift die Eintragung: „Hegel — an den K. Pr. Geh. Reg. Rat Oberbibliothekar Dr. Wilken." Diese Annahme trifft jedoch nicht zu. Wie aus einem Vergleich mit den in Anm. 1 genannten Schreiben einwandfrei hervorgeht, ist der Empfänger Hegels Freund Johannes Schulze.

Erstdr. (erschienen während der Herstellung des vorliegenden Bandes), mit Abbildung und russischer Übersetzung in: *Hegel: Raboty rasnych let w dwuch tomach.* (Hrsg. v. A. W. Gulyga.) Bd 2. Moskwa 1973. 527 f.

1) d. i. Br. 658; vgl. auch Hegels Antwort Br. 669.

2) S. Anm. 2 zu Br. 664.

3) d. i. Br. 657.

664 a

Hegel an Winter - 18. I. 1831

Regest nach der Angabe in einem Versteigerungskatalog der Firma Hauswedell, Hamburg (Auktion 40, 1950).

Zu dem nur ungenau vermittelten Inhalt des Briefes vgl. Br. 654 a mit Anm. 3.

675 a

Philipsborn an Hegel - 8. V. 1831

Abdr. nach der Hs. in der Staatsbibliothek Preußischer Kulturbesitz, Berlin. — Erstdr. in *Hegel: Berliner Schriften.* 785 f.

1) Es handelt sich um Hegels anonym veröffentlichte Abhandlung *Über die englische Reformbill.* Drei Folgen dieses Aufsatzes erschienen in: Allgemeine Preußische Staatszeitung, Nr 115, 116, 118 (26. u. 29. IV. 1831); die vierte und abschließende Folge konnte nicht mehr abgedruckt werden (s. folgende Anm.).

2) Das Schreiben Albrechts an Philipsborn hat Hegel auf dem vorliegenden Brief abschriftlich für sich festgehalten; es lautet:

„S[eine] Maj[estät] haben den Aufsatz über die Reformbill nicht getadelt, finden ihn aber zur Aufnahme in die Staatszeitung nicht geeignet, und ich muß daher bitten, den mir gefälligst mitgeteilten, hiebei zurückgehenden Schluß desselben zurückzulegen. Potsdam, den 3. Mai 1831. Albrecht."

Vgl. auch Br. 675 b mit Anm.

675 b

Hegel an v. Beyme - 21. V. 1831

Abdr. nach dem Erstdr. der in Privatbesitz befindlichen Hs. bei *H. Schneider: Dokumente zu Hegels politischem Denken 1830/31.* In: Hegel-Studien. Bd 11. Bonn 1976. 81 f.

1) S. Anm. 1 zu Br. 675 a.

2) S. Anm. 2 zu Br. 675 a. – Marie Hegel berichtet am 2. XII. 1831 an Niethammer über die „auf Königl. Befehl" abgebrochene Veröffentlichung: „Seine Majestät hatten an und für sich nichts dagegen, nur die Bedenklichkeit, daß ein Ministerielles Blatt einen Tadel gegen die Engl. Verhältnisse enthielt. Auf Befehl wurde die Fortsetzung besonders abgedruckt und unter der Hand verteilt und Hegel, der nicht genannt sein wollte, erhielt noch privatim die größten Elogen dafür." (*Hegel in Berichten seiner Zeitgenossen.* Hamburg 1970. 498.) Letzteres könnte sich durchaus auf den nicht erhalten gebliebenen Brief v. Beymes, auf den Hegel hier antwortet, beziehen. – Ein Exemplar des gesondert abgedruckten Schlusses der Hegelschen Abhandlung ist bis jetzt nicht bekanntgeworden.

3) Besprechung von *V. Cousin: Cours de Philosophie. Introduction à l'histoire de la philosophie.* Paris 1828. In: The Edinburgh Review. 50 (1830), 194–221. (Nachgewiesen zum Erstdr. des Briefes von H. Schneider.)

679 a

Bloch an Hegel - 27. VIII. 1831

Abdr. nach einer im Hegelnachlaß der Staatsbibliothek Preußischer Kulturbesitz, Berlin, aufbewahrten Fotografie der Hs.

683 a

Hegel an die Nicolaische Buchhandlung (Fragment) - 29. IX. 1831

Abdr. nach dem Zitat im Lagerkatalog 11 der Firma Meyer und Ernst, Berlin; dort Nr 355. Vgl. *G. Nicolin: Verlorenes aus Hegels Briefwechsel.* In: Hegel-Studien. Bd 3. 81.

1) *Friedrich Rückert: Östliche Rosen.* Drei Lesen. Leipzig 1822.

2) *C. J. A. Mittermaier: Lehrbuch des deutschen Privatrechts.* Landshut 1821. – Die beiden in Anm. 2 und 3 genannten Titel befanden sich nach Ausweis des Auktionskatalogs in Hegels hinterlassener Bibliothek, nicht aber die unter 1 belegte Rückertsche Sammlung.

3) [*Charles*] *Cottu: De l'administration de la justice criminelle en Angleterre et de l'esprit du gouvernement Anglais.* Paris 1820.

695

Hegel an Unbekannt

Regest nach *Ros.* 230 f.

696

Hegel an Niethammer

Regest nach *Ros. 226.*

1) *Anthelme Richerand: Nouveaux élémens de physiologie.* 2. éd. Paris an X (1802). Diese Ausgabe des Werkes (das 1804 und 1807 weitere Auflagen erlebte) befand sich nach Ausweis des Auktionskatalogs von 1832 in Hegels persönlicher Bibliothek. Vgl. auch die Erwähnung des Buches in den Vorlesungen zur Philosophie der Natur und des Geistes, die Hegel in Jena ausgearbeitet und gehalten hat (*Hegel: Jenaer Realphilosophie.* Hrsg. v. J. Hoffmeister. Hamburg 1967. 156). Rosenkranz berichtet also gewiß zutreffend, wenn er den Plan der Richerand-Übersetzung unter anderen Vorhaben der *Jenaer* Zeit mitteilt; ob er sich dabei auf den Textzusammenhang des ihm vorliegenden Briefes an Niethammer oder auf das Datum desselben stützt, ist nicht zu erkennen.

697

Hegel an Unbekannt

Abdr. nach der Hs. im Schiller-Nationalmuseum, Marbach.

698

Hegel an Unbekannt

Abdr. nach der Hs. im Besitz von Günther Nicolin, Königswinter-Thomasberg.

699

Hegel an die Nicolaische Buchhandlung

Abdr. nach dem Zitat in Auktionskatalog 145 der Firma Henrici, Berlin; dort Nr 160. Vgl. *G. Nicolin: Verlorenes aus Hegels Briefwechsel.* In: Hegel-Studien. Bd 3. 81. — Anscheinend ist der Text des Billetts vollständig wiedergegeben.

1) S. Anm. 7 zu Br. 450 a. Vgl. im übrigen Anm. 1 und 3 zu Br. 466 a. Es liegt nahe anzunehmen, daß die vorliegende Buchbestellung bald nach Ankündigung oder Erscheinen des 1. Heftes der *Fermenta cognitionis* (1822), jedoch früher als Br. 466 a zu datieren ist. — Im Versteigerungskatalog der Hegelschen Bibliothek von 1832 sind die Hefte 1 und 5 der *Fermenta* aufgeführt.

700

Hegel an Wendt - Ohne Datum

Abdr. nach dem Erstdr. bei *H. Schneider* (s. Anm. zu Br. 358a). 104. — Hs. in der Deutschen Staatsbibliothek Berlin.

Wie ersichtlich, muß das Billett während eines Aufenthalts von Wendt in Berlin geschrieben sein. Ein solcher Aufenthalt ist erwähnt in Br. 593.

701

Magdalena Katharina Rosenberger an Hegel

Abdr. nach *A. Warda: Zwei Briefe von J. G. Hamanns Tochter Elisabeth Regina und ein Brief seiner Tochter Magdalena Katharina.* In: Altpreußische Monatsschrift. 43 (1906), 229–254. – Nach Warda ist das Schreiben „dem Philosophen Karl Hegel" zugedacht, was offensichtlich nur eine Verwechslung der Vornamen Hegels und seines Sohnes, nicht aber der Personen selbst ist. Im übrigen vermerkt Warda: „Bereits von C. H. Gildemeister sind in dem Aufsatz: *Hamann und Hegel* in seinen *Hamann-Studien* (Gotha 1873) S. 349 ... Auszüge aus dem Briefe mitgeteilt. Der Güte des Herrn Professor D. Arnold in Breslau verdanke ich jetzt die Mitteilung des vollständigen Schreibens nach einer von Professor August Rosenberger an Gildemeister mitgeteilten Abschrift einer (ohne Datum und ohne Unterschrift abgefaßten) Kopie."

Zur Entstehung und Überlieferung des Briefes sowie zu der Frage, ob er tatsächlich an Hegel abgeschickt worden ist, vgl. zusammenfassend *Karlfried Gründer: Nachspiel zu Hegels Hamann-Rezension.* In: Hegel-Studien. Bd 1. Bonn 1961. 89–101.

1) Hegels Rezension von *Hamanns Schriften,* herausgegeben von Friedrich Roth, Berlin 1821–25, erschien in: Jahrbücher für wissenschaftliche Kritik. Jg. 1828, Bd 2. Nr 77/78 und 78/79 (Erster Artikel); Nr 107/108 – 113/114 (Zweiter Artikel). Abgedruckt in *Hegel: Berliner Schriften.* 221–294.

PERSONENREGISTER

UND

BIOGRAPHISCHER KOMMENTAR

Das Register enthält sämtliche Personennamen, die in den Briefen und Dokumenten sowie in den Anmerkungen der Herausgeber erscheinen. Soweit möglich, sind die Personen auch aufgeführt, wenn sie im Text nicht mit Namen, sondern nur indirekt genannt werden.

Die Anordnung ist durchgehend alphabetisch. Personen mit gleichem Familiennamen werden dabei nach den Vornamen geordnet. Im Falle der Namensgleichheit, insbesondere bei Fürsten, ist die historische Reihenfolge eingehalten.

ä, ö, ü werden wie ae, oe, ue eingeordnet.

Ein * vor einem Namen in den biographischen Kurztexten besagt, daß die betr. Person auch selbständig im Register aufgeführt ist. Bei Verweisung innerhalb desselben Familiennamens erscheint dieser nur mit dem Anfangsbuchstaben; das Zeichen * steht dann vor den Vornamen.

Den Namen von Vorfahren Hegels ist ggf. zur Verdeutlichung die laufende Nummer aus dem in Band IV, Teil I enthaltenen Stammbaum (Dok. 1) beigefügt.

Römische Zahlen zeigen die Bände an; die Teile 1 und 2 des Bandes IV sind mit IVa und IVb bezeichnet. Arabische Zahlen sind Seitenzahlen. Zahlen in Klammern verweisen auf Seitenzahlen im Anmerkungsteil des vorweggenannten Bandes.

Kommt ein Name auf zwei oder mehreren aufeinanderfolgenden Seiten vor, so wird die erste Zahl mit „f“ oder „ff“ versehen. Mit Beginn eines neuen Briefes oder Dokuments ist jedoch immer eine neue Seitenzahl aufgeführt.

Bei den Namen der Verfasser oder Empfänger von Briefen ist jeweils nur die erste Seitenzahl des betr. Briefes angegeben. Weitere Information erteilt hier das gesonderte Korrespondentenregister.

AARON; um 1819 Geldverleiher in Berlin. – IVa 207.
ABEGG, Julius Friedrich Heinrich (1796–1868), Jurist, Schüler Hegels im Nürnberger Gymnasium, stud. in Erlangen, Heidelberg, Landshut (Prom. 1818) u. seit 1819 in Berlin, dort Hörer Hegels, 1821 Prof. d. Kriminalrechts in Königsberg, 1826 in Breslau. – III 30, 144, (370).
ABEKEN, Bernhard Rudolf (1780–1866), 1801/02 Hörer Hegels in Jena, 1815 Konrektor u. 1841 Rektor am Gymnasium in Osnabrück. – II 365; - IVa 86.
ABEKEN, Ludwig (1793–1826), Pädagoge in Berlin, Bruder des *Bernhard Rudolf A. – II 365.
ABEL, Jakob Friedrich von (1751–1829), stud. theol. in Tübingen, 1770 Magister, 1772 Prof. d. Philos. (Moral u. Psychologie) an der Hohen Karls-Schule in Stuttgart, 1790 Prof. d. prakt. Philos. in Tübingen, 1823 Generalsuperintendent f. Urach und Reutlingen. – I 30, 391, (433, 511); - II (381, 410); - III 101; - IVa (355); - IVb 59, (114).
ABEL, Karl Gustav von, Sohn des *Jakob Friedrich v. A., Obertribunal-Prokurator in Stuttgart, Kunstsammler. – III 101.
ABEL-RÉMUSAT siehe *Rémusat.
ABICHT, Johann Heinrich (1762–1816), 1790 Prof. d. Philos. in Erlangen, 1804 in Wilna; Kantianer, später Anhänger *Fichtes. – I 91.
ACKERMANN, Emil, Burschenschaftler in Heidelberg. – II (456).
ACKERMANN, Jakob Fidelis (1765–1815), 1789 Doz., 1792 Prof. d. Botanik u. Anatomie in Mainz, 1804 Hofrat u. Prof. d. Anatomie u. Chirurgie in Jena, 1805 in Heidelberg. – I 94, 103, 104 f., (483).
ACKERMANN, Johann Christian Gottlieb (1782–1847), 1810 Pfarrer in Ansbach, 1817 in Altstadt-Erlangen, dort 1826/34 Privatdoz. d. Theol. – III 231 f., (431 f.).
ADELUNG, Johann Christoph (1732–1806), dt. Sprachforscher und Lexikograph. – IVb (98).
ADLER, Dr., Bekannter (Hörer?) Hegels in Berlin. – IVb 32, (103).
AESCHYLUS (ca. 525–456 v. Chr.), griech. Tragödiendichter. – I 387; - III (450).

AËTIUS, Flavius (ca. 390–454), röm. Feldherr. – III (418).
AHLEFELD, Charlotte Luise Wilhelmine Gräfin von, geb. von Seebach (1777–1849), Romanschriftstellerin unter den Pseudonymen Luise Selbig u. Natalie. – III (473).
AIGSTER, Christoph Friedrich (geb. 1772), Mitschüler Hegels am Stuttgarter Gymnasium. – IVa 15.
ALBERS, P. – II (386, 473).
ALBERTINE; vermutlich *Seebecks Haustochter. – I 173.
ALBRECHT, Daniel Ludwig (1765–1835), 1809 Geheimrat im preuß. Justizministerium, 1813/15 Vertrauter *Beymes u. Berater des preuß. Königs. – II (460); - IVb 80, (123).
ALCIBIADES (451–404 v. Chr.), griech. Staatsmann u. Feldherr. – III 81, (379).
ALDEFELD, „Vetter" Hegels. – III 269.
ALDRINGEN, Johann Graf von (1588–1634), kaiserl. Feldmarschall im Dreißigjährigen Krieg. – III (448).
ALETHEIOS (Pseudonym) siehe *Weber, Georg Michael von.
ALEXANDER I. Pawlowitsch, Kaiser von Rußland (1777–1825), regierte ab 1801. – I 243 f., 245 ff.; - II (375, 376, 379, 432, 462 f., 505); - IVb (101).
ALEXIS, richtig: Alexius (gest. 417), röm. Heiliger, floh nach der Legende an seinem Hochzeitstag nach Edessa und lebte als Einsiedler und Asket. – I 49, 54, (442 f.).
ALTENSTEIN, Fräulein vom Stein zum (gest. 1830), Schwester des Staatsmannes *Karl Sigmund Franz A., führte nach dem Tode ihrer Schwägerin (1805) den Haushalt des Bruders. – II 180, 188, 192, 198, (428); - III 276, 303, 305, (455); - IVa 204.
ALTENSTEIN, Karl vom Stein zum (ca. 1803/04–1829), einziger Sohn des Staatsmannes *A., starb wie seine Mutter an Lungenschwindsucht. – III 276, (447, 455).
ALTENSTEIN, Karl Sigmund Franz Frh. vom Stein zum (1770–1840), preuß. Staatsmann, 1808/10 Finanzminister, 1817 Chef des neugebildeten Ministeriums für Kultus, Unterricht u. Medizinalwesen; 1810 maßgeblich an der Gründung der Univ. Berlin, 1818 an der Neugründung der Univ. Bonn beteiligt. Durch A. erlangte die Hegelsche Philosophie Geltung an den preußischen Hochschulen. – II 52, 133, 169, 170, 173, 179, 187, 188, 190, 191, 197 f., 200, 204, 209, 212, 233, 237, 268, 270, 272, 287, 297, 303, 305, 310, 315, 316, 324, 333, 368, (422, 423, 424 f., 427, 428, 430, 446, 449 f., 455, 457 ff., 461, 465 ff., 470, 481, 485, 487, 494 f., 497, 499 ff., 502); - III 20, 34, 36, 41, 43, 81, 89 f., 93,

102 f., 131, 137, 165, 166, 167, 209, 214 f., 224, 232, 241, 243, 255, 258, 276, 285, 289, 303, 305, 306, 315, 319, 330, 355, (381, 385, 402, 407 f., 412, 422, 426, 427, 432, 437, 440 ff., 447, 450, 455, 457, 458, 459, 462, 464); - IVa (329); - IVb 32, 72, 73, 75, (103, 118, 120).

ALTHER, R. – IVb (106).

AMANN, Karl. – I (484).

AMBROGI (Ambrogietti), Giuseppe (geb. 1780?), Sänger u. Schauspieler. – III 59, 66, 71.

AMBROSIUS (ca. 340–397), Kirchenvater; ihm wird der sog. Ambrosianische Lobgesang („Te deum laudamus") zugeschrieben. – IVb (121).

AMMON, Christoph Friedrich (1766–1850), luth. Theologe; 1789 ao. Prof. in der philos. Fakultät in Erlangen, 1792 Prof. d. Theol. daselbst, 1794 o. Prof. u. Universitätsprediger, später Konsistorialrat in Göttingen, 1804 wieder Prof. in Erlangen, 1808 dort auch Pfarrer, 1813 Oberhofprediger in Dresden, Geh.Rat im Kultusministerium, 1831 Mitgl. des kgl. sächs. Staatsrats. – I 349, 375, 378; - III 48.

AMORETTI, Carlo (1741–1816), Augustinermönch, später Weltgeistlicher, 1772 Prof. d. Kirchenrechts in Parma, 1797 Bibliothekar an der Ambrosiana zu Mailand, beschäftigte sich mit Mineralogie u. Bergwerkskunde. – I 135, 173, (466).

AMPÈRE, Jean Jacques Antonine (1800–1864), Sohn des Physikers André Marie A., 1829 Prof. d. Philologie in Marseille, 1831 an der Normalschule in Paris; bedeutender Vertreter der literarischen Kritik. – III 170, (414).

ANCILLON, Johann Peter Friedrich (1767–1837), Prediger in Berlin, 1792 Prof. d. Geschichte an der Militärakademie, Mitgl. d. Berl. Akad. d. Wiss., 1809 Staatsrat für Kultus, 1813 Legationsrat im preuß. Außenministerium, 1832 Aussenminister. A. vertrat eine streng legitimistische Politik; er wurde von Hegel, *Schleiermacher, W. v. *Humboldt u. *Niebuhr gleicherweise abgelehnt. – II 223, (451); - III 342, (440 f., 468).

ANDLER, Rudolf Friedrich Wilhelm (1786–1842), Stipendiat in Tübingen, 1806 Magister, 1812 Repetent, später Dekan in Neuenstadt. – IVa 70.

ANDRÉ, Paul Christoph Gottlob (1772–1824), 1809 Prof. d. Rechte in Wittenberg, 1815 Hofrat u. Mitgl. des Oberappellationsgerichts in Jena. – II 307.

ANDREÄ, Christian Friedrich (1771–1848), Stipendiat in

Tübingen, 1791 Magister, 1807 Pfarrer in Kilchberg. – IVa 46, 49.
ANHALT-KÖTHEN, Herzog von siehe *Friedrich Ferdinand.
ANNA PAULOWNA (1795–1865), Schwester der Zaren *Alexander I. und Nikolaus I. von Rußland, 1816 Gemahlin Wilhelm Friedrich Georg Ludwigs von Oranien, des Kronprinzen u. seit 1840 Königs der Niederlande. – III 8.
ANNA (Anne); Hausgehilfin der Fam. Hegel in Berlin. – II 364; - IVa 204 ff.
ANNE-BEBE; Hausgehilfin bei K. F. v. *Steiger. – I 26.
ANSCHÜTZ, Heinrich (1785–1865), Regisseur u. Schauspieler am Hofburgtheater in Wien. – III 62.
ANSELM von Canterbury (1033–1109), scholastischer Theologe u. Philosoph. – III 326.
ANTAL, G. von. – III (433).
ANTONIUS von Padua (1195–1231), Heiliger, Franziskaner, Lehrer d. Theol. in Bologna; nach der Legende sollen selbst die Fische seinen Predigten gelauscht haben. – I 49.
ARCHENHOLZ, Johann Wilhelm von (1748–1812), Historiker u. Schriftsteller. – I 11, (434).
ARETIN, Christoph Frh. von (1772–1824), Führer der altbayer. Partei, Oberbibliothekar in München, 1811 amtsenthoben u. nach Amberg versetzt, dort Präsident des Appellationsgerichts. – I 389, (495 f.).
ARISTOPHANES (ca. 444–ca. 380 v. Chr.), griech. Komödiendichter. – I 387; - II 90, 159, (396); - III 28; - IVa 216, (360).
ARISTOTELES (384–322 v. Chr.), griech. Philosoph. – I 209, 246, 388, (497); - II 157, 232, 289, 302, 308 f., (442); - III 98, 225, 268, 288, 335, 351, (370, 416, 443, 447); - IVa 31, 60 f., - IVb 60.
ARMAND; frz. Schauspieler, um 1827 in Paris. – III (419).
ARMBRUSTER, Johann Michael (1761–1814), Schriftsteller, zeitweise Sekretär bei *Lavater. – IVa (266).
ARNAULD, Angelique (Jacqueline Marie) (1591–1661), Äbtissin des Zisterzienserinnenklosters Port-Royal, führte 1609 eine strenge Reform der Ordenszucht ihres Klosters durch. – I 49, (442).
ARNDT, Ernst Moritz (1769–1860), polit. Schriftsteller u. Dichter, 1805 ao. Prof. in Greifswald, 1806 Flucht vor *Napoleon, 1818 Prof. d. neueren Geschichte in Bonn, im Zuge der Demagogenverfolgung 1820 seines Amtes enthoben, 1840 rehabilitiert. – II (377, 456, 502).

ARNHEIM, Hans Georg von (1583–1641), Heerführer. – III (448).
ARNIM, Achim von (1781–1831), deutscher Dichter. – I (484).
ARNOLD, Gottfried (1666–1714), ev. Theologe, Pietist, Freund Speners, verfaßte eine bedeutsame Kirchen- u. Ketzerhistorie. – I (509).
ARNOLD, Karl Franklin (geb. 1853), Prof. d. Theol. in Breslau. – IVb (126).
ARRHENIUS, O., schwedischer Professor. – III 242.
ASBECK, Franz Wilhelm Frh. von (1760–1826), kurkölnischer Beamter, 1803 Präsident des obersten Justizhofes in Franken, 1808 Präs. d. Steuer- u. Domänensektion in München, 1817 Reg.Präs. des Untermainkreises u. Kurator der Univ. Würzburg. – I 239.
ASCHBACH, Josef Ritter von (1801–1882), Historiker, 1823 Gymnasiallehrer in Frankfurt a. M., 1842 Prof. d. Geschichte in Bonn, 1853 in Wien. – III 345, (468 f.).
ASHER, Adolf (1800–1853), stud. in Berlin, lebte dann in England u. in Petersburg als Diamant-, später als Buchhändler, eröffnete 1830, nach Ausweisung aus Rußland, eine Buchhandlung in Berlin. – III 31.
ASSAL, Rechtsanwalt in Jena, vertrat *Schelling im Prozeß gegen den Leipziger Verleger *Gabler. – I 73, 79 f., (452); - IVb 9, 10, (95, 96).
ASSING, Ludmilla, Nichte des K. A. *Varnhagen v. Ense. – II (447, 491); - III (365, 376, 402, 460).
AST, Georg Anton Friedrich (1778–1841), 1802 Doz. in Jena, 1805 Prof. d. Philologie in Landshut, 1826 in München, Mitgl. d. Bayer. Akad. d. Wiss., lehrte auch Philosophie u. Ästhetik. – I 133, 149, 205; - II 59.
ASVERUS, Gustav (1798–1843), Sohn des Syndikus *Ludwig Christoph Ferdinand A., 1818 stud. jur. in Heidelberg, dann in Berlin, dort als Burschenschaftler in Haft genommen u. verurteilt. Hegel setzte sich sehr für ihn ein. 1821 Promotion in Jena, dann Rechtsanwalt, 1830 Privatdoz., 1832 ao. Prof., 1842 o. Prof. d. Rechte u. Mitglied des Oberappellationsgerichts in Jena. – II 217, 219, 323 (431–441, 455 ff., 459, 466); - III 14 f., 119, 218; - IVb 52, 54, 56, 62, (111, 112, 114, 115).
ASVERUS, Ludwig Christoph Ferdinand (1760–1830), Rechtsbeistand Hegels, Justizrat, Gerichtsdirektor u. Univ.-Syndikus in Jena. – I 123, 125, 136, 326, 328, 362; - II 216,

307, (432, 435 f., 437 ff.); - IVa 183, (352); - IVb 53, 55, 58, 63.

ASVERUS, Luise, geb. Schuderoff (1769–1828), Gattin des *Ludwig Christoph Ferdinand A. – I 328, (513); - II (435 f., 437); - IVb 53, 55, 58, 63.

ATTILA (Etzel) (gest. 453), seit 445 König der Hunnen. – III (418).

AUBER, Daniel François Esprit (1782–1871), frz. Opernkomponist. – III 71, (374).

AUGUST (Emil Leopold), Herzog von Sachsen-Gotha (1772–1822), Regent seit 1804, Miterhalter der Universität Jena, stimmte der Ernennung Hegels zum ao. Prof. zu. – IVa (316).

AUGUSTE FRIEDERIKE CHRISTINE von Preußen (1780–1841), Tochter *Friedrich Wilhelms II. von Preußen, seit 1797 Gemahlin des Kurprinzen *Wilhelm von Hessen-Kassel. – II (406).

AUGUSTI, Johann Christian Wilhelm (1772–1841), ev. Theologe, 1803 Prof. d. orient. Sprachen in Jena (Nachf. von *Paulus), 1812 Prof. d. Theol. in Breslau, 1819 in Bonn, 1828 Oberkonsistorialrat, 1835 Konsistorialdirektor in Koblenz. – I 90, 173, - III (412).

AUGUSTINE siehe *Krippendorf, Auguste.

AUGUSTINUS, Aurelius (354–430), größter lat. Kirchenlehrer. – I 87, (454); - III 326.

AUSONIUS, Decimus Magnus (ca. 310–393), spätröm. Dichter. – III (436).

AUTENRIETH, Christian Friedrich (1770–1792), Sohn des *Jakob Friedrich A., Mitschüler Hegels am Stuttgarter Gymnasium, ab 1788 mit Hegel im Tübinger Stift, 1790 Magister, wechselte im April 1792 zur Karlsschule u. starb im gleichen Jahr (14. Sept.). – IVa 14, 15, 16, 17, 21, 25, 26, 28, 30, 36, 49, 135, (256, 259, 263, 285).

AUTENRIETH, Jakob Friedrich (1740–1800), Hof- und Rentkammer-Expeditionsrat in Stuttgart, 1795 Direktor der Rentkammer. – IVa 14.

AUTENRIETH, Johann Heinrich Ferdinand von (1772–1835), Sohn des *Jakob Friedrich A., 1797 Prof. d. Medizin in Tübingen, 1822 Kanzler der Univ. – I 165.

AXTHELM, Ernst Gottlob Heinrich (1770–1838), um 1811 Oberpostmeister in Nürnberg. – I 289.

AZAÏS, Pierre Hyazinthe (1766–1845), frz. Philosoph. – I 350, (506).

B(. . .)k(. . .)s, Professor in B. – IVb 45.

BAADER, Benedikt Franz Xaver von (1765–1841), kath. Philosoph; stud. med. u. rer. nat. in Ingolstadt u. Wien, 1788/1792 an der Bergakademie Freiberg, 1799 Bergrat in München, 1808 Mitgl. d. Bayer. Akad. d. Wiss., 1822 Reise nach Rußland, auf der Hin- und Rückreise Besuch bei Hegel in Berlin, 1826 Honorarprof. d. Philos. u. Theol. in München; 1809/24 enge Freundschaft mit *Schelling. B.s Natur- und Religionsphilos. ist stark beeinflußt von der Mystik u. Theosophie *Böhmes. – I 174, (466); - II 98, 152, 184, 186, 325, (491 f.); - III 116, 143, 175, 217, 240, 312, (415, 427, 444 (?), 458); - IVb 48, 50, 84, (109, 110).

BABRIUS (2. Jh. n. Chr.), griech. Fabeldichter. – II 84, (395).

BACH, Johann Nikolaus (1802–1841), Philologe; seit 1821 stud. in Bonn, 1825 Promotion, 1835 Direktor des Gymnasiums in Fulda. – III (381).

BACHMANN, Karl Friedrich (1785–1855), Schüler Hegels in Jena, dort 1810 Privatdoz., 1812 Prof. d. Philos.; bis 1820 Anhänger, dann Gegner der Hegelschen Philos. – I 307, 316, 325, 330, 350, (484, 496, 498); - II 40, 246, (472).

BADEN, Großherzog von siehe *Karl Friedrich; *Karl Ludwig Friedrich; *Ludwig Wilhelm August.

BADER, Karl Adam (1789–1870), Tenor, seit 1820 am Berliner Hoftheater. – III 56.

BÄHR, Johann Christian Felix (1798–1872), stud. u. habil. in Heidelberg, dort 1821 ao. Prof., 1823 o. Prof. d. Klass. Philologie, 1832 auch Direktor der Universitätsbibliothek. – III 81, 86 ff., 89, (379, 381).

BÄHR, Karl Wilhelm Christian (1801–1874), Bruder des *Johann Christian Felix B., ev. Theologe; stud. phil. u. theol. in Heidelberg u. 1822 in Berlin, 1829 Pfarrer in Eichstetten, 1838 Mitgl. des bad. Kirchenrats u. Oberstudienrat in Karlsruhe. – II 290, 291; - III 81.

BAER, Karl Ernst von (1792–1876), berühmter Naturforscher; 1819 ao. Prof., 1821 o. Prof. d. Zoologie in Königsberg, 1826 auch Prof. d. Anatomie. – III (397).

BAGGESEN, Jens (1764–1826), dän.-deutscher Schriftsteller. – I 10.

BAIER, Dr., Hörer Hegels in Berlin. – IVa 177, (349); - IVb 77, (122).

BAIER (Bayer, Beyer), Johann Jakob (1756–1814), 1809 Stadtpfarrer zu Nürnberg. – IVa 99.

BAKKER, Gerbrand (1771–1828), Arzt in Enkhuizen (Hol-

land), 1810 Prof. d. Medizin, Anatomie u. Obstetrik in Groningen. – II 40, (379).

BAKKER-KORFF, Johann (1789–1869), Jurist, Freund van *Gherts. – III (433).

BALBE, d. i. vielleicht Adriano Balbi (1782–1848), ital. Geograph u. Statistiker. – II (414).

BALIGAND, Karl Theodor von (geb. 1779), Oberpostmeister in Bamberg, später in Regensburg. – I 257, (487).

BALLIF (Hegel schreibt: Baillif), Pierre, geb. in Lausanne, Zahnarzt in Berlin, Hofrat, Mitglied der Akademie der Schönen Künste. – IVa 215.

BALTZER, Johann Baptista (1803–1871), kath. Dogmatiker; seit 1830 Prof. d. Theol. in Breslau. – III 310, (456).

BALZ, Johann Friedrich, Drucker u. Verleger in Tübingen. – IVa 49.

BANSA, Maria Sophia, geb. Streiber (1762–1842), seit 1781 Gattin des Frankfurter Bankiers B. – I 66.

BARDILI, Christoph Gottfried (1761–1808), Vetter von F. W. J. *Schelling; 1788 Repetent am Tübinger Stift, 1790 Prof. d. Philos. an der Hohen Karlsschule in Stuttgart (Nachfolger J. F. *Abels), 1794 am Stuttgarter Gymnasium. – IVa 28, 34, (286).

BARDILI, Heinrich Friedrich (1769–1839), Stipendiat in Tübingen, 1789 Magister, 1800 Feldprediger, 1804 Pfarrer in Mergelstetten. – IVa 150.

BARROW, Isaak (1630–1677), engl. Mathematiker und Theologe, gab Kurzfassungen der Werke griechischer Mathematiker heraus. – IVa 31.

BARTH, Karl (1787–1853), Zeichner und Kupferstecher, fertigte den Portraitstich an, der Rosenkranz' Hegel-Biographie als Titelkupfer beigegeben wurde. – IVa (361).

BARTHÉLEMY (wahrsch. Pseudonym van *Gherts). – III (389).

BASSI, Luigi (1766–1825), berühmter Bariton in Prag u. Wien, später Operndirektor in Dresden. – III 66, 71.

BAUER, Johann. – II (488); - III (379).

BAUER, Johanna siehe *Ölhafen von Schöllenbach.

BAUER, Margaretha Barbara, geb. Schütz, aus Nürnberg, Gattin des Heidelberger Prof. d. Theol. Georg Lorenz Bauer (1755–1806). – II 143.

BAUMEISTER, Kölner Patrizierfamilie, Erben des Jakob Johann *Lyversberg. – II (506).

BAUMGARTEN, Siegmund Jakob (1706–1757), Theologe, seit 1743 Prof. in Halle. – IVa 38, (290).

BAUMGARTEN-CRUSIUS, Ludwig Friedrich Otto (1788–1843), ev. Theologe; seit 1812 Prof. d. Theol. in Jena. – III (449).
BAYARD, Frau von (gest. 1821), Gattin des Geh.Rats *Josef Du Terrail von B. – II 295.
BAYARD, Josef Du Terrail von (gest. 1815), Geh.Rat, 1806/10 Regierungsdirektor in Bamberg, dann in Ansbach. – I 143 f., 145 f., 175, 177 f., 182, 204, 210, 223, 250, 254, 255, 265, 309, 342; - II 32, 53.
BAYERN, König von siehe *Maximilian I. Josef; *Ludwig I.
BAYERN, Kronprinz von siehe *Ludwig I.
BAYERN, Kronprinzessin von siehe *Therese.
BAYERN, Prinzessin von siehe *Elisabeth.
BEAUHARNAIS, Marie Françoise Josephine (1763–1814), zuerst Gattin des Generals B., 1796 Gattin *Napoleons, der sich 1809 von ihr scheiden ließ. – I (495); - II (505).
BECHER, Johann Rudolf Friedrich (1771–1848), Stipendiat in Tübingen, 1791 Magister, 1798 Pfarrer in Waldenburg, 1840 in Kupferzell. – IVa 49.
BECK, Adolf. – IVa (255 f., 277, 340, 344).
BECK, Christian Daniel (1757–1832), Philologe u. Theologe, 1779 Privatdoz. in Leipzig, 1782 ao. Prof., 1785 o. Prof. in Göttingen. – II (480); - IVb 45, (108).
BECK, Friedrich Jakob (1772–1847), Stipendiat in Tübingen, 1792 Magister, 1799 Repetent, 1810 Pfarrer in Ebersbach a. d. Fils. – IVa 46, 49.
BECK, Johann Christoph David (1777–1822), Sohn des Präzeptors Georg Christoph B. in Tübingen; Magister 1797, später Pfarrer in Flenheim u. Maichingen. – IVa 49.
BECKER, August Immanuel (1785–1837), 1810 Prof. d. Philologie in Berlin, 1815 Mitgl. d. Preuß. Akad. d. Wiss., 1822 Prof. in Göttingen. – II (409).
BEER, Betty, geb. Meyer, Gattin des *Heinrich B. – III 178, 179, 347 f., 349 f.; - IVb 75.
BEER, Heinrich (1794–1842), Kaufmann u. Bankier in Berlin, Bruder des Komponisten Giacomo Meyerbeer; Hörer u. Freund Hegels. – IVa 212, 214, 220; - IVb 74, (120).
BEER, Ludwig (gest. 1831), Sohn des *Heinrich B. – III 347, 349.
BEETHOVEN, Ludwig van (1770–1827), dt. Komponist. – IVb (106).
BEHRINGER in Tübingen, vielleicht: Immanuel Friedrich B. (1772–1832), Stipendiat in Tübingen, 1792 Magister, später

Pfarrer in Höpfigheim u. Rommelshausen. – IVa 49.
BEIER, aus Neu-Strelitz, Hörer Hegels in Berlin (identisch mit Dr. Baier?). – IVa 210.
BEISSNER (?) in Berlin. – III (445).
BEKKER, Georg Josef, Schüler Hegels in Heidelberg, promov. dort 1817, dann Prof. d. Philos. in Löwen. – II 158, 165, 190, 246; - IVb 64.
BELLERMANN, Johann Joachim (1754–1842), Gymnasialprof. in Erfurt, 1803 Gymnasialdirektor, später Prof. d. Theol. u. Konsistorialrat in Berlin; wurde auch als Orientalist bekannt. – II 232.
BENEDICT, Friedrich Traugott (gest. 1833?), Rektor in Annaberg, durch seine zahlreichen Klassikerausgaben bekannt geworden. – II 177, (424); - IVb 29.
BENEKE, Heinrich. – III (448).
BENGEL, Familie; Bekannte Hegels in Berlin. – I 170.
BENGEL, Ernst (1735–1793), Sohn des berühmten Theologen Johann Albrecht B., 1761 Repetent im Tübinger Stift, 1766 Stadtpfarrer in Zavelstein, 1772 Diakon in Tübingen, 1786 Amtsdekan daselbst. – IVa 49.
BENGEL, Ernst Gottlieb (1769–1826), Sohn des *Ernst B., Stipendiat in Tübingen, 1788 Magister, 1792 Repetent, 1806 ao., 1810 o. Prof. d. Theol. in Tübingen, 1812 Superattendent des Stifts. – IVa 151.
BENTHYLOS, Johannes (1804–1854), Hörer Hegels in Berlin, 1839 o. Prof. d. Klass. Philologie in Athen. – IVa 170, (346).
BENZ, wahrscheinlich Verwalter bei K. Fr. v. *Steiger. – I 26.
BERCHT, Gottlob Friedrich August (1790–1861), Publizist u. Redakteur, als Prof. im Bremer Staatsdienst, nach 1819 als Demagog verfolgt, dann lange als Privatlehrer tätig. – III 345, (468).
BERCKHEIM, Karl Christian Frh. von (1774–1849), badischer Staatsminister u. Großhofmeister. – II 113, 117, 183, (413); - IVa 106, 112.
BERENDS, Karl August Wilhelm (1759–1826), Arzt in Frankfurt/Oder, 1788 Prof. d. Medizin, 1811 in Breslau, 1815 in Berlin. – II (401).
BERG, Franz (1753–1821), 1785 Prof. d. kath. Theol. in Würzburg; Aufklärer u. Anhänger Humes u. *Lockes, scharfer Gegner *Schellings, Freund von H. E. G. *Paulus u. der Tübinger Theologie nahestehend. – I 76, (448, 450).
BERGER, Franz Xaver (geb. 1765), Prof. am Gymnasium in Dillingen. – II 84, (395).

BERGER, Johann Erich von (1772–1833), Deutschdäne, 1793 stud. jur. in Jena, gehörte zum „Bund der freien Männer", 1795 Freund *Fichtes, später Anhänger von *Schelling u. *Steffens; 1801 kaufte er das Gut Seekamp, privatisierte dort bis 1814, dann Prof. d. Astronomie in Kiel, 1823 Nachf. *Reinholds als Prof. d. Philos. in Kiel. – I 223, (453, 482, 484); - II 184, 273, 277, 299, (483, 484); - III 79.

BERGER, Ludwig von (1768–1813), oldenburgischer Kanzleirat; nach Abzug der Franzosen 1813 von diesen zus. mit seinem Freund *Finck als Treuhänder für die zurückgelassene Verwaltung eingesetzt; nach Rückkehr der Franzosen wurden beide wegen Hochverrats angeklagt u. hingerichtet. – II (441).

BERKELEY, George (1685–1753), engl. Philosoph. – I 92.

BERLEPSCH, Emilie von, geb. von Oppel (1757–1831), Lyrikerin u. Schriftstellerin, lebte nach der Trennung von ihrem Gemahl Friedrich Ludwig v. B. meist in Göttingen u. Weimar; bekannt mit *Goethe. – I 10.

BERLICHINGEN, Anton Friedrich von, Bruder des *Josef Friedrich Anton Graf von B. – II (378).

BERLICHINGEN, Josef Friedrich Anton Graf von (1759–1832), seit 1774 in österr. Militärdienst, übernahm 1789 die Stammgüter in Franken; bekannt durch seine linguistischen Liebhabereien. Aus erster Ehe acht Töchter, die *Christiane Hegel nach dem Tode der Mutter 1807 betreute u. unterrichtete. – II 26, 37 f., 225, 227, 284, (377 f.); - III 290, (452).

BERLICHINGEN, Klara Katharina, geb. v. Berlichingen (1779–1828), zweite Frau des *Josef Friedrich Anton v. B. – II 19 f., 26, (378, 486).

BERNADOTTE, Jean Baptiste Jules (1763–1844), in der Frz. Revolution General, 1804 Marschall, seit 1818 als Karl XIV. Johann König von Schweden. – I 125.

BERNARD, Georg Ludwig (geb. 1772/73), aus Mömpelgard; Kompromotionale Hegels in Tübingen. – IVa 46, 65, 154, (302).

BERNAU, Leutnant, Gesinnungsfreund Friedrich *Försters. – II (470).

BERNBRUNN, Karl Frh. von (1787–1854), zunächst Offizier in österr. Diensten, trat nach 1809 unter dem Pseudonym Karl Karl in Wien als Komiker u. Schauspieler auf. – III 58.

BERNHARD, Johann Ernst Friedrich (1722–1798), 1757 Diakon in Stuttgart, 1773 Stadtpfarrer, zugleich Lehrer am

Gymnasium, später an der Karlsschule, 1792 Hofprediger, 1793 Konsistorialrat. – IVa 53.
BERNHARD KARL, Prinz von Sachsen-Weimar (1792–1862), jüngster Sohn *Karl Augusts. 1800 Freiwilliger bei Jena, später zeitweilig in holländ. Diensten. – I 190.
BERNHARDI, August Ferdinand (1769–1820), Sprachphilosoph; 1791 Lehrer am Werderschen Gymnasium in Berlin, 1808 dessen Direktor, 1816 Konsistorialrat, 1820 Direktor des Friedrich-Wilhelm-Gymnasiums in Berlin. – II 232.
BERNHEIM, Simon; Hörer *Daubs in Heidelberg, im SS 1826 bei Hegel in Berlin. – III 107.
BERNSTEIN, Georg Heinrich (1787–1860), Orientalist, 1812 ao. Prof. in Berlin, 1820 o. Prof. in Breslau. – II 232.
BERNSTORFF, Christian Günther Graf von (1769–1835), zunächst dän. Staatsmann, seit 1818 im preuß. Staatsdienst, Außenminister bis 1832. – II (469); - III 342, (374 f., 468).
BERTHIER, Alexandre, Fürst u. Herzog von Neuchâtel und Valangin (1753–1815), frz. General, 1800/1807 frz. Kriegsminister, 1806/1814 Generalstabschef *Napoleons, zuletzt Marschall von Frankreich. – I 123, 187, 213.
BERTHOLDT, Bernhard (1774–1822), 1805 ao. Prof. d. Philos. in Erlangen, 1808 o. Prof., 1809 Dr. der Theol. u. Universitätsprediger. – II 130, (412, 413).
BERTLING, R., Autographenhandlung in Dresden. – IVb (111).
BERTRAM, Joachim Christoph (geb. 1730), Bibliothekar a. d. Univ.bibl. in Halle. – IVa (290).
BERTRAM, Johann Baptist (1776–1841), Kunstsammler aus Köln, Freund der Brüder *Boisserée u. Miteigentümer ihrer berühmten Gemäldesammlung. – II 230, (452); - III (416); - IVb 35, (106).
BERTUCH, Friedrich Justin (1747–1822), Schriftsteller; 1775 Kabinetts-Sekretär in Weimar, 1785 Mitbegründer der „Allgemeinen Literaturzeitung“, 1786 Legationsrat, später Buch- und Kunsthändler; bedeutend als Übersetzer. – I (435).
BERZELIUS, Jöns Jakob Frh. von (1779–1848), Arzt u. Chemiker, 1807 Prof. d. Medizin u. Pharmazie in Stockholm, 1808 Mitgl., 1810 Vorstand u. 1818 ständiger Sekretär d. Akad. d. Wiss. zu Stockholm. – II (485).
BESSEL, Friedrich Wilhelm (1784–1846), Astronom, 1810 Prof. u. Direktor der Sternwarte in Königsberg. – III (397).
BESSELING, Arzt in Amsterdam, Freund van *Gherts. – I 325, 331; - II 362, 364; - III 8.

BESSER, Konrad Moritz, Privatdoz. f. Naturrecht u. Nationalökonomie in Halle, dort befreundet mit Karl *Rosenkranz; später Kaiserl. Russ. Staatsrat u. Prof. in Petersburg. – III 307, (456).

BETTENDORF, Franz Theodor (1744–1809), Kunstsammler in Aachen – II 355, (507).

BETZEL, Gymnasiallehrer in Nürnberg. – II (434).

BETZENDÖRFER, Walter. – I (468); - IVa (266 f., 281).

BEYER, Wilhelm Raimund. – IVa (324, 325, 339); - IVb (103).

BEYME, Karl Friedrich Graf von (1765–1838), preuß. Staatsmann; Jugendfreund *Friedrich Wilhelms III. von Preußen, 1798 Geh. Kabinettsrat, 1808 als Nachfolger des Frh. vom Stein Großkanzler u. preuß. Justizminister, 1810 Rücktritt, 1817/19 nochmals Kabinettsminister. – I 107; - IVb 80, (124).

BEYSCHLAG, Daniel Eberhard (1759–1835), Rektor in Nördlingen, 1801/19 Rektor des St. Anna-Collegiums in Augsburg. – I 227.

BEYTS, Josef François Baron de (1763–1832), 1810 Präsident des Gerichts in s'Gravenhage. – I 351.

BEZOLD, Landesdirektionsakzessist in Rothenburg. – I 143.

BEZOLD, Friedrich von (1848–1928), Historiker. – III (381).

BICHAT, Xavier (1771–1802), frz. Mediziner, Begründer der experimentellen Physiologie. – IVb 83.

BIEDERMANN, Johann Gottfried (1705–1766), Pfarrer und Genealoge in Nürnberg. – IVa (356).

BIGOT, 1806 frz. Kriegskommissar in Jena. – I 122, 129.

BILFINGER, Christian Ludwig (1770–1850), Kompromotionale Hegels im Tübinger Stift, Ende 1789 Übergang zum Jurastudium, später Geheimer Legationsrat in Stuttgart. – IVa 18, 28, 49 (?), 155, (279).

BILLING, André (geb. 1775), Sohn des Pfarrers u. Historikers Sigismund B. in Colmar, 1792 stud. theol. in Tübingen. – IVa 158.

BINDER, Christian (1741–1823), Pfarrer in Rudersberg. – IVa (306).

BLANC, Ludwig Gottfried (1781–1866), Romanist; Domprediger in Halle, Freund *Schleiermachers. – II (424); - III (375).

BLANK, Hans-Joachim. – IVa (337).

BLANKENBURG, Christian Friedrich von (1744–1796), Ästhetiker der Aufklärung. – I (456).

BLASIS, Virginia de (1804–1838), ital. Sängerin. – III 195.

BLENZ, Lehrer Karl *Hegels in Berlin. – IVb 33, (104).
BLETON (oder Bletton), erregte Ende des 18. Jhs. in Paris Aufsehen durch seine hydroskopischen Experimente (Wünschelrutengehen). – I 221.
BLOCH, August Friedrich (1780–1866), Agent der Seehandlungs-Societät der preuß. Reg., später Direktor der Berlin-Anhalter Eisenbahn. – III 93, 99, 110, 120, 124, 135, 236, 352; - IVa 211, 221; - IVb 82, (124).
BLOCH, Charlotte Sophie, geb. Löwe, seit 1816 Gattin des *August Friedrich B., führte in Berlin ein sehr gastliches Haus. – III 99, 110, 124, 157, 173, 236, 352.
BLOCK, Dietrich, aus Osnabrück, 1801 Hörer Hegels in Jena. – IVa 86.
BLÜCHER, Gebhard Leberecht von (1742–1819), preuß. General u. Feldmarschall. – I (465); - II (470).
BLUM, Zahnarzt der Fam. Hegel in Berlin 1831. – IVa 208.
BLUM, Karl Ludwig (1796–1869), 1816 stud. jur. in Heidelberg, 1818 Assessor am Berliner Stadtgericht, dann stud. phil. in Berlin, dort Bibliothekar, 1823 Promotion, 1826 ao. Prof. d. Geschichte u. Geographie in Dorpat, 1851 Rückkehr nach Deutschland. – III 17, 20, 82, 88, 118, 121, 126, 144, 276; - IVb 46.
BLUM, Karl Wilhelm August (fälschlich: Karl Ludwig) (1786–1844), Bühnenschriftsteller u. Komponist, auch Schauspieler, 1822 (–1827?) u. wieder seit 1834 Opernregisseur am Berliner Hoftheater. – II 345.
BLUME (= Bluhme), Friedrich (1797–1874), Rechtshistoriker; Freund *Savignys, geriet in die Demagogenverfolgung, 1823 Prof. d. Rechte in Halle, 1831 in Göttingen, 1843 in Bonn. – III 328.
BLUMHARDT, Christian Gottlieb (1779–1838), Stipendiat in Tübingen, 1800 Magister, 1803 Sekretär der Christentumsgesellschaft in Basel, 1809 Pfarrer in Bürg. – IVa 76.
BOBENHAUSEN, Baronin von. – I 54, 58.
BODE, Johann Elert (1747–1826), Astronom, seit 1772 Mitglied der Berliner Akademie, 1787–1825 Direktor der Sternwarte. – I 426, (515).
BODEN, E. von, geb. Gossler, im Stammbuch Ludwig *Fischers. – IVa (363).
BÖCKH, August (1785–1867), berühmter Altphilologe; 1807 Prof. d. Philologie in Heidelberg, 1811 in Berlin, wo er auch das philologische u. seit 1819 das pädagogische Seminar leitete. – II (399 ff.); - III 87 f., 90, 228, 315, (381, 394, 397, 424 f., 457, 460); - IVa (332); - IVb 33, (104).

BÖCKH, Christian Friedrich von (1777–1855), seit 1803 im bad. Staatsdienst, 1810 Finanzrat, 1821 Staatsrat, 1828 Finanzminister, 1844/46 Präsident des Staatsministeriums. – III 87.

BÖCKING, Eduard (1802–1870), Jurist, stud. in Heidelberg, Bonn u. Berlin, wo er 1821 Hörer Hegels war, 1826 habil. in Berlin, 1829 ao. Prof. in Bonn, 1835 o. Prof.; bekannt als Herausgeber von klassischen Werken der Rechtswissenschaft; nebenbei übersetzte er als gebürtiger Moselländer lat. Dichtungen über seine Heimat. – III 237, 319, (436).

BÖHLENDORFF, Kasimir Ulrich (1775–1825), Dichter, stud. 1794 in Jena, 1797 Hauslehrer in der Schweiz, 1799 in Homburg v.d.H. Freund *Hölderlins, danach zeitweise Gymnasialprof. in Bremen. – I (453).

BÖHME, um 1830 Student in Berlin. – IVa 213.

BÖHME, Jakob (1575–1624), Theosoph u. Naturphilosoph. – I 92, 317, 324, 330, 350 f., 381, 399, (499, 510); - III 312, 315; - IVa 184, 186, (353).

BÖHMER, Auguste (1785–1800), Tochter der Caroline *Schelling. – I (448).

BÖHMER, Johann Friedrich (1795–1863), bedeutender Geschichtsforscher; stud. jur. in Heidelberg u. Göttingen, führendes Mitgl. der Burschenschaft. – II (456).

BÖK, August Friedrich (1739–1815), stud. theol. in Tübingen, 1766 Repetent im Stift, 1767 ao. Prof., 1775 o. Prof. d. Philos., 1798 Generalsuperintendent; verfaßte die von Hegel verteidigte Magisterdissertation. – IVa 23 f., 30, 34, 88, (264, 269 f., 271, 274, 275, 281 f., 283 f., 315).

BÖRNE, Ludwig (eigentl. Löb Baruch) (1786–1837), Schriftsteller, Herausgeber versch. Zeitschriften. – III (396).

BÖTTIGER, Karl August (1760–1835), Archäologe u. Altphilologe, 1791 Direktor des Gymnasiums in Weimar, vielseitiger Schriftsteller, geriet durch leichtfertiges Urteil in Konflikt mit Hegel und *Schelling; 1814 Oberaufseher der Dresdener Antikenmuseen; als Kunsthistoriker schätzte ihn Hegel; seit 1820 freundschaftliche Beziehungen. – I 74; - II 293; - III 48, 151, (405).

BOHN, Alexander (gen. Alexis) (1797–1875), Sohn des Buchhändlers *Johann Fr. B., trat 1815 wie sein Bruder *Friedrich in den Dienst der Drogenhandlung u. späteren Chininfabrik *Jobst in Stuttgart, wurde dort Prokurist u. Gesellschafter. – I (484); - II 204, 306 f., 318; - IVa 237.

BOHN, Friedrich (gen. Fritz) (ca. 1795–1871), Sohn des Buchhändlers *Johann Fr. B., trat 1811 als Lehrling bei der Fir-

ma *Jobst ein, für die er später als Kommis, Reisender u. Geschäftsführer, insbesondere des Koblenzer Zweiggeschäfts, arbeitete. – I 339, 357 f., 361, (484, 506); - II 306 f.; 318, (383); - IVa 185, 186, 195, (353).

BOHN, Johann Friedrich (ca. 1764–1803), ließ sich 1794 als Buchhändler in Lübeck nieder. – I (465, 484).

BOHN, Johanna Sophia, geb. Wesselhöft (ca. 1768–1834), Gattin des Lübecker Buchhändlers *Johann Fr. B., Schwester der Johanna *Frommann, 1803 verwitwet, zog 1807 mit ihren beiden Söhnen *Friedrich u. *Alexander u. ihrer unverh. Schwester Elisabeth („Betty") *Wesselhöft nach Jena, gründete dort ein Knabenerziehungsinstitut, in dem auch Hegels unehelicher Sohn Ludwig *Fischer seine Jugend verbrachte. – I 339, 357 f., 361, (465); - II 35 f., 64, 73, 93, 124 f., 155, 204, 307, (409, 411); - III (383, 433); - IVa 232, 237, (351); - IVb 27.

BOHN, Marie Therese Henriette Johanne Rosalie, geb. Seebeck, Gattin des *Friedrich B. – III (383).

BOHNENBERGER, Johann Christoph Friedrich (geb. 1767), Substitut u. Oberfinanzkammer-Buchhalter in Stuttgart. – IVa 74.

BOISSERÉE, Mathilde, geb. Rapp (1797–1876), Gattin des *Sulpiz B. – II (396, 404, 418); - III (416).

BOISSERÉE, Melchior (1786–1851), lebte fast immer mit seinem Bruder *Sulpiz zusammen, hatte an dessen Verdiensten großen Anteil. – II 180, 230, (396, 404, 422, 452, 497, 506 f.); - III (416); - IVb 35, (106).

BOISSERÉE, Sulpiz (1783–1854), Kunstgelehrter; machte sich um die Erforschung der mittelalterlichen Kunst Deutschlands verdient, begründete 1804 zus. mit seinem Bruder Melchior die berühmte Gemäldesammlung in Heidelberg, die 1827 in den Besitz des Königs von Bayern überging; 1835 bayer. Generalkonservator. – I 258; - II 75, 81, 91, 108, 118, 133, 160, 175, 180, 188, 230, 314, 353, 354 f., (396, 404, 418 f., 420, 422, 452, 496 f., 506 f.); - III 18, 176, (397, 413, 416); - IVb 35, (106).

BOISSONADE, Jean-François (1774–1857), frz. Hellenist. – III (378).

BOLL, Bernhard (1756–1836), seit 1827 erster Erzbischof von Freiburg. – II 294.

BOLLBRUGGE, Burschenschaftler; Freund des G. *Asverus. – II (436).

BOLLEY, Heinrich Ernst Ferdinand (1770–1847), Jurist, stud. in Tübingen, 1794 Amtsschreiber in Waiblingen, 1818

Rat am Obertribunal in Stuttgart, 1831 Präsident desselben; seit 1815 auch mehrfach als Abgeordneter gewählt. – IVa 49.

BOLZA, Graf, Besitzer des Hotels „Zum Goldenen Schild" in Karlsbad. – III 271.

BONAPARTE, Louis (1778–1846), 3. Bruder *Napoleons, nahm an zahlreichen Feldzügen Napoleons teil, 1806/10 König von Holland. – I (501); - II 22.

BONAPARTE, Lucien (1775–1840), 2. Bruder *Napoleons, als Präsident des Rates der 500 entscheidend am Staatsstreich Napoleons beteiligt, seit 1803 in Ungnade bei Napoleon wegen seiner zweiten Ehe; die ihm angebotene ital. u. span. Krone lehnte er ab, da er sich nicht von seiner Gattin trennen wollte. – I 186.

BONSIEPEN, Wolfgang. – IVa (337).

BOOS, Student in Berlin. – IVb 78.

BOOTS, um 1828 in Dresden. – III 239.

BOPP, Franz (1791–1867), bedeutender Sprachforscher; 1821 Prof. d. oriental. Lit. u. d. allg. Sprachkunde in Berlin, 1822 Mitgl. d. Preuß. Akad. d. Wiss.; erwarb sich große Verdienste auf dem Gebiet der vergleichenden Sprachwissenschaft. – II (505); - III 99, 118, 242, (394, 397).

BOSSERT, Immanuel (= Emanuel) Gottfried (1776–1849), Sohn eines Kaufmanns in Tübingen, 1797 Magister, 1810 Pfarrer in Entringen. – IVa 49.

BOSSUET, Jacques Bénigne (1627–1704), berühmter frz. Theologe u. Kanzelredner, auch als Historiker bekannt. – IVa 206, (358).

BOTTICELLI, um 1824 Sänger in Wien. – III 56.

BOUCHÉ, Peter Friedrich (1785–1856), Blumengärtner u. Inhaber eines Gartenrestaurants in Berlin. – IVa 205.

BOUMANN, Ludwig (1801–1871), stud. phil. in Berlin, Hörer Hegels, 1828 Promotion, dann Privatgelehrter, Kritiker u. Verfasser ästhetischer Aufsätze; an der Gesamtausgabe der Werke Hegels 1832 ff. als Herausgeber beteiligt. – I (457, 467); - IVa (339).

BOURÉ; Beamter beim Bevollmächtigten der Franz. Republik in Stuttgart. – IVa 75.

BOUTERWEK, Friedrich (1766–1828), 1797 Prof. d. Philos. in Göttingen; zunächst Kantianer, dann Anhänger *Jacobis. – I 63, 183, (444); - II 54, (382); - III 239, 264; - IVb 5, (92 f.).

BOYEN, Hermann Ludwig Leopold Gottlieb von (1771–1848), preuß. General u. Kriegsminister. – II (469).

BRAN, Friedrich Alexander (1767–1831), Schriftsteller. – I (434).
BRANDIS, Christian August (1790–1867), habil. 1815 in Berlin, 1816 Sekretär der preuß. Gesandtschaft in Rom, 1823 Prof. d. Philos. in Bonn. – II (406, 409).
BRANDIS, Christian Friedrich Hermann (1809–1893), 1830 Doz. in Göttingen, 1840 Oberlandesgerichtsrat in Meiningen, 1851 Oberappellationsgerichtsrat in Lübeck. – IVa (363).
BRASSERT (gest. 1847), Kammergerichtsrat, 1820 für einige Monate Universitätsrichter in Berlin. – II (499).
BRAUER, Johann Nikolaus Friedrich (1754–1813), bad. Staatsmann; 1792 Geheimrat u. Direktor des Kirchenratskollegiums, später Staats- u. Kabinettsrat. – I 104.
BRAUN, Karl August, Mitschüler Hegels im Stuttgarter Gymnasium, später Jurastudent in Tübingen. – IVa 17, (263).
BRAUNSCHWEIG, Herzog von siehe *Friedrich Wilhelm; *Karl Wilhelm Ferdinand.
BRAUSER, E. R. – I (498).
BRECHT, Martin. – IVa (266, 276, 279, 291, 293, 297 f.).
BREDOW, Gottfried Gabriel (1773–1814), Philologe, 1804 Prof. in Helmstedt, 1809 in Frankfurt a.O. – IVb 29, (102).
BREIDENSTEIN, Heinrich Karl (1796–1876), Hörer Hegels in Heidelberg, wurde 1821 in Gießen promoviert, später ao. Prof. für Musikwissenschaft in Bonn. – IVb 36, (106).
BRENDEL, Sebald (geb. 1782), 1813 Doz. d. Rechte in Heidelberg, 1817 ao. Prof. in Würzburg. – I 306, 309.
BRENTANO, Clemens (1778–1842), Dichter der jüngeren Romantik. – II (451).
BRENZ (Brentius), Johannes (1499–1570), schwäb. Reformator, Verfasser der Großen Kirchenordnung von 1559. – IVa 51, (250).
BRESLAU, Fürstbischof von siehe *Schimonsky-Schimony.
BRETSCHNEIDER, Karl Gottlieb (1776–1848), protest. Theologe, 1808 Oberpfarrer in Annaberg (Schlesien), 1812 Dr. theol. in Wittenberg, 1816 Oberkonsistorialrat u. Generalsuperintendent in Gotha; Gegner *Marheinekes u. *Schleiermachers. – II (479); - III (449).
BREUKELMANN. – II (473).
BREYER, Anna Louise Charlotte Dorothee (1747–1812), verh. mit dem Regierungsrats-Sekretär Christian Ludwig Breyer (1743–1826). – IVa 12.
BREYER, Christiana Dorothea (geb. 1750), Tochter der *Eberhardina Friederike B., geb. Hegel. – IVa 10.
BREYER, Christoph Heinrich (geb. 1748), Sohn der *Eber-

hardina Friederike B., geb. Hegel; Rentkammer-Sekretär. – IVa 12.

BREYER, Eberhardina Friederike, geb. Hegel (1721–1782), Großtante Hegels, Gattin des Rentkammer-Expeditionsrats Gottfried Daniel B. (1705–1761). – IVa 10, 11, 12.

BREYER, Johann Friedrich (1738–1826), Sohn der *Eberhardina Friederike B., geb. Hegel; stud. theol. in Tübingen, 1766/70 Repetent im Stift, dann Prof. d. Philos. in Erlangen; Taufpate Hegels. – IVa 9.

BREYER, Johanna Wilhelmina, geb. Frost (geb. 1751), Tochter des Regierungsrats Maximilian Frost (1716–1761), Taufpatin Hegels, seit 1776 verh. mit *Johann Friedrich B. – IVa 9.

BREYER, Juliana Katharina (geb. 1747), Tochter der *Eberhardina Friederike B., geb. Hegel. – IVa 12.

BREYER, Karl Wilhelm Friedrich (1771–1818), Stipendiat in Tübingen, 1791 Magister, Hofmeister in Stuttgart, 1797 Studium in Jena, 1800 Privatdozent daselbst, 1803 ao. Prof., 1804 Prof. d. Geschichte in Landshut, 1807 Mitgl. d. Bayer. Akad. d. Wiss., zugleich Prof. am Lyzeum in München. – I 60, 89, 91, 172, 179, 239, 411, (495, 513); - IVa 49, 135.

BREYER, Katharina Dorothea, geb. Trippel, Gattin des *Christoph Heinrich B. – IVa 12.

BREYMANN, Hermann. – IVa (360).

BRIZZI, Sängerin aus der berühmten Musikerfamilie B. – II 50.

BROCKHAUS, Friedrich Arnold (1772–1823), gründete 1805 den Verlag „Kunst- u. Industrie-Comptoir“ in Amsterdam, verlegte 1811 sein Unternehmen nach Altenburg u. 1817/18 nach Leipzig. – I 291, (494); - IVa (334).

BRODHAG, Johannes (gest. 1809), Wirt d. Gaststätte „Zum Ochsen“ in Stuttgart. – I 4, (433).

BRÖNNER, Heinrich Karl Remigius, Buchdrucker u. Buchhändler in Frankfurt a. M. – II (452); - III 82.

BRÖTLER, hessischer Kammermusiker, konzertierte 1811 in Nürnberg. – IVa (351).

BROGLIE, Maurice Jean Madeleine de (1766–1821), seit 1807 Bischof von Gent; 1815 bekämpfte er an der Spitze der kath. Opposition die niederländische Verfassung, 1817 zur Deportation verurteilt, floh jedoch rechtzeitig. – II 71, 246, (386).

BROUWER-HOGENDORP, Florentin Xavier de (1807–1871), Freund van *Gherts, Mitarbeiter der „Tijdschrift voor wijsbegeerde“ (1828 f.), durch welche die Philosophie Hegels in

den Niederlanden bekanntgemacht werden sollte. – III 233, (433).
BROWN, John (1735–1788), engl. Mediziner, Begründer einer Theorie der Krankheiten, des sog. Brown'schen Systems. – I (444); - II 98.
BRÜCKNER, LAMPE & Co., Handelshaus in Leipzig. – IVa 242 f., 244.
BRÜHL, Johanne Margarethe Christiane Gräfin von, geb. Schleierweber (1756–1806), Gattin des Grafen Hans Moritz von B. (1746–1811). – IVa (358).
BRUGNOLI; ital. Tänzerin, um 1824 in Wien. – III 70.
BRUNCK, Richard Fr. Philipp (1729–1803), Philologe und Kritiker. – IVa 216, (360).
BRUNO, Giordano (1548–1600), ital. Philosoph. – III (437).
BUCHHOLTZ, Ferdinand von (1768–1843). – III (473).
BUCHHOLTZ, Franz Bernhard von (1790–1838). – II (451).
BUCHNER, Hartmut. – IVa (315); - IVb (93).
BÜCHNER, Christoph (1761–1844), Schüler des Philanthropins in Schnepfenthal u. der Erziehungsanstalt in Dessau, gründete 1790 in Nürnberg eine private Lehranstalt, 1808 am Nürnberger Gymnasium unter Hegel Lehrer der Mathematik, daneben später Direktor des Schullehrerseminars. – I 272, 276; - II 28, 57.
BÜLOW, Friedrich von (1762–1827), seit 1805 im preuß. Staatsdienst, später Oberpräsident für Sachsen in Berlin. – II (470); - IVb (112).
BÜTTNER, Christian Wilhelm (1716–1801), Naturforscher; seit 1758 ao. Prof., 1763 o. Prof. in Göttingen, 1783 Hofrat in Jena. – II 249 f.; - IVb 41.
BUGNER (?). – II 177.
BUQUOI DE LONGUEVAL, Georg Franz August Graf von, Frh. von Vaux (1781–1851). – III 52.
BURGSTALLERIN, erwähnt im Stammbuchblatt Franz Karl *Hiemers. – IVa 157.
BURK, Eberhard Wilhelm Gottfried (1769–1850), Stipendiat in Tübingen, 1789 Magister, 1795 Repetent, 1802 Diakon in Markgröningen, 1807 in Göppingen, 1812 Dekan daselbst. – IVa 138, (274).
BURKHARDT, Auguste Therese (geb. 1801), Halbschwester Georg Ludwig *Fischers. – IVa 231, 235, 236, 239, 240, 241, 242, 244, (364).
BURKHARDT, C. A. H. – II (486).
BURKHARDT, Christiana Charlotte Johanna, geb. Fischer (geb. 1778), Haushälterin u. Zimmerwirtin Hegels in Jena, Mutter

von Hegels Sohn Ludwig *Fischer. – I 221, 236, 362; - II 154; - IVa 231, 240, 244, (352).

BURKHARDT, Elias Benjamin (1767–1830), Stipendiat in Tübingen, 1787 Magister, 1799 Pfarrer in Eschenau, 1815 in Hildrizhausen, 1822 in Neuenbürg. – IVa 153.

BUTENSCHÖN, Johann Friedrich (1764–1842), Pädagoge u. Journalist, 1816 Reg.- u. Kreisschulrat in Speyer, 1817 weltliches Mitglied des Oberkonsistoriums. – III (385).

BUTTEL, Christian Dietrich von, Hörer Hegels in Heidelberg u. Freund von *Hinrichs; Sekretär am Landgericht zu Jever; unternahm auf Anregung Hegels mit einigen Freunden Studien im Sinne der Goetheschen Farbenlehre. – II 260, 265, 300; - III 290, (417, 452); - IVb 52, (111).

BUTTMANN, Philipp Karl (1764–1829), Altphilologe; 1796 Bibliothekssekretär in Berlin, 1800/08 zugleich Gymnasialprof., 1806 Mitgl. d. Preuß. Akad. d. Wiss.; Gründer der „Gesetzlosen Gesellschaft". – II 210; - III 159; - IVa 214; - IVb 59, (114).

C(. . .), Mädchen aus Hegels Tübinger Freundeskreis. – IVa 154.

C(. . .), C. F., Freundin Hegels in der Tübinger Studentenzeit. – IVa 138.

C(. . .), H., Freundin Hegels in Tübingen. – IVa 138.

CAESAR, Gajus Julius (100–44 v. Chr.), röm. Staatsmann u. Feldherr. – II 360.

CALDERÓN de la Barca, Pedro (1600–1681), span. Dramatiker. – III 291; - IVa 210, (360).

CALKER, Friedrich August van (1790–1870), promov. 1815 in Heidelberg bei *Fries, habil. 1817 in Berlin, 1818 ao. Prof., 1826 o. Prof. d. Philos. in Bonn. – II (459); - III 234, 298, (435, 454).

CALVIN, Johannes (1509–1564), schweizer. Reformator. – II (503).

CAMERARIUS, Joachim (1500–1574), dt. Humanist, ev. Theologe, Lehrer am Gymnasium in Nürnberg, 1535 Prof. in Tübingen, 1541 in Leipzig; Schüler und Biograph *Melanchthons. – IVa (319).

CAMERER, Christoph Ludwig (ca. 1768–1794), Sohn des Pfarrers Johannes C., Stipendiat in Tübingen, 1788 Magister. – IVa 49.

CAMERER, Philipp Gottfried (1767–1835), Stipendiat in Tü-

bingen, 1788 Magister, 1805 Pfarrer in Kohlstetten, 1815 in Reinerzau. – IVa 138.
CAMPANUS, Johannes (Mitte 13. Jh.), ital. Mathematiker und Astronom. – IVa 31.
CAMPE, Elisabeth, geb. Hoffmann (1786–1873), Schriftstellerin. – I (453).
CAMPETTI, Francesco, Bauernbursche aus Gargano am Gardasee; *Amoretti entdeckte seine angeblichen magnetischen Fähigkeiten, insbes. im Wünschelrutengehen, J. W. *Ritter experimentierte in München ebenfalls mit C.; 1808 wurde C. wegen Betrügereien nach Italien zurückgeschickt. – I 134, 142, 158, 221, 223, (466 f.).
CANZ, Karl Christian (1770–1836), Sohn des Stadt- und Amtsschreibers in Marbach, Kompromotionale Hegels im Tübinger Stift, später Pfarrer in Tübingen und Mundelsheim. – IVa 18, 28, 36, (285, 287, 306).
CARGANICO, L. A., Freund K. E. *Schubarths u. Gegner der Hegelschen Philosophie. – III (408).
CARNOT, Lazare Nicolas (1753–1823), frz. Politiker, organisierte die frz. Revolutionsheere, strenger Republikaner u. Feind *Napoleons, dennoch 1815 dessen Innenminister; von den Bourbonen verbannt, starb er in Magedeburg. – II 340.
CAROVÉ, Friedrich Wilhelm (1789–1852), stud. jur. in Heidelberg, führend in der Burschenschaft, 1817 eifriger Hegelschüler, Promotion, dann Repetitor von Hegels Vorlesungen, wurde aber als solcher wegen seiner Burschenschaftsverbindungen in Berlin nicht übernommen, konnte sich deshalb nicht habilitieren, lebte dann in Breslau, Frankfurt/Main und Heidelberg als Privatgelehrter – II 242, 253, 261, 263, 264, (432 ff., 444, 445–468, 476, 482); - III 41, 47, 92, 118, 144, 164, 229, 243, 316, (373, 412, 429, 437 f., 458); - IVb 65, (103, 116).
CARRIER, Jean Baptiste (1756–1794), 1792 Mitgl. des Nationalkonvents, 1794 am Sturz Robespierres beteiligt; 1794 guillotiniert. – I 12.
CART, Jean Jacques (1748–1813), schweizer. Advokat in Morsee in der Waadt, bei der waadtländischen Appellationskammer angestellt, trat gegen die Berner Vorherrschaft auf u. wurde abgesetzt; schließlich Appellationsrichter u. Senator in der helvetischen Republik. – I (437); - IVa 94, (318).
CARUS, Karl Gustav (1789–1869), Naturwissenschaftler; promov. u. habil. 1811 in Leipzig, 1815 Direktor der medizinisch-chirurgischen Akad. in Dresden, 1827 kgl. Leibarzt;

ging als Naturphilosoph von *Schelling aus u. entwickelte Theorien, die sich mit denen *Goethes berührten. – I 272, (490); - III (397).

CASPART, Friedrich Gottlob (1796–1834), 1825 Präzeptor in Schorndorf, geriet jedoch 1826 mit der orthodoxen Geistlichkeit, später auch mit Schülern u. Eltern in Konflikt; 1834 Gymnasialprof. in Heilbronn. – III 24, 45, 97, (369, 373, 382).

CASSEL, Friedrich Philipp (1783–1821), Prof. d. Naturgeschichte in Köln, 1818 Prof. d. Mathematik u. Physik in Gent. – II 158.

CATALANI, Angelika (1780–1849), ital. Sopranistin, beendete 1827 mit einem Gastspiel in Berlin ihre Bühnenlaufbahn. – III 56, 193; - IVa 206.

CHATEAUBRIAND, François René Auguste, Vicomte de (1768–1848), frz. Schriftsteller u. Politiker, gilt als Begründer der frz. Romantik; 1820 Gesandter in Berlin, 1823/24 Außenminister, 1828 unter *Martignac Botschafter in Rom. – III 227.

CHÉZY, Wilhelmine Christiane von, geb. von Klencke (1783–1856), Gattin des frz. Orientalisten Léonard de Ch., schrieb nach Trennung ihrer Ehe 1810 zahlreiche romantische Gedichte, Erzählungen u. Romane. – I 380.

CHRISTLIEB, Wilhelm Christian (geb. 1772), stud. theol. in Tübingen, 1792 stud. jur. – IVa 49.

CHRISTOPH, Herzog von Württemberg (1515–1568), Sohn des *Ulrich von Württemberg, 1542 Regent von Mömpelgard, 1550 Herzog, erließ 1559 die Große Kirchenordnung. – IVa 51.

CICERO, Marcus Tullius (106–43 v. Chr.), röm. Staatsmann, Rhetor u. philosophischer Schriftsteller. – I 387, 393, 428; - II 159, 321, (417); - III 19, 325, (368); - IVa 24, 25, 141, (273).

CINTIMARRA, ital. Sänger, um 1824 in Wien. – III 56.

CLARKE, John, engl. Grammatiker, Verfasser zahlreicher Übungs- u. Schullesebücher. – II 363, (508).

CLARKE, Samuel (1675–1729), engl. Theologe u. Moralphilosoph. – IVa (358).

CLARY UND ALDRINGEN, Karl Josef Fürst von (1777–1831), Standesherr der Fideikommißherrschaft Teplitz, der Schutzstadt Graupen u. Herrschaft Binsdorf. – III 50.

CLAUDE LORRAIN, d. i. Claude Gellée (1600–1682), frz. Landschaftsmaler. – III 94.

CLAUDIUS, Matthias (1740–1815), dt. Dichter, Herausgeber

des „Wandsbecker Boten" 1770/75. – I (512).
CLAVIUS, Christophorus (1537–1612), dt. Mathematiker, Jesuit, Herausgeber einer lat. Übersetzung der „Elemente" *Euklids. – IVa 31.
CLEEF, Joos van (ca. 1485–1540/41), niederl. Maler, wahrscheinlich identisch mit dem sogenannten Meister des Todes Mariä. – II (506).
CLEMENS XIV. (1705–1774), seit 1769 Papst. – III (390).
CLEMM, Johann Friedrich d. J. (geb. 1763), Regierungsratssekretär in Stuttgart. – IVa 62.
CLEONIDES, gr. Kleoneides, antiker Musikschriftsteller, vor 1500 in Verbindung mit *Vitruv ediert. – III (459).
CLESS, Heinrich David von (1741–1820), 1773 Prof. am Stuttgarter Gymnasium, dort Lehrer Hegels, seit 1777 zugleich Religionslehrer an der Hohen Karlsschule. – IVa 34, (261 f., 286).
CLEVE siehe *Cleef, Joos van.
CLUDIUS (?), Reisebekannter Hegels. – II 365.
CÖLLN, Georg Friedrich Willibald Ferdinand von (1766–1820), dt. Schriftsteller. – II (458).
COIFFIER, de. – II (414).
COLLARD siehe *Royer-Collard.
COLLET, Fanny. – III (365).
COLLIN, Matthäus von (1779–1824), 1804 Prof. d. Philos. in Krakau, 1808 Prof. d. Ästhetik in Wien. – II (430).
COLUMELLA, Lucius Junius Moderatus (1. Jh. n. Chr.), lat. Schriftsteller des Landlebens. – III (460).
COMMANDINO, Federigo (1509–1575), ital. Mathematiker u. Arzt, Übersetzer naturwiss. Klassiker. – IVa 31.
CONDILLAC, Abbé Etienne Bonnot de Mably de (1715–1780), frz. Aufklärungsphilosoph. – III 235.
CONRADI, Johann Wilhelm Heinrich (1780–1861), promov. u. habil. 1802 in Marburg, dort 1803 ao. Prof., 1805 o. Prof. d. Medizin, 1814 in Heidelberg, 1823 in Göttingen. – II 77, 301.
CONRADI, Kasimir (1784–1849), prakt. Theologe u. theol. Schriftsteller; 1815 Pfarrer in Dexheim/Rheinhessen, war in seinen Schriften von Hegels Philosophie beeinflußt. – III 337, (467).
CONZ, Karl Philipp (1762–1827), 1789/92 Repetent am Tübinger Stift, 1793 Diakon in Vaihingen, 1804 Prof. für Klass. Literatur in Tübingen, Freund *Schillers u. *Hölderlins. – IVa 49, (279, 296).
CONZ, Maximiliane Regine (?), Ehefrau des Kirchenratsregi-

strators Johann Friedrich C. (geb. 1725), eines Urenkels von Johann Georg *Hegel (Stammbaum Nr. 32). – IVa 10.
CORNELIUS, Peter von (1783–1867), dt. Maler der Romantik. – II 243.
CORREGGIO, Antonio Allegri (1489–1534), ital. Maler. – II 356, (507); - III 187.
COTTA; J. G. Cottasche Buchhandlung in Tübingen, später in Stuttgart, gegr. 1659 von Johann Georg Cotta (1631–1692). – I (446, 452 f.); - II 232; - III (463, 467); - IVa 49, 81, 86, 129, (312, 336).
COTTA von Cottendorf, Elisabeth Sophie, geb. Freiin von Gemmingen-Guttenberg (1789–1859), 1824 zweite Gattin des Verlegers *Johann Friedrich Frh. C. – III 329 f., 342, 348.
COTTA von Cottendorf, Johann Friedrich Freiherr (1764–1832), übernahm 1787 die Cottasche Buchhandlung, die er durch seine vielfachen Beziehungen zu allen bedeutenden Geistern der Goethezeit zu einem der führenden Verlagsunternehmen ausbaute; 1811 wurde die Firma nach Stuttgart verlegt. – I 25, 76, 157, (471); - III 138 f., 140 f., 142 f., 146, 289, 329, 339, (390 ff., 393 f., 396, 399, 463 f., 467); - IVa (336); - IVb 66, (117).
COTTU, Charles (geb. 1777), frz. Verwaltungsbeamter u. Publizist. – IVb 82, (124).
COUSIN, Victor (1792–1867), seit 1815 Lehrer a. d. Ecole normale in Paris, zugleich Dozent a. d. Faculté des lettres der Sorbonne; 1817 erste Studienreise nach Deutschland, Besuch bei Hegel in Heidelberg, 1820 zweite Reise nach Deutschland, Besuch bei *Schelling und *Jacobi in München; lehrte dann mit zunehmendem Erfolg an der Sorbonne; 1820 mußte er auf kgl. Befehl seine Vorlesungen einstellen. Durch seine 1821 geschlossene Freundschaft mit dem piemontesischen Revolutionär *Santa Rosa geriet C. in eine polizeiliche Untersuchung, wurde 1824 in Dresden verhaftet u. nach Berlin gebracht, während des Zwangsaufenthaltes dort durch *Gans, *Michelet u. *Hotho näher mit der Hegelschen Philosophie bekannt. 1828 rehabilitiert, erhielt er seinen Lehrstuhl an der Sorbonne zurück, gab ihn aber nach der Julirevolution 1830 auf u. ging unter *Louis Philippe in den Staatsdienst, wurde Mitgl. d. Kgl. Rats für den öffentl. Unterricht; 1831 nochmals Besuch bei Hegel in Berlin. An der Neuorganisation des Schulwesens in Frankreich war C. maßgeblich beteiligt. Nach Hegels Tod wandte er sich mehr *Schelling zu. – II 193, 231, 294, (428, 452 f.); - III 75 f., 82, 84, 91, 99,

107, 111, 121, 148, 156, 169, 172, 183 ff., 186 ff., 192, 195, 197 f., 199 f., 203, 221, 226, 229 f., 233, 235, 242, 243, 295, 300, 350, 352, (374 ff., 377 f., 379 f., 382, 383, 387, 399, 404, 406, 414, 415, 418, 422, 424, 428 f., 436, 453, 454, 470); - IVb 58, 63, 64, 81, (124).

CRAMER, Kaufmann (?) in Nürnberg. – IVa 185.

CRELINGER, Auguste, geb. Düring (1795–1865), berühmte Schauspielerin, Schülerin *Ifflands, 1817 Gattin des Hofschauspielers W. *Stich, 1824 verw., heiratete 1828 den Bankierssohn *Otto C.; Hegel war persönlich mit ihr bekannt. – III 120, 192, 278, 360, (474 f.).

CRELINGER, Otto (1802–1874), Bankier, heiratete 1827 Auguste Stich. – III (475).

CRESCENTIUS, Johannes C. Nomentanus (gest. 998), Patricius von Rom, Gegner *Ottos III. und des Papstes Gregor V., 998 hingerichtet. – IVa 32.

CREUZER (Kapellmeister) siehe *Kreutzer.

CREUZER, Christoph Andreas Leonhard (1768–1844), Vetter des *Georg Friedrich C., stud. theol. in Marburg u. Jena, 1801 Prediger, 1803 o. Prof. d. prakt. Philos., 1822 Mitgl. des Oberkonsistoriums in Marburg. – II 349.

CREUZER, Georg Friedrich (1771–1858), 1789 stud. phil. in Marburg u. Jena (Hörer *Schillers), wandte sich der Altertumswiss. zu, habil. 1799 in Marburg, 1800 ao. Prof., 1802 o. Prof. d. griech. Sprache u. Eloquenz, 1804 Prof. d. Philologie u. Alten Geschichte in Heidelberg, Mitgl. des Romantikerkreises; scharfer Gegner von J. H. *Voß, der ihn ebenfalls heftig anfeindete; durch C. wurde die Mythologie als Wissenschaft begründet. – I 103, 139, 233, 234, (467, 483); - II 109 f., 158, 159, 168 f., 190, 192, 217, 229, 253, 264, 265, 265, 276, 288, 290, 292, 294, 301, 304, 310, 313, 333 f., 337, 338, (406 f., 417, 421, 443, 452 f., 459, 481, 483, 488, 489, 490, 492 f., 496 f., 503); - III 17, 44, 80, 86, 88, 107, 109, 123, 127, 151, 162, 242, 268, 275, 279, 359, (368, 372, 379, 381, 386, 387, 397, 399, 473); - IVb 46, 76, (109).

CREUZER, Sophie, geb. Müller, verw. Leske (1758–1831), seit 1799 Gattin des *Georg Friedrich C. – II 231, 314.

CRISALIN; Anagramm von I. v. *Sinclair.

CROCE, Benedetto (1866–1952), ital. Philosoph u. Historiker. – IVb (105).

CROUS, Ernst. – II (432, 443 f.).

CURTZE, Louis. – III (426, 463, 470).

CUVIER, Georg Leopold Christian Friedrich Dagobert (1769–1832), Karlsschüler in Stuttgart, 1796 Prof. d. Naturgeschich-

te in Paris, 1797 am Collège de France, unter *Napoleon Generalinspekteur der Universität u. Staatsrat, unter *Ludwig XVIII. Universitätskanzler u. Direktor für den protestant. Kultus. – I 220; - II 141, (414).
CZERNY, österr. Fürstengeschlecht. – III 62.

D.A.E., Rezensent in den Heidelberger Jahrbüchern. – IVb (102).
DAGUERRE, Louis Jacques Mandé (1787–1851), frz. Maler; 1837 Erfinder der Daguerreotypie (Photographie). – III (422).
DAHL, Johann Christian Clausen (1788–1857), norwegischer Landschaftsmaler, lebte seit 1818 in Dresden, wurde dort Mitgl. der Kunstakademie u. 1824 Prof. – III 239.
DAMAS, Anne Hyacinthe Maxence Baron de (1785–1862), emigrierte während der Revolution aus Frankreich, 1805 russ. Offizier gegen *Napoleon, 1824 frz. Kriegsminister, zugleich bis 1828 Außenminister, 1830 verbannt. – III 92 f.
DAMASCIUS von Damaskus (6. Jh. n. Chr.), griech. Philosoph, Schüler des Isidor von Alexandria u. letzter Scholarch der Platonischen Akademie. – 82, (379).
DAMIRON, Jean Philibert (1794–1862), Schüler *Cousins an der Ecole normale in Paris, dann Lehrer in Falaise, Périgueux, Angers, Paris, dort durch Cousin Prof. an der Normalschule, dann an der Sorbonne, 1836 Mitgl. d. Frz. Akad. – III 243, (438).
DAMMERT, Direktor der Emsschiffbarmachung, Bruder des Folgenden. – III 238.
DAMMERT, Wasserbaumeister in Hameln, Onkel von A. *Peters. – III 238.
DANCKELMANN, Heinrich Wilhelm August Alexander Graf (1768–1830), preuß. Justizminister. – II (441).
DANN, Christian Adam (1758–1837), Stipendiat in Tübingen, 1785/90 Repetent, 1794 Diakon in Stuttgart, 1819 Pfarrer in Mössingen, 1825 Stadtpfarrer in Stuttgart; auch religiöser Volksschriftsteller. – IVa 28.
DANNECKER, Johann Heinrich von (1758–1841), Mitschüler u. Jugendfreund *Schillers; als Bildhauer einer der bedeutendsten Klassizisten. – I 69.
DANTE ALIGHIERI (1265–1321), ital. Dichter. – I 291, (494).
DANZ, Johann Traugott Leberecht (1769–1851), Jugendfreund J. G. *Herders, Gymnasiallehrer in Weimar, Diakon

in Jena, 1810 Prof. d. Theol. u. Kirchengeschichte in Jena. – I 202, (478).
DAPP, Heinrich Wilhelm Gottfried (1758–1832), Stipendiat in Tübingen, 1784/91 Repetent, dann Diakon an versch. Stuttgarter Kirchen, 1814 Prälat in Maulbronn. – IVa 28, (279).
DARDANELLI, ital. Sopranistin. – III 56, 61, 64, 66, 68, 69, 71, 73.
DAUB, Karl (1765–1836), ev. Theologe, 1790 Doz. in Marburg, 1795 Prof. in Heidelberg, 1805 bad. Kirchenrat, 1810 Geh.Kirchenrat; D. wurde schon früh auf Hegel aufmerksam u. betrieb 1816 maßgeblich dessen Berufung nach Heidelberg; seine Theologie bildete er im Hegelschen Geiste. – I 103 f., 105, 139 f., (467, 483); -II 80, 91, 94, 94, 103, 106 f., 108 f., 112, 114, 117, 119 f., 122, 129, 132, 137, 142, 206, 215, 220, 229 ff., 232, 235, 238 f., 241, 253, 261, 264 f., 267, 269, 288 ff., 291, 294, 298, 301 f., 303 f., 305, 310, 313 f., 333 f., 337, (396, 397, 403, 405 ff., 408, 412, 413, 454, 476, 479, 488, 490, 493 f.); -III 17 ff., 28, 80 f., 86 ff., 91, 97, 107, 125, 149, 161, 163, 252, 268, 273, 279, 300, 359, (386, 400, 405, 411, 412, 427, 439, 446, 449, 473); -IVa 107, 112, (326, 327, 329); -IVb 47, 49, 71, 76, (122).
DAUB, Wilhelmina Charlotte Sophia, geb. Blum, aus Hanau, Gattin von *Karl D. – III 162.
DAUMER, Georg Friedrich (1800–1875), Religionsphilosoph u. Dichter; Schüler Hegels in Nürnberg, stud. phil. u. theol. in Erlangen, dort Hörer *Schellings, 1822 Vorbereitungslehrer, dann Prof. am Gymnasium in Nürnberg. – III 121, 128.
DAUZINGER fälschlich für: *Denzinger.
DAVIDE (= David), Giacomo (1750–1830), berühmter ital. Tenor. – III 56, 64, 66, 68, 71.
DAVOUST, Louis Nicolas (1770–1823), Heerführer *Napoleons, 1815 frz. Kriegsminister. – I 143, (464).
DAVY, Sir Humphry (1778–1829), Chemiker, 1801 Prof. d. Royal Institution London, betrieb seit 1806 elektro-chemische Untersuchungen. – I 211 f., 219 ff., (466, 479).
DECKER-HAUFF, Hansmartin. – IVa (249 f.).
DEINHARDSTEIN, Johann Ludwig Ferdinand (1794–1859), Schriftsteller, Vizedirektor des Burgtheaters in Wien. – II (430).
DELBRÜCK, Johann Friedrich Ferdinand (1772–1848), 1809 ao. Prof. in Königsberg, 1816 Regierungs- u. Schulrat

in Düsseldorf, 1818 Prof. d. Philos. in Bonn. – II (377, 399, 401); - III (412).
DELZ, Schneidermeister Hegels in Nürnberg. – IVa 184.
DEMOKRITOS (ca. 460–371 v. Chr.), griech. Philosoph. – IVa 155.
DEMURALT siehe *Muralt
DENK (Denck), Christoph Ludwig (1770–1812), Kompromotionale Hegels im Tübinger Stift, später Pfarrer in Grafenberg. – IVa 18, 28, 36, (285, 306).
DENZINGER, Ignaz (1782–1862), promov. in Würzburg, 1817 Prof. d. Philos. in Lüttich, 1830 in Würzburg Prof. f. allg. Geschichte. – II 158.
DERIVIS, Prospero Etienne (1808–1880), frz. Bassist. – III 193.
DESCARTES, René (= Renatus Cartesius) (1596–1650), frz. Philosoph u. Mathematiker, Begründer des modernen Rationalismus. – I (436); - III 76, 91, 100, 108 f., 111, 122 f., 148, 156, 170, 227, 351, (378, 387 f., 411).
DEURING VON MITTELWEYERBURG, Matthäus (17. Jh.), seit 1639 Obervogt in Göppingen. – IVa 5, 8, (251).
DIETERIC, Karl, aus München, eingetr. im Stammbuch Ludwig *Fischers. – IVa (363).
DIETERICH, Verlagsbuchhandlung in Göttingen, gegr. 1776 von Johann Christian D. (1722–1800). – IVb (117).
DIEZ, Friedrich Christian (1794–1876), Romanist; seit 1825 Prof. in Bonn. – IVb 74, (120).
DILTHEY, Wilhelm (1833–1911), dt. Philosoph. – II (450, 502); - III (376, 464).
DIRICHLET, d. i. Lejeune-D., Peter Gustav (1805–1859), seit 1829 Privatdoz., 1831 ao. Prof., 1839 o. Prof. d. Mathematik in Berlin, Mitgl. d. Preuß. Akad. d. Wiss. – III 351.
DIRKSEN, Enno Heeren (1792–1850), 1820 Privatdoz. in Berlin, dort 1821 ao. Prof., 1824 o. Prof. d. Mathematik, 1825 Mitgl. d. Preuß. Akad. d. Wiss. – III 22 f., 238, (394).
DIRUF, Christoph Josef, Medizinalrat u. Prof. d. Landwirtschaftsschule in Bamberg. – I 159, 171, 174.
DITMARUS siehe *Thietmar.
DITTMAR, Siegmund Gottfried (geb. 1759), Schüler Garves, später Prof. u. Konsistorialsekretär in Berlin; seit 1819 veröffentlichte er halbjährliche Wettervoraussagen. – III 72.
DITTRICH, J. J. – III (429).
DOBELMANN, Christoph Ludwig (1756–1820), 1777 Magister, 1793 zus. mit Hegel im Konsistorialexamen, dann Pfarrer in Wüstenrot, 1805 in Beilstein. – IVa 53.

DÖBEREINER, Johann Wolfgang (1780–1849), bedeutender Chemiker, 1810 Prof. d. Chemie in Jena; später häufiger Gast bei *Goethe u. am Weimarer Hof. – I 338.
DOEBERL, Michael (1861–1928), bayer. Historiker. – II (498, 503).
DÖDERLEIN, Familie. – I 120, (458, 463); -II 156, (417, 431, 482); -III (388, 415); -IVb (101, 118).
DÖDERLEIN, Emilie (geb. 1817), Tochter des *Ludwig D. – II 156, 159, 208; -IVa 175.
DÖDERLEIN, Johann Christoph (1746–1792), Theologe, 1772 Prof. d. Theol. in Altdorf, 1782 in Jena, 1784 Kirchenrat; seine Witwe wurde später Gattin *Niethammers. – IVa 38, 39, (290).
DÖDERLEIN, Johann Ludwig. – I (499); -II (498); -IVa (348); -IVb (101, 118).
DÖDERLEIN, Ludwig (1791–1863), Sohn des *Johann Christoph D., Stiefsohn *Niethammers, 1804/10 Gymnasialschüler in Pforta, stud. in München, Heidelberg, Erlangen u. Berlin, 1815 Prof. d. Philologie in Bern, 1819 in Erlangen u. Direktor des Gymnasiums dort; D. wurde durch kritische Übersetzungen u. Glossarien als Altphilologe bekannt. – I 124, 320, 328, 345, 387 f., 422; -II 14, 23, 62, 68, 74, 78, 156, 159, 168 f., 171, 176, 177, 208, 210, 212, 272, 289, 294, 335, (383, 417, 421, 489); -III 139, 141, 292, 347; -IVa 175, (348); -IVb 25, 29, 73, (101, 103).
DÖDERLEIN, Therese, geb. Hufeland (1796–1833), Tochter G. *Hufelands, seit 1815 mit *Ludwig D. verheiratet. – II 57, 74, 156, 159, 208, 294, 335, (383, 417); -IVa 175, (348).
DÖHLER, Hörer Hegels in Berlin. – IVa 126, (333).
DÖLLINGER, Ignaz (1770–1841), 1796 Prof. d. Anatomie in Bamberg, 1803 in Würzburg, 1823 an der Akad. d. Wiss. in München, 1826 Prof. d. menschl. u. vergl. Anatomie an der Univ.; Naturphilosoph im Sinne *Schellings. – I 103.
DÖRING, Friedrich Wilhelm (1756–1837), Schuhmann und Philologe, 1784 Direktor des Gymnasiums in Gotha. – IVb 26, (101).
DÖRNER, Heinrica Louisa (1746–1799), Tochter des Amandus *Günzler, Ehefrau des Pfarrers Christian Friedrich D. (1739–1795) in Botnang. – IVa 12.
DOLMETSCH, Johann Konrad, Bäckermeister, 1774/75 Hauswirt der Fam. Hegel in Stuttgart. – IVa (254).
DOMENICHINO (eigentl. Domenico Zampieri), (1581–1641), ital. Maler. – I 69.

DONNDORF, Dr., 1828 in Paris. – IVb 64.
DONNDORF, Karl August (1870–1941), Bildhauer. – IVa (254).
DONZELLI, Domenico (1790–1873), berühmter ital. Bariton aus Bologna, seit 1822 in Wien, wo er bes. in Opern von *Rossini Triumphe feierte, 1824/31 in Paris. – III 54, 56, 60, 62, 69, 71.
DOROW, Wilhelm (1790–1846), Publizist u. Archäologe; Autographensammler. – III (369, 472).
DRAKE, Friedrich (1805–1882), Bildhauer, Schüler von *Rauch. – III (462 f.); - IVa 225, (359, 361).
DREHER, Alfons. – IVa (251).
DROSTE-HÜLSHOFF, Clemens August von (1793–1832), Jurist; Anhänger der Theologie von *Hermes, 1823 ao. Prof., 1825 o. Prof. d. Rechte in Bonn. – III 34, (371).
DUBOC, Edouard Casimir Benjamin (1786–1829), gebürtiger Franzose, nach Deutschland ausgewandert, Eigentümer einer Hutfabrik in Hamburg; durch persönliche Bekanntschaft mit *Reinhold lernte er die Kantische, dann die Reinholdsche Philosophie kennen; nach Reinholds Tod nahm er mit Hegel Verbindung auf; im Okt. 1822 besuchte Hegel D. auf der Rückreise von den Niederlanden. – II 312, 320, 325, 366, (496, 497, 498, 508); - III 3, 10, 275, (365, 367, 447).
DÜNGER, Christoph Maximilian Heinrich (geb. 1772), Mitschüler Hegels am Gymnasium in Stuttgart, ging 1786 zur Karlsschule; 1800 Kanzleiadvokat. – IVa 16.
DÜRER, Albrecht (1471–1528), dt. Maler. – II 43, 110, 356, (404); - III 67, 139; - IVa 169, (345).
DÜSING, Klaus. – IVa (328).
DUNCKER u. HUMBLOT, Verlagsbuchhandlung in Berlin, 1809 gegr. v. Karl Duncker (1781–1869) u. Peter Humblot (1779–1828); Verlag der Gesamtausgabe der Werke Hegels; ging später mehrmals in andere Hände über. – III (399); - IVa 131 f., 132a–d, 209, 210, (339, 340).
DUPIN, Charles (1784–1873), frz. Ökonom u. Mathematiker. – III (413).
DURST, Bernhard, Rektor des Gymnasiums in Neustadt a. d. Aisch. – II 187, (426).
DUTTENHOFER, Jakob Friedrich (1768–1823), Stipendiat in Tübingen, 1787 Magister, 1792 Pfarrverweser in Bebenhausen, 1793 Repetent in Tübingen, 1798 Diakon in Vaihingen/Enz, 1806 an St. Leonhard in Stuttgart, 1823 Stadtdekan. – IVa 49; - IVb 6, (93).

DUVERGIER DE HAURANNE, Prosper (1798–1881), frz. Politiker u. Schriftsteller. – III (387).
DUYN, Adam François Jules Armand van der (1771–1848), niederländ. Politiker, zunächst Offizier, promov. 1791 in Leiden, 1817 Gouverneur in Südholland. – II (374).
DYCK, Johann Gottfried (1750–1815), Buchhändler u. Schriftsteller in Leipzig. – I (456).

EBEL, Johann Gottfried (1764–1830), Arzt u. Naturforscher; bereiste nach seinem Medizinstudium die Schweiz, seit 1793 Arzt in Frankfurt a. M.; Vertrauter der Familie *Gontard, Freund *Hölderlins u. *Sinclairs; als Anhänger der Revolutionsideen ging er 1796 nach Paris, von wo er erst 1802 nach Frankfurt zurückkehrte, 1810 ließ er sich in der Schweiz nieder. – I 74, 323, (450).
EBERHARD I., (erster) Herzog von Württemberg (1445–1496), schuf die ständische Verfassung des Landes. – IVa (272).
EBERHARD, Johann August (1739–1809), 1778 Prof. d. Philos. in Halle, Herausgeber des „Philosophischen Magazins“ u. des „Philosophischen Archivs“; E. vertrat die Leibniz-Wolffsche Philosophie gegen *Kant. – I 30, (439).
EBERLE, Tänzerin, um 1824 in Wien. – III 71.
EBERSWIEN in Göttingen. – I 421.
EBERT, Stadt- u. Amtsarzt in Camberg bei Naumburg/Saale, Pflegevater von Therese *Burkhardt, der Schwester Ludwig *Fischers. – IVa 238, 241, 243, 244.
ECKARDSTEIN, Gottfried Bernhard von (1769–1816), Besitzer einer Steingut- u. Fayencefabrik in Berlin, Gönner *Schinkels. – II (490).
EBNER VON ESCHENBACH, Hieronymus Wilhelm (1673–1752), Nürnberger Patrizier. – II (372).
ECKARDT, Johann Ludwig von (1732–1800), Jurist, promov. 1759, seit 1783 Prof. in Jena; seine Tochter Rosina Eleonora wurde in zweiter Ehe Gattin *Niethammers. – I 67.
ECKERLIN, dt. Sopranistin, um 1824 in Wien. – III 55 f.
ECKERMANN, Johann Peter (1792–1854), stud. jur. u. phil. in Göttingen, seit 1823 *Goethes Sekretär u. Vertrauter, gab 1827 ff. zusammen mit *Riemer die Gesamtausgabe der Werke Goethes heraus. – III 205, (372, 408, 414, 423, 427, 439).
ECKHARDT, auf Wittmoldt bei Plön in Holstein. – II 332.
ECKSTEIN, Ferdinand Baron von (1790–1861), frz. Ministe-

rialbeamter u. philos. Schriftsteller. – III (376).
EFFEREN, Johann Jakob (1770–1824), Kompromotionale Hegels im Tübinger Stift, 1797 Präzeptor in Herrenberg, 1805 Pfarrer in Fleinheim, 1809 abgesetzt, später Privatlehrer in Stuttgart. – IVa 18, 28, 36, 45, 46, 48, 142, (281, 285).
EGCKER, Frh. von; Generalmajor, bayer. Kammerherr u. Hofmarschall des Herzogs *Wilhelm von Bayern. – I 177 f., (473).
EGERTON, engl. Schauspieler, 1827 in Paris. – III (420).
EGGEL, C. F.; vermutlich: Ludwig Friedrich Carl E. (geb. 1771/72), aus Öhringen, seit 1790 stud. jur. in Tübingen. – IVa 156.
EGGENBERG, Hans Ulrich Fürst von (1568–1634), kaiserl. Staatsmann im 30jährigen Krieg. – III (448).
EHEMANN (Ehmann), Johann Christian (1771–1849), Stipendiat in Tübingen, 1791 Magister, bis 1805 Vikar in Walddorf b. Tübingen, 1805/6 Feldprediger, 1806 Pfarrer in Tübingen, 1807 in Degerschlacht. – IVa 166, (342, 344).
EHRMANN, Johann Christian (1749–1827), seit 1779 als prakt. Arzt in Frankfurt tätig, machte sich um das Lazarettwesen verdient; nebenbei verfaßte er satirische Schriften u. stiftete 1809 den „Orden der verrückten Hofräte", in den er etwa 700 bedeutende Männer seiner Zeit, u.a. *Goethe aufnahm. – I 309, 315.
EICHBORN, Bankier in Breslau. – III 20.
EICHENBRODT (Eigenbrodt?), Burschenschaftler in Heidelberg. – II (433).
EICHHORN, Johann Albrecht Friedrich (1779–1856), trat 1806 in den preuß. Staatsdienst, enger Mitarbeiter des Frh. vom Stein sowie 1815 von *Altenstein bei der Verwaltung der frz. besetzten Provinzen, 1817 Staatsrat, mit an der Vorbereitung des Zollvereins beteiligt, 1831 Direktor im preuß. Außenministerium, 1840 Kultusminister, vertrat eine reaktionäre Kulturpolitik, die 1848 seinen Sturz zur Folge hatte. – III 182, 352.
EICHRODT, Johann Friedrich von (1757–1844), seit 1779 im bad. Staatsdienst, 1790 Reg.Rat, 1800 Hofrat, 1807 Vizedirektor der Studienkommission in Karlsruhe, Geheimrat. – II 112 f., 114, 116, 117 f., 122, 130, 137, (397, 405, 407); - IVa (326).
EICHSTÄDT, Heinrich Karl Abraham (1772–1848), 1792 habil. in Leipzig, 1795 Prof. d. Philos., 1797 Mitherausgeber der „Allgemeinen Literaturzeitung" in Jena, 1803 Nachfolger

von Chr. G. *Schütz in Jena auf dem Lehrstuhl für Eloquenz u. Poesie, Hauptherausgeber der „Jenaer Literatur-Zeitung", 1804 Oberbibliothekar in Jena, 1809 Geheimrat, 1817 Direktor des philologischen Seminars. – I 77, 122, 307, 313, 393, (449, 483).

EICHSTEDT, Wilhelm Freiherr von, Dr. med., promov. 1831 in Berlin. – III (471).

EIGNER, Frau; Hebamme bei der Geburt von Hegels Tochter *Susanne Maria Louisa H. – IVa 100.

EISEN, Lehrerin an der Nürnberger privaten Töchterschule. – II (375).

EISENBACH, Heinrich Ferdinand. – IVa (271, 275, 280, 285).

EISSNER, Christian Gottlieb (geb. 1786), Domvikar in Meißen, dann Pfarrer in Großnauendorf b. Pulsnitz; auch Verfasser von historischen Schriften. – III 151, (405).

ELISABETH von Bayern (1801–1873), seit 1823 Gemahlin *Friedrich Wilhelms IV. von Preußen, 1840 Königin. – III 143, (403).

ELISABETH von Thüringen (1207–1231), Heilige. – II 348.

ELSAESSER, Gottlob Friedrich (ca. 1737–1800), Rentkammer-Expeditionsrat in Stuttgart, verh. mit einer Schwester der Johanna Wilhelmina *Frost. – IVa 14.

ELSAESSER, Karl August (1770–1835), Sohn des Vorigen, Mitschüler Hegels in Stuttgart, ging im Mai 1784 zur Karlsschule; später Oberjustizrat. – IVa 14, (260).

ELSAESSER, Wilhelmina Hedwig Friederike (geb. 1773), Tochter des Hofgerichtsadvokaten Karl Friedrich E. – IVa 146.

ELSNER, Johann Christoph Friedrich (1770–1806), Kompromotionale Hegels im Tübinger Stift, 1804 Pfarrer in Möhringen. – IVa 18, 28, 36, 45, 144, (285, 306).

EMPEDOKLES (483/82–424/23 v. Chr.), griech. Philosoph. – I (461).

ENDEL, Elisabeth (gen. Babet), Schwester der *Nanette E. – I 50 f., 52, 57, (443).

ENDEL, Nanette (ca. 1775–1840/41), Jugendfreundin Hegels u. seiner Schwester *Christiane, weilte im Winter 1796/97 in Hegels Elternhaus, März 1797 Gesellschafterin bei der Baronin *von Bobenhausen, später Putzmacherin. – I 49, 51, 52, 55, 57, (442 f.).

ENDTER; Johann Andreä E.sche Buchhandlung in Nürnberg. – IVa (350).

ENGEL, von; Leutnant, militär. Vorgesetzter Ludwig *Fischers. – IVa 241.

ENGELBERT II., Graf von Nassau u. Herr von Breda (1451–1504). – II 360, (508).
ENGELHARDT, C., Lehrerin an der Nürnberger privaten Töchterschule. – II (375).
ENGELHARDT, Johann Georg Veit (1791–1855), ev. Theologe, 1821 ao. Prof., 1823 o. Prof. in Erlangen, daneben Universitätsprediger u. Direktor des homiletischen Seminars, 1837 Kirchenrat. – I (455); - III (431).
ENSE, Kaufmann in Münster. – I 87.
ENSLIN, Anna Barbara, geb. Heckmaier (1630–1695), Vorfahrin Hegels (Stammbaum Nr. 21). – IVa 4.
ENSSLIN, Anna Margaretha, geb. Pöppel (1673–1732), Urgroßmutter Hegels (Stammbaum Nr. 11). – IVa 3.
ENSLIN, Johann Christian Eberhard (geb. 1774), Sohn des Pfarrers Georg Balthasar E. (1737–1795), Stipendiat in Tübingen, 1795 Magister. – IVa 69.
ENSLIN, Johann Georg, Kaufmann in Tübingen, Großonkel Hegels, Bruder der Anna Elisabeth *Hegel (Stammbaum Nr. 5). – IVa 9, 10, 11, 12.
ENSLIN, Johann Georg (1621?–1685), Kaufmann in Urach; Vorfahre Hegels (Stammbaum Nr. 20). – IVa 4, 57.
ENSLIN, Johann Georg (gest. 1733), Kaufmann in Tübingen; Urgroßvater Hegels. – IVa 3, 57.
ENSLIN, Katharina, geb. Hirschmann (gest. 1627), Tochter des Hans *Hirschmann, verh. mit *Veit Enslin d. Ä., Vorfahrin Hegels. – IVa 56 f., 58.
ENSLIN (Enßlen u.ä.), Veit d. Ä. (1590 verh.), Krämer in Schorndorf, Vorfahre Hegels. – IVa 57, 58.
ENSLIN (Enslen u.ä.), Veit d. J. (1593–1669), Modist (d. i. Schreiblehrer) in Urach, Vorfahre Hegels. – IVa 57, 58, 64.
ENSSLER fälschlich für: *Kußler.
EOBANUS Hessus (1488–1540), dt. Humanist, neulat. Dichter, 1526/33 Lehrer am Nürnberger Gymnasium. – IVa (319).
EPIKUR (342/41–271/70 v. Chr.), griech. Philosoph. – I 187.
ERB, Johann Ludwig (1742–1824), 1791 Doz., später Prof. d. Staatswissenschaften in Heidelberg, 1812 Hofrat u. Prinzenerzieher. – II 93; - III 86.
ERDMANN, Johann Eduard (1805–1892), Schüler Hegels in Berlin, habil. 1834 in Berlin, 1836 ao. Prof., 1839 o. Prof. d. Philos. in Halle; Anhänger der sog. Hegelschen Rechten, wurde in erster Linie bekannt durch seine Werke zur Geschichte der Philosophie. – III (421, 472).
ERHARD, Johann Benjamin (1766–1827), Arzt u. philos. Schriftsteller, stud. math., phil., rer. nat. u. med. in Würz-

burg u. Jena, mit bes. Interesse für die Kantische Philosophie, 1792 Prom. in Altdorf, prakt. Arzt in Nürnberg; 1799 kam er nach Berlin, wo er eine ausgedehnte Arztpraxis betrieb. – III 302, (454).

ERHARDT, Johann Simon (1776–1829), 1809 Gymnasiallehrer in Schweinfurt, 1810 in Ansbach, 1811 am Realinstitut in Nürnberg, 1817 Prof. d. Philos. in Erlangen, anschließend in Freiburg/Breisg., 1823 in Heidelberg; Hegel stand mit ihm in einem freundschaftlichen Verhältnis. – I 289 f.; - II 53, 152, 210, 314, (413); - III 17, 267.

ERICHSON, Johann (1777–1856), stud. theol. in Jena u. Greifswald, promov. 1804, dann stud. phil. in Wien, 1822 ao. Prof., 1830 o. Prof. d. Ästhetik in Greifswald. – I 108, (459).

ERIUGENA siehe *Johannes Eriugena.

ERMAN, Paul (1764–1851), ohne Universitätsstudium 1791 Prof. d. Physik an der allg. Kriegsschule in Berlin, 1806 Mitgl. d. Preuß. Akad. d. Wiss., 1809 Prof. an der Berliner Universität; machte vorwiegend Entdeckungen auf dem Gebiete des Galvanismus. – III (440 f.).

ERNESTI, Johann August (1707–1781), Philologe u. Theologe; 1734 Rektor der Thomasschule in Leipzig, daneben seit 1742 Prof. d. Eloquenz, 1759 Prof. d. Theol.; u.a. bekannt durch seine Cicero-Edition. – II (417); - IVa 38, (290).

ERNST siehe *Meyer u. Ernst.

ERNST, Erzbischof von Magdeburg (1476–1513). – II (504).

ERSCH, Johann Samuel (1766–1828), 1795 Herausgeber der „Neuen Hamburger Zeitung“, 1800 Mitherausgeber der „Jenaer Literatur-Zeitung“ u. Bibliothekar in Jena, 1803 Prof. d. Geographie in Halle, 1808 Oberbibliothekar. – I 73, (449); - IVa 94.

ESCHENMAYER, Adolph Karl August (1768–1852), Philosoph u. Arzt; 1798 Oberamtsarzt in Sulz, 1800/11 in Kirchheim, 1811 Nachfolger v. *Abels als Prof. d. Philos. u. Med. in Tübingen; E. war längere Zeit mit *Schelling befreundet. – I (446, 452 f., 455, 466, 511); - II 194.

ESCHENMAYER, Philipp Christoph Heinrich (1768–1820), Bruder des *Adolph Karl August E.; 1811 Prof. d. Staatswirtschaft in Heidelberg. – II 127, 132, 220.

ESSER, Wilhelm (1798–1854), habil. 1821 in Bonn, dann Privatdoz. d. Philos., 1823 ao. Prof., 1826 o. Prof. d. Philos. in Münster. – III 17, 27, (368).

ESTERHAZY von Galántha, Fürstengeschlecht in Ungarn. – III 62 ff., 67.

EUGEN, Prinz (= Franz von Savoyen-Carignan) (1663–1736), österr. Feldherr in den Türkenkriegen u. im spanischen Erbfolgekrieg. – II 152.
EUKLID (Ende des 4. Jhs. v. Chr.), griech. Mathematiker. – I 221, 401, 406; - II (488).
EULER, Leonhard (1707–1783), schweizer. Mathematiker, Physiker u. Astronom. – I 3.
EURIPIDES (ca. 485–406 v. Chr.), griech. Tragödiendichter. – I (484).
EWALD, Johann Ludwig (1747–1822), Pfarrer in Bremen, 1805 Prof. d. Theol. in Heidelberg, später Kirchen- u. Ministerialrat im bad. Staatsdienst. – I 104 f.; - II 313, (407, 496); - III (397).
EYCK, Hubert van (ca. 1370–1426) u. Jan van (ca. 1390–1441), niederl. Maler. – II 355 f., 359; - III 177, 200, (422).
EYLERT, Rulemann Friedrich (1770–1852), Prediger in Hamm/Westf., 1806 Hof- u. Garnisonsprediger in Potsdam, 1817 Bischof der ev. Kirche Preußens u. Mitglied des Staatsrates; Vertrauter u. geistl. Ratgeber König *Friedrich Wilhelms III. – II (445); - III 325, (461).
EYSINGA, G. A. van den Bergh van. – III (433).

F(. . .), Ch. K., Freundin Hegels in der Studentenzeit. – IVa 153.
F(. . .), J. F., Freundin Hegels in der Studentenzeit. – IVa 153.
F(. . .), L. F., Verfasserin eines Stammbuchblatts für Hegel. – IVa 162.
FABER siehe *Karl u. Faber.
FABER, Ferdinand Friedrich, Hrsg. d. „Württ. Familienstiftungen". – IVa (249, 301).
FABER, Johann Erhard (1767–1824), Stipendiat in Tübingen, 1788 Magister, später Pfarrer in Gächingen, Wimsheim, Renningen. – IVa 49.
FABER, Jonathan Heinrich (1771–1835), Kompromotionale Hegels im Tübinger Stift, 1800 Pfarrer in Nordheim, 1813 in Bissingen unt. Teck, 1821 in Oberstenfeld. – IVa 15, 16, 17, 21, 25, 26, 28, 36, 150, (263, 285, 306).
FABRICIUS (nicht Patricius), Johann Albert (1668–1736), berühmter Philologe u. Herausgeber klass. Werke, 1699 Prof. d. Moral u. Beredsamkeit in Hamburg. – II 231, 288, (453, 488).
FABRICIUS, Wilhelm. – IVa (269).

FAHRENHORST, Eberhard. – IVb (101).
FALK, Johannes Daniel (1768–1826), Schriftsteller u. Philanthropist, lebte seit 1798 als Privatgelehrter in Weimar, später Legationsrat; errichtete ein Waisenhaus. – I 188, 191, (480).
FALKENHEIM, Hugo. – I (437); - III (473); - IVa (318).
FALLOT, Georg Friedrich (geb. 1770), aus Mömpelgard, Kompromotionale Hegels im Tübinger Stift. – IVa 47, 49, 135.
FASCH, Karl Friedrich Christian (1736–1800), Komponist, Stifter der Berliner Singakademie, Lehrer *Zelters. – III 91, (381).
FAURIEL, Claude (1772–1844), frz. Literaturhistoriker, Freund *Cousins, 1830 Prof. d. ausländ. Lit. an der Faculté des lettres in Paris. – III 198, (421).
FECHENBACH, Georg Karl Frh. von (1749–1808), letzter Fürstbischof von Würzburg. – I (453).
FEHLEISEN, Karl Friedrich (1773–1797), Stipendiat in Tübingen, 1793 Magister. – IVa 49.
FEINEMANN; Verfasser eines Stammbuchblatts f. Hegel. – IVa 152.
FELDMANN, Erich. – II (482).
FELDHOF, vermutlich Hörer Hegels in Heidelberg u. Berlin. – II 230.
FÉNELON, François de Salignac de la Mothe (1651–1715), frz. Theologe u. Moralist. – III (427).
FENNER, C. W. H., promov. 1820 an der Univ. Jena zum Dr. med., versuchte dann auf betrügerische Weise seine Habilitation bei der Berliner philos. Fakultät durchzusetzen. – II 268, (481).
FERDINAND, Herzog von Braunschweig siehe *Karl Wilhelm Ferdinand.
FERDINAND II. (1578–1637), 1617 König von Böhmen, 1618 König von Ungarn, 1619 Kaiser. – III (448).
FERDINAND III. (1608–1657), 1625 König von Ungarn, 1627 König von Böhmen, 1634 nach *Wallensteins Tod Oberkommandierender der kaiserl. Heere, 1637 Kaiser. – III (448); - IVa 5 ff.
FERDINAND III. von Toskana (1769–1824), Sohn Kaiser Leopolds II., 1790 Großherzog von Toskana, 1801 durch die Revolution vertrieben, 1803 Kurfürst von Salzburg, 1806 Großherzog von Würzburg, 1814 wieder in Toskana. – I 244.
FERNBACH, wird erwähnt in Hegels Haushaltsbuch v. 1831 („Journalzirkel"). – IVa 208.
FERNOW, Karl Ludwig (1763–1808), nach Kunststudium

und Bildungsreisen wurde er in Jena durch *Reinhold mit der Philosophie *Kants bekannt, 1802 Prof. d. Ästhetik in Jena, 1804 Bibliothekar in Weimar. – I 74, 77, (450, 452).

FETSCHER, Iring. – IVb (104).

FEUERBACH, Ludwig Andreas (1804–1872), Sohn des *Paul Johann Anselm v. F., stud. theol. in Heidelberg bei *Paulus u. *Daub, 1824/26 in Berlin bei Hegel, hier ausschließlich Philosophiestudium; 1828 einige Jahre Privatdoz. in Erlangen; wegen seiner umstrittenen Lehre von der Unsterblichkeit mußte er die Vorlesungstätigkeit einstellen u. lebte seitdem als philos. Schriftsteller in Bruckberg. F. gehört zum linken Flügel der Hegelschen Schule. – III 244, (438); - IVb (112).

FEUERBACH, Paul Johann Anselm Ritter von (1775–1833), Begründer der neuen dt. Strafrechtswissenschaft; 1801 Prof. d. Rechte in Jena, 1802 in Kiel, 1804 in Landshut; in den folg. Jahren entwarf er das bayer. Strafgesetzbuch, seit 1814 in hohen Richterstellungen in Bamberg u. Ansbach tätig. – I 184, (495); - II 335, (503).

FICHTE, Immanuel Hermann (1796–1879), seit 1812 stud. phil. in Berlin, promov. u. habil. 1818, dann Gymnasiallehrer in Saarbrücken u. Düsseldorf, 1836 ao. Prof., 1840 o. Prof. d. Philos. in Bonn, 1842 in Tübingen; Herausgeber der Werke seines Vaters *Johann Gottlieb F. – I (435, 438); - II (481); - III 258, 260, 280, (442 f., 449, 471); - IVa (282, 296).

FICHTE, Johann Gottlieb (1762–1814), dt. Philosoph; 1793 Prof. d. Philos. in Jena (Nachfolger *Reinholds), 1799 infolge des Atheismus-Streits entlassen; 1805 Prof. in Erlangen; 1810 in Berlin, 1811/12 erster Rektor der Univ. – I 12, 14 f., 17 f., 19 f., 21, 24 f., 28, 29 f., 32, 34, 82, 91, 107 f., 113, 130 f., 133, 151, 180, 206, 216, 229, 235, (435 ff., 438 f., 441, 445 ff., 448, 455, 459, 462, 465, 484); - II 31, 32, 56, 170, 177, 186, 220, 246, 297, (376, 397, 399 f., 407, 422, 424, 426, 448, 449, 494); - III 29, 250, 254, 286, 353 f., 355, (424, 442, 470 f.); - IVa 83, 89, 94, 128, 132 b, 132 c, (309); - IVb 6, (93, 102).

FICHTE, Johanna Maria, geb. Rahn (1755–1819), seit 1793 Gattin des *Johann Gottlieb F. – I 107, (435); - III (471).

FICINUS, Marsilius (1433–1499), Platoniker der ital. Renaissance. – III (368).

FINCK, oldenburgischer Rat, Freund L. v. *Bergers. – II (441).

FINGERLOS, Matthäus (1748–1817), 1787 Regens d. Prie-

sterseminars in Salzburg, 1804 Direktor des Gregorianischen Seminars an der Univ. Landshut, 1806 Prof. d. Pastoraltheol. – I 206.

FINK, Johann Christian (Christoph) Friedrich (1770–1844), Sohn eines Hüttenschreibers in Königsbronn, Kompromotionale u. Freund Hegels in Tübingen, 1806 Pfarrer in Söhnstetten. – II 167 (?); - IVa 18, 28, 29, 30, 36, 45, 46, 47, 49, 150, 165, (256, 285 f., 297, 306, 342, 343).

FINKE, von. – III 134.

FINKENSTEIN, Henriette von (1774–1847), ihr Haus war nach 1820 kultureller Mittelpunkt Dresdens; um sie und den Dichter L. *Tieck bildete sich ein Kreis literarisch interessierter Menschen. – II 293; - III 49.

FIRMENICH-RICHARTZ, Eduard, Kunsthistoriker. – II (507).

FISCHB(. . .), Schneider Hegels in Berlin. – IVa 208.

FISCHER siehe auch *Vischer.

FISCHER, August Friedrich (1772–1793), Stipendiat in Tübingen, 1791 Magister. – IVa 49.

FISCHER, Benjamin Gottlob (1769–1846), aus Nürtingen, Stipendiat in Tübingen, 1789 Magister, 1792 Präzeptor in Sulz, 1797 in Nürtingen, 1807 Prof. am Seminar zu Blaubeuren, 1810 in Schöntal, 1822 Pfarrer in Plieningen bei Stuttgart; bekannt durch seine Übersetzungen zeitgenössischer Dichtungen ins Lateinische. – III (452); - IVa 49, 136.

FISCHER, Christian August (1771–1829), durchreiste nach seinem Studium als Handelsagent fast ganz Europa, bes. Spanien, 1798 Rückkehr nach Deutschland, 1804 Prof. d. Kulturgeschichte u. schönen Lit. in Würzburg; wegen demagogischer Äußerungen 1817 entlassen; seine Reisebeschreibungen enthalten viele Plagiate. – I 91 f., 93.

FISCHER, Hermann (1851–1920), Germanist, Hrsg. d. Schwäbischen Wörterbuches. – IVa (256).

FISCHER, Johann Christian, Hofgerichtsbote, Vater der C. C. J. *Burkhardt, der Mutter des *Ludwig F. – IVa 231.

FISCHER, Johann Karl (1760–1833), Mathematiker, 1792 Prof. in Jena, 1807 Gymnasialprof. in Dortmund, 1818 Prof. in Greifswald. – IVa 84, 85.

FISCHER, Kuno (1824–1907), Philosophiehistoriker. – II (449, 491); - III (473); - IVa (328, 364).

FISCHER, Ludwig Eberhard (1695–1773), 1727 Pfarrer in Zavelstein, 1732 Prof. am Gymnasium in Stuttgart, 1744 Konsistorialrat, später u.a. Visitator d. Univ. Tübingen. – IVa (256).

FISCHER (zuerst Hegel), (Georg) Ludwig Friedrich (1807–1831), unehelicher Sohn Hegels, seine Mutter C. C. J. *Burkhardt; als Vierjähriger kam er zu Sophie *Bohn, geb. Wesselhöft in Pflege, seit 1817 lebte er in Hegels Familie, besuchte das Frz. Gymnasium in Berlin; das Medizinstudium wurde ihm vom Vater nicht gestattet, vielmehr mußte er in Stuttgart eine Buchhändlerlehre antreten, die er aber 1825 verließ; in holländ. Kolonialdienste eingetreten, kam er 1826 als Füsilierkorporal nach Batavia, wo er an einem Fieber starb. – I 236, 358, 361, (507); - II 35, 64 f., 73, 93, 124, 154 f., 158, 166, 174, 197, 199, 204, 226, 273, 286, 297, 306 f., 311, 318 f., 363 f., (409); - III 234, (433 ff.); - IVa 206 f., 231–246, (334, 351 f., 362 ff.); - IVb 27, 33, 34, (102).

FISCHER, Nathan W., Chemiker u. Prof. d. Medizin in Breslau. – III 251.

FISCHHABER, Gottlob Christian Friedrich (1779–1829), Prof. d. Philos. u. alten Literatur am Gymnasium in Stuttgart; bibliogr. öfter verwechselt mit seinem Vater, dem Dekan Georg Friedrich F. (1742–1812). – I 66, (447); - II 194, (428).

FLATT, Johann Friedrich (1759–1821), Sohn des *Johann Jakob F., Schüler *Storrs, 1782 Repetent am Tübinger Stift, 1785 ao. Prof. d. Philos., 1792 ao. Prof. d. Theol., 1798 als Nachfolger Storrs o. Prof. d. Theol. in Tübingen, 1820 Prälat. – IVa 23 ff., 34, 38 f., 49, 88 f., (273, 294, 315).

FLATT, Johann Jakob (1724–1792), 1744 Magister, 1750/53 Repetent in Tübingen, 1781 Stadtpfarrer in Stuttgart, 1783 Konsistorialrat. – IVa 46, (294).

FLATT, Karl Christian (1772–1843), Sohn des *Johann Jakob F., Stipendiat in Tübingen, 1791 Magister, 1798 Repetent, 1804 Prof. d. Theol. in Tübingen, 1812 Oberkonsistorialrat in Stuttgart, 1828 Prälat in Ulm. – IVa 48, 49.

FLEISCHMANN, Christian Friedrich (1724–1801), Rentkammer-Expeditionsrat in Stuttgart. – IVa 10, 14.

FLEISCHMANN, Christian Wilhelm (geb. 1770), Sohn des *Christian Friedrich F., Mitschüler Hegels am Gymnasium in Stuttgart, dann in Maulbronn Mitschüler *Hölderlins, ab 1788 Kompromotionale Hegels im Tübinger Stift, später Kanzlist in Stuttgart (?). – IVa 14, 18, 28, 36, (256, 260, 285, 306).

FLEISCHMANN, Wilhelm Ludwig (1766–1830), Sohn des Prälaten *Wilhelm Christoph F.; Stipendiat in Tübingen, 1787 Magister, 1803 Pfarrer in Hagelloch, 1824 in Mössingen. – II 80; - IVa 59, 61, 69.

FLORET, gehörte zum „Bund der freien Männer“ um *Gries in Jena. – I (453).
FODOR-MAINVIELLE, Joséphine (1789–1870), trat in ihrer Kindheit als Pianistin, ab 1810 als Sopranistin auf; gastierte 1823/24 in Wien. – III 54 ff., 59 f., 61, 66, 71, 73.
FÖRSTEMANN, Ernst Wilhelm (1822–1906), Germanist u. Bibliothekar. – III (428).
FÖRSTEMANN; vermutlich: Karl Eduard F. (1804–1847), Bibliothekar, 1828/30 an der Kgl. Bibliothek in Berlin, dann an der Universitätsbibliothek in Halle. – III (462).
FÖRSTER, Bäcker in Heidelberg. – I 128.
FÖRSTER, Ernst Joachim (1800–1885), Bruder des *Friedrich Christoph F., stud. phil. in Berlin, Hörer Hegels, bildete sich seit 1825 in München bei *Cornelius zum Maler aus, dort Bekanntschaft mit *Niethammer; machte sich als Kunstschriftsteller einen Namen, 1842/1849 Mitredakteur des Stuttgarter „Kunstblattes“. – II (471); - III 338 f., (453).
FÖRSTER, Friedrich Christoph (1791–1868), 1805 Gymnasiast in Altenburg, 1809 stud. in Jena, kämpfte 1813 im Lützowschen Freikorps, 1817 Lehrer an der Artillerieschule in Berlin, 1819 im Zuge der Demagogenverfolgung entlassen; dann als freier Schriftsteller u. Historiker tätig; nach Hegels Übersiedlung nach Berlin schloß sich F. dessen Schüler- und Freundeskreis an; seit 1829 Kustos am Berliner Museum; an der Gesamtausgabe der Werke Hegels 1832 ff. als Herausgeber beteiligt. – I (457, 467); - II 244, 257, (434, 436, 459, 468 ff., 471, 476, 482, 504); - III 21, 91, 100, 122, 136, 277, 291, 307, 315, (446, 448, 452 f., 456, 458, 466); - IVa 132 b–e, 220 (?), (338, 339 f.); - IVb 56, (113).
FÖRSTER, Karl August (1784–1841), Schriftsteller, seit 1807 Prof. beim Kadettenkorps in Dresden; bekannt als Übersetzer *Dantes, Petrarcas u. Tassos. – II 291, 294, (482, 490).
FÖRSTER, Laura, geb. Gedicke, Gattin des *Friedrich Christoph F. – III 100, 277, 307, 315, (448).
FÖRSTER, Luise, geb. Förster (1794–1877), Schwester von *Ernst u. *Friedrich F., Gattin des *Karl August F. – II (482, 490).
FÖRSTER, Otto Helmut. – II (506).
FOLLEN, August Adolf Ludwig (1794–1855), führender Burschenschaftler; im Zusammenhang der Demagogenverfolgung zwei Jahre in Haft, 1821 Flucht in die Schweiz, wo er als Politiker, Dichter u. Übersetzer zu Ansehen gelangte. – II (456).

FOLLEN, Karl (1795–1839), Bruder des *August Adolf Ludwig F., stud. theol. in Gießen, 1818 an d. Univ. Gießen Privatdoz. d. Rechtswissenschaft, dann in Jena; demagogischer Umtriebe verdächtigt, floh er 1820 in die Schweiz, wo er in Basel als Prof. wirkte, 1829 nach Nordamerika; zuletzt Prof. d. deutschen Sprache u. Lit. in Cambridge/Mass. – II (432, 456); - III (375 ff.).
FOLLENIUS siehe *Follen, Karl.
FONTAINE, Beamter einer Paßstelle in Genf. – IVa 71.
FONTENELLE, Bernard le Bovier de (1657–1757), frz. Dichter u. Schriftsteller, ständiger Sekretär der Frz. Akademie. – II 321, (498).
FORTIS, Alberto (1741–1803), ital. Schriftsteller u. Naturforscher. – I 134.
FOUQUÉ, Friedrich Heinrich Karl Frh. de la Motte-F. (1777–1843), 1794 preuß. Offizier; romantischer Dramen- u. Romandichter, für eine Zeitlang Mittelpunkt der märkischen Romantiker, 1831 in Halle, dort Privatvorlesungen über Geschichte u. Zeitgeschichte. – III 99, 108, 352; - IVa (364).
FOURIER, Jean Baptiste Joseph (1768–1830), frz. Physiker u. Mathematiker, begleitete *Napoleon nach Ägypten, 1802 kaiserl. Präfekt, 1816 Mitgl. d. Frz. Akad. – III 351 f., (470).
FRÄNZ, Fräulein, aus Bamberg. – I 208.
FRANCHET, frz. Polizeimeister. – III (375).
FRANCK, G. Hermann (1802–1855), Physiker in Breslau, mit Hegel persönlich bekannt. – III 251, (439).
FRANCKENBERG, Abraham von (1593–1652), Mystiker, Schüler u. Biograph Jakob *Böhmes. – I (499).
FRANCO, da, ital. Sänger, um 1824 in Wien. – III 59, 71.
FRANK, Buchhändler in Brüssel, Bekannter van *Gherts. – III 21 f., 32, 106, (385); - IVa 209.
FRANK, G. – II (446).
FRANKLIN, E., Verlagsbuchhandlung in Berlin. – III 255.
FRANKREICH, Kaiser von siehe *Napoleon I.
FRANKREICH, Kaiserin von siehe *Marie Louise.
FRANKREICH, König von siehe *Karl X.; *Ludwig XIV.; *Ludwig XVI.; *Ludwig XVIII.
FRANZ, Herzog von Sachsen-Saalfeld-Coburg (1750–1806), Miterhalter der Universität Jena. – IVa (316).
FRANZ I. JOSEF KARL (1768–1835), als Franz II. 1792/1806 deutscher Kaiser, dann nur noch Kaiser von Österreich, Ungarn u. Böhmen. – III 58 f., 63, 68 f.
FRANZ, Zahnarzt der Familie Hegel in Berlin. – IVa 224.
FRAUNBERG, von, Mittelschuldirektor in Bamberg, Schul- u.

Studiendirektor in München. – I (468); - II (387, 392).
FREUND, Johann Georg, Kalendermacher in Nürnberg. – IVa (350).
FREY, Burschenschaftler in Heidelberg. – II (433).
FREYBERGER, Karoline, Jugendfreundin Hegels in Stuttgart, Tochter des Hauptmanns Karl Heinrich F. – IVa 161.
FRICKER, (nicht Fischer) K. Viktor. – II (384).
FRIEBE, um 1830 Bankier in Berlin. – IVa 210.
FRIEDLÄNDER, Prof. in Halle, Mitherausgeber der „Halleschen Literatur-Zeitung". – I (449).
FRIEDRICH I. von Württemberg (1754–1816), 1797 Herzog, 1803 Kurfürst, 1806 König von Württemberg, 1805/13 Verbündeter *Napoleons; zeigte stark absolutistische Neigungen. – I 185, 246, 411, (458, 487); - II (384); - IVa 74 f., 76, 92, 96.
FRIEDRICH II. (1194–1250), Sohn Heinrichs VI., seit 1215 deutscher Kaiser. – II 355.
FRIEDRICH II., der Große (1712–1786), seit 1740 preuß. König. – II (463, 507); - III 67, 72, (442).
FRIEDRICH V., Landgraf von Hessen-Homburg (1748–1820), gelangte unmündig auf den Thron, verlor infolge der Frz. Revolution sein Land, 1815 erhielt er es zurück. – I 82, 155.
FRIEDRICH AUGUST I. von Sachsen (1750–1827), 1768 Kurfürst, 1806 König; zunächst Verbündeter Preußens, dann *Napoleons, 1807 auch Herzog von Warschau; 1815 seiner polnischen Würde entsetzt. – I 244, 246, (474).
FRIEDRICH EUGEN, Herzog von Württemberg (1732–1797), 1795 unvermutet infolge des Todes seiner beiden Brüder regierender Fürst; mußte durch den Sieg *Moreaus seine Truppen der frz. Armee anschließen. – I 27, (438); - IVa 65 f.
FRIEDRICH FERDINAND, Herzog von Anhalt-Köthen (1769–1830), trat 1786 in preuß. Kriegsdienste, 1806 Generalgouverneur von Schlesien, 1816 in zweiter Ehe verheiratet mit Gräfin *Julie von Brandenburg, der Tochter *Friedrich Wilhelms II.; 1818 unerwartet regierender Fürst, 1825 Übertritt zur kath. Kirche. – III 110, (387).
FRIEDRICH LUDWIG, Erbgroßherzog von Mecklenburg-Schwerin (gest. 1819). – II 79, 81.
FRIEDRICH WILHELM, der Große Kurfürst (1620–1688), seit 1640 Kurfürst von Brandenburg. – III 291, (452 f.).
FRIEDRICH WILHELM von Braunschweig-Lüneburg (1771–1815), seit 1806 Herzog, aber von *Napoleon an der Ausübung der Regierung bis 1813 gehindert, 1815 in der Schlacht bei Belle-Alliance gefallen. – II 50, 345.

FRIEDRICH WILHELM, Kurprinz von Hessen-Kassel (1802–1875), studierte unter Leitung von *Suabedissen in Marburg u. Leipzig; letzter Kurfürst von Hessen-Kassel (1847–1866). – II (406).

FRIEDRICH WILHELM II. von Preußen (1744–1797), Neffe Friedrichs d. Gr., seit 1786 König von Preußen. – III (387).

FRIEDRICH WILHELM III. von Preußen (1770–1840), Sohn des Vorigen, seit 1797 preuß. König. – I 70, 73, 107, 120, 125, 127, 184, (463); -II 177, 179, 180, 219, 242, 268, 270 f., 348, 355, (375, 385, 430, 436, 439, 441, 445 f., 468 ff., 471, 479, 481, 501, 502, 506); -III 8, 26, 110, 125, 144, 166, 202, 222, 278, 316, 330, 342, (376, 387, 400, 402, 438, 460, 464); -IVa 113, 131, 217, (330); -IVb 33, 54 f., 57, (104, 121, 123, 124).

FRIEDRICH WILHELM IV. von Preußen (1795–1861), Sohn des Vorigen, 1840 König von Preußen, erkrankte 1857, sein Bruder Wilhelm übernahm 1858 die Regentschaft. – III 26, 33, 143, 181, (403, 472); -IVb (110).

FRIES, Bankier in Heidelberg. – IVb 71, 78 f., (122).

FRIES, Jakob Friedrich (1773–1843), stud. 1795/97 in Leipzig u. Jena, 1801 Privatdoz. d. Philos. in Jena, 1805 zugleich mit Hegel ao. Prof., noch im selben Jahr o. Prof. d. Philos. in Heidelberg, 1816 in Jena, 1817 wegen Teilnahme am Wartburgfest suspendiert, 1824 als Prof. d. Mathematik u. Physik rehabilitiert, 1825 wieder Prof. d. Philos.; mit Hegel verfeindet. – I 94, 105, 133, 380, 388 f., (454, 456, 458, 498, 511, 514 f.); -II 32, 41 f., 74 f., 77, 78, 82, 93 f., 103, 107, 108 f., 111, 113, 115, 120, 132, 136, 154, 205, 219, 222, 299 f., 308, (377, 381, 382, 393, 396, 399 ff., 402, 403, 405 f., 409, 417 f., 430, 435, 444 f., 447, 449, 456, 469, 471, 479, 482, 492, 494); -III 207, 298; -IVa 83 f., 90, 91 f., 108 f., (316, 329); -IVb (112).

FRISCH, Christian (1807–1882), Astronom. – II (494).

FRITZ, Friedrich. – IVa (276).

FRIZ, Daniel (1735–1802), Pfarrer in Aichschieß. – IVa 58, (302).

FRIZ, Johann Friedrich Konrad (1769–1790), Kompromotionale Hegels in Tübingen, Sohn des Pfarrers *Daniel F., starb am 21.9.1790, dem Vorabend des Magisterexamens. – IVa 18, 28, 36, (285, 302).

FRÖHLICH, Johann (1780–1849), Philologe, 1797/99 stud. theol. in Dillingen, dann 1802/04 stud. jur. in Landshut, 1804 Lehrer am Gymnasium in Kempten, 1817 in München, 1823 dort Gymnasialrektor. – II 84, (395).

FROMM, Johann Ludwig (1704–1775), Landschaftsregistrator; Großonkel Hegels, Bruder des *Ludwig Albrecht F. (Stammbaum Nr. 6). – IVa 11.
FROMM, Ludwig (1627?–1694), Landschaftsregistrator in Stuttgart, Vorfahre Hegels (Stammbaum Nr. 24). – IVa 4.
FROMM, Ludwig Albrecht (1696–1758), Großvater Hegels; 1718 stud. jur. in Tübingen, später Kanzlei- und Hofgerichtsadvokat in Stuttgart. – IVa 3, 9.
FROMM, Maria Elisabeth, geb. Schwarz (1671–1723), Urgroßmutter Hegels. – IVa 3.
FROMM, Regina Dorothea, geb. Schnepff, verw. Hoffmann (1700–1745), Großmutter Hegels als 2. Ehefrau des *Ludwig Albrecht F. – IVa 3, (250).
FROMM, Susanne Margarethe, geb. Klöpfer (1637–1683), Vorfahrin Hegels (Stammbaum Nr. 25). – IVa 4.
FROMM, Wilhelm Ludwig (1671–1730), Urgroßvater Hegels; Landschaftsregistrator in Stuttgart. – IVa 3.
FROMMANN; F.sche Buchhandlung, hervorgegangen aus der Waisenhausbuchhandlung in Züllichau, 1785 erworben von Siegismund F. (1736–1786), fortgeführt von dessen Sohn *Karl Friedrich Ernst F. – I 196; - IVa 86, 188, 195 f., (312, 354); - IVb (100, 101).
FROMMANN, Alwine (1800–1875), Tochter des *Karl Friedrich Ernst F., als Kind mit Hegel bekannt, zog 1838 in das Haus des Ministers von *Altenstein in Berlin; wurde in Anerkennung ihrer Miniaturen 1844 akad. Malerin, 1848/73 Vorleserin der Königin Augusta. – I 362; - II 36, 74, 155, 204, 307; - IVa 233.
FROMMANN, Friedrich Johannes (1797–1886), Sohn von *Friedrich Ernst F., stud. in Jena, dort Burschenschaftler, zugleich Buchhändlerlehrling, Teilnehmer am Wartburgfest; 1824 Teilhaber am Verlag des Vaters, 1833/64 mehrfach Vorsteher des Börsenvereins der deutschen Buchhändler. – I 362, (464 f., 484, 507); - II 36, 92, 155; - IVa 232.
FROMMANN, Friedrich Wilhelm (geb. 1767), Neffe des *Karl Heinrich F.; seit 1787 stud. jur. an der Hohen Karlsschule, 1792 a. d. Univ. Tübingen. – IVa 158.
FROMMANN, Johanna Charlotte, geb. Wesselhöft (1765–1830), Tochter des Konrektors W. in Hamburg, Gattin des *Karl Friedrich Ernst F. – I 76, 129, 136, 152, 357, 361, (506 f.); - II 36, 64, 74, 92, 155, 204, 307, (409); - IVa 184, 234, 237; - IVb 27.
FROMMANN, Karl Friedrich Ernst (1765–1837), übernahm 1786 die väterliche Buchhandlung, die er 1798 von Züllichau

nach Jena verlegte; in seinem Hause verkehrten die bedeutendsten Geister seiner Zeit; enge Freundschaft mit Hegel; F. war Pate von Hegels unehelichem Sohn Ludwig *Fischer. – I 71 f., 74, 76, 83, 89, 124, 126, 128, 136, 152, 159, 172, 202, 213, 221, 222, 235, 243, 247, 274, 326, 328, 357 f., 362, (454, 464 f., 468, 484, 507); - II 33, 64, 71, 89, 92, 124, 139, 153, 203, 306, 318, (377, 385, 386, 397, 409, 410, 416, 429, 494, 497); - III (433 f., 451 f., 474); - IVa 182, 186, 231, 233, (351, 362, 363); - IVb 10, 14, 26, 53, (100, 101).

FROMMANN, Karl Heinrich (1736–1815), Regierungsrat u. Geheimsekretär im württ. Staatsministerium; mit *Goethe u. *Schelling durch seine bedeutende Kunstsammlung bekannt. – I 69.

FRONTINUS, Sextus Julius (ca. 30–103 n. Chr.), dreimal röm. Konsul, 76/78 Feldherr in Britannien; bekannt durch eine Schrift über die röm. Wasserleitungen. – III 320, 332, (460).

FRORIEP, Ludwig Friedrich von (1779–1847), Schwiegersohn *Bertuchs, 1801/14 Prof. d. Chirurgie u. Geburtshilfe in Jena, Halle u. Tübingen, 1814 kgl. Leibarzt in Stuttgart, 1816 Obermedizinalrat in Weimar. – II 72.

FROST, Carl Friedrich Gustav, Hörer Hegels in Jena. – IVa 86.

FRUCHTER, Schreiner in Nürnberg. – II 24.

FUCHS, Kind des *Karl Heinrich F. – I 239.

FUCHS, Christian Daniel (1769–1828), Stipendiat in Tübingen, 1788 Magister, 1804 Pfarrer in Lampoldshausen, dann in Schornbach. – IVa 152.

FUCHS, Johann Friedrich (1765–1837), Schüler *Loders, Hofrat u. Prof. d. Anatomie in Jena, 1803 statt des von *Schelling vorgeschlagenen *Ackermann nach Würzburg berufen. – I 122, 159; - IVa 87.

FUCHS, Johann Michael, Schüler Hegels am Nürnberger Gymnasium, Sohn eines Diakons an St. Egidien, ab Sommer 1814 Student in Heidelberg. – II 23 f., 30.

FUCHS, Karl Heinrich, 1806 Landesdirektions- u. Konsistorialrat in Bamberg, 1809 Kirchenrat im Mainkreis, dann in Regensburg, 1817 Kreiskirchenrat, Dekan, Distriktsinspektor u. Hauptprediger in Ansbach. – I 163, 170, 178, 210, 237, 239, 258, 265, 294, 309, 414, (479); - II 8, 60.

FUES, Ludwig Friedrich, Drucker in Tübingen. – IVa 30, 50, 52.

FUHRMANS, Horst. – IVb (92, 95).

GAAB, Johann Friedrich (1761–1832), Stipendiat in Tübin-

gen, 1781 Magister, 1788 Repetent, 1792 ao. Prof. d. Philos. in Tübingen, 1798 o. Prof., 1806 Ephorus des Stifts, 1815 Generalsuperintendent in Tübingen. – IVa 28, 49.

GABLER, Christian Ernst, Verleger in Leipzig, geriet mit *Schelling in einen Rechtsstreit. – I 70, 79, 80, (452); - IVb 10, (95).

GABLER, Georg Andreas (1786–1853), 1806 Höhrer Hegel in Jena, Freund van *Gherts u. *Suthmeyers, 1807/10 Hauslehrer der Söhne *Schillers, dann vorübergehend in Nürnberg, 1811 Gymnasiallehrer in Ansbach, 1817 Prof. am Gymnasium in Bayreuth, 1821 Rektor, 1835 als Nachf. Hegels Prof. d. Philos. in Berlin; G. wurde von Hegel sehr geschätzt, doch war er kein eigenschöpferischer Philosoph. – II (434); - III 206, 224, 230, 234, 236, 267, 273, 279, (423 f., 428, 429, 435 f., 440, 444); - IVa 175, 191, 200, (321, 348, 352 f., 356); - IVb 66, (97 f.).

GABLER, Gottfried, Jenaer Burschenschaftler. – II 434 ff.

GABLER, Johann Philipp (1753–1826), ev. Theologe; 1785 Prof. in Altdorf, 1804 in Jena. – IVa 175.

GABLER, Maria Magdalena Karoline, geb. von Wölckern auf Kalchreuth (1787–1839), seit 1814 Gattin des *Georg Andreas G. – III 209, 226, 268; - IVa 200, (356).

GADAMER, Hans-Georg. – III (475); - IVa (346); - IVb (108).

GALLOT, Hörer Hegels in Berlin. – IVa 213.

GANS, Eduard (1798–1839), stud. jur. in Berlin, Göttingen u. Heidelberg, Schüler Hegels, promov. 1819, habil. 1820 in Berlin, durch von *Hardenberg gefördert, aber infolge des anfänglichen Widerstands von *Altensteins erst 1825 ao. Prof. u. 1828 o. Prof. d. Rechte; G. war bemüht, die Ergebnisse der Hegelschen Philosophie für die Jurisprudenz fruchtbar zu machen, geriet in Konflikt mit der hist. Rechtsschule; Mitbegründer der „Jahrb. f. wiss. Kritik“; an der Gesamtausgabe der Werke Hegels 1832 ff. als Herausgeber beteiligt. – III 32, 41, 86 f., 99 f., 107, 111, 115, 120, 122 f., 127, 130, 136, 138, 140, 141, 148, 157, 162, 172, 185, 209, 227, 236, 240, 242, 251, 274, 280, 310, 352, 355, (370, 383, 390, 392, 396, 402, 403, 442, 456 f., 460, 472); - IVa 132 b–e, 212, (338, 339 f.); - IVb 83.

GARCIA siehe *Malibran.

GASS, Joachim Christian (1766–1831), ev. Theologe; 1811 Prof. d. systemat. u. prakt. Theol. in Breslau; seit 1803 Freund u. Gesinnungsgenosse *Schleiermachers. – II (422, 450, 502).

GASS, Wilhelm (1813–1889), Sohn des *Joachim Christian

G., Schüler *Schleiermachers u. Hegels; 1855 o. Prof. d. Theol. in Greifswald, 1862 in Gießen, 1868 in Heidelberg. – II (450).

GAUM, Johann Friedrich (geb. 1722), seit 1752 Buchhändler in Ulm, 1777 Senator. – IVa (255, 264, 267, 292, 298).

GAUSS, Karl Friedrich (1777–1855), bedeutender Mathematiker, Astronom u. Physiker; seit 1807 Prof. d. Astronomie u. Direktor der Sternwarte in Göttingen. – III 239.

GEBHARDUS (949–995), Heiliger, Bischof von Konstanz, sein Fest am 27. August (Hegels Geburtstag). – III 93 ff.

GEIBEL-HARTENRIED, Autographensammlung. – II (410, 502); - III (373).

GEIGER, Ludwig. – I (449, 451); - III (401).

GELLER; zu Hegels Studienzeit Perückenmacher in Tübingen. – IVa 65, 68, (291).

GELLI, Cav. – III (380).

GEMEINER, Karl Theodor (1756–1823), stud. theol., 1781 Archivar, 1803 Landesdirektionsrat; Chronist der Stadt Regensburg. – II 153, (416).

GENSSLER, Johann Kaspar (1767–1821), 1803 Prof. d. Rechte in Jena, 1816 in Heidelberg; durch seinen Freund Heyligenstädt mit *Schelling u. Hegel bekannt. – II 127.

GENTHE, Arnold. – I (449, 454, 467 f., 471); - II 278, (483, 504); - III (379, 413); - IVb (96).

GENTZ, Friedrich von (1764–1832), polit. Schriftsteller; seit 1786 im preuß. Staatsdienst, 1793 Kriegsrat; richtete sich im Sinne Burkes gegen die Frz. Revolution u. später im Sinne *Metternichs gegen *Napoleon, 1809 enger Mitarbeiter Metternichs. – II (444, 447); - III (406).

GERHARD, Professor. – III 174.

GERLACH, Ernst Ludwig von (1795–1877), konserv. Publizist u. preuß. Abgeordneter, 1823 Oberlandesgerichtsrat in Naumburg, später in Halle, wo er durch einen kritischen Zeitungsartikel Veranlasser des Halleschen Streites wurde; 1829 Landesgerichtsdirektor. – III (460).

GERLACH, Gottlieb Wilhelm (1786–1864), 1816 Priv.-Doz., 1819 o. Prof. d. Philos. in Halle (nach Ablehnung eines Rufs nach Heidelberg auf Hegels freigewordenen Lehrstuhl). – IVa 114.

GERLACH, Gottlob Benjamin, bereits in Jena mit Hegel bekannt, wahrscheinlich dessen Hörer; später Prediger in Jahnsdorf b. Crossen/O. – III 335, (465).

GERLEWITZ, Bekannter Ludwig *Fischers in Berlin. – IVa (363).

GERN, Albert Leopold (1789–1869), Schauspieler, Mitgl. des kgl. Theaters in Berlin. – III 58.
GERSDORFF, Ernst Christian August (1781–1852), 1808 Regierungsrat in Eisenach, 1812 Geh.Assistenzrat in Weimar, 1814/15 vertrat er die Interessen des Weimarischen Landes auf dem Wiener Kongreß, 1815 Staatsminister; führte 1822 die Einkommensteuer ein, betrieb 1833 den Anschluß Weimars an die Zollunion. – II 74.
GERSTÄCKER, Karl Friedrich Wilhelm, Rechtsanwalt in Leipzig, 1826 Assessor der jur. Fakultät an der Univ. Leipzig. – I 66, (447).
GESENIUS, Heinrich Friedrich Wilhelm (1786–1842), 1810 ao. Prof., 1811 o. Prof. d. Theol. in Halle, auch Orientalist u. Bibelkritiker, 1830 in den Halleschen Streit verwickelt. – I (449); - III (397, 460).
GESSLER, Theodor von. – II (384).
GEYER. – II (375).
GEYER, von; in Unkel; Erben des Jakob Johann *Liyversberg. – II (506).
GHERT, van; Gattin des *Peter Gabriel v. G. – I 352; - II 69; - III 6, 8, 23, 31, 35, 106, 198 ff., - IVb 64.
GHERT, Peter Gabriel van (1782–1852), Niederländer, stud. um 1800 in Jena, wurde Schüler Hegels, der ihn wegen mangelnder deutscher Sprachkenntnisse privat in die Philosophie einführte; seitdem enge Freundschaft; 1808 promov. G. in Leiden, dann Beamter im holländ. Kultusministerium; seit 1811 privatisierte er, 1816 unter *Wilhelm I. Friedrich Chef des Departements für röm. kath. Kultus u. Sekretär der Kommission des Staatsrats für den kath. Kultus; in seiner Religionspolitik suchte G. konfessionelle Unterschiede in den Niederlanden möglichst auszugleichen (Neuordnung des Schulwesens, Gründung des „Collegium Philosophicum“ in Löwen für die Priesterbildung); dadurch Konflikt mit der kath. Geistlichkeit; an den Konkordatsverhandlungen mit dem Hl. Stuhl maßgeblich beteiligt; 1831 von der Opposition verdrängt, 1844 aus dem Staatsdienst entlassen; G. machte sich verdient um die Verbreitung der Hegelschen Philosophie in den Niederlanden, zu diesem Zweck Begründer bzw. Mitarbeiter verschiedener philos. Zeitschriften. – I 290, 297, 298, 316, 324, 328, 350, 381, 399, 420, 424, (493 f., 499 ff., 502, 505, 509, 512, 514 f.); - II 9, 39, 69, 136, 139, 158, 164, 190, 245, 350, 354, 357, 358, 360, 362, 364, (372 f., 379, 386, 410, 413, 417, 421, 428, 471 ff., 474, 505, 507); - III 4, 6, 21, 31, 35, 105, 113 f., 117, 153, 198 ff., 233,

236, 313 f., (365, 366, 369, 370, 371, 385, 389 f., 406, 422, 432 f., 435); - IVa 167, 187, (344, 353, 362); - IVb 64.
GHERT, Petrus Cornelius van, Vater des *Peter Gabriel van G., verh. mit Maria Katharina geb. van Baal. – I 324.
GICHTEL, Johann Georg (1638–1710), Mystiker; Herausgeber der Werke von Jakob *Böhme. – I (499); - IVa (353).
GIESELER, Johann Karl Ludwig (1792–1854), ev. Theol. u. Kirchenhistoriker; 1819 Prof. d. Theol. in Bonn, 1831 in Göttingen. – III (405).
GILDEMEISTER, Karl Hermann (1801–1875), *Hamannforscher. – IVb (126).
GIRARDIN, Emile de (1806–1881), Journalist, Redakteur des „Journal des Débats“ u. polit. Schriftsteller, Abgeordneter. – III 300.
GLASER, Chr. Friedrich, aus Jauer; Hörer Hegels in Berlin. – IVa 176, (348).
GLASER, Justina Margaretha, geb. Enslin, Gattin des Amtsschreibers Johann Karl G. (gest. 1796), Schwester der Anna Elisabeth *Hegel (Stammbaum Nr. 5). – IVa 11.
GLEIM, Johann Wilhelm Ludwig (1719–1803), dt. Dichter. – I (478).
GLOCKNER, Hermann. – I (499); - IVa (311, 332); - IVb (118).
GLÖCKLER, Justine Magdalena (1713–1783), Wwe. des Prälaten Johann Christoph G. (1710–1768); Taufzeugin Hegels. – IVa 10.
GLUCK, Christoph Willibald (1714–1787), dt. Komponist. – III 71.
GMELIN, Johann Georg (1652–1705), Arzt, um 1684 Leibmedikus in Stuttgart, 1694 u.a. Kgl. Polnischer Leibmedikus in Dresden, 1698 wieder am Herzogl. Württembergischen Hof. – IVa (252).
GMELIN, Justina Katharina, geb. Schnepff (1703–1731), Tochter des Ernst Friedrich *Schnepff, erste Ehefrau des *Wilhelm Gottfried G. – IVa (252).
GMELIN, Katharina, geb. Hegel, Schwester des Johann Georg *Hegel (Stammbaum Nr. 32); zweite Ehefrau des *Samuel G. – IVa (252).
GMELIN, Leopold (1788–1853), 1817 Prof. d. Chemie u. Medizin in Heidelberg; einer der ersten Vertreter der organischen u. physiologischen Chemie. – II 77; - III 86.
GMELIN, Samuel (1611–1676), Pfarrer, zuletzt Dekan in Sulz u. Herrenberg. – IVa (252).
GMELIN, Wilhelm Gottfried (1695–1760), Arzt, Sohn des

*Johann Georg G., Hofmedikus in Stuttgart. – IVa (252).
GNEISENAU, August Wilhelm Antonius Neidhart Graf von (1760–1831), preuß. General, Reorganisator der preuß. Armee u. Schöpfer des Generalstabes. – II (404).
GOCK, Johanna Christiane, geb. Heyn, verw. Hölderlin (1748–1828), Mutter *Hölderlins. – IVa (255, 283).
GOEBHARDT; Jos. Anton *Goebhardtsche Verlagsbuchhandlung in Bamberg u. Würzburg. – I (496); - IVa 82, (337); - IVb 68.
GOEBHARDT, Josef Anton (gest. 1813), Buchhändler u. Verleger in Bamberg. – I 109, 112 f., 114 f., 115, 116, 117, 119, 123 f., 136, 159, 172, (461, 462, 464); - IVb (97).
GOEDECKE, Karl (1814–1887), Bibliograph u. Literarhistoriker. – III (399).
GOEDEN, Hans Adolf (1785–1826), prakt. Arzt in Bunzlau, Gumbinnen, Löwenberg (Schlesien) u. Friedland; naturphilos. Schriftsteller im Sinne *Schellings u. Hegels. – II 246, (472).
GÖRIZ, Christian Friedrich (1738–1793), Schwager der Mutter Hegels; Stipendiat in Tübingen, 1757 Magister, 1759 Vikar in Gerlingen, seit 1760 Präzeptor am Untergymnasium in Stuttgart, dort auch Lehrer Hegels. – IVa 9, 10, 12.
GÖRIZ, Christiane Katharina Friederike, geb. Heimlein (1770–1817), erste Gattin des *Ludwig Friedrich G. – II 58, 167, (436).
GÖRIZ, Henriette Louise (geb. 1766), Cousine Hegels, Tochter des *Christian Friedrich G. – II 167, 198 f., 234; - IVa 147, (341).
GÖRIZ, Karl August (1765–1821), Sohn des *Christian Friedrich G., Vetter Hegels; Kaufmann in Stuttgart. – II 198; - IVa 147.
GÖRIZ, Karl Friedrich (1774–1793), Vetter Hegels; Sohn des *Christian Friedrich G.; Kreiskanzlist. – IVa 142.
GÖRIZ, Karl Wilhelm (1776–1852), Vetter Hegels, Sohn des *Christian Friedrich G., Oberpostsekretär in Stuttgart. – II 234; - IVb 44.
GÖRIZ, Ludwig Friedrich (1764–1823), Vetter Hegels, Sohn des *Christian Friedrich G.; 1782 Magister, 1799 Diakon in Heidenheim, ab 1791 (1790?) eine Zeitlang Hofmeister in Jena; 1811 Stadtpfarrer u. Dekan in Aalen. – II 20, 58, 167 f., 199, 225, 227, 233, 284 f., (451, 453 f., 486 f.); - IVa 142; - IVb 28, (102).
GÖRIZ, Maria Magdalena, geb. Faber du Faur (geb. 1784), seit 1819 zweite Gattin des *Ludwig Friedrich G. – II 226, (486).

GÖRIZ, Maria Rosina Dorothea, geb. Fromm (geb. 1744), Schwester von Hegels Mutter, zweite Ehefrau des *Christian Friedrich G. – II 199, 234; - IVa 11.

GÖRRES, Johann Josef von (1776–1848), Publizist; während des Studiums Revolutionär, 1801 Gymnasiallehrer in Koblenz, 1806 Privatdoz. in Heidelberg, 1808 wieder Gymnasiallehrer in Koblenz, 1814 Direktor des öffentl. Unterrichts am Mittelrhein; kämpfte mit seinem „Rheinischen Merkur" gegen *Napoleon, später gegen die Reaktion, daraufhin entlassen, seine Zeitschrift verboten; *Montgelas verhinderte seine Berufung nach Bayern, erst 1827 Prof. d. Geschichte in München; führende Persönlichkeit im polit. Katholizismus. – I 140, (483); - II 153, 224, 243, (416, 447, 451); - III 216; - IVa (360).

GÖSCHEL, Johann Friedrich Ludwig (1778–1837), 1811 ao. Prof., 1813 o. Prof. d. Rechte in Berlin, 1822 in Göttingen. – II (436).

GÖSCHEL, Karl Friedrich (1784–1862), 1803 stud. jur. in Leipzig, 1807 Advokat in Langensalza, 1818 Oberlandesgerichtsrat in Naumburg, 1834 Beamter des preuß. Justizministeriums, 1837 Geh.Justizrat, 1839 im Oberzensur-Kollegium, 1845/48 Konsistorialpräsident der Provinz Sachsen; Anhänger der Hegelschen Philosophie, gehörte nach dessen Tod zum rechten Flügel der Hegelschen Schule. – III 255, 259, 262, 267, 271, 281, 284, 321, 324, 334, (440, 449, 460 f., 465).

GÖSS, Georg Friedrich Daniel (geb. 1763), Privatdoz. in Erlangen, 1796 Prof. d. Geschichte u. Philos. am Gymnasium in Ansbach, später Rektor in Augsburg. – II 49, 60.

GOETHE, August von (1789–1830), Sohn *Goethes, wurde nach Rechtsstudien in Heidelberg großherzoglich-sächs. Geh.Kammerrat. – III 205 f.

GOETHE, Johann Wolfgang von (1749–1832), dt. Dichter, Naturforscher, seit 1775 Staatsmann in Weimarischem Dienst, als solcher von maßgeblichem Einfluß auf die Univ. Jena, an der Hegel seit 1801 als Privatdoz. wirkte; dort Bekanntschaft zwischen Hegel und Goethe; 1827 besuchte Hegel G. in Weimar; bes. interessiert war Hegel an Goethes naturwissenschaftlichen Forschungen (Farbenlehre). – I 19, 72, 77 f., 78, 79, 80, 84, 88, 90, 94, 108, 110, 111, 112, 122, 123, 140, 141, 151 f., 156, 159, 164, 172, 190 f., 199, 202, 213, 221, 246, 248, 338, 341, 371 ff., (435 f., 441, 443, 448 ff., 451 f., 454 f., 461, 463 f., 467 f., 470 f., 476, 478, 485, 487, 508, 512); - II 36, 63, 68, 73, 155, 160, 236, 247, 257, 275,

302, 339, 341, 355, (382, 384, 417 f., 419 ff., 426, 429, 454 f., 474 ff., 477 f., 483 ff., 486, 492, 494, 504, 506); -III 5, 35, 42, 82, 85, 92, 131, 136, 153, 154, 155, 160, 166, 177, 191, 198, 203 ff., 206, 221, 252, 278, 290, 321, 325, 334, 353 f., 355, (365 f., 367 f., 372, 379 f., 397, 399, 400, 401 f., 406, 407 ff., 410 f., 412, 413 f., 414, 416 f., 418, 420, 423, 426 f., 434, 439, 440, 444, 447 f., 449, 451 f., 460, 461, 469, 470 f., 473 f.); -IVa 136, 169, 218, 233, 234, (313, 317, 345); -IVb 12, 35, 37, (96, 97, 101, 106, 107).

GOETHE, Ottilie von, geb. Freiin von Pogwisch (1796–1872), seit 1817 Gattin des *August v. G. – III 42, 205, (372).

GOETHE, Maximilian Wolfgang von (1820–1883), jüngster Enkel *Goethes, stud. jur. in Bonn, Jena, Heidelberg und Berlin, promov. 1845 in Heidelberg; preuß. Legationsrat u. Weimarer Kammerherr; trat auch als Schriftsteller hervor. – III 205.

GOETHE, Walter von (1818–1885), ältester Enkel *Goethes, stud. Musik bei F. Mendelssohn-Bartholdy; Komponist, Kammerherr in Weimar. – III 205.

GÖTTLING, Karl Wilhelm (1793–1869), seit 1822 ao. Prof. d. Philologie in Jena, 1826 Direktor des philolog. Seminars u. Universitätsbibliothekar, 1829 Honorarprof., 1831 o. Prof.; stiftete das dortige archäolog. Museum. – III 139; -IVb 62.

GÖTZ, Professor am Gymnasium zu Nürnberg. – IVa (324).

GOGEL, Johann Noë (1758–1825), Frankfurter Kaufherr u. Weinhändler, in dessen Familie Hegel 1797/1800 Hauslehrer war. Nach dem Tode seines Bruders Johann David 1793 Alleininhaber der sehr bedeutenden Firma, seit 1794 schwed. Agent, 1806 zum Senator ernannt. – I 40 ff., 43 f., 44 f., 60, (441); -IVa 43, 71, 76, 94, (315).

GOGEL, Johann Noë d. J. (1788–1865), Sohn des Johann David Gogel, wuchs nach dem Tode des Vaters 1793 im Hause des Onkels *Johann Noë G. auf. – I 41, 45.

GOGEL, Johann Matthias (1786–1849), Sohn des Johann David Gogel, wuchs nach dem Tode des Vaters 1793 im Hause des Onkels *Johann Noë G. auf. – I 41, 45.

GOGEL, Margaretha Sybilla, geb. Koch, Gattin des *Johann Noë G. – I 41.

GOGEL, Margaretha Wilhelmina (1785–1849), Tochter des Johann David Gogel, wuchs nach dem Tode des Vaters 1793 im Hause des Onkels *Johann Noë G. auf. – I 41, 45.

GOGEL, Sara Charlotte (1788–1805), Tochter des *Johann Noë G. – I 41, 45.
GOLDMANN, Karlheinz. – IVa (325).
GOLDONI, Carlo (1707–1793), ital. Lustspieldichter. – II 293.
GOMER, Anne Rosine, geb. Hirschmann (1571–1647), Ehefrau des *Johann Sigmund G., Stifterin des Gomer-Hirschmannschen Stipendiums, in dessen Genuß auch Hegel kam. – IVa 56 f., 58, 59, 60, 62, 63, 64, 65, 66, 68, 69, 70, (291, 300 ff., 317).
GOMER, Johann Sigmund (gest. 1641), Expeditionsrat u. Kirchenkastenverwalter in Stuttgart. – IVa 56 f.
GONTARD, Jakob Friedrich (1764–1843), Bankier in Frankfurt/Main; in seinem Hause war *Hölderlin Hauslehrer. – I (440).
GONTARD, Susette, geb. Borkenstein (1769–1802), Gattin des *Jakob Friedrich G.; *Hölderlins Diotima. – I (441).
GOTTER, Luise Johannette Wilhelmine, geb. Stieler (1760–1826), seit 1780 Gattin Friedrich Wilhelm Gotters. – I (494).
GOTTER, Pauline siehe *Schelling, Pauline.
GOTTESMANN, Administrator für die Schulen in Nürnberg. – I 275, (491); - II 48 f.
GOTTHARD, Charlotte Sophie von, geb. von Löffelholz, geb. in Nürnberg 1777, seit 1813 Gattin des *Josef Christian v. G. – IVa 200, (356).
GOTTHARD, Josef Christian von (geb. 1779), Major. – IVa (356).
GOUBAU-D'HOOGVOORST, Melchior Joseph François (1757–1836), stud. jur., 1791 Kammerherr beim König der Niederlande, 1794 Flucht nach Deutschland, 1814 nach der Neukonstitution des niederländ. Königreiches Generaldirektor für den kath. Kultus; Mitbegründer des „Collegium philosophicum". – II (386); - III 35, 106, 199, (371, 385).
GOURGAUD, Gaspard Baron (1783–1852), unter *Napoleon Artilleriegeneral, einer der drei Offiziere, die Napoleon in die Verbannung begleiteten; nach der Rückkehr von St. Helena veröffentlichte er seine Erinnerungen an Napoleon. – III 9, 22, 35, (365, 366).
GRABOW, Wwe., erste Hauswirtin der Fam. Hegel in Berlin. – II 196, (428, 430).
GRADMANN, Johann Jakob (1750–1817), Pfarrer u. Konsistorialrat in Ravensburg. – IVa (281, 296).
GRAF, Fräulein. – II 79.
GRANOW, Johann Bogislaw (gest. 1831), preuß. Zensor, be-

kannt wegen seiner kleinlichen Beanstandungen. – II (437, 447); - III 342, (468).

GRASER, Johann Baptist (1766–1841), kath. Geistlicher, verließ später den geistlichen Stand u. heiratete; 1804 Prof. d. Theol. in Landshut, 1808 Kreisschulrat in Bamberg u. Würzburg, 1810 in Bayreuth; bekannt durch zahlreiche pädagogische Schriften. – I 196, 203, 227, 242, 258, 389, 393, 414, (511).

GRASSL, Hans. – IVb (110).

GRASSNIK; Hörer Hegels in Berlin. – IVa 226.

GRAU, von, Finanzdirektor in Bamberg. – I 258.

GRAUN, Karl Heinrich (1704–1759), Komponist; 1725 Tenor an der Oper in Braunschweig, 1735 im Dienste des späteren * Friedrich II. von Preußen, 1740 Direktor der kgl. Oper in Berlin. – III 121, (399); - IVa 206, (358).

GREGOR I., der Große (540–604), Kirchenlehrer, seit 590 Papst. – II 315.

GRIES, Johann Diederich (1775–1842), seit 1795 stud. jur. in Jena u. Göttingen, promov. 1800 in Göttingen; danach in Jena Mittelpunkt eines Kreises, dem bedeutende Männer der Zeit angehörten, später „Bund der freien Männer"; neben Reisen u.a. Aufenthalt in Heidelberg; bekannt als Philologe u. Übersetzer Tassos, Ariosts, *Calderons u.a.; seit 1827 wieder in Jena, 1837 Rückkehr in seine Heimat Hamburg. – I 82, 104, 173, 236, 248, 254, 326, 328, (453 f., 464); - II 36, 155, 204, 307; - IVa 234.

GRIESBACH, Friederike Juliane, geb. Schütz, seit 1775 mit *Johann Jakob G. verheiratet. – I 72, 173, 310.

GRIESBACH, Johann Jakob (1745–1812), ev. Theologe, 1771 Doz. in Halle, 1773 ao. Prof., 1776 in Jena; bekannt durch eine Textrevision des Neuen Testaments. – I 72, 122, 310; - II 72; - IVa 24, (273); - IVb 26, (102).

GRIESHEIM, Frau von, geb. von Sartorius, aus Braunschweig, Mutter des Folgenden. – III 204.

GRIESHEIM, Karl Gustav Julius von (1798–1854), Teilnahme am Krieg 1813/15, 1815 Offizier, 1819 Gerichtsoffizier in Berlin, 1830 Hauptmann, 1847 Direktor des allg. Kriegsdepartements, 1849 Abgeordneter, 1850 Oberst u. Kommandant von Koblenz, 1853 Generalmajor; neben seinem milit. Dienst besuchte er vor allem Hegels Vorlesungen, die er aufs genaueste ausarbeitete; seine Mitschriften bilden eine wesentliche Grundlage für die Edition der Hegelschen Vorlesungen. – II (482); - III 204, (448); - IVb 53.

GRIESINGER, Georg August (1769–1845), Stipendiat in Tü-

bingen, 1788 Magister, 1791 Hofmeister in der Schweiz, ab 1804 als sächsischer Diplomat in Wien. – IVa 160.

GRIESINGER, Georg Friedrich (1734–1828), seit 1766 Diakon an verschiedenen Kirchen in Stuttgart, 1784 Stadtpfarrer an St. Leonhard, bereitete Hegel auf die Konfirmation vor; 1786 Konsistorialrat, 1791 Prälat, im Konsistorium Hauptvertreter des Rationalismus. – IVa 53, (260).

GRIESINGER, Johann Jakob (1772–1831), Stipendiat in Tübingen, 1791 Magister, 1804 Pfarrer in Kirnbach, 1810 in Mötzingen, 1822 in Gültingen. – IVa 45, 156.

GRILLPARZER, Franz (1791–1872), österr. Dichter. – III 144, (403).

GRIMM, Jakob Ludwig Karl (1785–1863), Germanist, Begründer der dt. Altertumswissenschaft. – III (442).

GRIMM, Wilhelm Karl (1786–1859), Bruder des *Jakob Ludwig Karl G., Germanist. – III (442).

GROHMANN, Johann Chr(istian) August (1769–1847), Philosoph, 1798 Prof. in Wittenberg, 1810 am akad. Gymnasium in Hamburg. – IVb (93).

GRONOVIUS (Gronov), Jakob (1645–1716), Philologe, Prof. in Leyden. – I (499).

GROOS, Buchhändler in Heidelberg. – II 232.

GROPIUS, Ferdinand (1796–1830) und Georg (1802–1842), Brüder des *Karl Wilhelm G., Mitbegründer des „Diorama". – IVa (358).

GROPIUS, Karl Wilhelm (1793–1870), beliebter Dekorationsmaler, Freund *Schinkels; 1822 Mitgl. d. Berl. Akad. d. Künste; eröffnete 1827 sein berühmtes Diorama. – III (422); - IVa 206, (358).

GROS, Karl Heinrich von (1765–1840), Stipendiat in Tübingen, 1785 Magister, stud. 1796 in Jena, dort Freund *Niethammers u. *Schillers, Mitarbeiter an den „Horen"; 1796 durch Vermittlung *Hardenbergs Prof. d. Rechte in Erlangen, 1800 in Halle, 1802 Konsulent der Württemberg. Landschaft, widersetzte sich der Weigerung des Herzogs, ihn zu bestätigen, daraufhin gefangengesetzt; nach Freilassung wieder Prof. d. Rechte in Erlangen, 1817 Geheimrat u. Gerichtspräsident in Stuttgart. – I 70; - IVa 143; - IVb 26.

GROSS, Jugendfreund Hegels in Stuttgart; vielleicht der Karlsschüler: Friedrich Adam G. (geb. 1773). – IVa 159.

GROSSHEIM, Burschenschaftler in Jena. – II (436, 442).

GROUCHY, Beamter der frz. Gesandtschaft in Berlin. – III 157.

GRUBER, Johann Gottfried (1774–1851), 1803 Doz. d.

Philos. u. Aesthetik in Jena, dann Schriftsteller in Weimar, 1811 Prof. d. hist. Hilfswissenschaften in Wittenberg, 1815 Prof. d. Geschichte in Halle. – I 90; - III 327 f.

GRÜB, E. B., Kaufmannsgehilfe in Augsburg, machte in der Schweiz Hegels Bekanntschaft. – II 79, (393).

GRÜN, Karl Theodor Ferdinand (1817–1887), polit. Schriftsteller, Freund L. *Feuerbachs. – III (438).

GRÜNDER, Karlfried. – IVb (126).

GRÜNEISEN, Karl (1802–1878), seit 1819 stud. theol. u. phil. in Tübingen, 1824 in Berlin Hörer Hegels, später Hofprediger u. Oberkonsistorialrat in Stuttgart. – III 362, (475); - IVb 52, (111).

GRUITHUISEN, Franz (1774–1852), zuerst Feldchirurg, 1807 Promotion, 1808 Naturkundelehrer an der Landarztschule in München, 1826 Prof. d. Astronomie in München. – III (416).

GRUNDHERR von Altenthann, Christoph Friedrich Karl Frh. (1767–1827), Rentmeister u. bayer. Staatsschulden-Tilgungs-Kassier; Onkel Marie *Hegels. – I 381, 422; - IVa 188, 198, 202.

GRUNDHERR von Altenthann, Sophia Maria Friederika, geb. Haller von Hallerstein (1771–1832). – I 342, 422; - II 64.

GRUNER, Christian Gottfried (1744–1815), promov. 1769 in Halle, danach prakt. Arzt in Breslau, 1773 Prof. d. theoret. Medizin u. Botanik in Jena, 1776 Hofrat, 1779 Leibarzt der sächsich-koburgischen Fürsten, 1803 Prof. d. Medizin in Jena. – I 123, 173.

GRUNOW, vermietete 1830/31 an Familie Hegel eine Wohnung am Kreuzberg b. Berlin. – IVa 219, (360).

GÜNDERODE, Ludwig Franz Justinian Frh. von (1763–1844), fürstl. nassauisch-saarbrückener Hofmarschall, 1825 Senior der ständigen Bürgerrepräsentation in Frankfurt/ Main. – II 15.

GÜNTHER, Anton (1783–1863), zunächst Jurist, dann 1820 kath. Theologe; wandte sich der spekulativen Philosophie zu, gewann in Wien zahlreiche Schüler u. großes Ansehen, ohne eine Professur zu bekleiden; Rufe nach Bonn u. München lehnte er ab; 1857 wurde seine philos. Lehre auf Betreiben der Jesuiten durch die päpstl. Indexkongregation verurteilt, deren Spruch er sich formell unterwarf. – III 308, (456).

GÜNZLER, Amandus (1714–1787), Amtsoberamtmann in Stuttgart; Taufzeuge bei einem frühverstorbenen Bruder Hegels. – IVa 11.

GÜNZLER, Christiana Justina (geb. 1755), Tochter des

*Amandus G. und seiner ersten Ehefrau Anna Justina geb. Sadler; Taufpatin Hegels. – IVa 10.
GÜNZLER, Christina Katherina, geb. Volz, verw. Hegel (1724–1787), Stiefmutter von Hegels Vater, dann in zweiter Ehe Gattin des *Amandus G., Taufpatin Hegels. – IVa 10, 12.
GÜNZLER, Johann Christoph (1748–1803), Sohn des *Amandus G., nicht-blutsverwandter Stiefbruder von Hegels Vater; seit 1774 Kirchenratssekretär, 1796 Expeditionsrat in Stuttgart. – IVa 41, 72, 74, (304); - IVb 8.
GÜTHE, J. M., Physiker in München. – I (466).
GUIGNIAUT, Joseph Daniel (1794–1876), Schüler *Cousins an der Ecole normale zu Paris, 1818 dort Lehrer, 1822 nach Auflösung der Normalschule Lehrer der griech. Lit. an der Vorbereitungsschule, 1830 Direktor, 1846/50 Generalsekretär des Unterrichtsdepartements, 1854 Prof. d. Geschichte u. Moral am Collège de France. – III 19, 109, 123, 242, (368, 387, 437).
GULYGA, Arsenij – IVb (123).
GUSTAV, Prinz von Schweden (1799–1877), Sohn Königs Gustav IV., stud. in Lausanne, Edinburgh u. Heidelberg, dort Hörer Hegels, lebte später in Wien. – IVa (328).
GUTBRODT, Konrad Lorenz (geb. 1769), Mitschüler Hegels am Gymnasium in Stuttgart, Sohn des *Lorenz G. – IVa 14.
GUTBRODT, Lorenz (gest. 1817); Metzger in Stuttgart. – IVa 14.
GUYET, Karl Julius (1802–1861), stud. jur. in Heidelberg u. Berlin, Hörer Hegels, promov. 1823 in Berlin u. habil. in Heidelberg, dort 1827 ao. Prof. d. Rechte, 1836 o. Prof. u. Oberappellationsgerichtsrat in Jena, 1843 Geh.Justizrat. – II 290, 310.

H., M(agister?), Unterschrift in Hegels Stammbuch. – IVa 161.
HAAG siehe *Haug.
HAAK, Oberjustizrat in Bamberg. – I 198.
HAAN, Familie, in Köln; Erben des Jakob Johann *Lyversberg. – II (506).
HABAKUK, biblisch. – IVa 37.
HACKENEY, Nicasius (gest. 1518), u. sein Bruder Georg (gest. 1524), sowie deren Frauen Christina geb. Hardenrath u. Sibylle geb. v. Merle: Donatoren des Triptychons „Tod Mariä“ in Köln. – II (506).
HACKERT, Jakob Philipp (1737–1807), dt. Landschaftsmaler; Freund *Goethes. – III 94.

HÄFFELIN, Kasimir von (1737–1827), Prälat, seit 1787 Titularbischof von Chersonnes; bayer. Staatsmann. – II (423).
HÄNDEL, Georg Friedrich (1685–1759), dt. Komponist. – III (379).
HAERING, Theodor. – I (457, 461); - IVa (332, 344).
HAFENREFFER, Friedrich (1757–1807), Stipendiat in Tübingen, 1777 Magister, 1793 Pfarrer in Neuenhaus, 1801 in Hohenacker. – IVa 60, 61, 63, 65.
HAGEN, Albert Friedrich von der, Hörer Hegels, promov. 1826 bei Hegel. – IVb 46.
HAGEN, Ludwig Philipp von (geb. 1765), 1788 Autor einer theol. Diss. a. d. Univ. Mainz. – IVa 51.
HAGEN, Friedrich Heinrich von der (1780–1856), 1810 Prof. d. dt. Sprache u. Literatur in Berlin, 1811 in Breslau, 1824 wieder in Berlin. – II (403).
HAGGAI, biblisch. – IVa 37.
HAHN, August (1792–1863), 1819 Prof. d. Theol. in Königsberg, 1826 in Leipzig, 1833 in Breslau, 1843 Generalsuperintendent für Schlesien. – III (448).
HAID (Heyd), Ludwig Friedrich (1792–1842), 1812 Magister, 1817 Repetent, später Pfarrer in Markgröningen. – II 76 (?).
HALEM-ILKSEN, Bernhard Friedrich Frh. von (1769–1823), im preuß. Staatsdienst als kgl. Kriegsrat, unter den Franzosen Generalsekretär des Weserdepartements; lebte später als Schriftsteller in Leipzig u. Jena. – II (441).
HALL, Sir James (1761–1832), schott. Geologe u. Physiker. – I 212 f., (479).
HALLER, Buchhändler in Bern. – IVa 71.
HALLER, Karl Ludwig von (1768–1854), Enkel Albrecht v. Hallers; 1790 Legationssekretär, 1806 Prof. d. Geschichte in Bern, 1814 Mitgl. des Großen u. Kleinen Rates, konvertierte 1820 zum Katholizismus, deshalb 1821 seiner Ämter entsetzt; 1825 Beamter im frz. Außenministerium; sein Werk „Restauration der Staatswissenschaft" (1816–26) wurde heftig diskutiert. – II 224, 279, (451, 486); - IVb 57 (?).
HALLER, Maria Helena Wilhelmina siehe *Tucher
HALLER von Hallerstein, Patrizierfamilie in Nürnberg. – IVa 186, (345, 354).
HALLER von Hallerstein, Hedwig Freiin, Erbtante der Marie *Hegel. – IVa 227.
HALLER von Hallerstein, Jakob Gottlieb Rudolf Freiherr (1763–1840), in württemberg. Militärdienst, zuletzt Oberst u. Kriegsrat in Stuttgart; Onkel von Marie *Hegel. – II (487); - III (451).

HALLER von Hallerstein, Johann Georg Freiherr (1773–1852), in österreich. Militärdienst, 1820 Oberst des Regiments Kutschera, 1830 Generalmajor, später Feldmarschallleutnant; Onkel von Marie *Hegel. – III 51, 52 f., 73, 269, 278.

HALLER von Hallerstein, Johann Sigmund Freiherr (1762–1810), Jägerhauptmann u. Assessor am Untergericht in Nürnberg. – I 340.

HALLER von Hallerstein, Wilhelmina, geb. Dertinger (1780–1843), Gattin des *Jakob Gottlieb Rudolf Frh. v. H. – II 38, 44, (487); - III 52, 269, 278, (383).

HAMANN, Johann Georg (1730–1788), philos.-theol. Schriftsteller der Sturm- u. Drangzeit, Gegner der Aufklärung. – II 244, 325, (471); - III 116, 145 f., 175, 324, (439, 455); - IVb 85 ff., (126).

HAMANN, Johann Michael (1769–1813), Sohn des *Johann Georg H.; seit 1784 stud. phil. in Königsberg, 1796 Rektor der Altstädt. Schule daselbst. – IVb 85, 87.

HAMBERG, Wirt des „Zwinger" in Nürnberg. – III 128.

HAMBERGER, Julius (1801–1885), Theologe u. Schriftsteller. – III (458).

HAMBERGER, Julius Wilhelm (1754–1813), zuerst Bibliothekar in Gotha, 1808 Oberbibliothekar der Hofbibliothek in München. – I 232, (495).

HAMMERICH, Johann Friedrich (1763–1827), gründete 1789 in Hamburg-Altona eine Buchhandlung mit Verlag. – I 224; - II 205.

HAMMER-PURGSTALL, Josef Frhr. v. (1774–1856), Orientalist. – III (442).

HANFSTENGEL, von. – III 182.

HANKA, Váceslav (1791–1861), tschech. Schriftsteller u. Philologe, 1818 Bibliothekar des böhm. Nationalmuseums in Prag. – III 278.

HANNIBAL (247/46–182 v. Chr.), karthagischer Feldherr. – II 360.

HANSER, Friedrich Wilhelm (1760–1803), Stipendiat in Tübingen, 1780 Magister, 1785/93 Repetent, dann Diakon in Herrenberg u. Cannstatt. – IVa 28.

HARDENBERG, Karl August Fürst von (1750–1822), preuß. Minister u. Staatskanzler. – II 180, 189, 241, 259, 270, (371, 404, 439 f., 455, 465 ff., 469 f., 479, 494 ff., 497, 499 f.); - IVb (112).

HARL, Johann Paul (1772–1842), 1805 ao. Prof. d. Philos.

u. Kameralwiss., 1816 o. Prof. d. Kameralwiss. in Erlangen. – I 389.
HARLESS, Gottlieb Christoph (1738–1815), seit 1770 Prof. d. Poesie u. Beredsamkeit und Hofrat in Erlangen. – II 59, 62, 135.
HARMS, Klaus (1778–1855), Pastor in Kiel, volkstümlicher Kanzelredner, 1841 Oberkonsistorialrat. – II 185 f., 224, (426, 451).
HARNACK, Adolf von. – II (449); - III (440 f.).
HARPPRECHT, Ferdinand Christoph (1770–1839), Stipendiat in Tübingen, 1789 Magister, 1796 Pfarrer in Küsterdingen. – IVa 49, 156.
HARPPRECHT, Karl Ludwig (geb. 1770), aus Sersheim, Mitschüler Hegels am Gymnasium in Stuttgart, 1788 stud. jur. an der Hohen Karlsschule, 1793 Kanzleiadvokat. – IVa 15.
HARTER, Johann Heinrich Samuel (1766–1823), Stipendiat in Tübingen, 1786 Magister, später Vikar in Enzweihingen, 1799 suspendiert, 1800 ao. Prof. d. Philos. a. d. Universität Mainz. – IVa 157.
HARTMANN, Christoph Heinrich (geb. 1769), Sohn des Rentkammer-Expeditionsrats Johann Georg H.; 1786 Karlsschüler, später Rechnungsrat beim kgl. Finanzdepartement. – IVa 159.
HARTMANN, Ferdinand Josef Frh. von (1767–1847), bayer. Staatsrat, später Theaterdirektor in Nürnberg. – I 304.
HARTMANN, Gottfried Wilhelm (1770–1823), Bruder des *Christoph Heinrich H., Mitschüler Hegels am Gymnasium in Stuttgart, 1786 Karlsschüler, später Oberamtsarzt in Backnang, auch Naturforscher. – IVa 16, 159.
HARTWIG, Hauptmann von. – III 201.
HARTWIG, Aimée von, Gattin des Hauptmanns v. Hartwig, Freundin der Familie Hegel, wohnte im gleichen Haus in Berlin am Kupfergraben 4 a. – III 121, 135.
HASE, Karl August von (1800–1890), 1830 Prof. d. Kirchengeschichte in Jena. – III (461).
HASELMEIER, Karoline (geb. 1774), Tochter des Regierungsrats Karl Friedrich H. (1733–1807) in Stuttgart. – IVa 146.
HASSE, Johann Christian (1779–1830), Jurist, 1805 Doz. in Kiel, 1811 Prof. in Jena, 1813 in Königsberg, 1818 in Berlin, 1821 in Bonn. – II 349, (435 f.).
HAUBER, Karl Friedrich (1775–1851), Stipendiat in Tübingen, 1793 Magister, 1800 Repetent, 1802 Prof. in Denkendorf, 1810 in Schöntal, 1824 Prälat in Maulbronn; auch als Mathematiker bekannt. – I 25, 28.

HAUCK, Albert. – II (446).
HAUFF, August Friedrich (1772–1809), besuchte das Stuttgarter Gymnasium, 1789 stud. jur. in Tübingen, 1793 Regierungssekretär, zeitweise in Haft, 1806 Obertribunalsekretär in Tübingen, 1807 Geheimsekretär in Stuttgart; Vater des Dichters Wilhelm H. – IVa 159.
HAUFF, Viktor Wilhelm Friedrich (geb. 1771), Sohn des Joh. Gottlieb H. (1732–1794), Mitschüler Hegels am Stuttgarter Gymnasium, ab 1791 stud. jur. in Tübingen. – IVa 15.
HAUG, Sohn des Hofinstrumentenmachers Johann Friedrich H. in Stuttgart (1730–1793); entweder Johann Friedrich Gottlob H. (1769–1856), Mitschüler Hegels, 1786 Karlsschüler, später Präzeptor am Gymnasium, oder *Theodor Christoph Friedrich H. – I 3, (433).
HAUG, Alexander Maximilian Friedrich (1769–1835), Sohn des Prof. *Balthasar H.; Stipendiat in Tübingen, 1789 Magister, später Pfarrer in Seeburg. – IVa 49.
HAUG, Auguste, Jugendfreundin Hegels aus Stuttgart; vermutlich Schwester des *Theodor Christoph Friedrich H. – IVa 147.
HAUG, Balthasar (1731–1791), seit 1767 Prof. d. Theol. u. d. Beredsamkeit am Stuttgarter Gymnasium, seit 1776 zugleich Lehrer a. d. Karlsschule. – IVa (261, 262 f., 266, 271).
HAUG, Johann Christoph Friedrich (1761–1829), Sohn des *Balthasar H., Gefährte *Schillers in der Karlsschule in Stuttgart, seit 1783 Regierungsbeamter in Stuttgart, zuletzt Hofrat, 1816 Bibliothekar; bekannt als witziger Epigrammatiker; mit Hegel befreundet. – I 70; - III 163, (411, 452).
HAUG, Karl Eugen (geb. 1770), Sohn des Prof. *Balthasar H.; später Ober-Konsistorialregistrator. – IVa 93.
HAUG, Luise (geb. 1764), Tochter des Hofinstrumentenmachers Johann Friedrich H. (aus dessen erster Ehe). – IVa 148.
HAUG, Theodor Christoph Friedrich (1771–1847), Sohn des Johann Friedrich H.; später Hofinstrumentenmacher. – I 3, (433) (?); - IVa 162 (?).
HAUPT, Hermann. – II (456 f.).
HAUPTMANN, Rektor in Neuburg. – II 60.
HAUSWEDELL, Autographenhandlung in Hamburg. – IVb (123).
HAUY, René Just (1743–1822), frz. Mineraloge. – I 173.
HAYDN, Franz Josef (1732–1809), Komponist. – III (419).
HAYM, Rudolf (1821–1901), Literarhistoriker; Biograph Hegels, übte scharfe Kritik an der Hegelschen Philosophie. – I (444, 481); - II (423); - III (461); - IVa (299).

HEBEL, Johann Peter (1760–1826), dt. Dichter. – II 313, (496).
HEEREN, Arnold Hermann Ludwig (1760–1842), Historiker. – III (468).
HEGEL, Agnes Margarethe, geb. Speidel (1687–1729), Urgroßmutter Hegels. – IVa 3.
HEGEL, Anna, geb. N.N. (16. Jh.), Ehefrau des *Johannes H. (Stammbaum Nr. 128), Vorfahrin Hegels. – IVa 5, 8.
HEGEL, Anna Barbara, geb. Mangold (geb. 1654, gest. nach 1687), Vorfahrin Hegels (Stammbaum Nr. 17). – IVa 4.
HEGEL, Anna Elisabeth, geb. Enslin (1705–1745), Großmutter Hegels. – IVa 3, 57, (250).
HEGEL, Christiane Luise (1773–1832), unverh. Schwester Hegels, seit 1807 Gouvernante im Dienst des Grafen Josef von *Berlichingen in Jagsthausen, wegen eines Nervenleidens lebte sie seit 1814 im Ruhestand bei ihrem Vetter, dem Oberpostkassierer K. W. *Göriz, in Stuttgart, 1818/20 bei dessen Bruder L. Fr. *Göriz in Aalen, gab dort Unterricht in frz. Sprache u. Handarbeit; 1820 in der Irrenanstalt Zwiefalten; wieder in Stuttgart, wurde sie von *Schellings Bruder Karl Eberhard ärztlich betreut; nahm sich 1832 in Bad Teinach das Leben. – I 37, 49 f., 51, 53, 57 f., 58, 323, 367, (442, 444, 468); - II 18, 26, 37, 39, 44, 45, 46 f., 53, 58, 125, 166, 197, 225 f., 227 f., 233 f., 283, 319, 334, (374, 376, 377 f., 380, 383, 410, 420, 421, 429, 451, 453, 486 f., 502); - III 96, 100, 144, 163, 289, 329, 341, (382, 383, 411, 451 f., 462 f.); - IVa 10, 72, 73 f., 106, 184, 228, (253, 256, 257, 295, 352, 361); - IVb 27, 43, 59, (102, 108).
HEGEL, Christine, geb. Hoffmann (gest. 1635), Tochter des Bürgermeisters *Hoffmann (Stammbaum Nr. 130), Vorfahrin Hegels. – IVa 5.
HEGEL, Christoph (1630–1688), Sohn des *Johannes H. (Stammbaum Nr. 64). – IVa 6 f., (250, 251).
HEGEL, Georg Ludwig (1708–1761), Großvater Hegels; Regierungssekretär, später Oberamtmann in Altensteig. – IVa 3, 57.
HEGEL, Georg Ludwig (1733–1799), Vater Hegels; 1759 als stud. jur. in Tübingen immatrikuliert, 1766 Rentkammersekretär in Stuttgart, 1796 Rentkammer-Expeditionsrat. – I 58; - II 151; - IVa 3, 9, 10, 13, 14, 15, 19 ff., 22, 27, 33, 42, 47 f., 54, 56 f., 58, 59, 60, 61, 62, 63, 64, 65, 66, 67 f., 71, 72, 73, 88 f., 96, 99, 127 f., (249 f., 252, 253 f., 257, 261, 265, 291, 302 f., 304, 305, 315, 343, 363); - IVb (93).

HEGEL, Georg Ludwig (31.12.1771–5.1.1772), Bruder Hegels. – IVa 11.
HEGEL, Georg Ludwig (19.11.1774–10.6.1775), Bruder Hegels. – IVa 11.
HEGEL, Georg Ludwig (1776–1812), Bruder Hegels; Karlsschüler, Offizier in württ. Dienst, 1812 im russ. Feldzug *Napoleons gefallen; um 1797 war er mit Hegel in Frankfurt, 1807 Pate von Hegels unehelichem Sohn Ludwig *Fischer. – I 52; - IVa 10, 15, 72, 73 f., 231, (253, 260, 363).
HEGEL, Georg Ludwig Christoph (1687–1730), Urgroßvater Hegels, Vogt in Rosenfeld, später Rentkammer-Expeditionsrat in Stuttgart. – IVa 3.
HEGEL, Immanuel Thomas Christian (1814–1891), jüngster Sohn Hegels; seit 1836 im preuß. Staatsdienst (Handels- u. Finanzressort), 1858 Kurator des Staatsschatzes, 1865 Präsident des Konsistoriums der Provinz Brandenburg; einer der Hauptführer der orthodoxen Partei. – II 39, 44, 45, 50, 52, 69, 72, 76, 80, 158, 166, 174, 182, 197, 199, 204, 226, 260, 273, 286, 287, 297, 311, 337, 347 f., 354, 363 f., (378, 420, 429 f., 431); - III 21, 50, 63, 75, 79, 106, 118, 124, 127, 128, 134, 139, 148, 179, 180, 182, 184, 188, 191, 197, 206, 225, 228, 236, 269, 276, 301, 339, (399, 400, 444, 469); - IVa 105 f., 127, 132a–d, 206 f., 208, 210–213, 215–222, 224, 226, (323, 325, 334, 365); - IVb 27, 28, 30, 33, 34, 43 f., 53, 64 f., 72, (104, 116).
HEGEL, Israel (geb. 1622), Sohn des *Johannes H. (Stammbaum Nr. 64), Schuster u. Gerichtsverwandter in Sondelfingen. – IVa 6 f., (250, 251).
HEGEL, Johann Georg (1615–1680), Vorfahre Hegels, Sohn des *Johannes H. (Stammbaum Nr. 64), Pfarrer in Sondelfingen u. Eningen. – IVa 5, 6 f., (250, 251, 252).
HEGEL, Johann Georg (1640–1712), Pfarrer in Glatten, Böhringen, Münsingen, 1684 Stadtpfarrer in Winnenden; Vorfahre Hegels (Stammbaum Nr. 16). – IVa 4, (250).
HEGEL, Johanna Augusta (30.9.–15.11.1777), Schwester Hegels. – IVa 12.
HEGEL, Johanna Augusta (24.4.–7.5.1779), Schwester Hegels. – IVa 12.
HEGEL, Johannes (16. Jh.), Bürgermeister u. Kannengießer in Großbottwar; Vorfahre Hegels (Stammbaum Nr. 128). – IVa 5, 8, (251).
HEGEL, Johannes (1576–1641), Vorfahre Hegels, Sohn des *Johannes H. (Stammbaum Nr. 128); Pfarrer in Sondelfingen u. Eningen. – IVa 5, 8, (250, 251, 252).

HEGEL, Karl Friedrich Wilhelm von (1813–1901), Sohn Hegels; stud. ab 1830 in Berlin u. Heidelberg, 1840 Hilfslehrer am kgl. Gymnasium in Berlin, 1841 ao. Prof., 1843 o. Prof. d. Geschichte in Rostock, 1856 in Erlangen; bekannt als Historiker, auch politischer Schriftsteller. – I 144, (433, 445, 450 ff., 454–459, 461–465, 467 f., 470–474, 476–482, 484 ff., 488–496, 499 ff., 503–515; - II 4, 9, 24, 26, 38, 44, 50, 69, 72, 76, 80, 158, 166, 174, 182, 197, 199, 204, 226, 260, 261, 273, 286, 287, 297, 303 f., 311, 326, 347, 354, 362, 363, (371–376, 378, 380 f., 383 ff., 393, 395, 397, 403 f., 408, 412, 414 f., 417, 421, 423, 427 ff., 431, 450, 452, 454, 471, 475, 477 f., 480, 481, 483, 488, 490, 492 f., 496 f., 503 ff., 507 f.); - III 21, 50, 63, 75, 79, 100, 106, 118, 124, 127, 128, 134, 139, 148, 179, 180, 182, 184, 188, 197, 203, 206, 225, 236, 243, 269, 276, 301, 333, (365, 367–374, 378, 382 f., 385, 387 f., 399 f., 402–406, 411 f., 414 f., 417–423, 426–429, 433, 436 f., 439, 442 ff., 446 f., 449, 453 f., 456, 459, 460 f., 465, 469 f.); - IVa 103 f., 127, 129, 130, 132a, 132b–e, 170, 203, 206 f., 208, 210 f., 213, 215–217, 219, 220–222, 226, (308, 323, 324, 325, 334, 336, 340, 347, 356, 360, 364, 365); - IVb 28, 30, 32, 33, 43 f., 53, 64, 72, (91, 104, 116, 126).

HEGEL, Ludwig siehe *Fischer, Ludwig.

HEGEL, Maria Magdalena Louisa, geb. Fromm (1741–1783), Mutter Hegels; Tochter des Kanzleiadvokaten Ludwig Albrecht *Fromm, seit 1769 verh. mit *Georg Ludwig H. – III 96; - IVa 3, 9, 10, 13, 19, 34, 88 f., 99, (254, 257, 265, 285 f., 315).

HEGEL, Marie Helena Susanna, geb. von Tucher (1791–1855), älteste Tochter des Jobst Wilhelm Frh. *Tucher von Simmelsdorf; seit 1811 Gattin Hegels; nach Hegels Tod von pietistischen Kreisen beeinflußt. – I 342, 352, 355, 356 f., 360 f., 362, 363 ff., 366, 367, 369, 374 ff., 377, 379, 380 f., 382, 383, 385, 394, 400, 409 f., 411, 412, 414, 415, 416, 418, 420, 422, 424, 427, 430, (468, 506 ff., 509); - II 7, 8, 9, 11, 18 f., 23, 26, 27, 31, 33, 36, 38, 39, 41 f., 44, 45, 47, 50, 52, 56, 58, 63, 64 f., 66, 67 ff., 69, 71, 72 ff., 75, 76, 77, 79 f., 80 f., 90, 91, 92, 106, 107 f., 111, 114, 118, 120, 124, 126 f., 132, 142 ff., 147, 153, 154 f., 158, 166 ff., 172, 174, 180, 188, 194, 198f., 203 f., 207, 210, 212, 226, 259 f., 273, 286, 287, 290, 292, 292, 297, 302, 306 f., 311, 314, 323, 325, 332, 333, 334, 337, 338, 339, 344, 347, 351, 354, 357, 362, 363, 364, (374, 376, 380, 383, 410, 411, 415, 429, 431, 448, 486, 490, 504, 505, 507, 508); - III 8, 9, 21,

28, 35, 48, 49, 51, 53, 57, 60, 66, 68, 74, 75, 79, 88, 91, 93, 99, 100, 106, 115 f., 118, 124, 127, 128, 134, 138 f., 148, 163, 173, 177, 178, 179, 180, 183, 185, 188, 189, 192, 195, 198, 201, 203, 209, 217, 223, 225, 228, 230, 234, 236, 239, 243, 249, 253, 256, 268, 269, 275, 277, 280, 289, 301, 304, 305, 316, 329 f., 334, 339, 350, 352, 356, (373, 374, 383 f., 390, 399, 400, 411, 417–423, 424, 434 f., 444 f., 451, 462); - IVa 98, 99, 100 f., 132a, 132b–e, 169, 175, 184, 186, 187, 189 ff., 199 f., 204 ff., 208, 212 ff., 221, 226, 227, 238, (321, 322, 324, 337, 338, 339 f., 345, 350, 352 ff., 357 f., 359 ff., 364); - IVb 23, 24 f., 27 f., 29 ff., 33 f., 43 f., 53, 55, 59, 63, 64, 72, 74, (100, 103, 104, 108, 116, 124).

HEGEL, Philipp (1620/21–1655), Sohn des *Johannes H. (Stammbaum Nr. 64), Amtsschreiber in Pfullingen. – IVa 6 f., (250, 251).

HEGEL, Regina Barbara, geb. Laubenberger (ca. 1619–1672), Vorfahrin Hegels (Stammbaum Nr. 33). – IVa 5.

HEGEL, Susanna Maria Louisa Wilhelmina (27.6.–8.8.1812), Tochter Hegels. – I 412, 414, 425; - IVa 100, 101, 102, (323).

HEHL, Johann Georg (1715–1800), Stadtschreiber in Tübingen. – IVa 50.

HEIBERG, Johann Ludwig (1791–1860), 1822 Lektor der dän. Sprache u. Lit. in Kiel, 1824 Besuch in Berlin, dort Hörer Hegels, entscheidend von ihm beeinflußt, machte die Hegelsche Philos., bes. die Ästhetik in Dänemark bekannt; 1829 Theaterdichter u. Lehrer d. Ästhetik u. Lit. an der Militärakademie in Kopenhagen, 1849/56 Dir. des kgl. Theaters. – III 78, (378 f.).

HEILIGENSTÄDT, Johann Karl Erhard (1774–1806), Amtsadvokat in Jena, Privatsekretär des Grafen Limpurg-Speckfeld, Regierungssekretär, Landschaftssyndikus, als solcher Rechtsberater *Niethammers. – I 93, 121.

HEILMANN, Johann David (1727–1764), Theologe u. Philologe. – IVb (102).

HEINE, Heinrich (1797–1856), dt. Dichter u. Schriftsteller. – III (403).

HEINICKE, Samuel (1729–1790), Begründer des Taubstummenunterrichts. – I (511).

HEINRICH I. (876–936), seit 919 dt. König. – I 164.

HEINRICH II. (973–1024), dt. Kaiser, seit 995 Herzog von Bayern, 1002 dt. König, 1014 in Rom zum Kaiser gekrönt. – IVa 32.

HEINRICH, Christian Gottlieb (1748–1810), Historiker, 1782 Prof. in Jena. – IVa 80, (308).
HEINRICH, Karl Friedrich (1774–1838), 1804 Prof. d. griech. Lit. in Kiel, 1818 Prof. d. Philologie in Bonn. – III 87 f., 90, (381).
HEINSE, Johann Jakob Wilhelm (1749–1803), dt. Dichter. – I (441).
HEINTZ, Philipp Kasimir (1771–1835), bayer. Historiker; Pfarrer u. Gymnasiallehrer in Zweibrücken, 1819 Oberkonsistorialrat in München. – II (503).
HEINZELMANN, Kaufmann in Augsburg. – II 80.
HEISE, Georg Arnold (1778–1851), Jurist; stud. in Jena, gehörte dort zum Freundeskreis um *Gries, stud. dann in Wetzlar u. Göttingen die Gerichtspraxis, 1803 Dozent in Göttingen, 1804 Prof. in Heidelberg, 1814 wieder in Göttingen, 1820 Präsident des Oberappellationsgerichts in Lübeck. – I 103, 104 f., 380, (483, 509).
HELD, August Ludwig (1805–1839), Medailleur u. Bildhauer in Berlin, schuf eine Medaille mit dem Bild Hegels. – III (462 f.); - IVa (359, 361).
HELD, Johann Christoph (1791–1873), Schüler Hegels am Gymnasium in Nürnberg, stud. phil. in Heidelberg, Erlangen u. Leipzig; wurde Hofmeister in München, dort mit *Thiersch in Verbindung, 1815 Lehrer, 1835 Rektor am Gymnasium in Bayreuth. – I 276, 311, 387, (499); - II 16, 17 f.; - III 234; - IVa 168, (345).
HELFERICH, Johann Gottlieb (1760–1820), Stipendiat in Tübingen, 1780 Magister, 1793 zus. mit Hegel im Konsistorialexamen, danach Pfarrer in Grötzingen, 1804 in Kirchheim u. Kuppingen. – IVa 53.
HELFERICH, Johann Karl Christoph (1770–1835), Kompromotionale Hegels im Tübinger Stift, 1807 Pfarrer in Schafhausen, 1820 in Erbstetten, 1828 in Pleidelsheim a.N. – IVa 18, 28, 36, (281, 285, 298, 306).
HELLER, Johann Ernst Philipp, um 1799 Oberamtmann (Regierungsrat) in Stuttgart. – IVa 74 f.
HELLER, Ludwig (1775–1826), erst Hauslehrer, 1806 Lehrer am Gymnasium in Ansbach, 1808 Prof. d. Philologie am Gymnasium in Nürnberg, Kollege Hegels, 1817 Prof. d. Philologie u. Philos. in Erlangen; gab zusammen mit Ludwig *Döderlein den Sophokleischen Oedipus heraus. – I 273, 295, 335, 387, 389, (510 f.); - II 75, 152, 289, (413, 489); - IVa (321, 324).
HELLFELD, Amtskommissar in Jena. – I 121.

HELLINGRATH, Norbert von (1888–1916), Hölderlin-Herausgeber. – I (434, 436, 440 ff.).
HELVIG, Amalie von, geb. Freiin von Imhoff (1776–1831), Dichterin; Nichte der Frau von Stein, Hofdame bei der Herzogin von Weimar; seit 1803 mit *Karl Gottfried v. H. verheiratet. – I 380, (509); - II (490).
HELVIG, Karl Gottfried von (1764–1844), seit 1781 in schwedischem Militärdienst, 1788 Offizier (Artilleriefachmann); seit 1815 im preuß. Dienst. – IVb 37, (107).
HEMERT, Paul van (1756–1825), 1790/96 Prof. d. Philos. u. alten Sprachen am Remonstrantengymnasium in Amsterdam, 1799/1808 Redakteur verschiedener kritischer Zeitschriften, 1818 Sekretär der „Maatschappij van Weldadigheid"; H. wurde in vieler Hinsicht in Holland Vermittler deutschen Geistesgutes. – I 316 f., 350, (499); - II 10, (372).
HEMLING, Hans siehe *Memling, Hans.
HENDEL-SCHÜTZ, Johanne Henriette Rosine, geb. Schüler, verw. Hendel (1772–1849), bedeutende dt. Schauspielerin, seit 1811 in vierter Ehe mit F.K.J. *Schütz verheiratet. – III 193.
HENDRICH, Franz Ludwig Albrecht von (gest. 1828), 1784 Kammerherr in Weimar, 1793 Geh.Kammerrat, 1802 Major u. Kommandant von Jena. – I 122.
HENDRIKSZ, Pieter (1779–1843), niederl. Mediziner, zuerst Militärarzt, später Prof. in Groningen. – II (379).
HENGSTENBERG, Ernst Wilhelm (1802–1869), 1826 Prof. d. Theol. in Berlin, gründete 1827 die konservative „Evangelische Kirchenzeitung". – III (460).
HENKE, Ernst Ludwig Theodor. – II (400, 444).
HENKE, Heinrich Philipp Konrad (1752–1809), ev. Theologe, Kirchenhistoriker. – IVa 39, (290).
HENKE, Hermann Wilhelm Eduard (1783–1869), habil. 1806 in Erlangen, 1813 Stadtgerichtsassessor in Nürnberg, 1814 Prof. in Bern, 1832 Oberappellationsgerichtsrat in Wolfenbüttel, 1833 Geh.Justizrat u. Prof. in Halle. – II 158.
HENNIGER ze Soeberka, Josef Bedrich (1778–1851), österr. Rittmeister u. Kämmerer, Gymnasialprof. in Jičin, 1829 Prof. d. Geschichte in Prag. – III 278, (446).
HENNING, Cäcilie von, geb. von Ziegesar, verw. Freifrau von Werthern; Stiefmutter *Leopold von Hennings. – II (482).
HENNING, Leopold Dorotheus von (1791–1866), Philosoph, 1812/13 stud. jur. in Heidelberg u. Jena, dann Kriegsfreiwilliger, 1815 Referendar in Königsberg (Neumark), 1816 in Erfurt, seit 1818 Studium in Berlin, Verbindung mit der Bur-

schenschaft; Repetent der Vorlesungen Hegels, 1821 habil. in Berlin, dann Privatdoz., Vorlesungen über *Goethes Farbenlehre u. Hegels Logik, 1825 ao. Prof., 1835 o. Prof. d. Philos. in Berlin; Generalsekretär der „Jahrbücher f. wiss. Kritik"; an der Gesamtausgabe der Werke Hegels, 1832 ff., war er als Herausgeber beteiligt. – II 220, 271, 273, 277, 341 ff., (436, 448, 457, 459, 466, 482, 483, 485, 504); -III 10, 21, 24, 43, 75, 84, 91, 99, 111, 118, 122, 132, 168, 177, 208, 229 f., 253, 257, 280, 314, 336, 341, 345, 352, 362, (365, 367, 369, 380, 394, 396, 400, 413 f., 424, 436, 442, 475); -IVa 115, 120, 121, 122, 123, 132b–e, (331, 338, 339, 340); -IVb 42, 51, 56, (108, 113).

HENNINGS, Justus Christian (1731–1815), 1764 Doz. in Jena, 1765 Prof. d. Moralphilos. u. Politik, später auch Prof. d. Logik u. Metaphysik. – IVa 80, 83, 88, (308).

HENRICI; Autographenhandlung in Berlin. – IVa (342); -IVb (97, 119, 125).

HENRY, Gabriel (1753–1835), reformierter Prediger in Nancy, nach der Emigration 1791 frz. Prediger in Jena; weil er sich 1806 der Armee *Napoleons anschloß, 1813 inhaftiert; später Prof. d. frz. Sprache in Aschaffenburg. – I 146, 213.

HENSLER, Dorothea, Jugendfreundin u. Schwägerin *Niebuhrs. – II (404).

HERAKLEITOS von Ephesos (um 500 v. Chr.), griech. Philosoph. – III (370).

HERBART, Johann Friedrich (1776–1841), bedeutender Pädagoge u. Philosoph, 1797/1800 Hauslehrer in der Schweiz, habil. 1802 in Göttingen, 1805 ao. Prof. in Göttingen, 1809 o. Prof. d. Philos. u. Pädagogik in Königsberg, 1833 wieder in Göttingen. – I 133, 183, (453); -II (382); -III 207, 225, 331, 332, (464 f.).

HERBIG, L.F., Kommissionär C.F. *Winters in Leipzig. – IVb (118).

HERDER, Johann Gottfried (1744–1803), Dichter u. Philosoph; seit 1776 Generalsuperintendent, später Oberkonsistorialrat in Weimar; H. war der große Anreger seiner Zeit, vermittelte ein neues Verständnis für Volksdichtung, Sprache u. Kultur. – I 19, 64, 66, (444, 452).

HERMES, Georg (1775–1831), 1807 Prof. d. Dogmatik in Münster/Westf., seit 1820 Prof. d. kath. Theol. in Bonn; seine um philos. Grundlegung d. Theologie bemühte Lehre (Hermesianismus) wurde 1835 durch ein päpstl. Breve verworfen. – III 115.

HERODOT (ca. 490–425/20 v. Chr.), griechischer Geschichtsschreiber. – I 387; - II 218, (443); - III 370.

HERRMANN, Bernhard Anton (1806–1876), Dramatiker u. Theaterdirektor. – I (511 f.).

HERZLIEB, Christiane Wilhelmine Friederike (Minchen), (1789–1865), kam als 9jährige Waise ins *Frommannsche Haus; später verband sie eine herzliche Freundschaft mit *Goethe; heiratete 1826 den Oberappellationsrat Walch, den sie bald verließ; verfiel in eine Gemütskrankheit. – I 129; - II 36, 74, 155, 204; - IVa 233.

HERZOG, Johann Jakob (1805–1882), Theologe. – II (446).

HESLER, Ernst Friedrich (1771–1822), Kompromotionale Hegels in Tübingen; verließ 1791 das Stift, stud. jur. in Jena, später württ. Oberjustizprokurator. – I 10 f., - IVa 18, 28, 29, 36, (274 f., 279, 281, 284, 285).

HESSE, Weinhändler in Bordeaux. – II 221.

HESSE, Hermann (1877–1962), deutscher Dichter. – IVa (255).

HESSEN-HOMBURG, Landgraf von siehe *Friedrich V.

HESSEN-KASSEL, Kurprinz von siehe *Friedrich Wilhelm.

HESSEN-KASSEL, Kurprinzessin von siehe *Auguste Friederike Christine von Preußen.

HEUSDE, Philipp Wilhelm van (1788–1839), Schüler *Wyttenbachs, 1803 Prof. d. Beredsamkeit u. Geschichte in Utrecht; bekannt durch seine Platonforschungen. – II 302, (489, 493).

HEYSE, Julie, geb. Saaling (1788–1863), Gattin des Philologen Karl Wilhelm Ludwig Heyse (1797–1855). – III 193.

HIEMER, Franz Karl (1768–1822), Karlsschüler in Stuttgart, Maler, Hofschauspieler, volkstümlicher Dichter, später Sekretär im Generalfinanzdirektorium in Stuttgart. – IVa 157, (342).

HIEMER, Philipp Jakob (1770–1813), Kompromotionale Hegels im Tübinger Stift, jüngerer Bruder des *Franz Karl H., ab 1795 Prediger in deutschen Ansiedlungen im russ. Gouvernement Saratow an der Wolga. – IVa 18, 28, 36, (285, 342).

HILLEBRAND, Josef (1788–1871), 1817 ao. Prof. in Heidelberg, nach Hegels Weggang 1818 o. Prof. d. Philos. in Heidelberg, 1822 in Gießen, 1848/50 Präsident der hessischen Zweiten Kammer; Verfasser von literarhistorischen Schriften. – II 304, 310, 314, (403).

HILLER, Christian Friedrich (nicht: Ludwig) (1769–1817), stud. in Tübingen zuerst Medizin, später als „oppidanus“

Theologie, 1790 Magister; Freund *Hölderlins; später Präzeptor in Nürtingen. – IVa 33, 36, 167, (270 f., 284, 285, 344).
HINRICHS, Frau; Gattin des *Hermann Friedrich Wilhelm H. – IVb 45, 48.
HINRICHS, Hermann Friedrich Wilhelm (1794–1861), Schüler Hegels in Heidelberg, habil. dort 1819 als Privatdoz. d. Philos., 1822 ao. Prof. d. Philos. in Breslau, 1824 o. Prof. in Halle. – II 206, 214, 215, 222, 230 ff., 238, 252, 253, 260, 263, 264, 267 f., 289, 297, 298, 302, 303, 304, 308, 314, 327, 332, 336, 337, 338, (430, 431, 432, 450, 453, 455, 476, 477, 479, 480, 491, 492, 493, 494, 502); - III 16, 18, 20, 42, 74, 80, 97, 107, 118, 131, 178, 207, 225, 290, (368, 372, 374, 400, 402, 423 f., 444, 454, 464); - IVa 127; - IVb 44, 48, (108, 111).
HINTRAGER, Johann Christian (1751–1826), seit 1783 Pfarrer in Schopfloch, 1793 zus. mit Hegel im Konsistorialexamen, dann Pfarrer in Strümpfelborn, 1800 in Bittenfeld. – IVa 53.
HIPPEL, Theodor Gottlieb (1741–1796), Rechtskonsulent in Königsberg, zuletzt Bürgermeister, Kriegsrat u. Stadtpräsident; Hegel schätzte seine originellen humoristisch-satirischen Schriften. – I 24, 30, (437); - II (464); - IVb (91).
HIRN, Wwe., Besitzerin eines Handelshauses u. einer Kunstsammlung in Köln; deren Sohn: Heinrich *Schiefer. – II 353, (506); - III 16, 25 f., 33, 37.
HIRN, Franz Josef, 1802/19 Bischof von Tournay, opponierte gegen die Gallikanisierungsversuche *Napoleons ebenso wie gegen die nationalkirchlichen Bestrebungen der niederländischen Regierung u. van *Gherts. – II 71.
HIRSCHMANN siehe *Gomer, Anna Rosina.
HIRSCHMANN, Johann (Hans) (1546–1603), Sohn des *Michael H.; Stadtschreiber in Schorndorf; Vorfahr Hegels. – IVa 57, 58.
HIRSCHMANN, Michael (1520–1576), Bürgermeister in Schorndorf; Vorfahr Hegels. – IVa 57.
HIRT, Aloys (1759–1839), 1810 Prof. d. Archäologie in Berlin, wesentlich an der Stiftung des Berliner Museums beteiligt; von *Goethe u. Hegel sehr geschätzt als Kunsthistoriker u. Kunstschriftsteller. – III 24 f., 51, 257, (397, 442); - IVa 221, (361); - IVb 79.
HITSCHLER, Johann Christoph (geb. 1770), aus Colmar, 1787 Stipendiat in Tübingen, 1792 Rektor am Gymnasium in Colmar. – IVa 153.

HITZIG, Julius Eduard (1780–1849), Schriftsteller u. Jurist; stud. in Halle u. Erlangen, 1799 Auskultator in Warschau, 1807 Rückkehr nach Berlin, wo er eine Buchhandlung eröffnete; 1815 Kriminalrat beim Kammergericht, 1827 Direktor des Inquisitoriats; H. führte ein sehr gastliches Haus in Berlin, gut bekannt mit Hegel. – IVa (335).

HJORT, Peder (1793–1871), gebürtiger Däne, 1817/21 Reise durch Deutschland, promov. 1818 in Halle, 1822 Lektor für dt. Sprache u. Lit. an der Akad. in Sorö, seit 1849 Privatgelehrter in Kopenhagen. – II 235, 258, 261; - III 27, (369).

HOBMANN, Wolfgang (1759–1826), bis 1802 kath. Pfarrer in Frauenberg, dann General-Schul-Direktionsrat in München, 1804 Zentralschulrat, 1808 Oberschulrat im bayer. Innenministerium. – II (395).

HOCHE, Louis Lazare (1768–1797), frz. General. – I (443).

HOCHSTETTER, Johann Heinrich (1751–1796), Dr. jur., Prof. a. d. Karlsschule in Stuttgart, Landschaftskonsulent; Vater des Folgenden. – II 52.

HOCHSTETTER, Christian Ferdinand (1787–1860), stud. am Tübinger Stift, 1807 Magister, 1816 Pfarrer in Brünn (Mähren), 1823 Prof. d. Botanik am Schullehrerseminar in Eßlingen, 1823 zugleich Stadtpfarrer daselbst. – II 52, (381).

HOCHSTETTER, Christoph Friedrich (1746–1792), Stipendiat in Tübingen, 1766 Magister, 1773 Repetent, seit 1786 1. Diakon in Tübingen. – IVa 50.

HOCHSTETTER, Christoph Friedrich (1771–1849), Stipendiat in Tübingen, 1792 Magister, 1806/7 Feldprediger, 1817 Pfarrer in Schlat, 1827 in Bittenfeld. – IVa 49.

HÖLDERLIN, Friedrich (1770–1843), dt. Dichter, Jugendfreund Hegels u. *Schellings in der Tübinger Stiftszeit, 1796 Hauslehrer in Frankfurt, wo auch Hegel 1797 eine Hauslehrerstelle antrat; 1798 bei Isaak von *Sinclair in Homburg, 1800 neue Hauslehrerstelle in der Schweiz, 1801 in Bordeaux; seit 1804/05 geistig umnachtet. – I 9, 13, 18, 18, 25. 28, 33, 33, 36, 38, 40, 42, 44, 71, 73 f., 82, 110, 165, 322, 416, (433 f., 436, 439 ff., 442, 453, 461, 468, 470); - IVa 18, 28, 30, 36, 49, 50, 52, 55, 76, 136, (255 f., 258, 260, 264, 265, 266, 269, 271, 276, 277, 278, 281, 283, 284, 285 f., 291, 292, 293 f., 295, 296, 297, 298, 300, 306, 340 ff., 343, 344).

HÖLDERLIN, Johanna Christiane siehe *Gock.

HÖLTY, Ludwig Christoph Heinrich (1748–1776), dt. Dichter. – IVa 165, (343).

HOERNER, Burschenschaftler; Hörer Hegels in Berlin. – II (436, 441).
HOERSTER, Familie, in Frankfurt; Erben des Jakob Johann *Lyversberg. – II (506).
HÖTZER, Ulrich. – IVa (296).
HOFER, Johann Baptist (1757–1838), Bürgermeister in Rottweil, 1803 Geh.Referendar in badischen Diensten, 1804 neben Edelsheim Leiter des Kuratelamtes der badischen Universitäten. – I 103 f.
HOFFMANN (16. Jh.), Bürgermeister in Urach; Vorfahre Hegels (Stammbaum Nr. 130). – IVa 5.
HOFFMANN, Vorfahrin Hegels (Stammbaum Nr. 131). – IVa [5.
HOFFMANN, Franz. – III (458).
HOFFMANN, Johann Gottfried (1765–1847), 1807 Prof. d. prakt. Philos. u. Kameralwiss. in Königsberg, 1808 Staatsrat im Innenministerium, 1810 Prof. d. Staatswiss. in Berlin, 1823/24 Rektor der Universität. – IVb (110).
HOFFMANN, Wilhelm Christian (1672–1737), Rentkammerrat, erster Ehemann der Regina Dorothea *Fromm. – IVa 3.
HOFFMEISTER, Johannes (1907–1955). – I (434, 436 f., 439, 441 f., 445, 457, 460 f., 465, 490, 496); - II (383, 395, 414); - III (450); - IVa (303, 307, 331, 344, 347, 357, 363 f.); - IVb (94, 98, 115, 120, 125).
HOFMANN; Kaufmann, 1808 in der Bamberger Zeitung erwähnt. – I (487).
HOGENDORP, Gysbert Karl Graf von (1762–1834), Mitgl. der provisorischen Regierung, die nach Abzug der Franzosen 1813 Holland dem zurückkehrenden Prinzen von Oranien übergab. – II (374).
HOHENLOHE, Alexander Leopold Franz Emmerich Prinz zu H.-Waldenburg-Schillingsfürst (1794–1849), kath. Geistlicher, bekannt wegen seiner magnetischen Wunderkuren; später Domherr in Grosswardein u. 1844 Titularbischof. – II 352.
HOHENLOHE-INGELFINGEN, Friedrich Ludwig Fürst von (1746–1818), seit 1768 im preuß. Dienst, besiegte 1794 die Franzosen bei Kaiserslautern, 1806 von *Napoleon bei Jena geschlagen. – I (463).
HOHNHORST, Friedrich Frh. von (gest. 1836), 1810 Staatsrat u. Kanzler des Oberhofgerichts in Mannheim, 1819/21 zugleich ao. Kommissar bei der Univ. Heidelberg, 1830 Präsident des Oberhofgerichts. – II 231, (452).
HOLBEIN, Hans d. J. (1497–1543), dt. Maler u. Zeichner. – II 292, (490).

HOLBERG, Ludvig Frh. von (1684–1754), norw.-dän. Komödiendichter; 1717 Prof. d. Metaphysik in Kopenhagen, 1720 Konsistorialassistent u. Prof. d. Beredsamkeit, 1730 Prof. d. Geschichte u. Erdkunde. – III 49.
HOLLAND, von; Burschenschaftler. – II (436).
HOLTEI, Karl von (1798–1880), dt. Dichter, Schauspieler u. Regisseur. – IVb (114).
HOLZSCHUHER, Gottlieb Sigmund Frh. von (1755–1824), Umgeldamtmann in Nürnberg; Bekannter Hegels. – I 339; -III 139; -IVa 185, 188.
HOLZSCHUHER, Hieronymus (1469–1529), Nürnberger Patrizier, Freund A. *Dürers. – II 110, (404).
HOMER (Ende des 8. Jhs. v. Chr.), griech. Epiker. – I 99, 113, (462, 510); -III 86, 145, (403, 410); -IVb 20, (99 f.).
HOPF, Philipp Heinrich (1747–1804), stud. am Stift in Tübingen, 1766 Magister, 1769 Hofmeister in Wien, 1783 Prof. d. Physik u. Mathematik am Gymnasium in Stuttgart; Lehrer Hegels. – IVa 34, (261 f., 286, 296).
HORAZ, Quintus H. Flaccus (65–8 v. Chr.), röm. Dichter. – II (380, 396, 417); -IVa 157.
HORKEL, Johann (1769–1846), 1804 Prof. d. Medizin in Halle, 1810 in Berlin. – II (401).
HORN, Fritz, d. i. Gottlieb Friedrich Karl, (1772–1844), Freund *Hölderlins und *Sinclairs; stud. jur. in Jena, dort Mitglied des Bundes „freier Männer", ab 1796/97 Legationssekretär in preuß. Diensten, später Senator der Hansestadt Bremen. – I 108.
HORNUNG, stud. theol., Schüler *Gablers in Bayreuth; 1828 Hörer Hegels in Berlin. – III 230.
HORSTMANN, Rolf-Peter. – IVb (119).
HOSEA, biblisch. – IVa 38.
HOSPITER, G. – II (430).
HOSTIN, Buchhändler in Bern. – IVa 71.
HOTHO, Heinrich Gustav (1802–1873), stud. in Berlin, promov. 1826, habil. 1827, 1829 ao. Prof. d. Ästhetik in Berlin, 1858 Direktor des Kupferstichkabinetts im kgl. Museum in Berlin; vertrat die Ästhetik Hegels, wurde bekannt als Kunstschriftsteller über dt. u. niederl. Malerei; an der Gesamtausgabe der Werke Hegels 1832 ff. war er als Herausgeber beteiligt. – I (437, 442); -II (508); -III 75, 86, 100, 107, 111, 115, 122, 127, 136, 139, 144, 148, 156 f., 162, 170, 173, 227, 233, 236, (388, 394, 411); -IVa 132b–e, (338, 339 f.); -IVb 69.
HOVEN, Friedrich Wilhelm von (1760–1838), auf der Karls-

schule in Stuttgart Mitschüler u. Freund *Schillers, später Arzt, 1803 Prof. d. Medizin in Würzburg, wo er mit *Schelling das gleiche Haus bewohnte, 1806 Medizinalrat in Ansbach, dann in Nürnberg. – I 70, 346, 373, (508); - II 33, 77, 208; - IVa (321).

HUBE, Karl (geb. ca. 1769), aus Warschau, stud. med. in Tübingen. – IVa 21, (271).

HUBER, Ernst Rudolf. – IVb (105).

HUBER, Ludwig Ferdinand (1764–1804), Schriftsteller, Redakteur, Kritiker u. Dramendichter; Freund des jungen *Schiller; seit 1787 als sächs. Legationssekretär in Mainz, 1798/1803 Schriftleiter von *Cottas „Allgemeiner Zeitung". – I 69.

HUDTWALCKER, Martin Hieronymus (1787–1865), Schwager *Frommanns, stud. in Jena, 1810 in Berlin bei *Fichte, 1811 in Wien bei *Schlegel; seit 1820 Senator in Hamburg. – II 92.

HÜBNER; von Marie Hegel im Haushaltsbuch 1831 erwähnt. – IVa 222.

HÜBNER, Lorenz (1753–1807), Gymnasialprof. in München, dann in Salzburg privatisierend, Begründer der „Oberdeutschen allgemeinen Literaturzeitung". – I (450).

HÜBSCHMANN, Christoph Friedrich (geb. 1769), Sohn des Hofgoldarbeiters Johann Erdmann H.; Mitschüler Hegels am Gymnasium in Stuttgart, 1787 stud. jur. an der Karlsschule, 1793 Regierungsratssekretär. – IVa 16.

HÜGEL, Hörer Hegels in Berlin. – III 250 f., 255.

HÜLSEN, Hauptmann von, Hausfreund u. Hörer Hegels in Berlin. – III 120, 136, 144.

HÜLSEN, August Ludwig (1765–1810), seit 1798 in Jena als philos. Schriftsteller u. Anhänger *Fichtes; Mitglied der „Gesellschaft der freien Männer". – I 173, (453).

HUFELAND, Frau; Gattin des *Gottlieb H. – I 90, 95, 107; - II 57; - IVb 27.

HUFELAND, Sohn des *Gottlieb H. – IVb 27.

HUFELAND, Friedrich (1774–1839), Arzt in Weimar, 1811 Privatdoz. d. Medizin in Jena, 1812 ao. Prof. daselbst, bald darauf in Berlin. – I 399, 421, (500, 512); - II 210, (401, 409); - III (394).

HUFELAND, Gottlieb (1760–1817), 1786 Doz. in Jena, 1788 ao. Prof., 1790 o. Prof. d. Rechte in Jena, 1803 Prof. des Pandektenrechts in Würzburg, 1806 in Landshut, 1808 Senatspräsident u. Bürgermeister in seiner Vaterstadt Danzig, 1812 wieder Prof. d. Rechte in Landshut, 1816 in Halle;

seine Tochter *Therese H. mit Ludwig *Döderlein verheiratet. – I 72, 73, 76, 90, 95, 107, 172, 410, 413, (449); - II 9, 57, 65, 74, 156, (383); - IVa (348); - IVb 27.

HUFELAND, Therese siehe *Döderlein, Therese.

HUFNAGEL, Caroline, geb. Breyer (1775–1804), Tochter von Hegels Taufpaten Johann Friedrich *Breyer, seit 1791 Gattin des *Wilhelm Friedrich H. – I 64.

HUFNAGEL, Eduard (1794–1825), Sohn des *Wilhelm Friedrich H., später Prof. d. Geschichte am Frankfurter Gymnasium. – I 66.

HUFNAGEL, Sophie Wilhelmine siehe *Stricker, S.W.

HUFNAGEL, Wilhelm Friedrich (1754–1830), stud. in Altdorf u. Erlangen, 1779 ao. Prof., 1783 o. Prof. d. Theol. in Erlangen, 1791 Senior des geistl. Ministeriums in Frankfurt/M.; H. machte sich um das Frankfurter Schulwesen verdient. – I 64, 68, (445, 448).

HUGO, Gustav (1764–1844), 1782/85 stud. jur. u. phil. in Göttingen, dann Prinzenerzieher in Dessau, 1788 ao. Prof., 1792 o. Prof. d. röm. Rechts in Göttingen, 1802 Hofrat, 1819 Geh.Justizrat; einer der berühmtesten Zivilrechtler seiner Zeit; scharfer Gegner der Hegelschen Rechtsphilosophie. – II 177, 264, (424, 480); - III 320; - IVa 206, (359).

HUMANN, Jean Georges (1780–1842), frz. Staatsmann, Fabrikant; 1832/36 frz. Finanzminister. – III 92.

HUMBOLDT, Alexander Frh. von (1769–1859), dt. Naturforscher; 1792/97 Oberbergmeister, 1797 in Jena bei *Goethe u. *Schiller, 1799/1804 Reise nach Amerika, 1808/27 in Paris Bearbeitung seiner Reiseergebnisse; 1827/28 Vorlesungen über phys. Weltbeschreibung in Berlin; später Forschungsreise nach Asien. – I (453); - III 211 f., 223, (415, 424 ff.).

HUMBOLDT, Wilhelm Frh. von (1767–1835), Gelehrter u. preuß. Staatsmann; seit 1794 in Jena, wo ihn eine enge Freundschaft mit *Goethe u. *Schiller verband; 1797/99 in Paris, 1801/08 preuß. Ministerresident in Rom; 1809 Leiter des Kultus- u. Unterrichtswesens im preuß. Innenministerium; 1810 Staatsminister, vertrat 1814/15 mit *Hardenberg Preußen auf dem Wiener Kongreß. – II 32, (385, 453, 470); - III 150, 152, 223, 351, 352, (397, 405 f., 428); - IVa (330); - IVb (121).

HUSCHER, Johann Christian, 1807 Gymnasialprof. in Bamberg. – I 249, 250, 254, 261, 265.

HUSCHWADEL, Pfarrer; vielleicht: Johann David Husuadel (1730–1788). – II 209.

HUTTEN, Johann Georg (1755–1834), stud. 1773/75 in Tü-

bingen, 1775 Rektor in Speyer, 1778 Konsistorialexamen in Stuttgart, 1790 Rektor der anatolischen Schule in Tübingen, 1798 Prof. in Denkendorf, 1818 Ephorus in Urach. – IVa 49, 50.

HUTTEN, Ulrich von (1488–1523), Ritter u. Humanist, Anhänger Luthers. – IVa 163.

HUY siehe *Hauy.

IBELL, Karl Friedrich Justus Emil von (1780–1834), seit 1801 in nassauisch-usingischem Dienst, 1804 Regierungsassessor, 1805 Reg.Rat. 1815 Regierungspräsident u. Mitgl. des Staatsrates; 1819 fiel Ibell beinahe dem Attentat eines Burschenschaftlers zum Opfer, woraufhin er 1820 seinen Abschied nahm; 1827 nochmals Reg.präsident. – II 288, (487).

IFFLAND, August Wilhelm (1759–1814), bedeutender Schauspieler, Theaterdirektor, auch Dichter sentimentaler Theaterstücke. – I 251.

ILGEN, Karl David (1763–1834), Orientalist; 1794 Prof. in Jena, 1802 Rektor in Schulpforta. – IVa 80, 125, (308, 332).

ILKSEN siehe *Halem-Ilksen.

ILTING, Karl-Heinz. – IVa (333).

IMHOF, Maximus von (1758–1817), Augustinermönch, 1798 Prior seines Klosters, 1802 Weltpriester; 1791/1811 Prof. d. Physik u. Mathematik am Lyzeum in München, 1790 Mitgl. d. Akad. d. Wiss., 1792 außerdem Inhaber d. Lehrstuhls f. Experimentalphysik u. Chemie, 1800 Direktor d. physikal. Klasse. – I (466); - II 156.

INGENHEIM, Gustav Adolf Graf von (1789–1855), Sohn *Friedrich Wilhelms II. von Preußen u. der Julie von Voss. – III 110.

ITZINGER, Ludwig; in Hegels Haushaltsbuch 1831 erwähnt. – IVa 209, 210.

JACOBI, Charlotte (1752–1832) u. Helene (1753–1838), unverheiratete Stiefschwestern des *Friedrich Heinrich J., führten nach dem Tod von dessen Gattin (1784) seinen Haushalt. – I 180, 415; - II 39, 57, 62, 213, (431).

JACOBI, Friedrich Heinrich (1743–1819), Philosoph; 1807/19 Präsident d. Akad. d. Wiss. in München. – I 64, 70, 74, 76, 134, 157, 160, 166, 174, 179 f., 183, 185, 204 ff., 208, 221, 234, 239, 349, 410, 411 f., 413, 415, 416, 420, (436, 445 f., 449, 465 f., 470, 474, 476, 478, 484, 495, 513 f.);

-II 20, 39, 47, 57, 62, 66, 67, 72, 75, 86, 89, 139, 152, 169 f., 172, 176, 184, 193, 207, 209, 213, 244, 258, 297, 336, 352, (383, 407, 415, 426, 431, 449, 494); -III 114, 283, (377, 424); -IVa 89; -IVb 18.

JACOBS, Christian Friedrich Wilhelm (1764–1847), Lehrer u. Bibliothekar in Gotha, 1807 Mitgl. d. Akad. d. Wiss. in München u. Kronprinzenerzieher, 1810 Oberbibliothekar u. Dir. des Münzkabinetts in Gotha. – I 184, 327, 344, (495); -II 16.

JÄGER; Friedrich Matthäus Melchior J.s Sohn, Handelshaus in Frankfurt am Main. – IVa 73.

JÄGER, Wolfgang (1734–1795), Philologe, seit 1773 Prof. a. d. Univ. Altdorf. – IVa (359).

JAGDÉÖ (Yajnyadéva), Radscha von Dhâr in Indien. – III 85.

JAGOR, Hoftraiteur in Berlin. – III 159.

JAHN, Friedrich Ludwig (1778–1852), stud. theol. u. phil. in Jena u. Halle, begründete 1809 das Turnen mit dem Ziel, die Volkskraft gegen die Fremdherrschaft zu stärken; hielt 1817 in Berlin Vorlesungen über „deutsches Volkstum"; bei der Begründung der Burschenschaft beteiligt, 1819/25 in Untersuchungshaft, lebte dann in Freiburg/Unstrut. – II (377, 444, 461, 470, 499 f.); -III (369); -IVb 58.

JAKOB, Ludwig Heinrich von (1759–1827), 1791 Prof. d. Philos. in Halle, 1807 Prof. d. Staatswissenschaften in Charkow, 1816 wieder in Halle. – I 28, 30, (438 f.).

JAKOBUS, Apostel. – IVa 39.

JAMBLICHUS aus Chalkis (gest. ca. 330 n. Chr.), Philosoph, Begründer des syrischen Neuplatonismus. – III 82, (379).

JANDER; in Hegels Haushaltsbuch 1831 erwähnt. – IVa 212.

JANET, Paul (1823–1899), stud. in Paris, Schüler von *Cousin, 1848 Prof. d. Philos. in Straßburg, 1864 an der Sorbonne. – II (428); -III (378, 387, 399, 414, 428, 436, 453).

JARCKE, Karl Ernst (1801–1852), habil. 1822 in Bonn, dort Privatdoz. für Strafrecht, Freund *Windischmanns, der seine Konversion zum Katholizismus 1824 mit bewirkte; 1825 ao. Prof. d. Kriminalrechts in Berlin; 1832 Nachfolger von *Gentz als Rat der Hof- u. Staatskanzlei unter *Metternich in Wien; zusammen mit *Görres Begründer der historisch-politischen Blätter in München. – III 36, 37, 41, 218, (371, 427 f., 457).

JASMUND, von; seit 1808 Minister für geistliche Angelegenheiten in Württemberg. – IVa 96.

JENNY, Buchhändler in Bern. – IVb 29.

JESAJA, biblisch. – IVa 39.

JESUS CHRISTUS. – I 86 f., 390; - II (465); - III 46, 101, 248, 272, 283, 331, (370, 389, 432).
JETTE; Hausmädchen der Familie Hegel in Berlin. – IVb 65.
JOBST, Heinrich Friedrich (1786–1859), 1803/06 Kaufmannslehrling in Nürnberg, gründete 1806 eine eigene Materialwarenhandlung in Stuttgart (spätere erste Chininfabrik in Deutschland); Kommerzienrat u. Hofrat. – I 357 f.; - II 306 f., 318; - IVa 238, 240.
JOCHNER, Familie. – IVb (110).
JOHANN; Diener bei Gottlob Friedrich *Stäudlin. – IVb 3.
JOHANNES, Apostel. – I 87, 216; - III 334; - IVa 37, 39, (290).
JOHANNES Eriugena oder Johannes Scottus (ca. 810–877), frühmittelalterlicher Philosoph. – III (369).
JOHN, H. J. aus Herrenberg. – IVa 49.
JOLLI, Frau; Gattin des *Ludwig J., sie gehörte zum engeren Bekanntenkreis Hegels in Bamberg u. Nürnberg. – I 163, 168, 171, 177 f., 198, 273, 286.
JOLLI, Ludwig, Offizier in Bamberg. – I 198, 207, 273, 286.
JORDAN, Johann Ludwig von (1773–1848), 1819/48 preuß. Gesandter in Dresden. – III (375 f.).
JOSEPH II. (1741–1790), seit 1764 röm.-dt. König, 1765 Kaiser. – III 113; - IVa (260).
JOSTY, Berliner Konditorei u. Café. – IVa 205.
JUDAS, Apostel. – II (473).
JULIE von Brandenburg, Tochter *Friedrich Wilhelms II. von Preußen u. der Gräfin Sophie Juliane Friederike von Dönhoff, seit 1816 Gemahlin *Friedrich Ferdinands von Anhalt-Köthen. – III 110, (387).
JUNG, Johann Heinrich (= Jung-Stilling) (1740–1817), gehörte zum Freundeskreis *Goethes in Straßburg, später erfolgreicher Augenarzt in Elberfeld, 1778 Prof. d. Kameralwissenschaften in Kaiserslautern, 1787 Prof. d. Ökonomie, Finanz- u. Kameralwiss. in Marburg u. 1804 in Heidelberg. – I 104.
JUNG, Karl Gustav (1793–1864), Burschenschaftler, Freund von G. *Asverus u. Fr. Chr. *Förster, später Prof. d. Anatomie in Basel. – II (435, 456 f.).
JUNGK, Fr. August, Bekannter (Hörer?) Hegels in Berlin. – [IVa 171, (347).
JUSSUPOFF, Fürst. – IVb (123).
JUSTINIAN (483–565), seit 527 byzant. Kaiser. – II (424).

KÄSTNER, Abraham Gotthelf (1719–1800), Mathematiker u. vielseitiger Epigrammatiker u. Kritiker; Prof. d. Mathematik in Leipzig. – I 3 f., (433).

KAHLERT, Karl August Timotheus (1807–1864), Schriftsteller u. Musikkritiker. – IVb (114).

KAISER, von, Burschenschaftler. – II (456).

KAISER, Gottlieb Philipp Christian (1781–1847), 1816 Stadtpfarrer in Erlangen, 1822 Prof. d. Theol. daselbst. – III (431).

KALB, Charlotte von, geb. Marschalk von Ostheim (1761–1843), Gattin des Majors *Heinrich v. K., 1806 Witwe; Freundin *Schillers u. Jean *Pauls; *Hölderlin war 1793/95 Hauslehrer ihres Sohnes. – I 9, 18 f., (434).

KALB, Heinrich von, Major in frz. Dienst. – I 19.

KAMPTZ, Karl Christoph Albert Heinrich von (1769–1849), seit 1804 im preuß. Staatsdienst, 1817 Direktor des Polizeiministeriums u. Mitgl. des Staatsrates; galt als Reaktionär; 1819 mit der Verfolgung demagogischer Umtriebe in Preussen beauftragt, 1832/42 preuß. Justizminister. – II 219, (437 ff., 440, 447, 448, 458 ff., 465 ff., 468 ff., 471, 499, 501, 502); -III 78, 135, (377); -IVb 52 f., 54, 57 f., (112, 113, 120 f.).

KANNE, Henriette, geb. Herold, aus Hof, seit 1809 Gattin des *Johann Arnold K. – I 288, 303.

KANNE, Johann Arnold (1773–1824), stud. in Göttingen, dann Privatgelehrter in Göttingen, Leipzig, Halle, Berlin u. Jena; 1809 Prof. d. Geschichte am Realinstitut in Nürnberg, 1817 Prof. d. Philologie am dortigen Gymnasium, 1819 Prof. d. oriental. Sprachen in Erlangen. – I 285, 288, 303, (493); -II 78, 185, (373, 483); -IVa (321).

KANNEGIESSER, Karl Friedrich Ludwig (1781–1864), Dichter u. Übersetzer, 1807 Lehrer am Schindler'schen Waisenhaus in Berlin, 1811 Prorektor, 1814 Gymnasialdirektor in Prenzlau, 1822 in Breslau u. zugleich Doz. für neuere Lit. an der Univ.; bekannt durch Übersetzungen aus dem Italienischen. – I 291, (494).

KANT, Immanuel (1724–1804), dt. Philosoph; stud. an der Univ. seiner Vaterstadt Königsberg, seit 1747 einige Jahre als Hauslehrer tätig, habil. 1755 an der Univ. Königsberg, seit 1770 dort Prof. d. Logik u. Metaphysik. – I 10, 12, 14, 16 f., 20, 21 f., 23, 25, 30, 77, 272, 291, 316, 388, 394, 404, 405, (434, 439, 465, 490); -II 70, 246, 297, 308 f., 321, 327, (406, 426, 435, 451, 494, 498); -III 11, 29, 78, 98, 114, 223, 272, 286, 292, 301, 324, 335, 351, (424, 430, 441); -IVa 24, 25, 39, 89, 127, (299); -IVb 6, 81.

KAPF, Gottfried Ulrich David (1768–1815), Stipendiat in

Tübingen, 1788 Magister, 1798 Präzeptor in Göppingen, später Dekan in Wildbad. – IVa 49.

KAPFF, Karl Friedrich (1772–1838), Stipendiat in Tübingen, 1792 Magister, 1804 Präzeptor in Güglingen, 1812 Pfarrer in Winterbach, 1819 Dekan in Tuttlingen. – I 12; - IVa 49.

KAPP, geb. Schuster (geb. 1805), Gattin des *Christian K. – III 277.

KAPP, Christian (1790–1874), Hörer Hegels in Berlin 1818/19, habil. 1819 in Bonn, 1822 ao. Prof. d. Philos. in Erlangen, 1836 im Ruhestand; 1839 Honorarprof. in Heidelberg, 1840 o. Prof.; 1845/49 radikaler Abgeordneter in der badischen Kammer, 1848 für kurze Zeit Mitglied der Frankfurter Nationalversammlung. – III 28, 116, 207, 277, (370, 388 f., 415, 447 f., 449).

KARBACH, Pfarrer in Berlin. – II 192.

KARL DER GROSSE (742–814), 768 König der Franken, 800 röm. Kaiser. – II 355; - III 202.

KARL X. (1757–1836), seit 1824 König von Frankreich; durch reaktionäre Maßnahmen beschwor er die frz. Julirevolution 1830 herauf, durch die er seinen Thron verlor. – III 227, 310, (387, 456).

KARL, Erzherzog von Österreich (1771–1847), 1793/94 Generalgouverneur der österr. Niederlande, 1796 im Koalitionskrieg Oberbefehlshaber der österr. Rheinarmee, 1805 Heerführer in Italien, Kriegsminister u. Reformer des österr. Heeres; nach der verlorenen Schlacht bei Wagram in Ungnade. – I 244, (492); - III 54, 58, 64.

KARL AUGUST von Sachsen-Weimar (1757–1828), berief 1775 *Goethe nach Weimar; bis 1806 Verbündeter Preußens, dann gezwungenermaßen 1813 Mitgl. des Rheinbundes, 1815 Großherzog; war der größte fürstliche Kunstmäzen der Goethezeit. – I 109, 111, 125, 127, 136, 141, 156, 187 f., 190, 243 f., 245, 263, (463 f., 488); - III 204 f.; - IVa 90, 93, (308, 310, 316, 317); - IVb (112).

KARL EUGEN, Herzog von Württemberg u. Teck (1728–1793), auch Graf zu Mömpelgard; Gründer der berühmten Karlsschule in Stuttgart. – IVa 19, 21, 34, 46, 56, (260, 262, 265, 267, 271 f., 273, 284).

KARL FRIEDRICH von Baden (1728–1811), 1738 Markgraf, 1803 Kurfürst, 1806 Großherzog, 1806/11 Verbündeter *Napoleons; K. Fr. gilt als Musterregent des aufgeklärten Absolutismus. – I 376, (457, 508); - IVa 106.

KARL FRIEDRICH von Sachsen-Weimar-Eisenach (1783–

1853), ältester Sohn *Karl Augusts, seit 1828 Großherzog. – I 88, 202, 243, (455).

KARL LUDWIG FRIEDRICH von Baden (1786–1818), Enkel des *Karl Friedrich, seit 1811 Großherzog. – II 63, 113, 115, 117, 120, 122, 130, 314, (376, 384, 413, 425); - IVa 106, 108, 112 f.

KARL WILHELM FERDINAND von Braunschweig (1735–1806), seit 1780 Herzog, 1792 Oberbefehlshaber der verbündeten Heere in Frankreich, erlitt 1806 mit der preuß. Armee die entscheidende Niederlage bei Auerstädt. – I (464); - II 345.

KARL, Karl siehe *Bernbrunn, Karl Frh. v.

KARL und FABER, Autographenhandlung in München. – IVa (345); - IVb (95).

KAROLINE AUGUSTE von Bayern (1792–1873), Tochter König *Maximilians I. Joseph von Bayern, zuerst Gemahlin des Kronprinzen *Wilhelm von Württemberg, 1814 geschieden, 1816 vierte Gemahlin des Kaisers *Franz II. von Österreich. – III 68.

KAROLINE LUISE von Schwarzburg-Rudolstadt (1771–1854), Tochter des Landgrafen *Friedrich V. von Hessen-Homburg, seit 1791 Gemahlin des Fürsten *Ludwig Friedrich II. von Schwarzburg-Rudolstadt, 1807 verw. – III 218, 343.

KASTNER, Karl Wilhelm Gottlob (1783–1857), stud. in Jena, hörte dort Hegel 1804/05, habil. 1805 in Jena, dann Prof. d. Chemie in Heidelberg, 1812 in Halle, 1818 in Bonn, 1820 Prof. d. Chemie u. Physik in Erlangen. – I 102, 104 f., 127, (458, 464 f.); - III (386).

KATE, J. J. L. ten. – III (366).

KATHARINA PAULOWNA von Rußland (1788–1819), Schwester *Alexanders I., zuerst Gemahlin des Prinzen Peter von Holstein-Oldenburg, 1816 zweite Gemahlin des Königs *Wilhelm I. von Württemberg. – II 153.

KATHARINE (eigentlich Friederike Katharine Sophie Dorothea) von Württemberg (1783–1835), Tochter *Friedrichs I. von Württemberg, 1807 Gattin Jérôme Bonapartes u. Königin von Westfalen. – I 246.

KATZ, um 1825 königl. Hofmusikus in Stuttgart. – IVa (363).

KAUFFMANN, Johann Friedrich (1728–1805), 1758 Pfarrer in Höpfigheim, 1770 in Kemnath; Taufzeuge einer frühverstorbenen Schwester Hegels; später Pfarrer in Schlaitdorf. – IVa 12.

KAUFMANN, C. H.; vielleicht: Christian Heinrich K. aus Höp-

figheim, 1782/Nov. 1790 Zögling der Karlsschule in Stuttgart. – IVa 145.
KAYSER, um 1806 in der Fürstl.-Sächs. Geh. Kanzlei. – IVa 94.
KAYSER, Karl Philipp (1773–1827), zuerst Gymnasiallehrer, 1802 Gymnasialdirektor, 1805 auch Doz. d. Philologie, später ao. Prof. in Heidelberg, Freund *Creuzers. – I 105; - II (421).
KAYSER, Karl Wilhelm, Beamter im preuß. Polizeiministerium. – II (437).
KAYSSLER, Adalbert Bartholomäus (1769–1821), Gymnasiallehrer in Sagan u. Oppeln, dann Privatdoz. in Halle, 1811 o. Prof. d. Ästhetik in Breslau. – III (368).
KEIL, Johann Georg (= J. Jorge) (1781–1857), Herausgeber ital. u. span. Literatur. – IVa (360).
KELLER, Ernst Urban (1730–1812), seit 1791 Stiftsprediger u. Oberkonsistorialrat in Stuttgart. – IVa 53, (307).
KELLER, Karl Gottlob (geb. 1770), Kompromotionale Hegels im Tübinger Stift; am 15.3.1790 auf eigenen Antrag entlassen. – IVa 18, 28.
KELLERMANN, Georg (1776–1847), nach seinem Studium Erzieher im Hause des Grafen *Friedrich Leopold von Stolberg; 1802 Priesterweihe, 1817/40 Pfarrdechant an St. Ludgeri in Münster, 1827 auch Prof. für neutestamentl. Exegese an der Univ., 1846 Bischof. – II 354.
KEMBLE, Charles (1775–1854), engl. Schauspieler. – III 189, 190, 192, (419 f.).
KEMPER, Jeronimo de Bosch, niederländ. Rechtsgelehrter. – II (472).
KEPLER, Johannes (1571–1630), Begründer der neueren Astronomie, formulierte die „Keplerschen Gesetze“ über die Planetenbahnen; Hegel befaßte sich 1801 damit in seiner Habilitationsdissertation „De orbitis planetarum“. – I 3, (445); - II 309, (494); - IVa (308).
KESSLER, aus Würzburg, erhielt 1817 einen Ruf nach Gent. – II 158.
KEYSERLINGK, Hermann von (geb. 1793), stud. phil. in Heidelberg u. Berlin, dort 1816 Magister, promov. 1817 in Jena, ab WS 1818/19 Privatdoz. in Heidelberg, 1820 in Berlin; versuchte mehrfach, Hegel als „Pantheisten“ zu brandmarken u. richtete seine Religionsphilosophie gegen ihn. – II 216, 222; - III 17, 331, 332, (464 f.).
KICHER. – II (484).
KIEFFER, 1828 Gymnasialprof. in Bayreuth. – III 234.

KIEFHABER, Frau; vielleicht: Gattin des *Johann Heinrich K. – IVa 200.

KIEFHABER, Johann Heinrich (gest. 1812), Kaufmann in Nürnberg. – IVa (356).

KIEFHABER, Johann Karl Sigmund (1762–1837), Registrator in Nürnberg, 1815 Assistent der Ministerialarchivskommission, 1818 kgl. Rat, 1826 Honorarprof. für Diplomatik u. historische Hilfswissenschaften in München. – I 389, (513); - II 43; - IVa 97.

KIEHL, William Friedrich Peter (1798–1876), stud. in Berlin, hörte dort Hegel, promov. 1822 zum Dr. med., erwarb sich im Haag eine ausgedehnte Praxis, später u. a. Präsident des Medizinalkollegiums für die Provinz Südholland; Freund van *Gherts, den er bei der Einführung der Hegelschen Philosophie in Holland unterstützte. – II (471); - III 118, 313, (433, 458).

KIELMANN, Christian Friedrich (1750–1821), 1772 Prof. f. Klass. Philologie a. d. Karlsschule, 1783 am Gymnasium in Stuttgart; Lehrer Hegels. – IVa (261 f.).

KIESER, Dietrich Georg (1779–1862), stud. med. in Göttingen, dann prakt. Arzt in Northeim, 1812 Prof. d. Medizin in Jena; betrieb Forschungen auf dem Gebiet des tierischen Magnetismus. – II 191, 204, (428, 444, 447); - IVa 233.

KIESEWETTER, Johann Gottfried Karl Christian (1766–1819), zuerst Prof. d. Philos. u. Mathematik an der Pépinière, später an der Kriegsschule u. 1810 an der Univ. Berlin; bekannt durch popularphilosophische Schriften. – I 229, 291, 483, 494).

KILIAN, Konrad Joachim (1771–1811), Doz. d. Medizin in Jena, Würzburg u. Leipzig, dann Prof. d. Medizin u. Medizinalrat in Bamberg, 1809 Leibarzt des Zaren in Petersburg; in seinen naturphilos. Schriften ist er Gegner *Schellings u. *Troxlers. – I 70, 89, 93, 223, (455); - IVb 9.

KIMMERLE, Heinz. – IVa (307, 308, 309, 311, 314, 315, 316, 317, 328, 348); - IVb (92, 93, 94, 95).

KIND, Bernhard Friedrich (1768–1845), Stipendiat in Tübingen, 1788 Magister, 1797 Präzeptor in Sulz, später Pfarrer in Hirsau u. Kuppingen. – IVa 49, 141.

KINKER, Johannes (1764–1835), Rechtsanwalt im Haag u. in Amsterdam; 1817/30 Prof. d. Philos. in Lüttich, machte *Kants Lehre in den Niederlanden erstmals in frz. Sprache bekannt; später Anhänger der *Schellingschen Philos.; auch die dt. klassische Dichtung verbreitete er durch Übersetzungen ins Holländische. – I 350, (506); - II 10, (372).

KIRCHEISEN, Friedrich Leopold von (1749–1825), seit 1776 im preuß. Dienst, 1810 Justizminister. – II (440, 460, 470); - III 15; - IVb (112).

KIRCHNER, Werner. – I (470).

KIRSTEN, Johann Friedrich Ernst, bis 1804 in Jena Privatdoz. d. Philos. – IVa 83.

KISSLING, Johannes B. – III (428, 461).

KLAIBER, Julius. – IVa (258, 265, 266 f., 279 f.).

KLAUSEN, Rudolf Heinrich (1807–1840), stud. phil. in Kiel, Berlin (dort Hörer Hegels), Leipzig u. Bonn, 1829 Privatdoz., 1833 ao. Prof. d. Philologie in Bonn, dann in Greifswald, dort 1840 o. Prof. – III 285, (450).

KLÉBER, Jean Baptiste (1753–1800), frz. General der Revolution. – I (443).

KLEIN, Bernhard (1793–1832), Komponist; Musikdirektor am Kölner Dom; auf einer Konzertreise Bekanntschaft mit Hegel in Heidelberg; 1818 Musikdirektor am Institut für Kirchenmusik in Berlin u. an der Univ.; heiratete eine Schwester Gustav *Partheys; das Ehepaar stand mit Fam. Hegel in freundschaftlicher Beziehung. – III 54 f., 57, 60 f., 243; - IVb (110).

KLEIN, Georg Michael (1776–1820), kath. Geistlicher; Rektor in Würzburg, dort mit Beginn der bayer. Ära entlassen; 1809 Prof. d. philos. Vorbereitungswissenschaften am Lyzeum in Bamberg. 1818 Prof. d. Philos. in Würzburg. – I 261.

KLEIN, Karl Christian Ludwig (1772–1825), Mitschüler Hegels am Stuttgarter Gymnasium; später Hofmedikus in Stuttgart. – IVa 16.

KLEIN, Lilli, geb. Parthey (1800–1829), seit 1825 Gattin von *Bernhard K. – III 54 f., 57, 60 f.; - IVb (110).

KLEINMANN, Samuel Christoph Friedrich (1771–1854), stud. theol. in Tübingen, 1800 Diakon in Bönnigheim, 1833 dort Stadtpfarrer. – IVa 49.

KLEIST, Heinrich von (1777–1811), dt. Dichter. – I (481).

KLEMM, Immanuel (1767–1834), Stipendiat in Tübingen, 1787 Magister, 1794 Feldprediger, 1797 Pfarrer in Unterjettingen, 1815 in Genkingen, 1826 in Wendlingen. – IVa 143.

KLENZE, Clemens August Karl (1795–1838), Schüler *Savignys, 1826 Prof. d. Rechte in Berlin, später Ordinarius des Spruchkollegiums. – II 294.

KLETT, Ernst, Verleger in Stuttgart. – IVb 17, (117).

KLETT, Johann Christian (Friedrich) (geb. 1768), Kompromotionale Hegels in Tübingen, im März 1790 auf eigenen An-

trag aus dem Stift entlassen, danach Mediziner. – I 36; - IVa 18, 28, 151.

KLEUDGEN, von; unterschreibt die Ausfertigung eines Erlasses des Bad. Innenministeriums für Hegel. – IVa 112.

KLÜPFEL, August Friedrich (1769–1841), Sohn des *Jakob Friedrich K., Mitschüler Hegels am Untergymnasium in Stuttgart, studierte ab 1784 weiter an den Klosterschulen, 1788 wieder mit Hegel zus. im Tübinger Stift; 1790 Magister, 1795/96 Hofmeister in Lausanne, 1802 Pfarrer in Darmsheim, 1814 in Groß-Heppach. – IVa 14, 18, 28, 36, 50, (256, 260, 271, 281, 285, 297, 306).

KLÜPFEL, Jakob Friedrich (1718–1785), Stadtschreiber in Stuttgart. – IVa 14.

KLÜPFEL, Karl August (1810–1894), Sohn des *Friedrich August K., Bibliothekar u. Historiker in Tübingen. – I (511); - IVa (271 f.).

KLUGE, Friedrich, Lehrer Ludwig *Fischers. – IVa 232.

KLUGE, Karl Alexander Ferdinand (1782–1844), promov. 1806 in Erfurt, 1814 Leiter der gynäkologischen Anstalt an der Berliner Charité, dann Militärarzt, 1821 Prof. d. Medizin an der Univ. Berlin; bekannt durch Untersuchungen über den tierischen Magnetismus. – I 399, 421, (500, 512); - II 40.

KNAPP; Jugendfreund Hegels, (Student ?) in Tübingen. – IVa 158.

KNAPP, E., Jugendfreundin Hegels. – IVa 139.

KNAPP, Georg Christian (1753–1825), 1777 ao. Prof., 1782 o. Prof. d. Theol. in Halle, später Senior der Univ. u. Direktor des Pädagogiums; als Theologe war K. rationaler Supranaturalist. – III 75.

KNEBEL, Karl Ludwig von (1744–1834), Schriftsteller; stud. jur. ohne Abschluß, dann preuß. Offizier, nahm 1773 seinen Abschied; Prinzenerzieher in Weimar, vermittelte 1775 die entscheidende Begegnung zwischen *Goethe u. Herzog *Karl August; lebte nach seiner Pensionierung meist in Jena, wo er bes. an *Properz- u. *Lukrezübersetzungen arbeitete. – I 89, 122, 128, 129, 159, 174, 185, 189, 199, 202, 237, 243, 245, 247, 326, 328, 338, 339, (464, 471, 476, 478, 485, 503); - II 36, 65, 73, 155, 204, 307, (385, 420, 429); - III 359, (473 f.); - IVa 232; - IVb 27.

KNEBEL, Karl Wilhelm von (1796–1861), Adoptivsohn des *Karl Ludwig v. K. – I 187 f., 191, 249, 338, 341.

KNEBEL, Luise von, geb. von Rudorff (1777–1852), seit 1798 Gattin des *Karl Wilhelm v. K., vorher Kammersänge-

rin in Weimar. – I 90, 129, 189, 191, 249, 338, 341; -II 204, 307.
KNITTEL, Gottlieb August Christoph (geb. 1768), Stipendiat in Tübingen, 1789 Magister, 1795 Oberpräzeptor in Urach. – IVa 50.
KNOOP, Bernhard. – III (378).
KOB, Johann Hieronymus (= Jean Jérôme), aus Straßburg, Medizinstudent in Tübingen. – IVa 156.
KOBBE, Theodor Christoph August von (1798–1845), stud. jur. in Heidelberg u. Kiel, führender Burschenschaftler, 1820 Assessor in Holstein, später Jagdjunker; Verfasser humoristischer Schriften. – II (433, 456).
KOCH, Karl. – IVb (110).
KOCHER, Konrad (1786–1872), gründete 1821 in Stuttgart einen Kirchengesangverein, 1827 Musikdirektor an der Stiftskirche, 1852 Ehrendoktor der Univ. Tübingen. – III 82, (379).
KÖCK, Familie. – IVb (110).
KOEHLER, Johann Christian, aus Eisenach, 1803/04 Hörer Hegels in Jena, Freund *Zellmanns. – I 139.
KÖPKE, Georg Gustav Samuel (1773–1837), Lehrer u. seit 1828 Direktor am Gymnasium zum Grauen Kloster in Berlin, 1810/27 auch Lehrer an der Kriegsschule. – III (464).
KÖPPEN, Friedrich (1775–1858), stud. in Jena, 1804 Prediger in Bremen, 1807 Prof. d. Philos. in Landshut, 1826 in Erlangen; Gegner *Fichtes u. *Schellings, Anhänger *Jacobis, mit dem er gegen die idealistische Philos. polemisierte. – I 166, 206, 218, 297, (449, 466, 478); -II (383, 406); -III 147, 209.
KÖRNER, Karl Theodor (1791–1813), dt. Dichter der Freiheitskriege. – II (377, 468).
KÖSTER, Christian Philipp (1784–1851), Landschaftsmaler, Restaurator u. Kunstschriftsteller; Schwager Johann Jakob *Schlesingers; restaurierte 1810/20 zahlreiche Gemälde der Boisseréeschen Sammlung, während dieser Zeit wurde er mit Hegel u. *Goethe bekannt; 1824 in Berlin, 1831 in Heidelberg. – III 58, 80, 121.
KOLDE, Theodor. – I (505); -II (373, 412, 413); -III (432).
KONRATH, Friedrich; Eintrag im Stammbuch Ludwig *Fischers, Heidelberg 1818. – IVa (363).
KONSTANTIN CÄSAREWITSCH PAWLOWITSCH von Rußland (1779–1831), Großfürst, Bruder des Zaren *Alexander I., an dessen Feldzügen er teilnahm; 1825 zum Zaren ausgerufen, verzichtete jedoch auf den Thron. – I 243, 246.

KOPP, Josef (1788–1842), Philologe; 1813 Lehrer in München, 1815 Gymnasialprof., 1819 Prof. d. Geschichte in Landshut, 1827 Prof. d. Philologie in Erlangen; mit *Niethammer u. *Creuzer befreundet; bekannt durch kritische Ausgaben griech. Texte. – I 225; - III 82, (379).

KOPP, Ulrich Friedrich (1762–1834), bis 1804 in Hessen-Kasselschem Staatsdienst, zuletzt Geh.Kabinettsrat; 1806 Flucht nach Heidelberg, dort Doz. für Diplomatik, 1808 Honorarprof.; bedeutender Paläograph. – I 140.

KOTZEBUE, August Friedrich Ferdinand von (1761–1819), Schriftsteller; 1781/95 in russ. Staatsdienst, zuletzt Staatsrat, 1798/1800 Hoftheaterdichter in Wien, polemisierte scharf gegen *Goethe u. die Romantiker, 1807/12 literarischer Kampf gegen *Napoleon in verschiedenen von ihm selbst hrsg. Zeitschriften; 1817 russ. Kultur-Attaché u. politischer Beobachter, wandte sich gegen den aufkommenden Liberalismus u. Nationalismus; 1819 von *Sand ermordet. – I 78, 251, (445, 449, 451); - II 215, (432, 434, 458 ff., 461 ff., 464 f., 488); - III (369); - IVb 50, (110).

KRACKER, Johann Georg Ritter von, um 1810 kgl. bayer. Kommissar der Stadt Nürnberg. – I 382, (501, 510); - II 13, 22, 49, 57, 126, 140, (375, 408, 412); - IVa 98, 105, 110, (355).

KRAFFT, Adam (1455/60–1508/09), bedeutender Nürnberger Bildhauer u. Holzschnitzer, Zeitgenosse von Veit *Stoß. – III (399).

KRAFFT, Johann Christian Gottlob Leberecht (1784–1845), 1808 Pfarrer in Weeze, 1817 Pfarrer der deutsch-reformierten Gemeinde in Erlangen, dort 1818 ao. Prof. d. Theol.; Haupt der bayer.-fränk. Erweckungsbewegung. – II (416); - III 230.

KRAFFT, Johann Friedrich (1763–1808), 1798 in Bayreuth ordiniert, im gleichen Jahr Verweser in Dachsbach, 1801 in Langenfeld b. Bamberg, 1803 dort Pfarrer. – I 309.

KRATYLOS, pythagoreischer Philosoph und Lehrer *Platons. – III (370).

KRATZER; in Hegels Haushaltsbuch 1811 erwähnt. – IVa 195 f.

KRAUSE, Amalie, geb. Sebald, Gattin des Justizrats *K. L. Krause. – II 323; - IVb 35, (106).

KRAUSE, J. Bernhard, in Heidelberg eingetragen in das Stammbuch Ludwig *Fischers. – IVa (363).

KRAUSE, Johann Georg (1767–1839), 1790 Notar in Wetzlar, 1800 Pronotar am Reichskammergericht, 1806 Justizrat

am Appellationsgericht, 1814 Stadtgerichtsrat, 1818 Stadtgerichtsdirektor; seit 1822 Mitglied der vom Deutschen Bundestag errichteten Kommission zur Auseinandersetzung des Reichskammergerichtsarchivs. – III 319.

KRAUSE, K. L. (gest. 1825), Justizrat in Berlin; Freund *Solgers, mit Hegel persönlich bekannt. – II 323 f., (438 ff.); - IVa 205; - IVb 35, 52, 58, (106).

KRAUSE, Karl Christian Friedrich (1781–1832), stud. in Jena bei *Fichte u. *Schlegel, 1802 Privatdoz. d. Philos., 1805 in Dresden, 1814 in Berlin, 1823 in Göttingen, 1831 in München; K. suchte in seiner Philos. in eigentümlicher Weise eine Synthese der Philosophien *Kants, *Fichtes, *Schellings u. Hegels; besonders wirksam wurde seine Lehre als „Krausianismo" in Spanien u. Südamerika. – I 91, 94; - III 239, 287; - IVa 83.

KRETSCHMAR; Referendar, erwähnt 1819. – II (460).

KREUTZER, Konradin (1780–1849), dt. Komponist, nach 1812 Hofkapellmeister in Stuttgart. – II 77.

KRIEG, Michael O. – IVb (109).

KRIES, Friedrich Christian (1768–1849), Mathematiker, Gymnasialprofessor in Gotha, Verfasser zahlreicher Lehrbücher. – IVa 188, (354).

KRIPPENDORF, Auguste, geb. Hegelmeier (gest. 1840), Tochter des Tübinger Theologieprof. Tobias Gottfried Hegelmeier (1730–1786), später Gattin des Vizekanzlers K. beim Badischen Oberhofgericht in Mannheim. – IVa 135, 150, 154, 166.

KRUG, Wilhelm Traugott (1770–1842), 1801 Prof. d. Philos. in Frankfurt/Oder, 1804 Nachfolger *Kants in Königsberg, 1809 in Leipzig; scharfer Gegner Hegels. – I 63 f., 66, 80, (446, 452); - II (382, 385, 401); - III 207, 231, 234, 236 f., (430, 435, 436, 449); - IVa 127, (333).

KTESIAS aus Knidos (5. Jhdt. v. Chr.), griech. Historiker. – III 81, (379).

KÜFFNER, Gewürzkrämer in Nürnberg. – III 142.

KÜSTER, von; 1825 preuß. Gesandter in München. – III (377).

KÜSTNER, Heinrich, in Leipzig Bekannter Ludwig *Fischers. – IVa 243.

KURZ, Hermann (1813–1873), Dichter. – IVa (255).

KUSSLER, Buchhändler in Nürnberg. – IVa 185.

LABIENUS Antibarbarus (Pseudonym) siehe *Weber, Georg Michael von.

LABLACHE, Luigi (1794–1858), ital. Bassist, um 1824 in Wien. – III 54, 56, 59 f., 61, 66, 69, 71, 73.

LACHMANN, Karl (1793–1851), 1818 ao. Prof. in Königsberg, 1825 in Berlin, 1827 o. Prof.; Germanist, wandte die philologische Textkritik bei der Herausgabe älterer und neuerer deutscher Texte an. – III (442).

LAFAYETTE, Marie Joseph de Motier Marquis de (1757–1834), frz. General, 1789 Mitgl. der frz. Nationalversammlung u. Kommandant von Paris, Schöpfer der Nationalgarde; lebte unter *Napoleon zurückgezogen, 1815 in die Deputiertenkammer gewählt; 1830 unter *Louis Philippe nochmals in führender polit. Stellung. – II (382); - III 310, (456).

LAFON (nicht: Lafond), Pierre (1773–1846), frz. Schauspieler u. Bühnendichter. – III 187.

LAINÉ, Joseph Henri Joachim (1767–1835), frz. Politiker; 1814/15 unter *Ludwig XVIII. Präsident der Deputiertenkammer, 1816/18 frz. Innenminister, 1820/21 Minister ohne Portefeuille, 1822 Pair. – III 222, 227.

LAMBERCIER (nicht: Lambacier), Jakob Friedrich (geb. 1771), aus Mömpelgard, Mitstudent Hegels in Tübingen. – IVa 46.

LAMBERT, Johann Heinrich (1728–1777), Mathematiker, Astronom, Physiker u. Philosoph; Mitgl. d. Berliner Akad. d. Wiss. – I (489).

LAMEY, Andreas (1726–1802), Historiker des Elsass; veranlaßte Karl Theodor von der Pfalz zur Stiftung der Mannheimer Akademie der Wissenschaften, an der er selbst Sekretär u. Oberbibliothekar wurde. – I 210.

LAMPE siehe *Brückner.

LANDAUER, Georg Friedrich; 1786 verzeichnet als Mitschüler Hegels am Gymnasium in Stuttgart; offenbar fälschlich für: Georg Christian L. (1769–1845) oder Christoph Friedrich L. (1771–1800), beide Söhne des Kaufmanns Georg Friedrich L. (1734–1800). – IVa 16.

LANDERER, Philipp Gottlieb (1770–1840), Kompromotionale Hegels in Tübingen, 1794 Präzeptor in Heidenheim, 1803 Prof. am Seminar in Maulbronn, 1818 Pfarrer in Walddorf. – IVa 18, 28, 33, 36, 49, 55, 143, (281, 285, 297).

LANG, um 1795 Sänger in Stuttgart, später in Frankfurt. – I 56.

LANG, August Ernst Philipp (1769–1844), Stipendiat in Tübingen, 1789 Magister, 1795 Pfarrer in Schornbach, 1804 in Trossingen. – IVa 49, 50.

LANG, Gottlob Friedrich (1769–1832), Kompromotionale

Hegels in Tübingen, 1807 Pfarrer in Unterheinriet. – IVa 18, 28, 36, 50, (285, 306).
LANG, Gustav. – IVa (255 f., 258 f., 261).
LANGE, Christian Friedrich, Hörer Hegels in Jena, 1807 Pfarrer in Baden. – I 104, 140, (458).
LANGE, Friedrich (1786 – nach 1848), etwa seit 1816 im preuß. Staatsdienst, 1818 Reg.Rat u. Konsistorialassessor in Koblenz, 1819 Zensor für theol. u. philos. Werke, die in der Rheinprovinz erschienen; 1820 Regierungsrat in der Kirchen- u. Schulkommission, 1828 Regierungsschulrat, seit 1832 Mitgl. des Provinzial-Schulkollegiums. – II 350, 351.
LANGSDORF, Karl Christian von (1757–1834), 1777 Privatdoz. d. Mathematik u. Technologie in Gießen, trat in die Juristenlaufbahn über, 1796 Prof. d. Maschinenkunde in Erlangen, 1804 in Wilna, 1806/27 Prof. d. Mathematik in Heidelberg. – I (483); - II 77.
LAOTSE, chinesischer Philosoph. – IVb (115).
LAPLACE, Pierre Simon Marquis de (1749–1827), frz. Physiker, Mathematiker u. Astronom; während des Konsulats *Napoleons Innenminister. – III 352.
LA ROSÉE, Kaspar Aloys Reichsgraf von, Direktor d. ästhet. Klasse d. Bayer. Akademie d. Wiss. – IVb 20, (100).
LAS CASES, Emmanuel Auguste Dieudonné Marius Joseph Marquis de (1766–1842), erregte die Aufmerksamkeit *Napoleons durch seinen historischen Atlas; 1808 Requêtenmeister des Staatsrates, 1815 Offizier in der neuerrichteten Nationalgarde; folgte Napoleon in die Verbannung, gab 1823 dessen Memoiren heraus. – III 5, 21 f., 32, 106, (365).
LASSAULX, Johann Claudius von (1781–1848), Landbaumeister in Koblenz, machte sich durch die Restauration von Baudenkmälern einen Namen. – III 181.
LASSO, Orlando di (1532–1594), ital. Komponist. – III (379).
LASSON, Georg (1862–1932). – I (442 ff., 445 ff., 448, 454); - II 303, (377, 429, 448); - III (369, 380, 424, 434, 465, 469, 473, 475); - IVa (334, 357 f., 362, 364, 365); - IVb (94, 95, 113).
LATTORF, von. – II (403).
LAUBE, Heinrich (1806–1884), Dichter. – IVb (114).
LAUBENBERGER, Katharina, geb. Noderer (1586–1635), Vorfahrin Hegels (Stammbaum Nr. 67). – IVa 5.
LAUBENBERGER, Philipp Ulrich (1590–1672), Superintendent in Reutlingen, Vorfahre Hegels (Stammbaum Nr. 66). – IVa 5.

LAUDET, Zahnarzt. – I 411.

LAURA; „Gevatter Laura“, wohl verschlüsselte Unterschrift im Stammbuch Hegels. – IVa 141.

LAVATER, Johann Kaspar (1741–1801), philos.-theol. Schriftsteller, 1775 Pfarrer in Zürich; bekannt durch seine physiognomischen Studien u. seine Verbindung mit *Goethe. – I 69.

LAVOISIER, Antoine Laurent (1743–1794), frz. Chemiker. – I 221.

LE BRET (Lebret), Christian (Christoph) Immanuel (1770–1843), Sohn des *Johann Friedrich L., Mitschüler Hegels in Stuttgart, stud. jur. in Tübingen, 1799 Kirchenrats-Registrator, später Regierungsrat in Stuttgart. – IVa 14, (260).

LE BRET (Lebret), Johann Friedrich (1732–1807), Historiker und Theologe, 1763 Prof. am Gymnasium in Stuttgart, 1779 a. d. Hohen Karlsschule, 1782 deren Kanzler, 1786 Prof. d. Theol. und Universitätskanzler in Tübingen. – IVa 14, 35, 37 ff., 50, 52, 88, (282, 285, 296, 297).

LECOQ, Paul Ludwig (1773–1824), 1813 Polizeipräsident von Berlin. – II (440).

LE DIÈTRE fälschlich für: *Le Prêtre.

LEFMANN, S. – II (505).

LEHRS, Karl (1802–1878), Philologe, 1845 o. Prof. in Königsberg. – III (372).

LEIBNIZ, Gottfried Wilhelm Frh. von (1646–1716), Philosoph, Naturwissenschaftler, Historiker u. Diplomat; regte die Gründungen der Akademien in Berlin (1700), Wien u. Petersburg an; 1676/1716 in hannoverschem Dienst. – II 308 f., (450); - III 351, (441 f.).

LEMBKE, Friedrich Wilhelm, aus Lübeck, stud. jur. 1820 in Göttingen, wahrscheinlich anschließend in Berlin, Hörer Hegels (?). – III 345, (468 f.).

LENCHEN, Dienstmädchen in Jena. – I 67.

LENGEFELD, Buch- und Autographenhandlung in Köln. – IVb (114).

LENHOSSÉK, Michael von (1773–1840), 1808 Prof. d. Physiologie u. höheren Anatomie an der Hochschule in Pesth (Ungarn), seit 1819 in Wien, 1825 kgl. Statthaltereirat, Sanitätsreferent u. Protomedikus von Ungarn, Direktor des medizin.-chirurg. Studiums an der Univ. in Pesth. – III 46, (373).

LENZ, Jakob Michael Reinhold (1751–1792), Dichter des Sturm und Drangs, Freund *Goethes aus der Straßburger Zeit. – III 168, (413).

LENZ, Johann Georg (1748–1832), Mineraloge, 1794 ao. Prof.

d. Philos. in Jena, stiftete 1796 als Direktor des naturhistorischen Kabinetts die Mineralogische Gesellschaft, der auch Hegel als Assessor angehörte; 1803 Bergrat, 1810 o. Prof.; mit *Goethe befreundet. – I 78, 122; - IVa 87; - IVb 14, (98).

LENZ, Max (1850–1932), Historiker der Berliner Universität. – II (397, 400, 402, 405, 409, 422, 445, 457, 461); - III (426); - IVa (358); - IVb (112).

LEO XII. (1760–1829), vorher Annibale della Genga, seit 1823 Papst. – III 199, (387).

LEO, Heinrich (1799–1878), als Gymnasiast Schüler *Abekens, stud. bei Hegel, habil. 1820 in Erlangen, dort Privatdoz., 1825 ao. Prof. d. Geschichte in Berlin, gab 1827 wegen einer Eifersuchtsaffäre gegen seine Braut, die Tochter *Seebecks, seine Professur auf; 1828 als ao. Prof. d. Geschichte in Halle, 1830 o. Prof., seit 1871 geistig umnachtet; *Altenstein schätzte ihn als Historiker. – II 293; - III 139, 144, 212, 218, 288, 311, 327, 342, (389, 394, 426, 427 f., 434 f., 451, 458, 461 f., 468); - IVb 62, (115).

LEONARDO da Vinci (1452–1519), ital. Maler. – II 353; - III 187.

LEONHARD, Karl Caesar (1779–1862), Mineraloge u. Geognost; Generalinspekteur im Großherzogtum Frankfurt, 1813 nach *Napoleons Sturz der Franzosenfreundlichkeit verdächtigt u. zurückgesetzt; 1818 Prof. d. Mineralogie in Heidelberg, wo er auch Vorlesungen über Theorie u. Praxis der Staatsverwaltung hielt. – II 230, 288 f., 290, 293, 294, 302; - III 20, 88, (382).

LEOPOLD WILHELM, Erzherzog von Österreich (1614–1662), Sohn *Ferdinands II. – IVa 5.

LE PRÊTRE, Ludwig Friedrich (1748–1813), stud. theol. in Tübingen, 1780 Pfarrer in Schwarzenberg, 1793 zus. mit Hegel im Kosistorialexamen, dann Pfarrer in Unterensingen. – IVa 53.

LERCHENFELD, Maximilian Emanuel Frh. von (1778–1843), seit 1803 im bayer. Staatsdienst, 1808 Generalkommissar in Ansbach, 1809 in Nürnberg, 1810 Generalkreiskommissar in Innsbruck; suchte dort die Spannungen zwischen Tirolern u. Bayern auszugleichen; 1817 bayer. Finanzminister, 1818 an der Fertigstellung der bayer. Verfassung beteiligt. – I 327; - II 68.

LESSING, Gotthold Ephraim (1729–1781), dt. Dichter. – I 21, 307, (436, 437); - IVb (99).

LEUBE, Martin. – IVa (266).

LEUTWEIN, Christian Philipp Friedrich (1768–1838), Stipendiat in Tübingen, 1789 Magister, 1800 Präzeptor in Pfullingen, 1805 Pfarrer in Weiler-Steußlingen, 1809 entlassen, danach Privatlehrer in Pfullingen. – IVa 49, 155, (274, 279).

LEVERD, Jeanne Emilie (1781–1843), frz. Schauspielerin. – III 187, (419).

LEVEZOW, Jakob Andreas Konrad (1770–1835), seit 1797 Gymnasiallehrer in Berlin, 1821 Aufseher des Kunstkabinetts. – III (464).

LICHTENBERG, Georg Christoph sen. (1742–1799), Naturforscher u. satirischer Schriftsteller, seit 1764 Prof. in. Göttingen. – IVb 66, (117).

LICHTENBERG, Obersteuerrat; d. i. ein Sohn des Physikers u. Schriftstellers *Georg Christoph L.: entweder Christian Wilhelm oder Georg Christoph jun.; beide Beamte der hannoveranischen Steuerbehörde, gemeinsam Hrsg. der Schriften ihres Vaters. – IVb 66, (117).

LICHTENSTEIN, Fürstengeschlecht in Wien. – III 62 f., 65.

LICHTENSTEIN, Martin Heinrich Karl (1780–1857), Naturforscher u. Reisender, als Arzt in Süd- u. Mittelafrika, 1811 Prof. d. Zoologie in Berlin, Mitgl. d. Akad. d. Wiss. – II (400); - III (415).

LICHTENTHALER, Johann Georg Philipp, 1812 Gymnasialprof. in München, 1814 Bibliothekar beim bayer. Kronprinzen, dann Prinzeninstruktor, 1826 Oberbibliothekar d. bayer. Zentralbibliothek. – I 261; - II 47; - III 116, 148, 175, 217.

LIEBER, Franz (1800–1872), Sohn des *Friedrich Wilhelm L.; stud. in Berlin, Burschenschaftler; später als politisch-philosophischer Schriftsteller in Amerika. – IVb (112).

LIEBER, Friedrich Wilhelm, Kaufmann in Berlin, unterstützte die verfolgten Burschenschaftler. – II (499).

LIEBER, Moritz, Schriftsteller u. Übersetzer. – III (383).

LIEBESKIND, Johann Heinrich (1768–1849), Advokat in Riga, dann Kriminalrat in Königsberg, 1797 Reg.Rat in Ansbach, 1807 Oberjustizrat in Bamberg, 1808 Oberappellationsgerichtsrat in München, 1827 Appellationsgerichtsdirektor in Landshut, 1829 wieder in Bamberg; auch bekannt durch sein virtuoses Flötenspiel. – I 171, 177, 194.

LIEBESKIND, Meta Dorothea, geb. Wedekind, gesch. Forkel (1765 – nach 1822), Gattin von *Johann Heinrich L.; Schriftstellerin u. Übersetzerin. – I 171, 177, 181, 194, 380.

LIEMANN, Frau von, Schwester der Mme. *Milder. – III 111.

LIEPMANNSSOHN, Autographenhandlung in Berlin. – IVa (342); - IVb (113).

LIESCHING, Samuel Gottlieb, Kaufmann aus Stuttgart, den Burschenschaftlern nahestehend. – III (376).
LIGNE, Karl Josef Fürst de (1735–1814), aus belg. Geschlecht, russ. Feldmarschall, 1789 Miteroberer von Belgrad; Brieffreund *Voltaires, *Rousseaus u. *Friedrichs d. Gr. – IVa 206, (358).
LILIENTHAL, Karl von. – II (384).
LINDENBERG, B. von, um 1819 Student in Berlin. – IVa (358).
LINK, Heinrich Friedrich (1767–1851), 1792 Prof. d. Naturgeschichte u. Chemie in Rostock, 1811 in Breslau, 1815 Prof. d. Medizin u. Direktor des Botanischen Gartens in Berlin; bekannt durch pflanzenanatomische Arbeiten. – II 104, (398, 401, 403, 409, 447); - III (440 f.).
LINNÉ, Karl von (1707–1778), schwed. Naturforscher; schuf die moderne biologische Systematik. – I (468); - IVa 151.
LOBECK, Christian August (1781–1860), Philologe; 1809 Rektor u. Prof. am Lyzeum in Wittenberg, 1814 Prof. d. Beredsamkeit u. Altertumswissenschaft in Königsberg; Gegner von G. Fr. *Creuzer. – III 87 f., (372).
LOBENHOFER, Johann Philipp (ca. 1750–1824), Nürnberger Bürger u. Kaufmann, Besitzer einer Tuchfabrik in Wöhrd. – IVa 183 f., 195 f., 201.
LOCKE, John (1632–1704), engl. Philosoph. – I 426.
LODER, Justus Christian (1753–1832), stud. in Göttingen, 1778 Prof. d. Medizin u. Anatomie in Jena, 1803 in Halle, 1808 Leibarzt des Königs von Preußen; war an der „Jenaer allg. Literaturzeitung" beteiligt. – I 67, 73 f., 75, 77 f., 127, (435, 448 f.).
LÖDEL u. MERKEL siehe *Merkel, Paul Wolfgang.
LÖHNING, stud. 1819 in Gießen, führender Burschenschaftler, versuchte ein Attentat auf den Präsidenten von *Ibell. – II (487).
LÖWE, Hans. – I (469).
LOHNERDT; D. Lohnerdt Wwe., Sohn u. Co., Handelshaus in Amsterdam. – IVa 241, 243.
LOHOLM, Karl Ludwig, 1818 stud. theol., führender Burschenschaftler. – II (433 f., 436 f., 457).
LOMLER, Friedrich Wilhelm (1774–1845), ev. Theologe u. Schriftsteller. – III (388).
LOMMEL, Eugen von (1837–1899), Physiker. – II (477).
LORENZ, Johann Friedrich (1738–1807), Mathematiklehrer in Magdeburg, verfaßte die erste brauchbare Euklidübersetzung. – I 221, (460, 463, 470, 481); - IVa 81 f., 84 f., (310).

LOSACCO, M. – III (380).
LOUIS FERDINAND (eigentl. Friedrich Ludwig Christian) Prinz von Preußen (1772–1806), Neffe *Friedrich d. Gr., fiel 1806 in dem Gefecht bei Saalfeld; wegen seiner Leutseligkeit u. seines Mutes sehr beliebt. – I 164.
LOUIS PHILIPPE von Orleans (1773–1850), Anhänger der Revolution, konspirierte gegen *Napoleon, 1817 Führer der liberalen Opposition, 1830 nach der Abdankung *Karls X. König, durch die Revolution von 1848 gestürzt. – III (456 f.).
LOUISE ELEONORE, Herzogin von Sachsen-Meiningen, (1763–1837), Gemahlin des Herzogs Georg I., seit 1803 Regentin. – IVa (316).
LUCCHESINI, Girolamo Marchese (1751–1825), 1780 Kammerherr u. Vorleser *Friedrichs II. von Preußen, später Diplomat *Friedrich Wilhelms II., 1793 preuß. Gesandter in Wien, 1802 in Paris, 1807 Oberhofmeister in Lucca. – I 125.
LUCIAN, Pseudonym für *Erichson u. *Sinclair. – I (459).
LUCIUS, G. F. (geb. 1787), 1809 Pfarrer in Nierstein, 1816 in Eichloch b. Alzey, seit 1822 privatisierend in Mainz. – III (388).
LUDEN, Heinrich (1780–1847), Historiker, stud. in Göttingen, 1806 Prof. in Jena; warb durch seine Vorlesungen u. seine Zeitschrift „Nemesis“ für den Konstitutionalismus, daher als Demagoge verdächtigt. – II 156, (432, 442, 444, 468); - IVb (112).
LUDEWICH, Arthur. – III (372).
LUDOWIGS, Wilhelm, Neffe der Frau *Hirn. – III 33, 37.
LUDWIG I. von Bayern (1786–1868), Sohn des *Maximilian I. Joseph, seit 1825 König; sehr kunstliebend, ließ zahlreiche Bauwerke z. B. in München errichten; veranlaßte 1826 die Verlegung der bayer. Landesuniv. von Landshut nach München. – I 244, 301 f., (495, 500); - II 47, 62, 89, (404, 422, 478); - III 33, 140, 147, 209, (388, 468); - IVb (117).
LUDWIG XIV. (1643–1715), König von Frankreich. – IVa 358).
LUDWIG XVI. (1754–1793), 1774 König von Frankreich; in der Revolution hingerichtet. – III 190; - IVb (113).
LUDWIG XVIII. (1755–1824), 1795 in der Emigration als König anerkannt, bestieg 1814 den frz. Thron. – II (381).
LUDWIG EUGEN von Württemberg (1731–1795), in preuß. Diensten, 1743 Oberst; 1749 Offizier unter Ludwig XV., kämpfte mit den Österreichern gegen *Friedrich d. Gr.; 1793 nach dem Tod seines Bruders *Karl Eugen unerwartet regierender Herzog. – I (438).

LUDWIG FRIEDRICH II. von Schwarzburg-Rudolstadt (1767–1807), seit 1793 reg. Fürst. – III (471).
LUDWIG WILHELM AUGUST von Baden (1763–1830), seit 1818 Großherzog; während seiner Regierung auch Verfassungsstreitigkeiten. – II 314, (488, 492); - III 97.
LÜCKE, Gottfried Christian Friedrich (1791–1855), Theologe, habil. 1816 in Berlin, dort 1818 ao. Prof., im gleichen Jahr o. Prof. in Bonn, 1827 in Göttingen. – II (479); - III 150, (405, 412).
LÜTGERT, Wilhelm. – IVb (115).
LUISE AUGUSTA von Sachsen-Weimar (1757–1830), seit 1775 Gemahlin des Herzogs *Karl August; 1806 bewahrte sie durch ihre Festigkeit gegenüber *Napoleon ihr Land vor Zerstörung u. Verlust der Selbständigkeit; stand in Verbindung mit *Goethe, *Schiller u. *Herder. – I 120, 122, 123, 125, 190, 213, (463).
LUKAS, Evangelist. – I (474, 511); - IVa 24, 29, (273, 290).
LUKREZ (ca. 95–55 v. Chr.), röm. Dichter u. epikuräischer Philosoph. – I 187, 191, 248, 338, 340, (476).
LUTHER, Katharina, geb. von Bora (1499–1552), seit 1525 Gattin *Luthers. – I 208.
LUTHER, Martin (1483–1546), Reformator. – I 99, 208, 419, (454, 457); - II 224, (426, 503); - III 112, 388; - IVa 38, 39, 51, 207, 215, (319).
LYVERSBERG, Jakob Johann, Kölner Kaufmann u. Kunstsammler, Vetter der Frau *Hirn. – II 353, (506).

M., Friederike, Jugendfreundin Hegels. – IVa 161.
MABLY, Gabriel Bonnot de (1709–1785), frz.-schweiz. Schriftsteller; wandte sich gegen die frz. absolut. Monarchie und den Merkantilismus. – IVb 56, (113).
MADER, Josef Friedrich (geb. 1767), Stipendiat in Tübingen, 1787 Magister, 1801 auf Ansuchen entlassen, später Kaufmann in Hamburg. – IVa 60 f., 65.
MÄRKLIN, Christian (1807–1849), Sohn des *Jakob Friedrich M., 1833 Repetent, 1840 Prof. am Gymnasium in Heilbronn; befreundet mit David Friedrich *Strauß. – IVa (333).
MÄRKLIN, Friedrich August (1739–1800), Kirchenrats-Kammerrat; Vater des *Jakob Friedrich M. – IVa 14.
MÄRKLIN, Jakob Friedrich (1771–1841), Mitschüler Hegels in Stuttgart und Kompromotionale in Tübingen, 1802 Prof. in Bebenhausen, 1807 in Maulbronn, 1814 Dekan in Neuenstadt, 1821 Prälat in Heilbronn. – IVa 14, 15, 16, 17, 21,

25, 26, 28, 33, 36, 137, (256, 259, 263, 271, 279, 281, 285, 297).

MÄRKLIN, Jeremias Wilhelm (1770–1820), Kompromotionale Hegels in Tübingen, später Pfarrer in Altensteig, Winterlingen, Tieringen. – IVa 18, 28, 36, 45, 50, 145, (285, 306).

MÄRKLIN, Johannes Friedrich (1734–1801), 1760 Repetent am Tübinger Stift, danach Diakon in Waiblingen u. Tübingen, 1777 Dr. theol., 1786 ao. Prof. d. Theol., zugleich Stadtdekan, 1792 Generalsuperintendent in Denkendorf. – IVa 37, 38.

MAGENAU, Rudolf Friedrich Heinrich (1767–1846), Stipendiat in Tübingen, 1788 Magister, Freund *Hölderlins; 1794 Pfarrer in Niederstotzingen, 1819 in Hermaringen. – IVa 49.

MAINBERGER, Johann Christoph (1750–1815), Kapellmeister in Nürnberg. – IVa 99, (321, 322).

MAISTRE, Joseph Comte de (1753–1821), frz. staatsphilosophischer Schriftsteller. – III 98, 267, (383).

MAJER, Ludwig Jakob (1769–1844), Stipendiat in Tübingen, 1789 Magister, 1795 Repetent, 1802 Diakon in Backnang, 1815 Dekan in Wildbad, 1822 in Ulm. – IVa 49, 50 (?), 162, (274).

MALACHIAS, biblisch. – IVa 37.

MALCOLM, Sir John (1769–1833), Kolonialbeamter, Geschichtsschreiber; verfaßte mehrere historische u. kulturhistorische Schriften über Indien. – III 85, (380).

MALIBRAN, Marie Felicitas (1808–1836), berühmte Sängerin, älteste Tochter Manuel Garcias, des Begründers der bekannten Sängerdynastie, Gattin des frz. Großkaufmanns Malibran. – III 193.

MALUS, Etienne Louis (1775–1812), frz. Offizier, Physiker, Examinator am Polytechnikum in Paris, später Mitgl. der Schule. – II 161 f., 248, (419).

MANDELSLOH, Ulrich Lebrecht Graf von (1760–1827), Reg.Rat in Stuttgart, 1808 Finanzminister, 1819 württemb. Gesandter in Wien. – IVa 93.

MANETHON (vermutl. 4. Jh. n. Chr.), Astrologe. – I 316, (499).

MANGOLD, Barbara, geb. Rentschler, Vorfahrin Hegels (Stammbaum Nr. 35), Gattin des Folgenden. – IVa 5.

MANGOLD, Georg (1613–1687), Pfarrer in Münklingen, Wittlingen, Sondelfingen, Vorfahre Hegels (Stammbaum Nr. 34). – IVa 5.

MANTEGNA, Andrea (1431–1506), ital. Maler. – III 59.

MARC ANTON (82–30 v. Chr.), röm. Triumvir u. Feldherr. – III 72.
MARCELLO, Benedetto (1686–1739), ital. Komponist. – III (379).
MARCION von Sinope (2. Jh. n. Chr.), Gnostiker. – I (438, 441).
MARCUS, Adalbert Friedrich (1753–1816), 1778 Direktor des Krankenhauses in Bamberg u. Leibarzt des Fürstbischofs Franz Ludwig, 1795 Lehrer an der landärztlichen Schule, 1803 Direktor der Medizinal- u. Krankenanstalten in Franken, 1808 Vorstand des Medizinal-Komitees. – I 71, 89, 93, 162, 181, 208, (444, 450, 453, 455); - II 32; - IVb 9 f.
MAREZOLL, Gustav Ludwig Theodor (1794–1873), Sohn des *Johann Gottlob M., promov. 1815 in Göttingen, dann Privatdoz. in Jena und ao. Prof. in Gießen, dort 1818 o. Prof. u. 1826 Oberappellationsgerichtsrat, 1837/64 Prof. d. Rechte in Leipzig. – III 320, 332 f., (459).
MAREZOLL, Johann Gottlob (1761–1828), Kanzelredner u. Prof. d. Theol.; 1803 Superintendent in Jena. – I 88, (455); - IVb (97).
MARHEINEKE, Frau des *Philipp Konrad M. – IVa 222.
MARHEINEKE, Philipp Konrad (1780–1846), seit 1805 ao. Prof. d. Theol. in Erlangen, 1807 in Heidelberg, 1811 Prediger u. o. Prof. in Berlin, 1821 auch Pastor an der Dreifaltigkeitskirche u. 1835 Oberkonsistorialrat; M. war Gegner *Schleiermachers u. schloß sich 1818 dem nach Berlin berufenen Hegel an, mit dem ihn ein freundschaftliches Verhältnis verband; 1827 Mitredakteur u. Mitarbeiter an den Jahrb. f. wiss. Kritik; an der Gesamtausgabe der Werke Hegels 1832 ff. war er als Herausgeber beteiligt. – I 139, (455); - II 210 f., 214, 297, 337, 338, (401, 409, 491, 502); - III 19, 21, 44, 81 f., 87, 126, 141, 150 f., 159, 161 f., 164, 175, 217, 232, 253, 280, 325, 327, (373, 394, 398, 405, 412, 415 f., 427, 432, 442, 448, 460, 461, 469); - IVa 129, 132 b–e, 220, (336, 337, 338, 339 f., 358); - IVb 45, 47 f., (121).
MARIA von Baden, Gemahlin des Grafen *Engelbert von Nassau. – II 360, (508).
MARIA PAULOWNA (1786–1859), Tochter des Zaren Paul von Rußland, seit 1804 Gemahlin des Erbprinzen *Karl Friedrich von Sachsen-Weimar. – I 88, 89, 120, 123, 190, (455).
MARIE LOUISE von Frankreich (1791–1847), älteste Tochter Kaiser *Franz I. von Österreich aus zweiter Ehe, 1810 zweite Gemahlin *Napoleons u. Kaiserin; trennte sich 1814

von Napoleon, erhielt 1816 das Hrzgt. Parma. – I (495, 507).
MARKUS, Evangelist. – IVa 24, 39, (273).
MARLE, Cornelius van (1783–1859), Freund van *Gherts, Beamter der Eichkontrolle; erster Vorsitzender der von van Ghert gegründeten literarischen Gesellschaft „Concordia", trat auch für die Gründung des „Collegium philosophicum" ein. – II (474); - III 5, 8, 23.
MARMONT, Auguste Frédéric Louis Viesse de (1774–1852), Marschall *Napoleons, trat 1815 auf die Seite *Ludwigs XVIII. – II (375).
MARS, Anne Françoise Hyppolite Boutet-Monvel (1779–1847), frz. Schauspielerin. – III 187, 192, 196, (418 f., 421).
MARTENS, Georg Friedrich von (1756–1821), Völkerrechtler u. juristischer Schriftsteller, 1784 Prof. d. Rechte in Göttingen, 1808 Staatsrat im Königreich Westfalen. – I 74.
MARTIGNAC, Jean Baptiste Silvère Gay Vicomte de (1778–1832), frz. Staatsmann der Restauration, 1828/29 Innenminister, dann kurze Zeit Ministerpräsident. – III (428).
MARTIN von Tours (ca. 316–ca. 400), erst röm. Soldat, 372 Bischof von Tours. – I 336.
MARTIN, Christoph Reinhard Dietrich (1772–1857), 1802 ao. Prof., 1805 o. Prof. d. Rechte in Göttingen, im gleichen Jahr nach Heidelberg; wegen Differenzen mit der badischen Regierung ging er 1815 nach Jena, dort auch Oberappellationsrat. – I 103, 104 f., 380, (458, 509); - II 63, 65, 78, 117 f., 219, (384, 447).
MARTIN, Clothilde, vermutlich Schwester des *Eduard M. – IVa (363).
MARTIN, Eduard (1809–1875), Sohn des *Christoph Reinh. Dietr. M., Jugendfreund Ludwig *Fischers, später Prof. d. Medizin in Jena. – IVa (363).
MARTIN, Therese, vermutlich Schwester der beiden Vorigen. – IVa (363).
MARTINI, Christoph David Anton (1761–1815), Prof. d. Theol. in Rostock, 1804 in Würzburg zus. mit *Schelling u. *Paulus, 1807 in Altdorf, 1809 Prof. am Lyzeum in München, Kreiskirchenrat. – I 184.
MARTIUS, Karl Friedrich Philipp von (1794–1868), berühmter Botaniker, stud. in München, 1826/64 Prof. d. Botanik daselbst. – II 17, 24, (374).
MARX; Rezensent (?). – IVb 29.
MASTIAUX, Kaspar Anton von (1766–1828), Dr. jur., Dr. theol., 1798 Domprediger in Augsburg, 1806 Wirkl. Geh.Rat in München. – III (407).

MATTHÄUS, Evangelist. – I (436, 476); - II (446); – IVa 24, 39, (237, 290, 294).
MATTHIAS, C., Sohn des *Gustav M.; stud. phil. in Marburg, Göttingen u. Berlin, dort Hörer Hegels; promov. 1829 in Marburg. – III 179, 286, (451).
MATTHIAS, Gustav (1774–1847), Konrektor am Lyzeum Fridericianum in Kassel. – III 179, 287.
MATTHISSON, Friedrich von (1761–1831), dt. Dichter. – IVa 157, 160.
MATTONI, A. H., Glassschneider in Karlsbad, stand in Verbindung mit *Goethe. – II (477).
MAUCHARDT, Immanuel David (1764–1826), Repetent am Tübinger Stift, 1793 Diakon in Nürtingen, 1803 Dekan in Neuffen. – I 13, (434); - IVa (279).
MAURER; Beamter im Bad. Innenministerium. – IVa 107.
MAUS; Sekretär des Senats der Stadt Frankfurt. – IVa 77.
MAXIMILIAN I. von Bayern (1573–1651), Kurfürst. – III (448).
MAXIMILIAN I. JOSEPH von Bayern (1756–1825), 1799 Kurfürst, seit 1806 König; Verbündeter *Napoleons, Mitgl. des Rheinbundes. – I 184, 203, 246, 249, 258, 259, 262, 263, 319, 359 ff., 382, 391, 393, (477, 487, 495, 501); - II 13, 14, 121, 125 f., 128 f., 135, 136, 140, 259, 270 f., (387 f., 391 f., 393 f., 411, 423, 434, 491); - III 145, 147, (388); - IVa 95, 105, 108, 109 f., (320, 352); - IVb (99).
MAYER, Hans. – IVa (345).
MAYER (Majer), Johann Christoph (geb. 1741), seit 1777 o. Prof. d. Rechte in Tübingen. – IVa 50.
MAYER, Johann Tobias (1752–1830), Sohn des gleichnamigen berühmten schwäb. Astronomen, 1780 Prof. d. Mathematik u. Physik in Altdorf, 1786 in Erlangen, 1799 in Göttingen. – III 239.
MAYER, Magnus Melchior (1764–1839), 1811 Pfarrer in Nürnberg, Kapitelsenior, später im Ruhestand Lehrer an der höheren Töchterschule. – II (375).
MECKEL, Johann Friedrich d. J. (1781–1833), 1806 Prof. d. Anatomie u. Physiologie in Halle; Mitarbeiter d. Jahrb. f. wiss. Kritik. – III (397).
MECKLENBURG-SCHWERIN, Erbgroßherzog von siehe *Friedrich Ludwig
MEDEM, Auguste Eberhardine Friederike von (1802–1877), Tochter des Folgenden, seit 1829 Gattin des A. Frh. v. le Fort. – III 238.

MEDEM, Heinrich Philipp August Eberhard Frh. von (1777–1863), Quästor der Univ. Berlin. – III 238.

MEHMEL, Gottlob Ernst August (1761–1840), Hauslehrer bei *Hardenberg, 1781 Lehrer am Franckeschen Pädagogium in Halle, 1792 ao. Prof. d. Philos. u. d. schönen Wissenschaften in Erlangen, 1799 o. Prof., redigierte seit 1800 die „Erlanger Literaturzeitung", 1817 Vorstand der Erlanger Univ.-Bibliothek; philosophisch stand er *Fichte nahe. – I 63, 66, 229, (444, 446 f., 452, 483); - II 59, 68, (371, 383, 412 f.); - IVb 5, (92).

MEIER, ehemaliger Kreissekretär, gründete 1809 in Nürnberg eine private Töchterschule. – II (375).

MEINEL. – I 225.

MEINEL, Johann Georg Sigmund, Gerichtshalter in Fronhof. – IVa (356).

MEINEL, Margaretha Rebekka, geb. Steinmetz, aus Nürnberg, seit 1814 verh. mit *Johann Georg Sigmund M. – IVa 200, (356).

MEINER; Felix M. Verlag. – IVb (108).

MEINERS, Christoph (1747–1810), seit 1772 Prof. d. Philos. in Göttingen; bekannt als Polyhistor. – I (433).

MEINWERK (970–1036), Bischof von Paderborn. – IVa 32.

MEISTER des Marienlebens, gehörte zur Kölner Malerschule. – II (505).

MELA, Pomponius (1. Jh. n. Chr.), röm. Geograph u. Schriftsteller. – III (417, 460).

MELANCHTHON, Philipp (1497–1560), Humanist u. reformatorischer Theologe, Hauptmitarbeiter *Luthers; Begründer des Nürnberger Gymnasiums, an dem Hegel als Direktor wirkte. – III (412); - IVa 51, (319); - IVb (121).

MELLIN, Karl Albert Ferdinand (1780–1855), 1802 Stadtbaumeister u. Ratsmann in Halle, später Bürgermeister; erhielt 1803 die venia legendi für Vorlesungen über Kameralwissenschaften, wurde nie Prof.; wegen seiner Kenntnisse in der Naturkunde, Physik u. Technologie vortragendes Mitgl. der Naturforschenden Gesellschaft in Halle. – III 328.

MEMLING, Hans (ca. 1430/40–1494), niederl. Maler. – II 355; - III 177, 200, (422).

MENDE, Karl Adolf (1807–1857), zunächst Jurastudent, dann Maler in Dresden u. München. – II 226, (451).

MENDEL, Emmanuel, Kaufmann in Göttingen, Vater des Berliner Theologen August *Neander. – II (385).

MENDELSSOHN, Frau des *Josef M. – IVb 66.

MENDELSSOHN, Alexander, Bankier in Berlin, Sohn des *Josef M. – III 181.

MENDELSSOHN, Josef (1770–1848), Sohn des Philosophen *Moses M. u. Onkel des Komponisten Felix M., gründete ein Bankhaus in Berlin. – III 181; - IVa 214 (?).

MENDELSSOHN, Moses (1729–1786), dt. Philosoph der Aufklärung, Freund *Lessings u. *Nicolais. – I (436, 445).

MENZEL, Wolfgang (1798–1873), krit. Schriftsteller, polemisierte gegen *Goethe, Hegel u. später auch gegen die Jungdeutschen. – III (372).

MERCADANTE, Giuseppe Saverio Raffaello (1795–1870), ital. Komponist. – III 54, 56, (373).

MEREAU, Friedrich Ernst Karl (1765–1825), 1795 ao. Prof., 1800 o. Prof. d. Rechte in Jena, 1803 Amtmann in Themar, 1806 Oberamtmann in Saalfeld; 1801 trennte sich seine Gattin Sophie von ihm u. heiratete später den Dichter Clemens *Brentano. – I 74.

MERKEL, Frau, geb. Bepler, seit 1783 Gattin des *Paul Wolfgang M. – I 376.

MERKEL, Paul, Sohn des *Paul Wolfgang M. – II 71 f.

MERKEL, Paul Wolfgang (1756–1820), Nürnberger Kaufmann, 1786 Marktadjunkt u. Ratsmitglied, vereinigte 1787 die Firmen Merkel u. Lödel, nachdem er 1783 die Erbin von letzterer geheiratet hatte; als Marktvorsteher widmete er sich mit Erfolg den politischen Belangen seiner Vaterstadt, befürwortete die Aufnahme Nürnbergs in den bayer. Staat; 1818 Landtagsabgeordneter; mit Hegel verband ihn eine herzliche Freundschaft. – I 293, 310, 338, 339, 341 f., 347, 358, 366, 376, 384, 387, 412; - II 7 f., 33, 71, 77, 213, 319, (431); - IVa 181, 183, 184, 186 f., 188, 189 f., 192, 197, 201, (321); - IVb 23.

MERLINGER. – III (397).

MERLO, Johann Jakob (1810–1890), Kölner Kunstsammler u. Kunsthistoriker. – II (506).

MESMER, Franz Anton (1734–1815), Arzt, Begründer der Lehre vom tierischen Magnetismus u. der magnetischen Heilbehandlung. – I 425.

METTERNICH, Clemens Wenzel Lothar Fürst (1773–1859), österr. Staatsmann, Gegenspieler *Napoleons u. Hauptvertreter der polit. Reaktion nach dem Wiener Kongreß. – II 223, (379, 444, 447); - IVb (112).

MEULENBROEK, um 1825 niederländischer Schiffskapitän. – IVa 245.

MEUSEL, Johann Georg (1743–1820), Kunst- u. Literarhistoriker, 1769 Prof. in Erfurt, 1780 in Erlangen; Herausgeber des „Gelehrten Deutschland“. – IVa 129, (318, 335).

MEYER, aus Dresden, versuchte Hegels Enzyklopädie ins Lateinische zu übersetzen. – III 318, (459).

MEYER, holländischer Bürgermeister um 1525, Stifter eines Madonnenbildes von Hans Holbein. – II (490).

MEYER, Christian Friedrich (geb. 1748), preuß. Kriegs- u. Domänenrat; Gründer u. Direktor der Naturforschenden Gesellschaft Westfalens. – IVa 88, (314 f.). [(457, 474).

MEYER, Franz. – I (453); - II (396, 404, 428, 432, 451); - III

MEYER, Jeremias (1798–1852), 1819/21 Hörer Hegels in Berlin, 1826/36 Pfarrer der reformierten Gemeinde zu Sennheim (Cernay). – III 335, (459, 466).

MEYER, Johann Friedrich von (1772–1849), Jurist u. theol. Schriftsteller; 1802 Beamter in Frankfurt, später Schöffe u. Präsident des Appellationsgerichts; bekannt durch eine verbesserte Bibelübersetzung. – II 185, 314; - IVa 215; - IVb 65.

MEYER, Philipp Guido von (1798–1869), Sohn des Vorigen, mecklenburgischer Legationsrat in Frankfurt; seit 1821 mit einer Schwester von Hegels Frau, Sophie Marie von *Tucher verheiratet. – III 319, 333, (459); - IVb 64, 67, (116, 117).

MEYER, Sophie Marie Friederike („Fritz") von, geb. Tucher v. Simmelsdorf (1800–1863), Schwester von Marie *Hegel, seit 1821 mit *Philipp Guido v. M. vermählt. – II 168, (421); - III (383, 459); - IVa 186, 188, (324, 353); - IVb 30, 64, 69, (103, 116).

MEYER u. ERNST, Autographenhandlung in Berlin. – IVa (333, 349); - IVb (109, 124).

MICHA, biblisch. – IVa 37.

MICHAEL, Wilhelm. – IVa (343).

MICHAELIS (nicht: Michaels), Burschenschaftler in Heidelberg, Freund *Carovés. – II (457).

MICHELANGELO Buonarotti (1475–1564), ital. Bildhauer u. Maler. – I 69; - II 356, 358, 360, (507); - III 59, 200, (422).

MICHELET, Karl Ludwig (1801–1893), stud. jur. u. phil., Schüler Hegels, Auskultant am Stadtgericht in Berlin, promov. 1824 bei Hegel; 1826 Privatdoz., 1829 ao. Prof. d. Philos. in Berlin, seit 1825 zugleich Lehrer am frz. Gymnasium; Mitarbeiter an den Jahrb. f. wiss. Kritik, an der Gesamtausgabe der Werke Hegels 1832 ff. war er als Herausgeber beteiligt. – III 91, 100, 111, 122, 223, 236, (401, 410, 436, 442, 466); - IVa 132 b–e, (338, 339 f.).

MICHELOT, Pierre Marie Joseph (1785–1856), frz. Schauspieler. – III 196.

MIGNET, François Auguste Marie (1796–1884), frz. Historiker; 1818 Rechtsanwalt, 1821/30 Zeitungsredakteur, zu-

gleich Staatsrat u. Direktor des Archivs im Außenministerium. – III 198, (419).
MILDER-HAUPTMANN, Anna Pauline (1785–1838), berühmte dt. Sopranistin, seit 1803 an der Wiener Oper, 1816/29 am kgl. Opernhaus in Berlin; Hegel schätzte sie sehr, sah sie gerne bei sich zu Gast. – III 54 ff., 57, 71, 100, 110, 124, 157, 171, 173, 223, 236; - IVa 206, 211; - IVb 59, (110).
MINOR, Jakob (1855–1912). – I (451).
MINUTOLI, Johann Heinrich Frh. von (1772–1846), preuß. Generalleutnant, unternahm 1820 mit Unterstützung der Regierung eine Forschungsreise nach Ägypten. – III 5, (366); - IVb 48.
MITTERBACHER, Badearzt in Karlsbad. – III 270.
MITTERMAIER, Karl Josef Anton (1787–1867), 1811 Prof. d. Rechte in Landshut, 1819 in Bonn, ab 1821 in Heidelberg; als Lehrer des Strafrechts erwarb er sich einen großen Ruf. – III 87, 333; - IVb 82, (124).
MITTERMAYER. – I 225.
MITTLER, Buchhandlung in Berlin (seit 1816). – IVa 208 f.
MÖGLING, Friedrich Heinrich Wolfgang (1771–1813), Kompromotionale Hegels im Tübinger Stift, dann Hofmeister in Bern, 1805 Geh.Kabinettssekretär des Kurfürsten v. Württemberg, 1809 Legationsrat u. Prof. in Tübingen. – I 10, 13, 29, 34, 36; - IVa 18, 28, 36, 50, (256, 285).
MÖHLER, Johann Adam (1796–1838), seit 1826 Prof. d. kath. Theol. in Tübingen, 1835 in München. – III (412).
MÖLLER, Nikolaus; Norweger, Schüler *Schellings u. Freund *Steffens'; 1815/16 während des Rektorats Hegels Aushilfslehrer an der Oberprimärschule in Nürnberg. – I 85, (454); - II 79.
MÖRZ (Merz), Gotthold Friedrich Christian (1767–1819), stud. theol. in Tübingen, 1788 Magister, 1797 Präzeptor in Leonberg, 1816 Pfarrer in Tamm. – IVa 49.
MÖSER, Karl (1774–1851), kgl. Kammermusiker in Berlin, 1806/11 in Petersburg, dann Konzertmeister in Berlin, 1825 Leiter der Instrumentalklasse der Musikakademie. – III 275, (446 f.).
MOHR u. WINTER; Verlagsbuchhandlung, 1815 Nachfolgefirma des Verlags *Mohr u. Zimmer in Heidelberg; 1822 durch Trennung der beiden Teilhaber J. Chr. B. *Mohr u. Chr. Fr. *Winter aufgelöst. – II 177, 239, 252, 299, (415, 424, 479); - IVa (359); - IVb 29, (102).
MOHR u. ZIMMER; Verlagsbuchhandlung, 1805/06 in Heidelberg gegr. von J. Chr. B. *Mohr u. Johann Georg Zimmer

(1777–1853); förderte bes. die jüngere Romantik; nach Ausscheiden Zimmers (1815) trat C. F. *Winter in die Firma ein. – I 139, (465).

MOHR, Eberhard Heinrich (1769–1831), Kompromotionale Hegels in Tübingen, 1807 Diakon in Winnenden, 1821 Pfarrer in Ensingen. – IVa 18, 28, 36, 50, (285, 306).

MOHR, Jakob Christian Benjamin (1778–1854), übernahm 1804 eine Frankfurter Buchhandlung, gründete 1805/06 mit seinem Jugendfreund Johann Georg Zimmer eine Verlagsbuchhandlung in Heidelberg, in die 1815 anstelle Zimmers Chr. Fr. *Winter eintrat; führte nach dem Ausscheiden des letzteren einen Verlag allein unter seinem Namen. – II 313; - III 19.

MOLIÈRE (eigentl. Jean Baptiste Poquelin) (1622–1673), frz. Komödiendichter. – III 187, (418, 421).

MOLITOR, Franz Josef (1779–1860), Gymnasiallehrer in Frankfurt; Freund *Sinclairs u. *Brentanos, als Schriftsteller von *Görres u. Fr. *Schlegel beeinflußt. – I 155, 322, 333, (471).

MOLLWEIDE, Karl Brandan (1774–1825), 1812 Prof. d. Mathematik u. Astronomie in Leipzig; Verfasser von historisch-mathematischen Untersuchungen u. Arbeiten über geometrische Kartographie, bekannt durch die „Mollweideschen Formeln“ aus der Trigonometrie; M. war Gegner von *Goethes Farbenlehre. – I 373, (508); - II (484).

MONTAVILET, Marthe Camille Bachasson Comte de (1801–1885), frz. Staatsmann, Freund *Cousins, mehrfach Innenminister, 1831/32 Unterrichtsminister; gründete das Versailler Museum. – III 351.

MONTEBELLO, Marschallin de Lannes, geb. de Guéhéneue (1784–1856), Hofdame der Kaiserin *Marie Louise. – III 187.

MONTEBELLO, Napoleon Auguste Lannes, Duc de (1801–1874), frz. Staatsmann. – III (374 ff.).

MONTGELAS, Maximilian Josef Graf von (1759–1838), 1799/1817 Staatsminister f. Innen- u. Außenpolitik in Bayern, das er durch franzosenfreundliche Politik beträchtlich vergrößerte; der Versuch, seinen Verwaltungszentralismus mit der Aufklärerei der Altbayern zu verbinden, mißlang nach anfänglichen Erfolgen. – I 134, 203, 262, 296, 304, 309, 413, (469); -II 25, 61, 83, 111, 170, 171, 270, 296, (394, 408, 422).

MONTHOLON, Charles Tristan Comte de (1783–1853), unter *Napoleon bis zum Brigadegeneral aufgestiegen, begleitete

ihn ins Exil nach St. Helena; als Testamentsvollstrecker eingesetzt, erhielt eine Reihe von Manuskripten des Kaisers, die er weisungsgemäß veröffentlichte. – III 9, 22, 35, (365).

MOREAU, Jean Victor (1763–1813), frz. General der Revolutionsheere, später von *Napoleon verbannt. – I (443).

MOREL, Marcus David (geb. 1739), Pfarrer a. d. frz. Kirche in Stuttgart, Prof. am Gymnasium (1805 pensioniert). – IVa (261).

MORITZ, Hegels Aufwärter in Bamberg. – I 214, (480).

MORTIER, Edouard Adolphe Casimir Joseph (1768–1835), Marschall *Napoleons. – II (375).

MORUS, Samuel Friedrich Nathaniel (1736–1792), Prof. d. Theol. in Leipzig; beeinflußte mit seiner Lehre wesentlich die Theologie der Goethezeit. – III 292; - IVa 37 ff., (290).

MOSCHE, Christian Julius Wilhelm (1768–1815), seit 1795 Lehrer an der Frankfurter Gelehrtenschule, 1806 Rektor des Katharineums in Lübeck. – I 66.

MOSER, Jugendfreund Hegels; vermutlich einer der Söhne des mit der Fam. Hegel befreundeten Reg.ratssekretärs Wolfgang Jakob M. (1744–1830): Karl Christian (geb. 1769), Christian Friedrich (geb. 1770), Karl Friedrich (geb. 1772, gleichzeitig mit Hegel am Stuttgarter Gymnasium u. ab Okt. 1792 stud. jur. in Tübingen). – IVa 162.

MOSER, Ludwig, Schüler Hegels. – III (439).

MOSES, biblisch. – I 343; - II 43; - III 277, (447).

MOSLER, Karl Josef Ignaz (1788–1860), Maler u. Kunstgelehrter; arbeitete im Kreis um P. v. *Cornelius. – III 316.

MOZART, Wolfgang Amadeus (1756–1791), Komponist. – I 52; - III 60, 61, 64, (374); - IVa (351, 354, 358).

MUBUZ siehe *Paulus, Sophie Karoline Eleutheria.

MÜHLENBRUCH, Christian Friedrich (1785–1843), 1808 Ratsherr in Rostock, 1815 Prof. d. Rechte in Greifswald, 1818 in Königsberg, 1819 in Halle, 1825 Leiter des Spruchkollegiums, 1833 Prof. d. Pandektenrechts in Göttingen. – III 139, 328, (403).

MÜHLENFELS, Ludwig von (1791–1861), Burschenschaftler in Heidelberg, im Zuge der Demagogenverfolgung verhaftet; 1828 Prof. d. Germanistik in London, 1830 Oberlandesgerichtsrat in Naumburg. – II (459).

MÜLLER, Dr.; 1807 in Weimar (nicht näher bestimmbar; vielleicht: Friedrich v. *M.). – I 188.

MÜLLER, Adam Heinrich (1779–1829), Staats- u. Gesellschaftstheoretiker, politischer Schriftsteller der Romantik, Freund *Kleists, *Schuberts, *Gentz‘ u. a. – I (481).

MÜLLER, Bernhard (gest. 1847), trat im Rhein- u. Maingau als Sektierer u. Schwärmer auf, nannte sich Proli u. verkündete eine geistliche Weltmonarchie. – II 243.

MÜLLER, Franz Hubert. – II (506).

MÜLLER, Friedrich von (1779–1849), seit 1801 im Weimarer Staatsdienst, 1807 für seine erfolgreiche Intervention bei *Napoleon Geheimrat, 1815 Kanzler der Justiz; mit *Goethe verband ihn eine herzliche Freundschaft. – I (464, 485); - II (486).

MÜLLER, Johann Georg (1631–1684), Pfarrer in Nußdorf und Stetten, Vorfahre Hegels (Stammbaum Nr. 30). – IVa 4.

MÜLLER, Johann Georg (1759–1819), Bruder des *Johannes v. M., gab dessen Werke heraus. – II (416); - IVb (105).

MÜLLER, Johann Georg Adam (geb. 1771), Stipendiat in Tübingen, 1791 Magister, 1796 Präzeptor in Weinsberg. – IVa 45, 49.

MÜLLER, Johannes von (1752–1809), bedeutender Geschichtsschreiber, 1804/06 preuß. Historiograph, dann Minister im Königreich Westfalen. – II 153, 177, (416); - IVb 34, (105).

MÜLLER, Johannes (1801–1858), 1826 ao. Prof. d. Physiologie u. Anatomie in Bonn, 1830 o. Prof., seit 1833 in Berlin. – III (415).

MÜLLER, Karl Christian (1775–1847), 1806 Dr. phil. in Wittenberg, patriotischer Agitator gegen die Franzosen, 1817 Hofrat im preuß. statistischen Amt in Berlin. – II (436).

MÜLLER, Karl Georg Ernst (1758–1806), Stipendiat in Tübingen, 1778 Magister, 1786 Repetent, 1791 Diakon in Waiblingen, 1797 in Ludwigsburg. – IVa 28, (279).

MÜLLER, Leonhard. – II (384).

MÜLLER, Maria Magdalena, geb. Koch (geb. 1648), Vorfahrin Hegels (Stammbaum Nr. 31). – IVa 4.

MÜLLER, (vielleicht: Michael Andreas Heinrich), Bruder des *Karl Christian M.; Hofrat in Neubrandenburg; ehedem Hörer Hegels in Jena. – II (436).

MÜLLER, Nikolaus (1770–1851), dramat. Dichter, ästhet. u. mythologischer Schriftsteller. – II (496); - IVb (42).

MÜLLER, Sophie (1803–1830), Schauspielerin am Burgtheater in Wien. – III 196.

MÜLLER, Wenzel (1767–1835), österr. Komponist. – IVa (351).

MÜLLER, Wilhelm (1794–1827), volkstümlicher Dichter; Übersetzer neugriech. Volkslieder. – III (421).

MÜLLNER, Adolf (1774–1829), 1798 Rechtsanwalt in Weissenfels, später freier Schriftsteller. – III (397).
MUNCKE, Georg Wilhelm (1772–1847), Inspektor am Georgianum in Hannover, 1810 Prof. d. Physik in Marburg, 1817/47 in Heidelberg. – II 222, 301 f.; - III 86.
MUNDT, Theodor (1808–1861), Schriftsteller. – I (476, 478, 485, 503); - III (406, 473).
MURALT, Wilhelm Bernhard von (1737–1796), in Bern 1786 Mitglied des Kleinen Rats, 1789 Welsch-Seckelmeister, 1790/92 Oberkommandant der Waadt. – IVa (318).
MURAT, Joachim (1767–1815), frz. General der Revolutionsheere, 1800 Heirat mit Karoline Bonaparte, der Schwester *Napoleons, 1808 König von Neapel. – I 125.
MUSÄUS, Karl Friedrich Wilhelm, 1791 stud. jur. in Tübingen. – IVa 50.
MUSTOXIDIS, Andreas (1785–1860), 1820 russ. Gesandter in Turin, 1828/31 Leiter des öffentlichen Unterrichts in Griechenland. – III 198.
MUTSCHLER; Jugendfreund Hegels, vielleicht: Ernst Ludwig M. (geb. 1770), stud. phil. in Tübingen, später Oberamtmann in Rosenfeld u. Oberjustizrat in Eßlingen. – IVa 148.

NAEGELE, Franz Karl (1777–1851), seit 1807 Prof. d. Medizin in Heidelberg, 1810 Direktor der gynäkologischen Klinik. – II 192, 332; - IVb 30.
NÄGELE, Paul. – IVa (249).
NAGEL, von; Kunstkenner. – III 316.
NAGELL van Ampsen, A. W. Baron von (1756–1851), niederl. Botschafter in London, 1814/24 niederl. Außenminister. – II (386).
NAPOLEON I. Bonaparte (1769–1821), Kaiser der Franzosen. I 119 f., 123, 125, 185, 197, 202, 218, 223, 239, 243 f., 245 ff., 248, 257, 302, 322, (449, 458, 463 f., 474 f., 479 ff., 482, 487, 492, 495 f., 501, 507, 511); - II 22, 23, 28, 55, 76, 86, 141, 270, 358, 364, (371, 372, 373 f., 375, 377, 379, 381, 382, 383, 445, 464, 497, 505, 508); - III 9, 22, 35, 122, 186, 197 f., (365, 366, 370); - IVb (101, 117).
NASALLI, Ignatius Graf (1750–1831), Erzbischof von Cyr, päpstlicher Nuntius, Leiter der Konkordatsverhandlungen mit den Niederlanden. – II (386); - III (371).
NASSAU, Gräfin von siehe *Maria von Baden.
NAST, Johann Christian (1771–1814), Sohn des *Johannes N.; Stipendiat in Tübingen, 1791 Magister, 1794 Vikar in

Plochingen, 1804 Pfarrer in Lampoldshausen. – IVa 49, 50, 163.
NAST, Johannes (1722–1807), seit 1750 Präzeptor am Gymnasium in Stuttgart, 1778 Prof. ebenda, Lehrer Hegels, 1789 Pfarrer in Plochingen. – IVa 14, (259).
NAUK, Hörer Hegels in Berlin. – IVa 125, (332).
NEANDER, August (1789–1850), Sohn des jüdischen Kaufmanns E. *Mendel; nahm 1806 den christlichen Glauben an, 1812 Prof. d. Theol. in Heidelberg, 1813 in Berlin. – II 32, (385, 401, 409); - III (385).
NERELLENS, Laurentius, aus Aachen; in Stuttgart bekannt mit Ludwig *Fischer. – IVa (363).
NERO (37–68), seit 54 röm. Kaiser. – IVb 86.
NEUBERT, Ludwig August (1772–1857), Stipendiat in Tübingen, 1792 Magister, 1802 Pfarrer in Wain, 1814 in Oberholzheim, 1822 in Bernstadt. – IVa 49.
NEUFFER, Christian Ludwig (1769–1839), Stipendiat in Tübingen, 1788 Magister, 1799 Waisenhauspfarrer in Stuttgart, 1803 Diakon in Weilheim, 1808 Pfarrer in Zell u. Aichb., 1819 am Münster in Ulm. – IVa 49, 50 (?), (343).
NEUFFER, Christoph Friedrich Ludwig (1768–1836), aus Pfullingen, gleichzeitig mit Hegel am Stuttgarter Gymnasium, 1786 Stipendiat in Tübingen, 1788 Magister, 1795 Repetent, 1801 Pfarrer in Benningen, 1816 in Bernhausen. – IVa 137.
NEUFFER, Gottfried Heinrich (1768–1846), Stipendiat in Tübingen, 1788 Magister, 1795/96 Feldprediger, 1799 Pfarrer in Frommern, 1810 in Kochersteinsfeld, 1821 in Lienzingen. – IVa 49, 154.
NEUFFER, Wilhelm Christian (1769–1829), Bruder des Vorigen, Stipendiat in Tübingen, 1789 Magister, 1800 Feldprediger, 1802 Diakon in Güglingen, 1807 Pfarrer in Horrheim, 1819 in Holzgerlingen, 1828 in Dürrmenz. – IVa 154.
NEUMANN, Geh.Reg.-Rat u. Univ.-Bevollmächtigter der preuß. Regierung in Breslau. – II (466 f).; - III 44.
NEUMANN, E. G., um 1829 stud. theol. in Berlin. – IVa 176, (349).
NEWTON, Sir Isaak (1643–1727), englischer Mathematiker, Physiker u. Astronom; den Newtonschen Theorien stellte *Goethe seine Farben- u. Lichtlehre entgegen, der sich auch Hegel anschloß. – I 371 ff., 401, 404, (508, 512); - II 249, 251, 261, 344, (418, 426, 474, 484); - III 252; - IVa 33, 206, (308, 358); - IVb 40.
NICOLAI; Nicolaische Buchhandlung in Berlin, gegr. von Christoph Gottlieb N. (gest. 1752), von seinem Sohn *Christoph

Friedrich N. ab 1758 zu einem führenden dt. Verlag ausgebaut, später fortgeführt von D.F. *Parthey. – III 105, 312, (458); - IVa 116, 122, 209, (357); - IVb 34, 45, 74, 82, 84, (105, 108, 119, 120, 124, 125).

NICOLAI, Christoph Friedrich (1733–1811), Buchhändler, aufklärerischer Schriftsteller u. Kritiker; Freund *Lessings u. M. *Mendelssohns. – I 37, (440 f.).

NICOLAUS von Methone (gest. 1165), Bischof, theol. Schriftsteller. – II 315, (497); - III 82.

NICOLIDES, Demetrius (geb. ca. 1768), aus Mazedonien, seit 1791 an der Hohen Karlsschule in Stuttgart. – IVa 160.

NICOLIN, Friedhelm. – IVa (249 f., 254, 255, 257 f., 262, 265, 266, 271, 278, 282, 285, 293, 303, 305, 308, 309, 314, 326, 327 f., 332, 335, 336, 340, 343, 345, 359, 364); - IVb (91, 103, 110 f., 115, 121, 122).

NICOLIN, Günther. – IVa (320, 348, 358); - IVb (95, 96, 97, 98, 101, 102, 103, 104, 106, 107, 109, 111, 113, 114, 116, 117, 118, 119, 122, 124, 125.

NICOLOVIUS, Georg Heinrich Ludwig (1767–1839), trat 1805 in preuß. Staatsdienst, Mitarbeiter am Generalschulplan, 1808 Staatsrat im Innenministerium; mit *Altenstein befreundet. – II 134, (404, 405); - IVb (112).

NICOLOVIUS, Marianne Sophie (1779–1855), Tochter von J.G. *Hamann, verh. mit Theodor N. (1768–1831). – IVb 85, 87.

NIEBUHR, Barthold Georg (1776–1831), Staatsmann u. Historiker; 1806 als Finanzfachmann im preuß. Staatsdienst, 1810/12 Dozent d. Geschichte in Berlin, 1816 preuß. Gesandter in Rom, 1823 Prof. d. Geschichte in Bonn; Begründer der historischen Quellenkritik. – II 109 f., 111, 123, (385, 403, 404, 405, 409); - III (377, 381, 406, 460); - IVb 29, (103).

NIEDERLANDE, Königin der siehe *Anna Paulowna; *Wilhelmine.

NIETHAMMER, Adolf Julius (1798–1882), einziger Sohn des *Friedrich Immanuel N.; 1815 stud. jur. in Erlangen, 1817 in Heidelberg, dort auch Hörer Hegels, 1818 in Landshut; nach Beendigung des Studiums Eintritt in den bayer. Staatsdienst, später erblicher Reichsrat u. ständiger Sekretär der bayer. Kammer der Reichsräte, außerdem Prof. d. Staatswiss. in München. – I 112, 136 f., 147, 163, 172, 178, 182, 185, 207, 211, 233, 242, 273, 277, 282, 286, 290, 320, 328, 345, 393, 424; - II 14, 16, 20, 59, 61, 65, 68, 74, 85, 110 f., 119, 135, 151, 153, 158, 159, 169, 193, 208, 210, 213, 258 f.,

272, 295, 324, 337, (373, 386, 431, 432 f., 457); - III 130, 148, 174, 176, 215, 339; - IVa 175, (328, 348); - IVb 73.
NIETHAMMER, Friedrich Immanuel (1766–1848), Stipendiat in Tübingen, Magister, Hauslehrer in Gotha, stud. in Jena, habil. dort 1792; führte in dieser Zeit *Goethe auf tägl. Spaziergängen in die spekulative Philosophie ein; 1793 ao. Prof. d. Philos. in Jena, 1795 Extraordinarius d. Theol., 1803 Prof. d. Theol. in Würzburg, 1806 Landesdirektionsrat f. Schul- u. Kirchenwesen in München, 1808 Zentralschul- u. Oberkirchenrat; Begründer des bayer. Neuhumanismus, den er in seinem Lehrplan f. Mittelschulen u. Gymnasien entwickelte; 1816 dieser Lehrplan durch den seines Gegners K. *Weiller ersetzt; 1824 nach dessen Scheitern N. wieder mit der Reorganisation d. Schulwesens beauftragt, aber bald durch die altbayer. Opposition verdrängt. Hegel stand mit N. seit 1800 in engem Freundschaftsverhältnis. – I 25, 29, 33, 36, 70, 82, 88, 90, 92, 105, 108, 109, 112, 114, 115, 116, 117, 118, 119, 122, 125, 126, 133, 136, 143, 145, 157 f., 159, 162, 162, 165, 169, 171, 174, 174, 178, 182, 191, 194, 203, 207, 217, 222, 225, 226, 237, 237, 240, 244, 249, 251, 255, 258, 259, 260, 269, 273, 278, 282, 286, 292, 295, 300, 302, 309, 318, 326, 333, 336, 342, 346, 348, 356, 358, 362, 374 f., 377, 382, 383, 385, 391, 396, 405, 409, 411, 412, 414, 415, 418, 422, 423, 427, (435, 437, 439, 448, 453, 455 f., 458–464, 467–482, 484 ff., 488–495, 499–507, 509–515); - II 6, 8, 11, 13, 16, 17, 20, 24, 27, 29, 39, 44, 45, 46, 47, 48, 50, 51, 52, 56, 59, 61, 65, 66, 67, 72, 76, 78, 83, 85, 87, 108, 110, 118, 120, 125, 134, 139, 140, 151, 168, 171, 175, 193 f., 207, 210, 258, 269, 294, 322, 334, (371–376, 378, 380 f., 383, 385, 387, 392 ff., 395, 404, 408, 410 f., 412, 414, 415 f., 420 ff., 423, 431 f., 438, 478, 482, 491, 498, 503); - III 115, 130, 140, 143, 144, 174, 215, 338, (386, 388, 396, 404, 415, 427, 445, 467); - IVa 79, 106, 175, 186, 190, 194, (300, 318, 319, 325, 348, 351 ff., 359); - IVb 17, 26, 72, 83, (94, 98, 118, 124, 125).
NIETHAMMER, Ludwig siehe *Döderlein, Ludwig.
NIETHAMMER, Rosina Eleonora, geb. von Eckardt (1771–1832), Tochter des Jenenser Juristen J. L. v. *Eckardt, in erster Ehe verheiratet mit dem Geh.Kirchenrat J. Chr. *Döderlein, 1792 verw., seit 1795 Gattin des *Friedrich Immanuel N.; bei allen Freunden des Hauses beliebt, von Hegel bes. geschätzt. – I 67, 88 ff., 93 f., 106 f., 109, 110, 112, 114, 116, 119, 120, 124, 129, 137, 147, 159, 163, 168, 168, 174, 177 f., 179 f., 182, 184 f., 192 f., 198, 207, 208, 211,

223, 226, 233, 237, 239, 242, 254, 261, 263, 273, 277, 282, 286, 290, 297, 302, 309 ff., 320, 328, 338, 345, 346, 348 f., 356 f., 359 ff., 364, 366, 379, 383, 386 f., 394, 410, 415, 428, (463, 472, 482, 507); - II 9, 15, 20, 30, 39, 50, 60, 66, 78, 85, 110, 118, 134, 153 f., 208, 210, 214, 259, 269, 272, 323 f., 334, (431); - III 117, 148, 174, 176, 217, 339; - IVa 175, (319, 348); - IVb 72.

NITRIBITT, Druckereibesitzer in Würzburg. – I 93.

NITSCHEL. – II (469).

NITZE, Weinhandlung in Berlin. – IVa 212, 217.

NITZSCH, Karl Immanuel (1787–1868), 1822 Prof. d. ev. Theol. in Bonn, 1847 in Berlin, Nachfolger *Marheinekes. – III 150, (405, 412).

NOËL (so richtig für: Noil), François Joseph Michel (1755–1841), frz. Schriftsteller. – II (414).

NOËL, Matthias Joseph de (1782–1849), Zeichner, Kunstforscher, 1828/44 Konservator der Sammlung Wallraf in Köln. – II (506).

NÖSSELT, Johann August (1734–1807), ev. Theologe, seit 1760 Prof. in Halle. – IVa 37, 38, (290).

NOHL, Herman. – I (434, 441, 444, 454); - II (449); - IVa (315).

NORDHOFF, Anton Wilhelm, Arzt in Osnabrück. – I 318, 425, (500, 515).

NORTMANN, Karl Heinrich, Druckereibesitzer in Berlin, bei dem die 3. Aufl. von Hegels Enzyklopädie im Auftrage C.F. *Winters gedruckt wurde. – III 311, (457); - IVb 77, (119, 121).

NOSE, Karl Wilhelm (1753–1835), Arzt u. Mineraloge. – II 250, (474 ff.).

OBERTHÜR, Franz (1745–1831), 1773 Prof. d. Dogmatik in Würzburg, 1782 Geistlicher Rat; bei der Reorganisation d. Univ. 1803 verdrängte ihn *Schelling aus seiner Stellung, worauf er nach heftigem Einspruch 1804 wieder eingesetzt wurde. – I 74, 76, (450).

OCHS, Buchhändler in Bern. – IVa 71.

OEFFINGER, Friedrich Wilhelm (geb. 1769), Stipendiat in Tübingen, anscheinend später Amtmann in Merchingen. – IVa 165, (343).

OEFFINGER, Karl Wilhelm (gest. 1820), Mitschüler Hegels am Gymnasium in Stuttgart, 1789 stud. a. d. Karlsschule, 1796 Amtsschreiber in Merklingen. – IVa 16.

ÖLHAFEN von Schöllenbach, Johann Christoph Karl Frh. (1784–1828), Particulier in Nürnberg. – IVa 200, (356).

ÖLHAFEN von Schöllenbach, Johanna Martha Friederike Freiin, geb. Bauer, aus Nürnberg, seit 1813 verh. mit *Johann Christ. Karl v. Ö. – IVa 200, (356).

OELSNER, Konrad Engelbert (1764–1828), Diplomat u. Publizist; schrieb über die Revolutionsvorgänge u. Revolutionskriege in Frankreich. I 11 f. (434).

OERSTEDT, Hans Christian (1777–1851), dänischer Naturforscher u. Physiker, seit 1806 Prof. d. Physik in Kopenhagen; entdeckte den Elektromagnetismus. – I 173, (466); - IVb 38, (107).

ÖSTERREICH, Erzherzog von siehe *Karl.

ÖSTERREICH, Kaiser von siehe * Franz I.

OFFTERDINGER, Philipp August (1749–1792), Stipendiat in Tübingen, 1769 Magister, 1772 Lehrer an der Karlsschule, 1779 Prof. d. Poesie am Gymnasium in Stuttgart, Lehrer Hegels. – IVa (261).

OHLERT, Albert Leopold Julius. – III 318, (459); - IVa (360).

OHM, Martin (1792–1872), Bruder des berühmten Physikers Georg Simon O., 1817 Mathematiklehrer am Gymnasium in Thorn, habil. 1821 in Berlin, 1824 ao. Prof., 1839 o. Prof. d. Mathematik in Berlin. – III 238.

OKEN, Lorenz (1779–1851), Prof. d. Medizin in Göttingen, 1807 in Jena, mußte seine Professur wegen Teilnahme am Wartburgfest aufgeben; 1828 Prof. in München, 1832 in Zürich; bedeutender Naturphilosoph der Romantik, *Schelling nahestehend. – I 203, (478); - II 245, 268, 272, (377, 436, 444 f., 447, 472, 481); - III 338, (415, 467); - IVb 27, (102, 112).

OKEN, Louise, geb. Stark, seit 1814 Gattin des *Lorenz O. – IVb 27, (102).

OLYMPIODOROS (Ende des 6. Jhs. n. Chr.), Kommentator platonischer u. aristotelischer Schriften. – II (452 f.).

ORIGENES (ca. 185–253/54), Kirchenlehrer. – II 315.

O'MEARA, Barry Edward (1786–1836), zeitweise Leibarzt *Napoleons auf St. Helena; gab später seine Unterhaltungen mit Napoleon als Buch heraus. – III 5, 22, 32, 365.

OSWALD; A. Oswaldscher Verlag in Heidelberg, in dem 1817 Hegels Enzyklopädie erschien, ging 1829 über an C.F. *Winter. – II 306, 310, (416, 474); - III 169; - IVa 111; - IVb 69, 71, 78, (118).

OSWALD, August (1790–1839), Buchhändler u. Verleger in

Heidelberg. – II 143, 155, 301; - III 91, 107, 149, 280, (381); - IVb 70 f., 76, 79, (118).
OTTO III. (980–1002), seit 996 dt. Kaiser. – II (507); - IVa 32.
OTTO, Karl Jakob von, russischer Staatsrat u. Schatullar der Erbgroßherzogin *Maria Paulowna von Sachsen-Weimar. – I 126, (464).

PAER (Pär), Ferdinando (1771–1839), ital. Komponist, 1798 Kapellmeister in Wien, 1804 in Dresden, 1808 in Paris. – IVa (354).
PAGANINI, Niccolo (1782–1840), ital. Geigenvirtuose. – III 251.
PAGENSTECHER, Christian Bernhard, aus Osnabrück, Hörer Hegels in Jena. – IVa 86.
PAGENSTECHER, Heinrich Karl Alexander (1799–1869), Heidelberger Burschenschaftler, 1820 Arzt in Nassau, 1824 in Wuppertal, später Abgeordneter zum dt. Parlament u. zur zweiten badischen Kammer. – II (433 ff., 436).
PALESTRINA, Giovanni Pierluigi da (1525–1594), ital. Komponist. – III (379).
PÁLFFY von Erdöd, Ferdinand Graf (1774–1840), Kämmerer in Wien. – II (490).
PALLESKE, Emil. – I (434).
PALLHAUSEN, Vinzenz von (1759–1817), 1785 Geh.Kanzlist, 1808 Legationsrat; Verfasser pseudohistorischer Werke, in denen er Bayern u. die bayer. Krone verherrlichte. – II 153, (416).
PALMIÉ, um 1823 Rektor des frz. Gymnasiums in Berlin. – IVa (334).
PANOFKA, Theodor Sigismund (1800–1858), habil. 1827 in Berlin, danach mehrere Reisen nach Rom, dort an der Gründung des Archäologischen Instituts beteiligt; 1843 ao. Prof. d. Archäologie in Berlin. – III 148, 170, 172 f., 187.
PANSNER, Johann Heinrich Laurentius (1777–1851), Physiker u. Mineraloge, 1801 Privatdoz. in Jena, 1802 in Petersburg, später Handelsschuldirektor, ab 1836 als Privatgelehrter in Arnstadt. – IVa 79.
PAPE, Burschenschaftler. – II (457).
PARACELSUS, Theophrastus (1493–1541), Arzt, Naturwissenschaftler u. philosophisch-theologischer Schriftsteller. – III (467).
PARANGUE; ein Vorgänger *Bletons. – I 221.

PARMENIDES (geb. ca. 540/39 v. Chr.), griech. Philosoph. – III 149, 156, 228, (378, 406).
PARTHEY, Daniel Friedrich (gest. 1825), zuletzt Hofrat im preuß. Generalfinanzdirektorium; Schwiegersohn Chr. Fr. *Nicolais, dessen Verlagsbuchhandlung er fortführte. – II 267 f., 366; - IVa 204, 228, (362).
PARTHEY, Gustav Friedrich Konstantin (1798–1872), Sohn des Vorigen; stud. 1818 in Berlin u. Heidelberg, dort 1820 Promotion; Eigentümer der Nicolaischen Buchhandlung in Berlin; auch bekannt als Philologe. – III 54 f., 57, 59 f., 105 f., 117; - IVa (357); - IVb (110).
PARTHEY, Wilhelmine, geb. Mitterbacher, seit 1824 Gattin des *Gustav Friedrich Konstantin P. – III 55, 60.
PASCAL, Blaise (1623–1662), frz. Mathematiker u. Philosoph. – I (442).
PASCAL, Jacqueline (1625–1661), Schwester des *Blaise P., Klosterfrau u. religiöse Dichterin. – I (442).
PASTA, Giuditta, geb. Negri (1798–1865), ital. Sopranistin. – III 187.
PATRICIUS siehe *Fabricius.
PAUL, Dr., Philologe. – III 105.
PAUL, Jean siehe *Richter, Jean Paul Friedrich.
PAULI, Christian Moritz (1785–1825), bis 1817 Konrektor in Lübben; als er als Universitätslehrer nicht zugelassen wurde, konspirierte u. intrigierte er im Zuge der Demagogenuntersuchungen u. verdächtigte die Professorenschaft der Berliner Univ. – II (461 ff., 464 f.).
PAULINE von Württemberg (1800–1873), seit 1820 dritte Gemahlin des Königs *Wilhelm I. von Württemberg. – II (452).
PAULSEN, erwähnt von Hegel 1808. – I 236.
PAULUS von Tharsus, Apostel. – I 34, 435, 438; - III 326; - IVa 37 ff.
PAULUS, Elisabeth Friederike Caroline, geb. Paulus (1767–1844), seit 1789 Gattin ihres Vetters *Heinrich Eberhard Gottlob P.; wegen ihres fröhlichen Wesens überall beliebt. Hegel schätzte sie sehr; auch Romanschriftstellerin. – I 90, 92, 179, 181, 195, 214, 216, 217, 242, 250, 265, 288, 326, 334, 341, 345, 349, 373, 379, 411, 422, (455, 480, 486, 503 f., 508 f., 513 f.); - II 7, 23, 31, 33, 41 f., 54, 63, 75, 77, 80, 90, 107 f., 120, 131 ff., 143, (371, 384, 411); - IVa 186, (353).
PAULUS, Heinrich Eberhard Gottlob (1761–1851), 1779/84 stud. im Tübinger Stift, 1789 Prof. d. oriental. Sprachen, 1793 Prof. d. ev. Theol. in Jena, 1803 in Würzburg, 1807

bayer. Kreis- u. Schulrat in Bamberg, 1808 in Nürnberg, dort Vorgesetzter Hegels, 1810 Schulrat in Ansbach, Hegel wurde sein Nachfolger in Nürnberg; ebenfalls 1810 Prof. d. Philos. u. Theol., sowie Kirchenrat in Heidelberg; durch *Niethammer näher mit Hegel bekannt geworden, hatte er an dessen späterer Berufung nach Heidelberg bedeutenden Anteil; P. schloß sich der Gruppe von Professoren um J. H. *Voß an; Hegel entzweite sich mit P. in Fragen der württ. Verfassung, völliger Bruch zwischen beiden Familien; durch Voß stand P. auch mit *Creuzer in wissenschaftl. Fehde, 1841 endgültiger Bruch mit *Schelling. – I 11, 14, 65, 70, 72, 74, 76, 82, 90, 92, 159, 167, 171, 181, 184, 198, 199, 203, 207, 214, 216, 217, 227, 239, 242, 248, 250 f., 252, 255, 258, 259, 260 ff., 264, 269 f., 273, 274, 278, 281, 287 ff., 295, 303, 305, 334, 341, 343 f., 346, 357, 362, 374 ff., 378, 380, 391 f., 411, 414, 422, (434, 445, 448, 453, 455, 458, 471, 478, 480, 486, 488, 494, 501 f., 506 ff., 513 f.); - II 7, 23, 30, 31, 41, 53, 63, 74, 77, 78, 80, 82, 90, 91, 93, 106, 115, 119, 126, 131, 142, 148, 148, 153, 154, 158, 159, 176, 263, 289, 301, 305, (371 f., 373, 375 ff., 379 f., 381, 387, 393, 395 ff., 404, 408, 410 ff., 414 ff., 420, 422, 424, 426, 428, 479, 488 f., 492, 494); - III 17 f., 80 f., 86, 117, 268, (379, 386, 390); - IVa 97, (321, 352, 359); - IVb 21.

PAULUS, Sophie Caroline Eleutheria (1791–1847), Tochter des *Heinrich Eberhard Gottlob P., in der Familie „Carolinchen", „Emmi" und „Mubuz" genannt; 1818 Gattin A. W. *Schlegels, nach wenigen Wochen wieder von ihm geschieden. – I 214 f., 216, 217, 265, 305, 341 f., 346, 362, 376 f., 379 ff., (480, 509); - II 23, 31, 54, 63, 75, 77, 80, 107, 133, 194, (411, 428).

PAULUS, Wilhelm (1802–1819), einziger Sohn des *Heinrich Eberhard Gottlob P., starb während des Studiums in Stuttgart. – I 251, 376; - II 8, 31, 63, 75, (411, 416).

PECHMANN, Anna Katharina Friederike von, geb. von Volckamer (geb. 1781), aus Nürnberg, seit 1814 verh. mit *Gottfried v. P. – IVa 200, (356).

PECHMANN, Josef Gottfried Georg Frh. von (geb. 1793), Oberleutnant. – IVa (356).

PELARGUS, Wilhelm (1820–1901), Erzgießer in Stuttgart. – IVa (254).

PENZENKUFFER, Christoph Wilhelm Friedrich (geb. 1768), Prof. am Gymnasium in Nürnberg, Kollege Hegels. – IVa (321).

PÉRIER, Arthur (1786–1863), frz. Schauspieler. – III (419).

PERIKLES (nach 500–429 v. Chr.), griech. Staatsmann. – II 157, (417).
PESARONI siehe *Pisaroni.
PETERS, Adolf (1803–1876), stud. in Göttingen u. Leipzig, 1826 Mathematiklehrer in Dresden, 1851 Gymnasialprof. d. Mathematik u. Naturwissenschaften in Meißen. – III 238, (436).
PETRUS, Apostel. – III 199, 326.
PFAFF, Christoph Burkhard (geb. 1770), Mitschüler Hegels am Gymnasium in Stuttgart, Sohn d. Rentkammer-Expeditionsrats Friedrich Burkhard Pf. (1738–1817); Bruder der *Christoph Heinrich u. *Johann Wilhelm Andreas Pf. – IVa 15.
PFAFF, Christoph Heinrich (1773–1852), 1782/93 auf der Hoh. Karlsschule in Stuttgart, Bekanntschaft mit *Cuvier, danach stud. in Güttingen; 1797 Arzt in Heidelheim, 1798 ao. Prof. d. Medizin in Kiel, kurz darauf o. Prof. d. Physik daselbst, 1802 Prof. d. Chemie; polemisierte gegen *Goethes Farbenlehre. – II 277, 343 f., (418, 484); - IVa 160.
PFAFF, Johann Wilhelm Andreas (1774–1835), Bruder des Vorigen; stud. ab 1791 im Tübinger Stift, 1793 Magister, seit 1800 dort Repetent, 1803 Prof. d. Mathematik in Dorpat, 1809 am Realinstitut in Nürnberg, dort freundschaftl. Umgang mit Hegel, 1817 Prof. d. Mathematik in Würzburg, 1818 in Erlangen; als Anhänger *Newtons Gegner der *Goetheschen Farbenlehre. – I 342, 401, 402, 405, (512); - II 68, (373); - IVa (321).
PFAFF, Karl. – IVa (254).
PFEILSTICKER, Christian Ludwig (1771–1833), Stipendiat in Tübingen, 1791 Magister, später Pfarrer in Gärtringen, Riet u. Waldenbuch. – IVa 50.
PFEILSTICKER, Walther. – IVa (249).
PFISTER, Johann Christian (1772–1835), Stipendiat in Tübingen, 1792 Magister, 1800 Repetent, 1813 Pfarrer in Untertürkheim, 1832 Prälat u. Generalsuperintendent von Tübingen. – I 36, 71; - IVa 49.
PFLAUM, Frau von, Gattin des *Georg Franz v. P. – I 162, 169 f., 177, 198.
PFLAUM, Georg Franz von (gest. 1807), Hofgerichtsrat in Bamberg. – I 162, 170.
PFLAUM, Johann Christoph Ludwig (geb. 1764), Pfarrer in Ansbach, 1809 in Helmbrechts, 1820 Stadtdekan in Bayreuth. – II (416).
PFLEIDERER, Christoph Friedrich (1736–1821), 1763 Re-

petent im Tübinger Stift, 1766 Prof. a. d. Militärakademie in Warschau, 1781 Prof. d. Mathematik u. Physik in Tübingen; Lehrer Hegels. – IVa 23, 24, 25, 31, 33, 35, 88, (281, 283 f., 285 f., 315).

PFUEL, Ernst Heinrich Adolf von (1779–1866), 1825 preuß. Generalmajor, 1848 Ministerpräsident. – III (397).

PHILIPSBORN; Redakteur (?) d. Preuß. Staatszeitung. – IVb 80, (123).

PHILLIPS, Georg (1804–1872), Rechtswissenschaftler, Germanist und Kanonist, habil. 1826 in Berlin, 1827 ao. Prof. d. Rechte in München. – III 218, (428).

PICCARD, Victor, aus Lausanne, Hörer Hegels in Jena. – IVa 86.

PICHLERS Erben; Handelshaus in München. – I 415.

PIEPER, wahrscheinlich Hauslehrer der Söhne Hegels in Berlin. – II 364.

PILAT, Josef Anton Edler von (1782–1865), Privatsekretär bei *Metternich, seit 1811 Redakteur des „Österr. Beobachters". – I (492).

PINDAR (ca. 518– nach 446 v. Chr.), griech. Lyriker. – I 110, (461); - II 159.

PINNER (Name nicht sicher), Dr. med. in Jever. – III 290, (452).

PINNER, C.M., stud. med. in Berlin, Hörer Hegels. – IVa 176, (349).

PINTER, Hörer Hegels in Berlin, WS 1827/28. – IVa 125, (332).

PISARONI, Benedetta Rosamonda (1793–1872), ital. Opernsängerin. – III 191 f., 193, 195 f.

PIUS VII. (vorher Barnaba Gregorio Graf Chiaramonti) (1740 –1823), seit 1800 Papst, in ständige Auseinandersetzungen mit *Napoleon verwickelt, zeitweise in Gefangenschaft. – II 71; - III (371, 390).

PLATNER, Ernst (1744–1818), 1770 ao. Prof. d. Medizin in Leipzig, 1780 o. Prof., hielt auch philosoph. Vorlesungen. – I 229, (483).

PLATON (427–347 v. Chr.), griech. Philosoph. – I 76, 87, 209, 317, 387, 428, (497); - II 157, 266, 289, 302, (453, 488, 493); - III 19, 76, 82, 100, 123, 156, 170, 173, 222 f., 227 f., 263, 288, 300, 351, 352, (375, 378, 379, 404, 443); - IVa 24, 128; - IVb 20, 60 f.

PLEHWE, Hans Rudolf von, preuß. Offizier, Freund Fr. *Försters. – II (470).

PLITT, Gustav Leopold (1836–1880), ev. Theologe, Kirchen-

historiker. – I 434 ff., 438, 440, 444, 447 f., 450, 453, 466 ff., 471, 477, 494, 513); - III (399); - IVa (344).
PLOTIN (203/4–269/70 n. Chr.), alexandr. Philosoph, Neuplatoniker. – II 289, (488 f.); - III 19, 162, 288, (368, 451); - IVb 61.
PLOUCQUET, Gottfried (1716–1790), 1750 Prof. d. Logik u. Metaphysik in Tübingen, 1778/79 an der Stuttgarter Militärakademie, seit 1782 erkrankt. – I (489); - IVa 23, 24, 30, (273, 283 f.).
PLOUCQUET, Wilhelm Gottfried (1744–1814), Sohn des Vorigen, 1766 Dr. med. in Tübingen, 1782 Prof. d. Medizin daselbst. – IVa 50.
PLUTARCH (ca. 46–ca. 125 n. Chr.), griech. Schriftsteller. – III 81, (379); - IVa 48, (295 f.).
PÖGGELER, Otto. – IVa (315, 326); - IVb (93, 104, 110, 115).
PÖPPEL, Bernhard (1648–1705), Pflugwirt und Ratsherr in Tübingen, Vorfahre Hegels (Stammbaum Nr. 22). – IVa 4.
PÖPPEL, Sabine, geb. Erbe (geb. 1643), Vorfahrin Hegels, Gattin des Vorigen. – IVa 4.
POGWISCH, Ulrike Freiin von (1804–1899), Schwester der Ottilie v. *Goethe. – III 205.
POHL, Georg Friedrich (1788–1849), 1810 Mathematiklehrer am Stettiner Gymnasium, 1820 Gymnasialprof. in Berlin, dort Hörer Hegels, 1829/32 zugleich Extraordinarius in Berlin, dann Prof. d. Physik in Breslau. – III 251, (394, 439).
POLIGNAC, Jules Auguste Armand Prince de (1780–1847), frz. Staatsmann, Gegner *Napoleons, Vertreter der Restauration, 1829 Außenminister u. Ministerpräsident. – III 310, (456).
POMPEJUS, Gnaeus (106–48 v. Chr.), röm. Feldherr u. Staatsmann. – III (382).
POPPO, Ernst Friedrich (1794–1866), Philologe; 1818 Gymnasialdirektor in Frankfurt/Oder; bekannt durch eine vielbändige Thukydides-Ausgabe. – II 157, (417).
PORPHYRIUS (232/33–304 n. Chr.), antiker philos. Schriftsteller, Schüler *Plotins. – III (368).
POSSELT, Ernst Ludwig (1763–1804), Historiker. – IVa 86, (312).
POUSSIN, Nicolas (1594–1665), frz. Maler. – III 94.
PRANTL, Karl von, Philosoph. – I (478, 500).
PREUSSEN, König von siehe *Friedrich II.; *Friedrich Wilhelm II.; *Friedrich Wilhelm III.
PREUSSEN, Kronprinz von siehe *Friedrich Wilhelm IV.

PREUSSEN, Kronprinzessin von siehe *Elisabeth von Bayern.
PREUSSEN, Prinz von siehe *Louis Ferdinand; *Wilhelm.
PREUSSEN, Prinzessin von siehe *Wilhelmine.
PRIEM, Johann Paul. – I (493, 495, 510); - III (399).
PROKLOS (410–485 n. Chr.), griech. Philosoph, Neuplatoniker. – II 231, 265 f., 288, 290, 294, 302, 315, (452 f., 488 f.); - III 76, 82, 100, 108, 148, 156, 173, 227, 351, (378).
PROECK, Wilhelmine von, geb. von Ende, verw. von Sinclair (gest. 1815), lebte nach dem Tode ihres zweiten Gatten bei ihrem unverheirateten Sohn I. v. *Sinclair. – I 34, 165, 322, 332, 355, 396.
PROPERZ (ca. 50–16 v. Chr.), röm. Dichter. – I 248.
PUCHTA, Georg Friedrich (1798–1846), Jurist; Schüler Hegels am Gymnasium in Nürnberg, 1820 Privatdoz. in Erlangen, 1823 ao., 1828 o. Prof. d. Rechte in München. – III 144, (403).
PURKINJE, Johannes (1781–1869), 1823 Prof. d. Physiologie u. Pathologie in Breslau, 1850 in Prag. – III 168, (397, 413, 415, 416 f.).
PYTHAGORAS (gest. 497/96 v. Chr.), griech. Philosoph u. Mathematiker. – I 336, (498); - II 4.

QUAST, Friedrich; Hauswirt oder Sohn des Hauswirts der Fam. Hegel in Heidelberg. – IVa 235, (363).

R., in Hegels Stammbuch. – IVa 163.
R(...), A(...), Base Hegels. – IVa 139.
R(...), F(...), Base Hegels. – IVa 139.
RAABE, Paul. – IVa (340).
RABENAU. – III 29.
RACINE, Jean Baptiste (1639–1699), frz. Dichter. – I (484).
RACLE aus Erlach/Schweiz. – I 26.
RADLOF, Johann Gottlieb (1775–1846), Sprachforscher, seit 1818 Prof. in Bonn, 1822 im Ruhestand, später in Berlin (dort 1823–1826 im Lehrkörper aufgeführt); Hegel soll ihn zur Sammlung seiner verstreuten Aufsätze aufgefordert haben. – IVb 60.
RADZIWILL, Anton Heinrich Fürst R. von Nieswiecz u. Olyka (1775–1833), seit 1796 Gemahl der Prinzessin Luise Friederike v. Preußen; sein Haus in Berlin ein Mittelpunkt des lite-

rarischen u. musikalischen Lebens; Hegel führte *Cousin dort ein. – III 352; - IVb 35, (106).
RAFFAEL (= Raffaello Santi) (1483–1520), ital. Maler. – II 356; - III 72, 187.
RAKOW, Schüler Hegels; um 1830 Justizkommissarius in Zedennick. – III 298, 336, (453, 466).
RAMANN, Gebrüder; Weinhandlung in Erfurt. – I 63, 67, 68, (444, 447 f.); - IVb 9, 12, 13, (95, 96, 97).
RAMER, Gottfried Christoph. – II (372).
RAMLER, Karl Wilhelm (1725–1798), dt. Dichter. – IVa (358).
RAPP, Ernst Friedrich (1806–1879), Tübinger Stiftler, 1835 Pfarrer in Enslingen, 1853 in Untermünkheim, 1860 in Schömberg; Freund von D. Fr. *Strauß. – I (442).
RAPP, Gottlob Heinrich von (1761–1832), Kaufmann in Stuttgart; besaß großes Kunstverständnis, Freund *Dannekkers u. *Schillers, später auch *Goethes; Schwiegervater von S. *Boisserée; bekannt als Kunstschriftsteller, erwarb sich bedeutende Verdienste um die Pflege der Kunst in Württemberg. – I 69.
RASOR, A., Bekannter Ludwig *Fischers in Stuttgart. – IVa 240, (363).
RASPE, Verlagsbuchhandlung in Nürnberg, gegr. durch Gabriel Nikolaus R. (1712–1785). – II 79.
RASSMANN, Georg Wilhelm (1781–1859), 1820 Prof. d. Philos. in Gent, 1835 auch Prof. d. griech. Lit. – IVb 64.
RATH, Hanns Wolfgang. – IVa (249).
RAU, Gottlieb Friedrich (1766–1829), Stipendiat in Tübingen, 1787 Magister, 1793 Repetent, 1798 Pfarrer in Urach. – IVa 60, 61, 65, 68, 69.
RAU, Karl Friedrich (1773–1842), Stipendiat in Tübingen, 1793 Magister, 1803 Diakon in Schwaigern, 1810 Pfarrer in Bezgenriet, 1817 in Altheim b. Ulm. – IVa 50.
RAUBER, gleichzeitig mit Hegel Hauslehrer in der Schweiz. – I 26.
RAUCH, Christian Daniel (1777–1857), Bildhauer, Prof. in Berlin. – III 136, 238, (401).
RAUMER, Friedrich Ludwig Georg von (1781–1873), stud. jur. in Halle u. Göttingen, dann preuß. Staatsbeamter, 1811 Prof. d. Geschichte in Breslau, 1819 Prof. d. Staatswissenschaften und Geschichte in Berlin; bekannt als Historiker der Hohenstauferzeit. – II 96, 104, (397 ff., 403, 404, 409, 427, 448); - III 139, 187, 189, 191, 230, 295, 300, 352, (394, 418, 419, 421, 439); - IVa (337); - IVb (110).

RAUMER, Louise von, geb. von Görschen, seit 1811 Gattin des *Friedrich Ludwig Georg v. R. – III (418).

RAUPACH, Ernst Benjamin Salomo (1784–1852), dramatischer Dichter; 1816/22 Prof. in Petersburg, lebte danach in Berlin; mit Hegel, der auch über ihn schrieb, in persönlichem Umgang. – III 144, (387, 403).

RAUTENSTRAUCH. – IVa 164.

RAVENSTEIN, Schüler Hegels, 1829 preuß. Premierleutnant. – III 250, 254, 271, 284, (439, 440, 445, 450).

REBMANN, Andreas Georg Friedrich von (1768–1824), polit. Schriftsteller, 1816 Präsident des bayer. Appellationsgerichts für den Rheinkreis in Kaiserslautern, dann in Zweibrücken. – II 153, (416).

REBSTOCK, Vertreter einer Weinhandlung aus Bordeaux. – II 221.

RECK, Johann Konrad, Kaufmann in Nürnberg; in dessen Haus wohnte 1808/10 die Familie *Paulus. – I 250.

RECKE, Charlotte Elisabeth Konstantia von der, geb. Gräfin von Medem (1756–1833), dt. Dichterin u. Schriftstellerin. – II (503).

REDLICH, Karl. – III (434).

REGULUS, Marcus Atilius (3. Jh. v. Chr.), röm. Konsul u. Feldherr. – II 360.

REHBERGER, Gottlieb Andreas (1768–1817), 1797 Prof. d. Philologie am Nürnberger Gymnasium, später Kollege Hegels. – I (507); - II (371); - IVa 184, 185, 186, 195, 201, (324, 352).

REICHARDT, Johann Friedrich (1752–1814), Musikschriftsteller u. Komponist. – I (451).

REICHLIN-MELDEGG, Karl Alexander Frh. von (1801–1877), seit 1840 Prof. d. Philos. in Heidelberg; als Freund von H. E. G. *Paulus veröffentlichte er dessen Nachlaß u. schrieb dessen Biographie. – I 376, (502, 506 ff.); - II 24, (375, 376, 379, 381, 387, 393, 396, 404, 408, 411, 412, 414, 428).

REICHSTADT, Napoleon Franz Josef Karl Herzog von (1811–1832), einziger Sohn *Napoleons, am österr. Hof erzogen. – III 68 f.

REICKE, Emil. – IVa (321).

REIMER, Georg Andreas (1776–1842), seit 1800 Inhaber der Realschulbuchhandlung in Berlin; 1805/13 in seinem Haus Treffpunkt der geistigen Gegner *Napoleons, 1813 Freiwilliger in den Befreiungskriegen, 1819 wegen demagogischer Umtriebe verdächtigt. – II (434, 436); - III 120, 299, 311,

316, 317, (377, 399, 457 f., 459); - IVb 73, 74, 76, 77, (118, 119, 121, 122).
REINDL, Buchdrucker in Bamberg. – I (461).
REINER, Gregor Leonhard (1756–1807), Prämonstratensermönch, 1781 Prof. d. Philos., später auch d. Geschichte in Ingolstadt, 1800 in Landshut. – I 158.
REINHARD, Franz Volkmar (1753–1812), 1780 Prof. d. Philos. in Wittenberg, 1791 Oberhofprediger u. Kirchenrat in Dresden. – III 292.
REINHARDT, Christine, geb. Reimarus (1773–1815), seit 1796 Gattin des *Karl Friedrich R. – I (487).
REINHARDT (frz. Reinhard), Karl Friedrich (1761–1837), Stipendiat in Tübingen, 1780 Magister, 1783 Vikar in Balingen, 1786 Hauslehrer in der Schweiz, 1787 in Frankreich; rascher Aufstieg als Diplomat, während der Regierung des Direktoriums kurze Zeit frz. Außenminister, unter *Napoleon Gesandter; bekannt durch seine Freundschaft mit *Goethe, auch als Übersetzer lat. Dichter (*Tibull, *Properz) hervorgetreten. – I 11, 187, (433); - II (474 f., 485, 504); - III 92; - IVa (266, 268, 274, 280, 281 f., 284, 285, 286 f., 288, 296 f.).
REINHOLD, Johann Gotthard (1771–1838), Schüler der Karlsschule in Stuttgart, Kaufmann, dann in niederl. Kriegsdienst, 1809 Gesandter in Berlin, später Gesandter in Rom. – II (386).
REINHOLD, Karl Leonhard (1758–1823), zunächst Angehöriger des Barnabitenordens in Wien, trat dann zum Prostestantismus über, wurde Schwiegersohn *Wielands, 1787 Prof. d. Philos. in Jena, 1794 in Kiel; bildete *Kants Lehre weiter zu einer Theorie des Vorstellungsvermögens. – I 12, 16, 21, 63, 80, (436, 445, 452, 459); - II 186, 321 f., 328 f., (401, 498); - III 3, 12 f., 79; - IVa 94.
REISIG, Agatha, Base Hegels in Tübingen. – IVa 139.
REISIG, Karl Christian (1792–1829), 1820 ao. Prof., 1824 o. Prof. d. Philologie in Halle. – III 87.
REIZENSTEIN, Sigmund Karl Johann von (1766–1847), seit 1789 in badischem Staatsdienst, 1790 Kammerherr, 1796 bad. Gesandter in Paris, 1803 Kurator der Univ. Heidelberg, 1809 Staats- u. Kabinettsminister; nach 1815 als Privatmann an der Zurückdrängung der Demagogenverfolgung in Heidelberg beteiligt; seit 1818 wieder bad. Staatsbeamter, 1832 Präsident des Staatsministeriums. – I 102, 103 f., 104, 128, 139, 174; - II 77, 94, 108, 127, 133, 168, (396).
REMBOLD, Ludwig (1785–1844), Prof. d. Philos. in Wien,

1835 seines Lehramtes enthoben wegen allzu freier Meinungsäußerung; später Privatlehrer in Znaim, stud. noch 1839 Medizin u. starb als praktischer Arzt. – III 65.

REMBRANDT, eigentl. R. Harmensz. van Ryn (1606–1669), niederl. Maler. – II 362.

RÉMUSAT, Jean Pierre Abel (1788–1832), 1814 Prof. d. chinesischen u. Mandschursprache am Collège de France. – III 189, (428); - IVb 61, (115).

REMY, H., Buchdrucker u. Verleger in Brüssel. – III 106.

RENÉE, Amédée (1808–1859), frz. Publizist. – IVb (113).

RENZ, Karl Christian (1770–1829), Kompromotionale Hegels im Tübinger Stift, 1795 Vikar in Maulbronn, 1797 Repetent in Tübingen, 1803 Diakon in Lauffen, 1819 Stadtpfarrer in Weilheim. – I 12, 13, 18, 23, 25, 28, 33, 34; - IVa 18, 28, 33, 36, 45, 46, 49, 55, (274 f., 281, 285, 300).

RETZ, Jean François de Gondy, Kardinal de (1613–1679), Erzbischof von Paris, Gegenspieler Mazarins. – IVa 206, (358).

REUSS, Jeremias David (1750–1837), zunächst Kustos an der Universitätsbibliothek u. Privatdoz. in Tübingen, 1782 ao. Prof. d. Philos. in Göttingen, 1785 o. Prof. d. Gelehrtengeschichte, 1803 Hofrat, 1814 Oberbibliothekar. – III 320.

REYSCHER, August Ludwig (1802–1880), Jurist, Sohn des *Karl Ludwig R. – IVa (272).

REYSCHER, Karl Ludwig (1770–1837), angeheirateter Vetter Hegels u. sein Kompromotionale im Tübinger Stift, 1793 Hauslehrer in Urach, 1795 Pfarrer in Unterriexingen. – IVa 18, 28, 36, 45, 137, (285).

RICHERAND, Balthasar Anthelme (1779–1840), frz. Physiologe u. Chirurg. – IVb 83, (125).

RICHTER, aus Dresden; mit Ludwig *Fischer Soldat in holländischen Diensten. – IVa 241.

RICHTER, Jean Paul Friedrich (Pseudonym: Jean Paul) (1763–1825), Dichter u. Kritiker der Goethezeit; stud. 1781/84 in Leipzig, zunächst als Lehrer tätig; lebte 1798/1800 in Weimar, seit 1804 in Bayreuth. – I (504, 513); - II 8, 76, 156.

RIECHM(. . .), Tischler in Berlin. – IVa 208.

RIECKE, Johann Viktor Ludwig (1771–1850), Sohn des *Ludwig Heinrich R.; Mitschüler Hegels am Stuttgarter Gymnasium; 1807 Amtsarzt in Stuttgart, 1842 Medizinalrat. – IVa 16.

RIECKE, Ludwig Heinrich (1729–1787), Stadt- u. Amtsarzt

in Stuttgart, seit 1785 auch Prof. d. Medizin an der Hohen Karlsschule. – IVa 9, 10, 12.
RIECKE, Sophia Luisa, geb. Fromm (1734–1804), Tochter des Johann Ludwig *Fromm, Gattin des *Ludwig Heinrich R. – IVa 11.
RIEDESEL, Baron von; bei ihm war *Schelling Hofmeister. – I 35.
RIEGEL, von; in München. – II 68.
RIEGER, Karl Heinrich (1726–1791), stud. am Tübinger Stift, 1750 Repetent daselbst, 1757 Hofkaplan in Stuttgart, 1779 Hofprediger, 1783 Stiftsprediger u. Konsistorialrat. – IVa 18, 29.
RIEMANN, Burschenschaftler. – II (441).
RIEMER, Friedrich Wilhelm (1774–1845), stud. bei *Wolf in Halle klass. Philologie, 1801 Erzieher im Hause W. v. *Humboldts, 1803/12 Erzieher A. v. *Goethes u. Sekretär J. W. v. *Goethes; später Privatgelehrter u. Gymnasialprof. in Weimar; besorgte mit *Eckermann Goethes Nachlaß. – I 338, 341; - II 34, 72, 89, 92 f., 124, 156, (377); - III 204, (401).
RIETHMÜLLER, R. H. – IVa (343).
RINTEL, Wilhelm. – III (381).
RIST, Johann Georg (1775–1847), Diplomat u. dänischer Staatsbeamter; gehörte während seines Studiums in Jena zum „Bund der freien Männer“. – I (453).
RITTER, Heinrich Julius (1791–1869), Philosophiehistoriker; stud. in Halle, Göttingen u. Berlin, dort Schüler *Schleiermachers, habil. 1817, 1824 ao. Prof. d. Philos. in Berlin, 1833 o. Prof. in Kiel, 1837 in Göttingen. – III 138, 228, (403, 441).
RITTER, Johann Philipp (gest. 1813), Arzt in Bamberg. – I 162, 170, 181.
RITTER, Johann Wilhelm (1776–1810), bedeutender Naturwissenschaftler; stud. u. privatisierte seit 1795 in Jena, 1804 Mitgl. d. Bayer. Akad. d. Wiss.; Entdecker auf den Gebieten der physiolog. Elektrizität, des Galvanismus u. der Elektrolyse etc. – I 77 f., 85 f., 134 f., 151, 161, 173, 213, 221 f., 223, (466 f., 473, 481).
RITTER, Josef Ignaz (1787–1857), kath. Theologe, 1818/21 Kaplan in Berlin, 1823 Prof. d. Kirchengeschichte in Bonn. – III 115.
RITTER, Karl (1779–1859), 1820 Prof. d. Geographie in Berlin; neben A. v. *Humboldt Neubegründer der wissenschaftl. Erdkunde. – II 218, 231, (443); - III 45, (394).
RITTERSHAUSEN, Josef Sebastian von (1748–1820), 1770

Priester u. Klosterbibliothekar, später Geistl. Rat u. Prof. d. Philos. in München, zuletzt freier Schriftsteller u. Maler. – I 231, (483).
RITZEL, Wolfgang. – IVb (111).
RIVAROL, Antoine de (1753–1801), frz. Schriftsteller, Journalist u. Kosmopolit. – II 194, (428).
RIXNER, Thaddeus Anselm (1766–1838), Benediktinermönch, 1792 Doz. d. Philos. in Freising, 1802 Gymnasialprof. in Amberg, 1805 in Passau, 1809 wieder in Amberg. – III 284, 338, (450, 467).
ROBERT, Ernst Friedrich Ludwig (1778–1832), jüngerer Bruder der Rahel *Varnhagen; 1813/14 Attaché bei der russ. Gesandtschaft in Stuttgart; später in Berlin verkehrte Hegel in seinem Haus. – III (463, 475); - IVa (339, 346, 347).
ROBERT, Friederike, geb. Braun (1795–1832), seit 1822 Gattin des *Ernst Friedrich Ludwig R. – III 223, 361, (475).
ROEDIGER, Georg Ludwig Julius Konrad (1798–1866), 1818/19 in Jena Führer der Burschenschaften, Teilnehmer am Wartburgfest; dann Privatdoz. in Berlin, Anhänger *Schleiermachers u. *Jahns, 1820 aus Preußen ausgewiesen; 1824 Prof. am Gymnasium in Frankfurt/M. – II (435, 456).
RÖDING, Dr., um 1805 in Jena. – I 104.
ROEPELL, Richard. – III (438).
RÖSCHLAUB, Andreas (1768–1835), 1796 Prof. d. Medizin in Bamberg, 1802 in Landshut, 1804 Medizinalrat, 1826 Prof. in München; vertrat zuerst nachdrücklich das *Brownsche Heilsystem, wandte sich dann der Naturphilosophie zu, schließlich verwarf er beide Lehrmeinungen. – I 102 f., (444, 450, 458); - IVb 10.
RÖSEL, Johann Gottlob Samuel (1768–1843), Landschaftsmaler u. Zeichner, 1794 Lehrer für Ornamentzeichnen an der Berliner Bauschule, 1802 Prof., zwischen 1804 u. 1820 mehrere Italienreisen; mit Hegel u. *Goethe verband ihn enge Freundschaft. – III 9, 93, 120, 133, 135 f., 181, 308, (366, 382, 400, 401, 456, 469); - IVa 220; - IVb 59, 65, 82, (114).
RÖSLER, Christian Friedrich (1736–1821), Historiker, 1763 Repetent am Tübinger Stift, danach Diakon in Vaihingen, 1777 o. Prof. d. Geschichte in Tübingen. – IVa 23, 24, 32, 34, (269, 273, 283 f.).
ROESLER, Johann Peter Christoph (1769–1814), Stipendiat in Tübingen, 1789 Magister, 1806 Diakon in Dettingen. – IVa 144.
RÖSSLER, Mitarbeiter *Niethammers in München. – I 284.

RÖSSLIN, Christian Gottlieb d. Ä. (gest. 1726), Hof- u. Kanzleibuchdrucker in Stuttgart. – IVa (252).
RÖSSLIN, Christoph Heinrich (1767–1831), Stipendiat in Tübingen, 1788 Magister, 1804 Diakon, 1809 Pfarrer in Lorsch, 1819 in Bermaringen u. Temmenhausen. – IVa 152.
RÖTHER, Johann Wilhelm (1766–1817), 1784 stud. theol. in Halle, 1789 Hofmeister in d. frz. Schweiz, 1794 als stud. jur. immatr. in Tübingen, 1796 Pfarrer in Aglasterhausen (Baden). – IVa 160.
RÖTSCHER, Heinrich Theodor (1803–1871), Kritiker u. Ästhetiker; Hörer Hegels in Berlin, 1825 Privatdoz. daselbst, später Gymnasialprof. in Bromberg, seit 1845 als Kritiker der Spenerschen Zeitung in Berlin. – III (438).
ROGIER, L. J. – II (473 f.); - III (438).
ROMANI, Clemente, Verfasser eines ital. Wörterbuches (1786). – IVa (359).
ROMANZOW (= Rumjanzow), Nikolaj Petrowitsch (1754–1826), 1807/09 russ. Außenminister. – I 244.
ROSE; Schüler Hegels in Berlin, promov. 1829. – III (450).
ROSÉE, Kaspar Aloys Reichsgraf von siehe *Larosée.
ROSEN, Friedrich August (1805–1837), stud. in Berlin, Hörer Hegels, 1827/31 Prof. d. Orientalistik in London, dann Sekretär der Asiatischen Gesellschaft; bekannt durch die Edition der Algebra des Mohammed ben Musa u. seiner Sanskrit-Studien. – III 223; - IVb 63, (116).
ROSEN, Gerd, Autographenhändler. – IVa (362).
ROSENBERG, Elisabeth Regina (1772–1838), Tochter von J. G. *Hamann, verh. mit dem Arzt Fritz R. – IVb 85, 87, (126).
ROSENBERGER, Magdalena Katharina (1774–1849), Tochter von J. G. *Hamann, verh. mit Christian R. – IVb 84, 126).
ROSENBERGER, Otto August (1800–1890), Sohn der *Magdalena Katharina R.; Astronom, seit 1831 o. Prof. in Halle. – IVb (126).
ROSENHAYN, Eleonora Karolina Freiin von, geb. Haller von Hallerstein (1777–1853), seit 1798 Gattin des österr. Generalmajors Gustav Ludwig Moritz v. Rosenhayn; Tante der Marie *Hegel. – III 130, 134, (383, 444, 451).
ROSENKRANZ, Johann Karl Friedrich (1805–1879), stud. phil. in Berlin, Halle u. Heidelberg, Hörer Hegels, habil. 1828 in Halle, 1831 ao. Prof. d. Philos., 1833 o. Prof. in Königsberg; versuchte in zahlreichen Schriften, die Gedanken Hegels auf die verschiedensten Wissens- u. Lebensbereiche anzu-

wenden; an der Gesamtausgabe der Werke Hegels 1832 ff. war er als Herausgeber beteiligt, schrieb dazu als Anhangsband „Hegels Leben“ 1844. – I (434 f., 437, 439, 441, 443 f., 451 f., 454, 458, 461, 463, 468, 493, 502, 507 f.); - II (371, 397, 404, 413, 415, 423, 487, 491, 504, 505, 508); - III (371, 374, 376, 382, 400, 428, 434, 447, 456, 458, 461, 469, 475); - IVa (263, 268, 273, 281 f., 289, 296, 303, 304, 305, 308, 314, 320, 339, 340, 343, 349 f., 360 f.); - IVb (91, 111, 124, 125).

ROSENZWEIG, Franz (1886–1929). – I (435, 439).

ROSSINI, Gioacchino Antonio (1792–1868), ital. Komponist. – III 55 f., 59 f., 64, 68, 71, 195, (374, 421).

ROTENHAN, Gräfin von, in Bamberg, u. deren Töchter. – I 171.

ROTH, Karl Johann Friedrich (1780–1852), stud. jur. in Tübingen, promov. 1801, dann 1802 Konsulent der Reichsstadt Nürnberg, 1808 Finanzrat für den Pegnitzkreis, 1810 Oberfinanzrat in München, 1817 Ministerialrat, 1828 Präsident des protest. Oberkonsistoriums; in München gehörte er zum Freundeskreis um *Niethammer, *Thiersch u. *Jacobi; Herausgeber der ersten *Hamannausgabe. – I 245, 270, 293 f., 345, 349, 357, 366, 383, 388, 415; - II 29 f., 39, 47, 62, 72, 142, 153, 172, 176, 193 f., 213, 244, 272, 295, 325, 337, (383, 431, 471); - III 116, 145, 175, (415, 439); - IVb 85, (126).

ROTH, Karl Ludwig (1790–1868), Bruder von *Karl Johann Friedrich R., stud. theol. in Tübingen, dann Lehrer am Gymnasium in Stuttgart, 1821 Gymnasialdirektor in Nürnberg, 1843 Gymnasialprof. in Stuttgart, 1850 Direktor. – II 296.

ROTH, Katharina, geb. Merkel (gest. 1842), seit 1809 Gattin des *Karl Johann Friedrich R. – I 293, 349, 357, 366; - II 12, 30, 39, 62, 213, 244, 325.

ROTH, Martha, geb. Merkel, seit 1821 Gattin des *Karl Ludwig R. – II 296.

ROTHACKER, Ferdinand Wilhelm Friedrich (1770–1830), Kompromotionale Hegels in Tübingen, 1793/97 Pfarrverweser in Hausen, Deckenpfronn u. Gültstein, 1797 Pfarrer in Kieselbronn b. Pforzheim. – IVa 18, 28, 36, 49, 50, 144, (285).

ROTTMANNER, Karl (1784–1824), bekannt durch seine Dialektdichtung u. Herausgabe bayer. Volkslieder. – I 204, 210, (478).

ROUSSEAU, Jean Jacques (1712–1778), frz. Schriftsteller u. Kulturphilosoph. – III 191; - IVa 154.

ROUX, Jakob Wilhelm Christian (1775–1831), Maler, Zeichner u. Radierer; lebte in Weimar, bekannt mit *Goethe; später Zeichenlehrer u. Prof. an der Univ. Heidelberg. – III 252, 253, 273, 279, (439, 440).

ROVIGO siehe *Savary.

ROWE, Nicholas (1674–1718), engl. Dramatiker, Herausgeber *Shakespeares. – III 371.

ROYER-COLLARD, Pierre Paul (1763–1845), Schriftsteller, Philosoph u. Staatsmann; bis 1828 Prof. d. Philos. an der Sorbonne, von *Cousin vertreten, Führer der liberalen Opposition in der Deputiertenkammer, 1827 dort Präsident. – III 92, 227, 352.

RUBENS, Peter Paul (1577–1640), niederl. Maler. – II 359.

RUBINI, Giovanni Battista (1795–1854), ital. Sänger. – III 54, 56, 71.

RUBINO, Josef (1799–1864), seit 1821 Privatgelehrter in Kassel, 1832 Doz. in Marburg, 1843 Prof. d. Geschichte u. Philologie. – III 97, (382).

RUDOLPHI, Karl Asmund (1771–1832), 1797 Prof. d. Medizin in Greifswald, 1810 Prof. d. Anatomie in Berlin. – II (401).

RUDOLSTADT, Fürst von siehe *Ludwig Friedrich II.

RUDOLSTADT, Fürstin von siehe *Karoline.

RÜCKERT, Friedrich (1788–1866), dt. Dichter u. Orientalist. – III (397); - IVb 82, (124).

RÜCKERT, Josef (1771–1813), Prof. d. Philos. in Würzburg; Gegner der spekulativen Philosophie. – I 71, (449); - IVb 6, (93).

RÜDT von Collenberg, Sophie, geb. von Truchseß; Verwandte des Christian v. *Truchseß. – IVa 235.

RUEFF, Georg Christoph Friedrich (1768–1818), Stipendiat in Tübingen, 1788 Magister, 1801 Pfarrer in Ödenwaldstetten, 1812 in Neckargartach, 1816 in Geifertshofen. – IVa 149, 166, (343).

RÜHLE von Lilienstern, Johann Jakob Otto August (1780–1847), preuß. General, seit 1813 in *Blüchers Generalstab, 1822 Chef des Großen Generalstabes, 1826 Direktor der Militärstudienkommission, 1844 Generalinspekteur; als Schriftsteller auf verschiedensten Gebieten tätig; Gegner Hegels. – II (469); - III (446).

RÜMMELIN (Rümelin), Johann Christian Benjamin (1769–1821), Kompromotionale Hegels in Tübingen, im Frühjahr 1790 aus dem Stift entlassen, später Bürgermeister in Herrenberg u. Bopfingen. – IVa 18, 28.

RÜTTE, David von, Schulmeister oder Schreiber in Bern, vermittelte Hegel die Hofmeisterstelle bei dem Hauptmann von *Steiger. – I 4, 5, (433).
RUGE, Arnold (1802–1880), stud. in Berlin, Hörer Hegels, wegen seiner Zugehörigkeit zur Burschenschaft in Haft, 1832 habil. in Halle; als Herausgeber verschiedener Zeitschriften Wortführer der Junghegelianer. – III (472).
RUHLAND, Reinhold Ludwig (1786–1827), 1814/17 Adjunkt bei der Münchener Akademie d. Wiss.; Verfasser versch. Schriften über Galvanismus, Elektrizität u. Chemismus. – II 158.
RULAND, C. – II (419).
RUMFORD, Sir Benjamin Thompson Graf von (1753–1814), amerik. Physiker, seit 1784 in bayer. Dienst. – I 193.
RUMOHR, Karl Friedrich Ludwig Felix von (1785–1843), Kunsthistoriker u. Schriftsteller, einer der Begründer der dt. Kunstwissenschaft. – II 206.
RUOFF, Adolf Karl Maximilian (ca. 1733–1809), 1764 Regierungsrat, 1788 Konsistorialdirektor in Stuttgart. – IVa 18, 29, 46, 53, 60, 63, (294, 302, 306); - IVb 8, (94).
RUPPERT, Hans. – IVa (345 f.).
RUSS, Karl (1779–1843), österr. Historienmaler, 1818 Kustos an der k. k. Gemäldegalerie im Belvedere, 1824 erster Kustos an der k. k. Galerie in Wien. – III 64, 66, 310.
RUSSLAND, Großfürstin von siehe *Maria Paulowna.
RUSSLAND, Kaiser von siehe *Alexander I.
RUST, Isaak (1796–1862), stud. phil. u. theol. in Heidelberg, Hörer Hegels, 1818 Lehrer in Speyer, 1820 Pfarrer in Ungstein, 1827 reformierter Prediger in Erlangen, habil. dort 1828, 1831 Prof. d. Philos., 1833 Konsistorialrat in Speyer, 1846 beim Oberkonsistorium in München, 1851 Ministerialrat im bayer. Kultusministerium. – II (488); - III 95, 101, 112, 157, 171, 230, 231, 240, 278, (382, 384 f., 388, 407, 414, 430 ff., 437, 448).
RUTHENBERG, Hörer Hegels im WS 1828/29 in Berlin. – IVa 126, (333).

S(. . .), F(. . .), Freundin Hegels in der Tübinger Studentenzeit. – IVa 140.
SACCHINI, Antonio Maria Gasparo (1730–1786), ital. Opernkomponist. – III (420).
SACHSEN, König von siehe *Friedrich August I.
SACHSEN-WEIMAR, Erbprinz von siehe *Karl Friedrich.

SACHSEN-WEIMAR, Erbprinzessin von siehe *Maria Paulowna.
SACHSEN-WEIMAR, Großherzog von siehe *Karl August.
SACHSEN-WEIMAR, Großherzogin von siehe *Luise Augusta.
SACK, Karl Heinrich (1789–1875), 1818 Prof. d. Theol. u. Pfarrer in Bonn, Freund *Schleiermachers, 1846 Mitgl. der preuß. Generalsynode, 1847/60 Konstistorialrat in Magdeburg. – III (412).
SACKREUTER, L. – III (388).
SAINT PIERRE, Jacques Henri Bernardin de (1737–1814), frz. Schriftsteller. – II 320, (498).
SALAT, Jakob (1766–1851), kath. Theologe, geriet in den Verdacht der Aufklärerei, mußte sich einer geistl. Untersuchung unterwerfen; 1802 Prof. am Lyzeum u. Kollege *Weillers in München, 1807 Prof. d. Philos. in Landshut, 1827 Privatgelehrter; Anhänger u. Schüler *Jacobis, Gegner *Schellings u. Hegels, mit *Weiller u. *Berg Führer der altbayer. Aufklärungspartei. – I 113, 116, 184 f., 206, (450, 460, 478); - II (392); - III (397); - IVb 18.
SALDERS, Dr., um 1825 Bürgermeister in Aachen. – IVa 241.
SALDERS, Friedrich, Sohn des Vorigen; Kaufmannsgehilfe in Stuttgart. – IVa 241, (363).
SALING, J. A., Hörer Hegels in Berlin. – III 112, (388).
SALIS-MARSCHLINS, Karl Ulysses von (1760–1818), Naturforscher. – I (466).
SALOMON, biblisch. – II 249; - III 282; - IVa 24; - IVb 40.
SAMSON (Simson), biblisch. – II 171.
SAMSON, Joseph Isidore (1793–1871), frz. Schauspieler. – III (419).
SAND, Frau, Mutter des *Karl Ludwig S. – II (445 f.).
SAND, Karl Ludwig (1795–1820), stud. theol. in Jena, löste durch den Mord an *Kotzebue die Demagogenverfolgung aus, 1820 hingerichtet. – II 215, (432, 434 ff., 444, 450, 458 ff., 462 f., 488).
SANDBERGER, Jörg. – IVa (266, 279, 293).
SANTA-ROSA, Graf von (1783–1824), Haupt der piemontesischen Revolution, Freund *Cousins. – III 91, (376 f., 382).
SAPHIR, Moriz Gottlieb (1795–1858), berühmt u. gefürchtet als Verfasser satirischer Aufsätze und skandalöser Kritiken (Skandal um die Sängerin H. *Sontag), begründete 1826 die „Berliner Schnellpost für Literatur, Theater u. Geselligkeit", 1827 den „Berliner Courier", 1829 in München. – III (403, 448); - IVb 60, (114).

SARTORIUS, Christoph Friedrich (1701–1785), 1728 Repetent im Tübinger Stift, 1733 Präzeptor in Bebenhausen, 1747 Stadtpfarrer in Ludwigsburg, 1755 Prof. d. Theol. in Tübingen; Verfasser theol. Lehrbücher. – IVa 37, (290, 293).

SARTORIUS, Johann Karl Friedrich (ca. 1767–1805), Stipendiat in Tübingen, 1788 Magister, starb als Vikar. – I (468); - IVa 151.

SATTLER, Christina Margaretha, geb. Hegel, verw. Böhm (gest. 1788), Ehefrau d. Geheimen Archivars Christian Friedrich S. (1705–1785), Taufpatin von Hegels Bruder *Georg Ludwig. – IVa 10, 11.

SAUERLÄNDER, Heinrich Remigius (1776–1847), seit 1808 Buchhändler in Aarau (Schweiz). – IVb 29.

SAULUS siehe H. E. G. *Paulus. – I 65; - III 17, 80.

SAVARY, Anne Jean Marie René (1774–1833), seit 1807 Herzog von Rovigo, General u. Polizeiminister *Napoleons. – IVb 66, (117).

SAVIGNY, Friedrich Karl von (1779–1861), habil. 1803 in Marburg, ao. Prof. d. Rechte, 1808 Prof. d. röm. Rechts in Landshut, 1810 in Berlin, Mitgl. d. preuß. Akad. d. Wiss., 1812/14 Rektor der Univ.; Freund *Niebuhrs u. *Eichhorns, Haupt der histor. Rechtsschule, einer der bedeutendsten Juristen des 19. Jhs. – I 83; - II 177, 210, 331, (400 f., 424, 436, 445, 499, 502); - III 352, (440, 442).

SCHAD, Johann Baptist (1758–1834), 1799 Doz. d. Philos. in Jena, 1802 Prof., 1804 in Charkow, 1816 aus Rußland ausgewiesen, dann vorübergehend in Berlin, 1820 Extraordinarius in Jena. – I 74; - IVa 83.

SCHÄFER, Werkmeister in Heidelberg. – I 104.

SCHÄFER, Johann Adam (1756–1840), 1778 Inspektor des Alumnats in Ansbach, später Magister in Erlangen, 1789 Lehrer, 1795 Konrektor u. 1809 Rektor am Gymnasium in Ansbach, 1824 Konsistorialrat. – II 60.

SCHÄFFER; fälschlich für: *Scheffner.

SCHAID (Scheid), Karl Jakob Friedrich (1773–1805), Stipendiat in Tübingen, 1793 (!) Magister. – IVa 50.

SCHALL, Karl (1780–1833), Lustspieldichter, lebte seit 1826 mehrere Jahre in Berlin. – IVb 59, (114).

SCHANZ, Johann Michael, Schreiblehrer in Nürnberg. – IVa 188.

SCHARNHORST, Gerhard Johannes David von (1755–1813), preuß. General, nach 1806 mit *Gneisenau Reorganisator des preuß. Heeres. – II (385).

SCHATZ. – I (456).

SCHAUMANN, Johann Christian Gottlieb (1768–1821), 1794 Prof. d. Philos. in Gießen; Mitarbeiter an *Niethammers Philosophischem Journal. – I 430.

SCHEFFNER, Johann George (1736–1820), Kriegs- u. Domänenrat in Gumbinnen, Königsberg, Marienwerder; lebte seit 1795 als Privatmann in Königsberg. – III 324.

SCHELLING, Familie. – IVa (252).

SCHELLING, Balthasar (um 1635–1706), 1657 Pfarrer in Dapfen, 1671 in Wendlingen; Urgroßvater des Philosophen *Sch. – IVa (252).

SCHELLING, Caroline, geb. Michaelis, verw. Böhmer, gesch. Schlegel (1763–1809), 1796 Gattin A. W. *Schlegels, 1803 nach Scheidung dieser Ehe Vermählung mit *Friedrich Wilhelm Josef v. S.; bedeutend durch ihre weitverzweigte Korrespondenz. – I 67, 71, 74, 76, 78, 80, 81, 90, 132, 136, 152, 157, 162, 171, 297, (447, 449, 455, 464 f., 494); - IVb 10, (95).

SCHELLING, Christiane Judith, geb. Gmelin (geb. 1641), Tochter des Samuel *Gmelin, verh. mit *Balthasar Sch. – IVa (252).

SCHELLING, Friedrich Wilhelm Josef von (1775–1854), Tübinger Stiftler, Freund Hegels und *Hölderlins, 1796/97 als Hofmeister in Leipzig, 1798 durch *Fichtes u. *Goethes Einfluß ao. Prof. d. Philos. in Jena, 1802/03 zus. mit Hegel Herausgabe des „Kritischen Journals der Philosophie", 1803 in Würzburg, 1806 als Generalsekretär der Akad. d. bildenden Künste nach München berufen, 1820/27 Prof. in Erlangen, 1827/41 an der Univ. München, dann in Berlin; als Hegel in der Vorrede zur „Phänomenologie des Geistes" die Schelling-Schule scharf kritisierte, kam es zur völligen Entfremdung zwischen den früheren Freunden. – I 11, 13, 15, 20, 23, 27, 29, 34, 36, 58, 64, 65, 67, 67, 68, 69, 72, 75, 76, 79, 80, 81, 89 ff., 91 f., 102 f., 130, 133, 140, 147, 157, 174, 193, 194, 202, 206 f., 221, 223, 231, 234, 239, 307, 316, 321, 350, 410, 411 f., 413, 420, (434–441, 444–453, 455 f., 458 ff., 464 ff., 467, 469 ff., 477 f., 481, 483 f., 493–498, 500, 504, 513); - II 56, 68, 72 f., 74, 109, 172, 176, 186, 193 f., 205, 241, 254, 260, 265, 281, 297, 321 f., (383, 385, 392, 399 ff., 402, 407, 425 f., 432, 449, 479, 487, 494); - III 24, 29, 76, 114, 122, 139, 147, 215, 232, 240, 250, 254, 268, 270, 275, 278, 280, 286, 296, 312, (377 f., 386, 399, 424, 425 f., 445, 447 f., 451, 461); - IVa 79, 80, 83, 86, 89, 94 f., 128, 132b–c, (258, 266, 281 f.,

289, 296, 309, 310, 312, 313, 315, 344); - IVb 6, 9, 10, 72, (92, 94, 95, 96).
SCHELLING, Josef Friedrich (1737–1812), Vater des Philosophen *Friedrich Wilhelm Josef v. S.; 1756 Tübinger Stiftler, 1766 Repetent am Stift, dann Stadtvikar in Stuttgart, 1771 Diakon in Leonberg, 1777 Prof. an der Klosterschule Bebenhausen, 1791 Dekan in Schorndorf, 1801 Prälat in Murrhardt, 1805 Generalsuperintendent in Maulbronn; auch bekannt als Orientalist. – I (449, 494).
SCHELLING, Karl Eberhard (1783–1855), Bruder des *Friedrich Wilhelm Josef v. S.; 1799 stud. med. in Jena, 1801 bei Hegels Habilitation als Condefensor beteiligt, 1801/02 Hörer Hegels, 1802 stud. in Tübingen, dort 1803 Promotion, 1805 prakt. Arzt in Stuttgart, später Amtsarzt u. Medizinalrat, mehrere akad. Rufe schlug er aus; mit Hegel verband ihn ein freundschaftl. Verhältnis; dessen Schwester *Christiane betreute er längere Zeit ärztlich. – I 71, 74, 76, 81, 102, 158, 161, 318, (445, 458, 471, 500); - II 194, (487); - IVa 79, 80, 86; - IVb 10, (94, 95).
SCHELLING, Pauline, geb. Gotter (1786–1854), seit 1812 zweite Gattin des *Friedrich Wilhelm Josef v. S. – I 413, (513); - III (383, 445).
SCHELVER, Frau; Gattin des *Franz Josef Sch. – II (411).
SCHELVER, Franz Josef (1778–1832), stud. med. in Jena, 1802 dort Privatdoz., 1807 Prof. d. Medizin in Heidelberg; Anhänger der Naturphilos. *Schellings u. *Okens. – I 72, 73 f., 78, 83, 104, 105, 122, 127, 132, 139, 141, 146, 152, 173, 214, 325, 416, 418, (467 f., 480); - II 75, 77, 80, 108, 126, 132 f., 243; - III (386).
SCHENK, Herr und Frau, Bekannte der Familie Hegel, wohl aus Nürnberg stammend. – III 129.
SCHENK, Johann Heinrich von (1748–1813), Privatsekretär Fr. H. *Jacobis, 1799 im bayer. Staatsdienst, setzte 1805 die Berufung Jacobis nach München durch, 1808 Geheimrat, unter *Montgelas Finanzdirektor. – I 134, 174, (470).
SCHENK, Leonhard (1724–1814), 1759/1807 Rektor am Nürnberger Gymnasium, Amtsvorgänger Hegels. – I 259, 260 f., 273; - IVa 97.
SCHIEFER, Heinrich, Sohn der Frau *Hirn aus erster Ehe, seit dem Tode seines Vaters Eigentümer der berühmten Kölner Glasgemäldesammlung. – II 353, (506); - III 16, 37.
SCHILLER, Charlotte von, geb. von Lengefeld (1766–1826), seit 1790 Gattin des *Friedrich v. S. – II (429).
SCHILLER, Herbert. – III (463, 467 f.).

SCHILLER, Johann Christoph Friedrich von (1759–1805), dt. Dichter. – I 19, 25, 28, 33, 69, 78, 80, 94, 216, (435 ff., 443, 450 ff., 457, 509); -II (421, 437, 479, 483); -III 83, 155, 354, (380, 409, 420, 471, 474); -IVa 136, 236, (304, 311, 321, 333, 349).

SCHIMONSKI-SCHIMONI, Christoph Emanuel von (1752–1832), seit 1823 Fürstbischof von Breslau. – III (429, 438).

SCHINDELMEISER, Frau; d. i. wohl Schindelmeisser, Fanny Johanna, geb. Hartog, verw. Dorn (gest. 1846), Klavierpädagogin aus Königsberg, seit 1823 in Berlin, Mutter der Komponisten Heinrich Dorn u. Louis Sch. – IVa 214, 220, 228, (362).

SCHINKEL, Karl Friedrich (1781–1841), bedeutender Architekt, auch Maler u. Kunstschriftsteller. – II 109, (404).

SCHLEGEL, August Wilhelm von (1767–1845), älterer Bruder *Friedrich v. S.; seit 1795 in Jena, 1796 Privatdoz., 1798 Prof., später Privatgelehrter in Berlin, seit 1819 Prof. in Bonn; bekannt als Kritiker, Sprachforscher (Begründer der altind. Philologie) u. Dichter, Mitgl. des frühromantischen Kreises in Jena. – I 78, 79, 235, (445 ff., 448 ff., 452, 455, 483 f.); -II 194, (415 f., 424, 428, 449); -III 165, 171, 202, (397); -IVb 29, (103).

SCHLEGEL, Caroline siehe *Schelling, Caroline.

SCHLEGEL, Doroethea, geb. Mendelssohn, gesch. Veit (1763–1839), 1804 Gattin von *Friedrich v. S.; auch als Romanautorin bekannt. – I (492).

SCHLEGEL, Friedrich von (1772–1829), jüngerer Bruder des *August Wilhelm v. S.; Privatgelehrter in Berlin u. seit 1796 in Jena, 1801 Privatdoz., 1808 Hofsekretär in der Wiener Staatskanzlei; bekannt als Kultur- u. Kunstphilosoph, Literarhistoriker u. Kritiker, Dichter, einer der Hauptvertreter der Frühromantik in Jena. – I 69, 78, 165, 235, 283, 352, 412, (448 f., 451, 483 f., 492); -II 70 f., 98, 153, 165, (386, 416, 426, 451, 506); -III 74; -IVa 78.

SCHLEHLEIN, Albert, Direktor der 3. Deputation bei der Landesdirektion in Bamberg. – I 198.

SCHLEIERMACHER, Charlotte (geb. 1765), Schwester des *Friedrich Ernst Daniel Sch. – II 336, (502).

SCHLEIERMACHER, Friedrich Ernst Daniel (1768–1834), Theologe, 1796 als Prediger an die Charité in Berlin berufen, 1802 Hofprediger in Stolpe, 1804 Prof. d. Theol. u. Philos. in Halle, 1809 Prediger an der Dreifaltigkeitskirche in Berlin, 1810 dort Prof. d. Theol.; Vertreter einer Gefühlstheologie, Gegner Hegels. – I (498); -II 32, 210, 221, 223, 262, 292,

303 f., 305, 334, 336, (377, 385, 399 ff., 409, 422, 424, 426, 435, 442, 447 ff., 450, 468, 479, 493, 499, 502); - III 207, 230, 232, 274, 280, 352, (375 ff., 397 f., 408, 410, 412, 430, 432, 440 ff., 449, 464); - IVa 131, (358); - IVb 72.

SCHLEIERMACHER, Henriette, geb. v. Mühlenfels, verw. v. Willich, seit 1809 Gattin des *Friedrich Ernst Daniel Sch. – II (502).

SCHLESIER, Gustav. – III (406).

SCHLESINGER, Buchhandlung in Berlin. – IVa 209.

SCHLESINGER, Johann Jakob (1792–1855), Bildnis-, Stilleben- u. Landschaftsmaler, restaurierte 1810/20 in Heidelberg zahlreiche Gemälde der *Boisseréeschen Sammlung; dort mit Hegel bekannt, dessen Porträt er später malte; seit 1823 in Berlin. – III 121, 228.

SCHLICHTEGROLL, Adolf Heinrich Friedrich von (1765–1822), 1787 Gymnasiallehrer in Gotha, 1801 Bibliothekar u. Direktor des Münzkabinetts, 1807 Generalsekretär der Bayer. Akad. d. Wiss. u. Direktor der Münchener Hofbibliothek; bekannt als biograph. Schriftsteller, Archäologe u. Numismatiker. – I 184, (495).

SCHLOSSBERG, Frau von. – II (506).

SCHLOSSER, Christian Heinrich (1782–1829), Sohn des mit *Goethe befreundeten Hieronymus Peter Sch.; stud. med. in Jena, dort 1801/02 Hörer Hegels, lebte später vielfach in Rom. – IVa 86.

SCHLOSSER, Friedrich Christoph (1776–1861), 1817 Prof. d. Geschichte in Heidelberg; populärer Geschichtsschreiber. – II 156, 206, 230, 232, 301, 314; - III 18, 81, 96, 212, 345, (368, 382, 426 f., 468).

SCHLOSSER, Johann Friedrich Heinrich (1780–1851), Bruder des *Christian Heinrich Sch., 1801/02 Hörer Hegels in Jena; später Jurist, zeitweise Oberschulrat u. Direktor des Lyzeums in Frankfurt a. M. – IVa 86.

SCHLOSSER, Johann Georg (1739–1799), Jugendfreund *Goethes, 1773 dessen Schwager, 1798 Syndikus in Frankfurt/M. – III (471).

SCHMALZ, Theodor Anton Heinrich (1760–1831), 1787 Prof. d. Rechte in Rinteln, 1788 in Königsberg, 1803 in Halle, 1810 in Berlin; Gegner Hegels. – II 68, 263, (379, 385, 409, 480); - III 274, (457).

SCHMEDDING, Johann Heinrich (1774–1846), 1798 Doz. d. kanonischen Rechts, 1800 Prof. d. Rechte in Münster, 1809 vortragender kath. Reg.Rat im Innenministerium, bis 1820 auch Doz. in Berlin, 1812 Mitglied der Prüfungskommission

für die Beamten der höheren Verwaltung. – II 211; - III 115, 117.

SCHMID, Georg, Erziehungshistoriker. – II (453).

SCHMID, Heinrich (1799–1836), Philosoph, Anhänger von *Fries, 1830 ao. Prof. in Heidelberg. – III (423).

SCHMID, Johann August (1778–1856), Stipendiat in Tübingen, 1798 Magister, später Pfarrer in Ober- u. Untertürkheim. – IVa 70.

SCHMIDLIN, Johann Christoph (1745–1800), stud. in Tübingen, 1765 Magister, seit 1776 Prof. f. Geschichte u. Geographie am Gymnasium in Stuttgart, 1796 Rektor daselbst; Lehrer Hegels. – IVa (261 f.).

SCHMIDLIN, Johann Friedrich (1715–1783), 1741 Repetent im Tübinger Stift, 1744 Diakon in Waiblingen, seit 1747 an verschiedenen Kirchen in Stuttgart, 1766 Stadtpfarrer an St. Leonhard, vollzog 1769 die Trauung von Hegels Eltern; zuletzt Stiftsprediger u. Oberkonsistorialrat. – IVa 9.

SCHMIDLIN, Josef (1876–1944). – II (386, 478, 491).

SCHMIDMER, Buchhandlung in Nürnberg. – IVa (351).

SCHMIDT, Amtmann; Eintrag im Stammbuch Ludwig *Fischers. – IVa (363).

SCHMIDT, Kaufmann in Amsterdam, Bekannter Ludwig *Fischers. – IVa 241.

SCHMIDT, Friedrich Ludwig (1772–1841), Schauspieler, Regisseur u. Theaterdichter. – IVa (351).

SCHMIDT, von; Ministerialrat in Berlin. – II 269.

SCHMIDT, Johann Adam (1759–1809), bedeutender Wiener Augenarzt. – I 81.

SCHMIDT, Siegfried (1774–1859), stud. theol. in Gießen u. Jena, Schüler *Fichtes u. *Schillers, in Frankfurt Bekanntschaft mit *Hölderlin, 1797 Hauslehrer in Basel, seit 1799 im österr. Heer, 1800 erfolglose Bewerbung um eine Gießener Professur; als Dichter unbedeutend. – I 108, 165.

SCHMOLLER, Johann Friedrich (1760–1811), Stipendiat in Tübingen, 1779 Magister, 1793 zus. mit Hegel im Konsistorialexamen, dann Diakon in Rosenfeld, später Stadtpfarrer in Dornstetten. – IVa 53.

SCHNEIDER; Überbringer eines Briefes von *Niethammer an Hegel. – I 391.

SCHNEIDER, Helmut. – IVa (336, 361); - IVb (104, 109, 114, 117, 120, 124, 125).

SCHNEIDER, Johann Gottlob (1750–1822), 1776 Prof. d. griech. Sprache in Frankfurt/O., 1811 Prof. d. Philologie in

Breslau, 1814 Oberbibliothekar der Univ.-Bibliothek. – II 34, (377).
SCHNEIDERBANGER, bischöflicher Hofkastner in Bamberg, seit 1801 Eigentümer der „Bamberger Zeitung", bei der Hegel 1807/08 als Redakteur tätig war. – I 143, 166, 264, 279, (468, 471, 493).
SCHNEIDERHAN, Adalbert. – IVa (276).
SCHNEIDEWIN, Friedrich Wilhelm (1810–1856), 1833 Gymnasiallehrer in Braunschweig, 1837 ao. Prof., 1842 o. Prof. d. Philologie in Göttingen. – I (443).
SCHNEPFF, schwäbische Theologen- und Juristenfamilie. – IVa (250).
SCHNEPFF, Dietrich (1525–1586), Sohn des *Erhard Sch.; Prof. d. Theol. in Tübingen; Vorfahre Hegels. – IVa (250).
SCHNEPFF, Erhard (1495–1558), schwäb. Reformator; Ahnherr Hegels. – IVa 51.
SCHNEPFF, Ernst Friedrich (1643–1682), Advokat in Stuttgart; Vorfahre Hegels (Stammbaum Nr. 28). – IVa 4, (252).
SCHNEPFF, Johann Erhard (1670–1741), Advokat in Stuttgart, Urgroßvater Hegels. – IVa 3.
SCHNEPFF, Justine Magdalene, geb. Müller (1671–1749), Ehefrau des *Johann Erhard Sch.; Urgroßmutter Hegels. – IVa 3.
SCHNEPFF, Regine Magdalene, geb. Kniesel (geb. 1650), Vorfahrin Hegels (Stammbaum Nr. 29). – IVa 4.
SCHNURRER, Christian Friedrich von (1742–1822), Tübinger Stiftler, 1770 Repetent am Tübinger Stift, 1772 ao. Prof. d. Philos., 1775 o. Prof., 1777 Ephorus des Stifts; Lehrer Hegels; 1806 Kanzler der Univ. Tübingen, Prof. d. Theol. u. Prälat; bedeutend als Kirchenhistoriker, Textkritiker, Kenner der oriental. Literatur. – I 109; -IVa 21, 22, 23 f., 26, 31, 58, 65 f., 88, (265, 268, 273, 275, 281, 283 f., 298, 300).
SCHÖN, Martin siehe *Schongauer, Martin.
SCHÖPS, Hans Joachim. – II (498).
SCHOLL, Friedrich Christian Heinrich (1781–1842), Stipendiat in Tübingen, 1800 Magister, später Pfarrer in Kirchenkirnberg u. Plattenhardt. – IVa 70.
SCHONGAUER, Martin (ca. 1453–1491), dt. Maler u. Kupferstecher. – III 59.
SCHOPENHAUER, Arthur (1788–1860), dt. Philosoph; habil. 1820 in Berlin, seit 1833 als Privatgelehrter in Frankfurt/M.; mit seiner Philosophie in scharfem Gegensatz zu Hegel. – II 223, (451).
SCHOREEL siehe *Scorel, Jan van.

SCHORN, Johann Karl Ludwig von (1793–1842), seit 1820 in Stuttgart, redigierte das „Kunstblatt"; 1826 Prof. d. Kunstgeschichte in München, Mitgl. der Akademie der bildenden Künste. – III 139.

SCHOTT, Christiane Charlotte (geb. 1762), Tochter des Landschaftskommissars Johann Gottlieb Sch. – IVa 145.

SCHRAG, Johann Leonhard (1783–1858), Buchhändler, gründete 1810 einen Verlag in Nürnberg, in dem 1812/16 Hegels „Wissenschaft der Logik" erschien. – II 6, 34, 36, 138, 139, (414); - III 210, (424, 463); - IVa 227, (361); - IVb 26.

SCHRAMM, Wilhelm Heinrich (1758–1823), Buchdrucker in Tübingen. – IVa 35.

SCHREINER, Hörer Hegels in Berlin, 1823 Hauslehrer in Breslau. – III 21.

SCHRÖCKH, Johann Matthias (1733–1808), Historiker; 1756 Doz. in Leipzig, 1767 Prof. d. Poesie in Wittenberg, 1775 Prof. d. Geschichte; Verfasser vielgelesener Lehrbücher der Welt- u. Kirchengeschichte. – IVa 37, 38, (290).

SCHRÖDER, Friedrich Ludwig (1744–1816), bekannter Schauspieler u. Bühnenleiter. – I 52.

SCHRÖDER-KUNST, Antoinette Sophie (1781–1868) (nicht verwandt mit dem Vorigen); Schauspielerin, Mutter der Wilhelmine Sch.-Devrient. – III 129.

SCHRÖTER, August Wilhelm Ferdinand (1799–1865), 1825 Prof. d. Rechte, 1827 Oberappellationsgerichtsrat in Jena, 1858 mecklenburg.-schwerinscher Staatsminister. – III 139.

SCHRÖTER, Friedrich Wilhelm, ab 1790 stud. jur. in Tübingen. – IVa 49.

SCHROTTENBERG, von; Oberhofmarschall in Bamberg. – I 181.

SCHUBARTH, Karl Ernst (1796–1861), philos. u. ästhet. Schriftsteller, seit 1820 Bekanntschaft mit *Goethe, bemühte sich drei Jahre um eine Anstellung in Berlin, 1826 Erzieher in Hirschberg, 1820 dort Lehrer der Geschichte u. Literatur, 1841 Prof. d. Geschichte in Breslau; Gegner Hegels. – II (485); - III 160, 166, 177, 252, (407 ff., 410, 412, 472).

SCHUBERT, Gotthilf Heinrich von (1780–1860), stud. theol. u. med. in Jena, Hörer bei Hegel u. *Schelling, dann Arzt in Dresden, 1809 Rektor des Realinstituts in Nürnberg, 1819 Prof. d. Naturgeschichte in Erlangen, 1827 in München, dort Mitgl. d. Bayer. Akad. d. Wiss.; bekannt durch seine naturphilos. u. psycholog. Vorträge u. Schriften. – I 235, 285, 303, 306 f., 309, 313, 315, 396, 398, (484, 492 f., 499 f.,

503, 514); -II 13, 33, 68, 72, 75, 79, 81, 109, 293, (373, 377, 393, 399 ff.); -III 230.

SCHUCKMANN, Kaspar Friedrich Frh. von (1755–1834), preuß. Staatsmann, 1795 Kammerpräsident in Ansbach u. Bayreuth, 1807/08 wegen Hochverratsverdacht in frz. Haft, 1810 Chef des Ministeriums für Handel u. Gewerbe, Kultus u. Unterricht; an der Gründung der Berliner Univ. maßgeblich beteiligt, 1814/34 Innenminister, als solcher Leiter der Demagogenverfolgung. – II 32, 104, 111, 123, 124, 134, 330, (398, 400, 402 f., 404 f., 409, 422, 438, 441, 458, 460, 470, 501); -III 15, 75, 78, (374); -IVb (112).

SCHUDEROFF, Johann Georg Jonathan (1766–1843), 1798 Diakon in Altenburg, 1806 Oberpfarrer u. Superintendent in Ronneburg, 1824 Konsistorialrat; vertrat insbes. in seiner religiös-pädagogischen Zeitschrift einen theol. Rationalismus. – II 141, (414).

SCHÜLER; Herausgeber *Spinozas. – II (373).

SCHÜTZ, Christian Gottfried (1747–1832), 1768 Mathematiklehrer in Brandenburg, 1773 ao. Prof., 1778 o. Prof. d. Philologie in Halle, 1779 Prof. d. Poesie u. Beredsamkeit in Jena; Mitbegründer u. später Hauptschriftleiter der „Allgemeinen Literaturzeitung", mit der er 1804 nach Halle übersiedelte, dort auch Prof. d. Philologie. – I 72, 73 f., 75, 107, 116, 127, (435, 448 ff., 459 f., 494); -III 359, (473); -IVa 80, (308).

SCHÜTZ, Christian Wilhelm von (1776–1847), Schriftsteller; Rittergutsbesitzer, Landrat u. Ritterschaftsdirektor in der Neumark, 1820 in Dresden, wo Hegel mit ihm bekannt wurde; seine dichter. Versuche sind unbedeutend. – II 273, (483).

SCHÜTZ, Friedrich Karl Julius (1779–1844), Sohn des *Christian Wilhelm v. S., 1801 Privatdoz. in Jena, 1804 ao. Prof. d. Philos. in Halle, 1807 nach Wiedereröffnung der Univ. nicht mehr zugelassen; der Versuch, in Berlin eine lit. Zeitschrift zu gründen, mißglückte; 1818 erneut Prof. d. Philos. in Halle. – III 359, (473).

SCHÜTZ, Julius Karl Georg von, 1818 im Stammbuch Ludwig *Fischers. – IVa (363).

SCHÜTZE, Johann Stephan (1771–1839), seit 1804 Journalist u. Almanachredakteur, 1806 Bekanntschaft mit *Goethe, zuletzt Hofrat bei der Großfürstin *Maria Paulowna von Weimar. – I 137, (467).

SCHULENBURG, Friedrich Wilhelm Graf von der S.-Kehnert (1742–1815), preuß. Minister, 1800 Generalpostmeister, im

Kriege gegen *Napoleon 1806 Gouverneur von Berlin. – I 107.

SCHULTHEISS, Friedrich. – III (399).

SCHULTHEISS, W. K. – IVa (318).

SCHULTZ, Christoph Ludwig Friedrich (1781–1853), stud. in Halle, Freund *Raumers u. *Solgers, 1804 Assessor in Ansbach, 1809 Staatsrat im Finanzministerium unter *Altenstein, 1814 im Innenministerium, 1819 ao. Regierungsbevollmächtigter der Univ. Berlin, 1824 nach schwerer Auseinandersetzung mit der Univ. u. Altenstein entlassen; Freund *Schleiermachers u. *Zelters, der ihn in Verbindung mit *Goethe brachte (Farbenlehre); bekannt durch seine Studien zur römischen Geschichte, Verfasser einer „Grundlegung einer Staatswissenschaft der Römer", gegen *Savigny u. *Niebuhr gerichtet. – II 342 f., 345, (475, 477, 481, 485, 499 f., 504); - III 59, 180, 237, 249, 319, 332, (372, 394, 417, 436, 452, 459 f., 465).

SCHULTZ, Georg Friedrich Wilhelm (1774–1842), 1791 stud. theol. in Tübingen, dann Hauslehrer in der Schweiz, 1798 zugleich mit Hegel in Frankfurt, wirkte später als Pfarrer in Bergzabern, Landau u. Speyer; führend in der pfälzischen Unionsbewegung, zuletzt Konsistorialrat und Kreisscholarch. – III 96, 102, (382, 384 f.).

SCHULTZ, Rudolf, Sohn des *Christoph Ludwig Friedrich S., Hegels Patenkind. – III 180, 321.

SCHULZ, David (1779–1854), 1809 Prof. d. Theol. u. Philos. in Frankfurt/Oder, 1811 in Breslau, 1819 Konsistorialrat. – III (369).

SCHULZ, Johann Abraham Peter (1747–1800); Komponist u. Musikschriftsteller. – I (443).

SCHULZ, O. A., Autographenhandlung in Leipzig. – IVa (361).

SCHULZE, Ed., Burschenschaftler, Freund von Hegels Sohn Ludwig *Fischer. – II (436, 459); - IVa 239.

SCHULZE, Friedrich Ludwig Theodor (gest. 1850), 1825 Universitätsrichter in Halle, gleichzeitig Kriminalgerichts- u. Reichsgerichtsdirektor, 1828/31 stellvertr. Regierungsbevollmächtigter an der Univ. – III 328.

SCHULZE, Gottlob Ernst (1761–1833), 1788 Prof. d. Philos. in Helmstedt, 1810 in Göttingen; in seiner Schrift „Änesidemus" Kritik der kantischen Philosophie; Hegel rezensierte in Jena Schulzes Schrift „Kritik der theoretischen Philosophie". – II 54, 308, (382); - III 239, 264; - IVb 6, (93).

SCHULZE, Johannes (1786–1869), 1808 Gymnasiallehrer u.

Lehrer der Kinder *Schillers in Weimar, 1812 in Hanau, 1816 Konsistorial- u. Schulrat in Koblenz, 1818 Ministerialrat in Berlin, an der Reorganisation des preuß. Schulwesens beteiligt; Hegels Nachbar am Kupfergraben, enge Freundschaft; an der Gesamtausgabe der Werke Hegels 1832 ff. als Herausgeber beteiligt. – II 211, 346, 350, 351 f., (482, 497); - III 21, 34, 37, 41, 43, 48, 72, 89, 98, 115, 131 f., 137, 180, 286, 328, 333, 347, 352, 361, (381, 392, 394, 398, 402, 404, 407, 422, 455, 457, 460, 461 f., 474, 475); - IVa 132 b–e, (338, 339 f.); - IVb 79, (123).

SCHULZE, Karoline, geb. Rößler, verw. Böhm (gest. 1846), seit 1815 Gattin von *Johannes Sch. – III 48, 137.

SCHUMACHER, Anna Regina (1736–1789), Lebensgefährtin des Johann Georg *Hamann u. Mutter seiner vier Kinder. – IVb 85 f.

SCHUMANN, Verlag in Zwickau. – IVb 74, (120).

SCHUMM, Karl, und Familie. – I (458, 495); - II (374, 496); - IVa (252, 253, 305, 333, 347, 350, 359, 361); - IVb (100, 107, 116).

SCHUNK, Friedrich Christoph Karl, Jurist. – III 144, (403 f.).

SCHUSTER (gest. 1824), Hörer Hegels. – III 96.

SCHUSTER, Frau; Mutter des Vorigen. – III 96.

SCHUSTER, Ignaz (1770–1835), beliebter Komiker in Wien. – III 58, 61, 66.

SCHWAB, Christoph Theodor (1821–1883), Sohn Gustav Schwabs; Literarhistoriker. – I (436, 440 ff.).

SCHWAB, Johann Christoph (1743–1821), 1767/78 Hofmeister in der Schweiz, dann Prof. d. Logik u. Metaphysik an der Karlsschule in Stuttgart, später Sekretär im württemberg. Staatsministerium, Geh.Hofrat, 1816 Oberstudienrat. – I (433); - II 194.

SCHWAB, Johann Heinrich, Apotheker in Tübingen; Onkel Gustav Schwabs. – IVa 40.

SCHWABE, Johann Friedrich Heinrich (1779–1834), ev. Theologe, 1801/02 Privatdoz. in Jena, 1802 Pfarrer in Wormstedt, 1821 Superintendent in Neustadt a. Orla, 1827 Oberkonsistorialrat in Weimar. – IVa 79.

SCHWARZ, Beamter im preuß. Polizeiministerium. – II (437).

SCHWARZ, Benedikt von (1771–1832), Fabrikant u. Händler in Nürnberg, heiratete 1825 eine Schwester Marie *Hegels. – III 119.

SCHWARZ, Friedrich Heinrich Christian (1766–1837), 1790 Pfarrer, 1804 Prof. d. Pädagogik u. Theol. in Heidelberg. – I 104, (483); - II 264, 301, 305, (488); - III 81 f.

SCHWARZ, Johann Valentin (1625–1675), Waldmeister in Mühlacker, Vorfahre Hegels (Stammbaum Nr. 26). – IVa 4.
SCHWARZ, Luise Karoline Ernestine Eleonora Friederike von, geb. Tucher von Simmelsdorf (1804–1846), Schwester von Marie *Hegel, seit 1825 Gattin des *Benedikt v. Sch. – III (383).
SCHWARZ, Maria Barbara, geb. Mögling (geb. 1639), Ehefrau des *Johann Valentin Sch.; Vorfahrin Hegels. – IVa 4.
SCHWARZOTT, Thomas, aus Bamberg, seit 1800 Student in Jena; Opponent bei Hegels Habilitation. – IVa 79; - IVb (94).
SCHWEIGGER, Johann Salomo Christoph (1779–1857), 1803 Gymnasialprof. d. Mathematik u. Physik in Bayreuth, 1811 am Realinstitut in Nürnberg, dort Umgang mit Hegel, 1816 als Physiker Mitgl. d. Bayer. Akad. d. Wiss., 1818 o. Prof. d. Physik u. Chemie in Erlangen, 1819 in Halle. – I (508); - II 68.
SCHWEIKHARDT, Arzt in Pfullingen, Vater des Folgenden. – IVa 14.
SCHWEIKHARDT (Schweickhart), Eberhard Friedrich (1770–1825), Mitschüler Hegels am Untergymnasium in Stuttgart, ab 1784 in den Klosterschulen Denkendorf u. Maulbronn, ab 1788 mit Hegel im Tübinger Stift, 1799 Pfarrverweser in Maulbronn, 1805 Pfarrer in Unterjettingen, 1810 in Stammheim. – IVa 14, 18, 28, 36, 50, (256, 260, 285, 306).
SCHWEITZER, Geheimrat in Berlin. – IVb 55.
SCHWENDLER, Frau von, Gattin des Folgenden. – III 205; - IVb 31.
SCHWENDLER, Friedrich Christ. August von, Präsident der Landesdirektion in Weimar. – III 205.
SCOPOLI, Johann von (1774–1854), 1809 Generaldirektor des öffentl. Unterrichts im Königreich Italien, 1812 Reise nach Deutschland zum Studium der öffentl. Bildungsanstalten. – I 410, 413.
SCOREL, Jan van (1495–1562), niederl. Maler. – II 354, (506).
SCOTT, Sir Walter (1771–1832), schottischer Epiker u. Romancier. – III 187, (418).
SCOTTI, Angelo Antonio. – III 46, (373).
SCOTUS siehe *Johannes Eriugena.
SCRIBE, Auguste Eugène (1791–1861), frz. Dramatiker. – III 196, (421).
SEBER, Franz Josef (1777–1827), kath. Theologe, 1815 Gymnasialdirektor in Köln, 1819 Prof. d. Dogmatik u. Moral in Bonn, Freund *Windischmanns, Gegner von *Hermes, 1825

Prof. d. Philos. am Collegium philosophicum in Löwen. – III 113, 117, (388).

SECKENDORFF, Christoph Albrecht von S.-Aberdar (1748–1834), zunächst ansbachischer Kammerherr, 1788/1803 württemberg. Comitialgesandter in Regensburg, dann bad. Geh.Reg.Rat, später Vizepräsident des Appellationsgerichts in Bamberg, 1814 bad. Staats- u. Finanzminister. – I 211.

SECKENDORFF, Franz Karl Leopold Frh. von S.-Aberdar (1775–1809), 1792 stud. jur. in Tübingen, seitdem mit Hegel u. *Hölderlin bekannt, 1801 im württemberg. Staatsdienst, 1802 Legationsrat der württ. Reichstagsgesandtschaft in Regensburg; 1805 in den Hochverratsprozeß gegen Isaak v. *Sinclair verwickelt u. entlassen; bekannt durch seine „Musenalmanache“, in denen er auch Gedichte Hölderlins veröffentlichte. – I 108, 165, (480).

SEEBECK, Frau, geb. Boye, seit 1795 Gattin des *Thomas Johann S. – I 94, 110, 124, 129, 174, 213, 244, 373; - III 213; - IVb 23, (101).

SEEBECK, Adeline, Tochter des *Thomas Johann S. – I 174, 373; - III 213, (426); - IVb 23, 25.

SEEBECK, Karl Julius Moritz (1805–1884), Sohn des *Thomas Johann S.; unter Hegel Schüler des Gymnasiums in Nürnberg, in Berlin Hörer Hegels, 1832 Gymnasiallehrer in Berlin, später Geh. Staatsrat in Sachsen-Meiningen u. Kurator der Univ. Jena. – I 94, 174, 373; - IVb 23, 25.

SEEBECK, Thomas Johann (1770–1831), nach naturwissenschaftl. u. medizinischem Studium in Jena Privatgelehrter, Mitgl. des *Gries-Kreises, befreundet mit Hegel u. *Goethe, 1810 in Bayreuth, 1812 in Nürnberg, dort reger Umgang mit Hegel und *Schubert, später Bruch mit Hegel; 1818 Mitgl. d. preuß. Akad. d. Wiss.; bekannt durch optische Untersuchungen im Sinne der Goetheschen Farbenlehre. – I 82, 84, 89, 104, 110, 122, 124, 128, 129, 139, 159, 172, 191, 202, 211, 219, 237, 247, 338, 340, 349, 370, (466, 468, 473, 479, 481, 508, 513); - II 39, 45, 53 f., 75, 77, 91, 132 f., 156, 189, 212, 302, (418, 419 f., 455); - III 213, (426); - IVa 87, 106, 182, (351); - IVb 12, 23 ff., (101).

SEEBERG, Erich. – I (509).

SEEFRIED, Wilhelm Eberhard Ludwig (1768–1835), Stipendiat in Tübingen, 1789 Magister, 1805 Pfarrer in Wüstenrot, 1820 in Dettingen. – IVa 50, 155.

SEIDEL, Gotthold Emanuel Friedrich (1774–1838), 1802 Diakon in Nürnberg, gründete 1804 eine private Mädchenschule, 1817 Pfarrer, 1829 Dekan. – I 336; - II (374 f.).

SEIDENSTICKER, Karl, aus Jena; eingetragen in Ludwig *Fischers Stammbuch. – IVa (363).
SEIDENSTICKER, Karl Wilhelm, aus Jena; gleichzeitig mit dem Vorigen eingetragen im Stammbuch Ludwig *Fischers. – IVa (363).
SEIDLER; Druckerei in Jena. – I 128, (465).
SEIGEL, Rudolf. – IVa (250).
SEITZ; Beamter im Badischen Innenministerium. – IVa 112, 113.
SEIZ, Wilhelm Friedrich (1768–1836), Stipendiat in Tübingen, 1789 Magister, Hauslehrer in der Schweiz, seit 1804 Pfarrer in Leonberg, Ebingen, Bietigheim u. Rudersberg. – I 50; - IVa 50, 143.
SEMLER, Johann Salomo (1725–1791), ev. Theologe, 1750 Prof. d. Gesch. u. Poesie in Altdorf, 1751 Prof. d. Theol. in Halle. – IVb 20, (100).
SENSBURG, Ernst Philipp Frh. von (1752–1831), bad. Staatsmann; 1813 Finanzminister, 1817 Minister d. Inneren. – II (425); - IVa 112 f.
SESOSTRIS III. (ca. 1860 v. Chr.), ägypt. Pharao. – II 218.
SEUFFERT, Johann Adam von (1794–1857), 1816 Privatdoz. d. Rechte in Würzburg, 1817 nach abgelehnter Berufung an die Univ. Gent ao. Prof. für Geschichte, Pandekten u. bayer. Zivilrecht in Würzburg, 1832 Appellationsrichter. – II 158.
SEYWART (Seywert), Jakob, aus Andernach, 1801/02 Hörer Hegels in Jena. – IVa 86.
SHAFTESBURY, Anthony Ashley Cooper Graf von (1671–1713), engl. Philosoph. – I (444).
SHAKESPEARE, William (1564–1616), engl. Dichter. – III 35, 190, 192, 291, (371); - IVa 140, 143.
SIBER, Thaddäus (1774–1854), 1797 kath. Theologe, 1801 Gymnasialprof. in Freising, danach in Passau, 1810 Prof. d. Chemie, Physik u. Mathematik am Lyzeum in München, 1826 Prof. d. Physik an der Univ. – III 338, (467).
SICKLER, Friedrich Karl Ludwig (1773–1836), Philologe u. Archäologe, Gymnasialdirektor u. Schulrat in Hildburghausen. – II (492).
SIEBEIN, Frau von, Gattin des Obersten *Justus v. S. – I 273, 286.
SIEBEIN, Justus von, 1802 Oberst u. bayer. Truppenkommandeur in Bamberg, 1808 nach Nürnberg versetzt. – II 208.
SIETZE, Karl Friedrich Ferdinand (ca. 1798–1847), stud. jur. in Heidelberg u. Berlin, dort als Referendar Hörer Hegels,

1832 ao. Prof. d. Rechte in Königsberg. – III 324, (461).
SIGEL, Christian. – IVa (249 f.).
SIGEL, Karl Christian Ferdinand (1768–1826), Stipendiat in Tübingen, 1788 Magister, 1799 Hofprediger in Witgenstein, 1806 Pfarrer in Siglingen, 1823 in Gochsen. – IVa 146.
SILBER, Frau (?). – IVa 225.
SIMON, Matthias. – IVb (98).
SIMROCK, Karl (1802–1876), stud. jur. in Bonn, 1823 Referendar in Berlin, 1830 aus dem preuß. Staatsdienst entlassen; dann Privatgelehrter in Bonn, seit 1850 Prof. d. dt. Sprache u. Literatur an der Univ.; bekannt durch Übersetzungen frühdt. Literaturdenkmäler. – III 16, 99.
SINCLAIR, Isaak von (1775–1815), seit 1792 mit Hegel, *Hölderlin u. *Schelling befreundet, 1796 Eintritt in die Dienste des Landgrafen von Homburg, 1805 Geheimrat u. Leiter der Geschäfte des Landgrafen; im gleichen Jahr denunziert u. der Konspiration gegen den Kurfürsten von Württemberg angeklagt, 5 Monate in Haft, 1814 in der österr. Armee gegen *Napoleon; als Philosoph Anhänger *Fichtes, als Dichter Nachahmer *Schillers u. Hölderlins. – I 34, 45, 82, 107, 110, 112, 155, 163, 320, 331, 354, 394, 416, 428, (459, 461, 470, 472, 500, 502, 506, 512, 514 f.); - II 3, (371).
SINCLAIR, Wilhelmine von siehe *Proeck, Wilhelmine von.
SISMONDI, Jean Charles Léonhard Simonde de (1773–1842), schweizer. Historiker, Literarhistoriker u. Volkswirtschaftler. – IVb 56, (113).
SMACZNINSKI, Wincenty (1802–1874), promov. 1824 in Krakau, dann Gymnasiallehrer in Kalisz, 1829 auf einer Studienreise Hörer Hegels in Berlin, 1832 Prof. d. Logik, Pädagogik u. Philosophiegeschichte in Warschau. – III 312.
SMIDT, Franz, aus Hamburg; 1827 stud. theol. in Heidelberg, 1829 in Berlin. – III 253.
SMITH, engl. Prof. u. Forschungsreisender um 1816. – III (373).
SMITHSON, Henrietta Constance (1800–1854), irische Schauspielerin, 1827 in Paris. – III 190, (420).
SNELL, Friedrich Wilhelm Daniel (1761–1827), 1784 Mathematiklehrer am Pädagogium in Gießen, 1789 auch Privatdoz. an der Univ., 1800 o. Prof. d. Philos., 1805 für kurze Zeit auch Prof. d. Geschichte. – II 349.
SNELL, Wilhelm (1789–1851), Neffe des Vorigen, stud. jur. in Gießen, *Napoleongegner, Förderer der Burschenschaften, 1819 Prof. d. Rechte in Dorpat, 1820 ausgewiesen u. Flucht

in die Schweiz, 1821 Prof. d. Rechte in Basel, 1833 in Zürich, 1834 in Bern. – III (376 f.).

SNIEDERS, Johann (?), Freund van *Gherts, wahrscheinlich Hörer Hegels in Jena. – I 399, 421.

SODEN, Julie Gräfin von, geb. von Schilling, Gattin des Grafen Fr. J. H. v. Soden, der 1803/10 das Bamberger u. Würzburger Theater leitete, 1811 in Erlangen, 1813 in Nürnberg. – I 181.

SÖMMERING, Samuel Thomas von (1755–1830), 1779 Lehrer der Anatomie in Kassel, 1784 Prof. in Mainz, 1792 prakt. Arzt in Frankfurt, befreundet mit den *Gontards u. *Hölderlin, 1805 Mitgl. d. Bayer. Akad. d. Wiss. u. kgl. Leibarzt, Gegner *Schellings. – I 74, (466).

SÖRGEL, Administrator für Wohltätigkeit in Nürnberg. – I (491).

SOKRATES (471/70–399 v. Chr.), griech. Philosoph. – I 14, 428; - III 351, (370, 438).

SOLGER, Karl Wilhelm Ferdinand (1780–1819), 1809 Prof. d. Ästhetik in Frankfurt/O., 1811 Prof. d. Philos. in Berlin; Hegel rezensierte seine Nachgelassenen Schriften, hrsg. von Fr. v. *Raumer u. L. *Tieck. – II 189, 220, (398, 400 f., 427, 448, 449); - III (439, 455).

SOLMS-LAUBACH, Friedrich Ludwig Christian Graf zu (1769–1822), 1816 Oberpräsident in Köln. – II (466).

SONNENSCHEIN, Valentin (1749–1828), Bildhauer u. Stukkateur; arbeitete seit 1763 auf der Solitude b. Stuttgart, 1771 Hofstukkator, 1773 Prof. an der Karlsschule, ging 1775 in die Schweiz; ab 1779 an der neugegr. Kunstschule in Bern, wo Hegel ihn während seiner Hauslehrerzeit kennenlernte. – I 57, (443).

SONNLEITNER; Direktor des Antikenkabinetts in Wien; vermutl. Josef S. (1766–1835), der Gründer des Wiener Musikvereins. – III 67.

SONTAG, Henriette Gertrude Walpurgis (1803–1854), berühmte dt. Sopranistin, 1825/27 am Königstädter Theater in Berlin. – III 223, (401).

SOPHIE; Dienstmädchen der Fam. Hegel. – IVa 212, 223, 224, 225; - IVb 65.

SOPHOKLES (ca. 496–406 v. Chr.), griech. Tragödiendichter. – I 82, 387, (453); - II 84, (395, 417); - III (423); - IVa 208; - IVb 20, (103).

SOULT, Nicolas Jean de Dieu (1769–1851), Heerführer *Napoleons u. Marschall von Frankreich. – I 125.

SPÄTH, Regina Margaretha (Maria), geb. Heck, Enkelin des

Johann Georg *Hegel (Stammbaum Nr. 16), verh. in 2. Ehe mit dem Kaufmann Sp. in Heilbronn; Taufpatin von Hegels frühverstorbenem Bruder Georg Ludwig. – IVa 11.

SPEIDEL, Agnes Maria, geb. Buob (Bueb) (1660–1736), Vorfahrin Hegels (Stammbaum Nr. 19). – IVa 4.

SPEIDEL, Andreas (geb. 1655), Vogt in Hornberg und Balingen, Vorfahre Hegels (Stammbaum Nr. 18). – IVa 4.

SPEYER (Speier), C. Friedrich (geb. 1780), Arzt. – I (455).

SPIEGEL, Ferdinand August Maria Josef Anton Graf S. zum Desenberg (1764–1835), 1813 von *Napoleon zum Bischof von Münster nominiert, vom Papst nicht anerkannt, 1824 Erzbischof von Köln. – III 115.

SPIEGEL, Karl Emil Frh. von, Weimarer Kammerherr. – I 127.

SPINDLER, Christian Friedrich David (1771–1820), Stipendiat in Tübingen, 1792 Magister, später Pfarrer in Untereisesheim. – IVa 50.

SPINOZA, Benedictus de (1632–1677), niederl. Philosoph. – I 15, 19 f., 22, 65, 291, 354, 400, 421, 426, (435 f., 444 f.); - II 10, 95, (373); - III (451).

SPITTLER, Ludwig Timotheus Frh. von (1752–1810), 1777 Repetent am Tübinger Stift, 1779 Prof. d. Philos. in Göttingen, 1797 württemberg. Geheimrat, 1806 Kurator der Univ. Tübingen; bekannt auch als Historiker. – I 106; - IVa 93.

SPONTINI, Gasparo Luigi Pacifico (1774–1851), ital. Opernkomponist, 1820/40 Kapellmeister u. Direktor der kgl. Oper in Berlin. – III (374); - IVb (111).

SPRENGEL (gest. 1828), Superintendent in Pasewalk. – III 284.

SPRENGEL, Hermann, Sohn des Superintendenten *Sprengel, 1829 stud. phil. in Berlin, Hörer Hegels. – III 284.

STADELMANN, Johannes, von Tucherscher Unteran zu Casperg, u. dessen Ehefrau. – IVa 227.

STÄGEMANN, Friedrich August von (1763–1840), im preuß. Staatsdienst, 1806 Geh. Finanzrat, 1809 Staatsrat, 1810 Vorsteher der Staatskanzlei bei *Hardenberg, 1819/21 Leiter der „Staatszeitung". – II (461); - III 218, (377, 397, 428).

STÄUDLIN, Gotthold Friedrich (1758–1796), Sohn des Regierungsrats Gotthold St.; ab 1776 stud. jur. in Tübingen, 1786 Kanzleiadvokat in Stuttgart, lebte seit 1793 aus polit. Gründen zurückgezogen in Lahr/Breisgau; bekannt als Dichter u. Förderer *Hölderlins. – I 9, 10, (434); - IVa 163; - IVb 3, (91).

STAHL, Konrad Dietrich Martin (1771–1833), promov. 1795

in Helmstedt, im gleichen Jahr Privatdoz. in Jena, 1799 ao. Prof. d. Mathematik u. Physik, 1802 Gymnasialprof. in Coburg, 1804 Prof. in Würzburg, 1806 in Landshut, 1826 in München Hofrat u. Prof. d. höheren Mathematik. – I 84, (460, 463, 470); - II 158, 165; - IVa 81, 82, 84, 85, (310).

STAHLECKER, Reinhold. – IVa (254, 256 f.).

STAHLEGGER, Ludwig Friedrich (1770–1814), Kompromotionale Hegels in Tübingen, 1807 Pfarrer in Dürrwangen b. Balingen. – IVa 18, 28, 36, 45, 146, (285, 306).

STARCKE, Johann Friedrich, Druckereibesitzer in Berlin, druckte im Auftrage *Cottas die 2. Aufl. von Hegels „Wissenschaft der Logik". – III 329, 340, 356, (463, 473); - IVa 224, (336).

STARGARDT, J. A., Autographenhandlung in Berlin, später in Marburg. – IVa (332, 348); - IVb (105).

STARK, Johann Christian (1769–1837), 1805 Prof. d. Chirurgie in Jena, 1812 Leibarzt des Herzogs *Karl August; auch bedeutend als Gynäkologe. – I 122; - II 307.

STECHLITZ; Textdichter einer dt. Fassung von *Mozarts „Titus". – IVa (351).

STEFFENS, Henrich (1773–1845), Philosoph, Naturforscher und Dichter; geb. Norweger, stud. in Jena bei *Schelling, 1804 Prof. d. Philos. in Halle, 1811 in Breslau u. 1831 in Berlin; mit Schelling u. Novalis befreundet. – I 235, (464, 467, 484); - II 184, 299, (426, 465, 492); - III 20 f., 44, 252, (368 f., 439, 461); - IVb 45.

STEIGER, Friedrich Rudolf von (1787–1858), Sohn des Hauptmanns *Karl Friedrich v. S., Zögling Hegels. – I 5, 26.

STEIGER, Hugo. – IVa (319).

STEIGER, Karl Friedrich von (1754–1841), zunächst Offizier in holl. Diensten, dann Dragonerhauptmann in Bern, 1785 Mitgl. des Berner Großen Rates; bei ihm war Hegel Hauslehrer. – I 4 f., 5 f., 12, 26, 36, (433, 437); - IVa 42, 43, 53, 65, 70, (297).

STEIGER, Maria Katharina von (1785–1849), Tochter des Hauptmanns *Karl Friedrich v. S., Zögling Hegels. – I 5, 6, 26.

STEIN, Buchhändler in Nürnberg. – I 388.

STEINBART, Gotthelf Samuel (1738–1809), zuerst Gymnasiallehrer, 1774 Prof. d. Philos. in Frankfurt/O., 1787 Oberschulrat in Berlin. – I 229, (483).

STEINFUSS. – II (459).

STEINHART, Karl Heinrich August (1801–1872), 1822 Hörer *Boeckhs u. Hegels in Berlin, 1824 Lehrer an der Schule

in Pforta, 1831 Prof.; bekannt als Platon- und Plotinforscher. – III 288, (451).
STEINKOPF, Johann Friedrich (1771–1852), Mitschüler Hegels in Stuttgart, erwarb 1792 das Antiquariat seines Großvaters Johann Christoph Betulius (1728–1791) u. begründete damit den Verlag J. F. Steinkopf. – IVa 16.
STEINKOPF, Karl Friedrich Adolf (1773–1859), Bruder des Vorigen, Stipendiat in Tübingen, 1792 Magister, 1795 Sekretär d. Christentumsgesellschaft in Basel, 1815 Prediger in London, 1816 Dr. theol. – IVa 50.
STEINLEIN, Klara. – I 211.
STEINLEIN, Marianne. – I 211.
STENDEL, Adolf, Rechtskonsulent, Verwandter der Nanette *Endel. – I (442 f.).
STENGEL, Stephan Christian Franz Nikolaus Frh. von (gest. 1822), Geheimrat in Bamberg, Vizepräsident unter von *Thürheim, 1808 Generalkommissar des Mainkreises. – I 217, (486 ff.).
STENZEL, Karl. – IVa (254).
STEPHANI, Heinrich (1761–1850), Konsistorialrat u. Hofprediger in Castell, 1808 Schulrat im Lechkreis, dort um die Reform des Elementarunterrichts bemüht, 1811 als Nachfolger von H. E. G. *Paulus Kreisschulrat in Ansbach, 1815 wegen Unregelmäßigkeiten bei der Besetzung von Schulämtern suspendiert, dann Pfarrer u. Dekan in Gunzenhausen. – I 349, 415, (505, 511); - II 22, 57, 60, 323, (375, 408).
STEPHANUS, Heiliger. – I 208.
STEUDEL, Johann Christian Friedrich (nicht: J.P.C.) (1779–1837), seit 1815 Prof. d. Theol. in Tübingen. – II (496).
STEWART, Dugald (1753–1828), engl. Philosoph. – III 3.
STICH, Auguste siehe *Crelinger, Auguste.
STICH, Wilhelm (1794–1824), Schauspieler. – III (474 f.).
STIEGLITZ, Charlotte, geb. Willhöft (1806–1834), seit 1822 Braut, 1828 Gattin von *Heinrich Wilhelm August S.; wollte durch Selbstmord ihrem Gatten den Anstoß zu großer Dichtung geben. – III 153, (426, 463, 470).
STIEGLITZ, Heinrich Wilhelm August (1801–1849), Schüler u. begeisterter Verehrer Hegels in Berlin; als Dichter u. Schriftsteller unbedeutend; 1828 Kustos an der kgl. Bibliothek in Berlin. – III 136, 153, 345, 346, (406, 426, 463, 469, 470).
STIER, Ewald Rudolf, Theologe. – II (446).
STIER, F. und G. – II (446).
STOCK, Johanna Dorothea (1760–1832), Pastellmalerin, seit 1815 in Berlin, mit Hegel bekannt. – III 49 f.

STOESSER, Philipp Rudolf (1751–1825), Regierungsbeamter in Baden, 1809/19 Staatsrat u. Generaldirektor des Innenministeriums. – IVa 107.
STOLBERG, Friedrich Leopold Graf zu (1750–1819), Dichter u. religiöser Schriftsteller; 1791 Kammerpräsident in Eutin, 1800 Rücktritt; erregte Aufsehen durch seine Konversion zum Katholizismus. – I 87, (454); - II 354, (451); - IVb 20, (99, 100).
STOLK, Herman A. – II (372, 386); - III (385, 433).
STOLL, Johann Ludwig (1778–1815), österr. Dichter. – I (480).
STORR, Gottlob Christian (1746–1805), 1772 Repetent am Tübinger Stift, 1775 ao. Prof., 1777 o. Prof. d. Theol., Lehrer Hegels, 1797 Oberhofprediger u. Konsistorialrat in Stuttgart. – I 12, (434, 438); - IVa 34, 37, 38, 39, 58, 75, 89, (268, 285, 290).
STOSS, Veit (1438–1533), Holzschnitzer u. Maler in Nürnberg. – III (399).
STOURDZA, Alexander von (1791–1854), polit. Schriftsteller; die Übersetzung einer Schrift Stourdzas ins Deutsche durch *Kotzebue wurde Anlaß des *Sandschen Attentats. [– II (432).
STRAHM, Hans. – I (433 f., 437).
STRAUSS, David Friedrich (1808–1874), Stipendiat in Tübingen, 1830 Pfarrvikar, 1831 Hörer Hegels in Berlin, auch Schüler *Schleiermachers, 1832 Repetent am Tübinger Stift, 1839 Prof. d. Dogmatik u. Kirchengeschichte in Zürich, doch auf Betreiben einer Opposition pensioniert; verursachte durch seine Schrift „Leben Jesu“ die Spaltung der Hegelschen Schule. – I (442); - IVa 126, (333).
STRAUSS, Ludwig. – I (439).
STRECKFUSS, Adolf Friedrich Karl (1778–1844), zuerst in sächsischen, seit 1815 in preuß. Diensten, 1819 in Berlin, 1823 OberReg.Rat im preuß. Innenministerium, 1840 Staatsrat; auch bekannt als Schriftsteller u. Übersetzer ital. Werke. – III (394, 397).
STRICKER, Sophie Wilhelmine, geb. Hufnagel (geb. 1792), Tochter des W.F. *Hufnagel. – I 66.
STRIXNER, Johann Nepomuk (1782–1855), Lithograph, reproduzierte die Boisseréesche Gemäldesammlung. – III (416).
STRÖBEL, Gymnasialprof. in Bayreuth (vielleicht identisch mit dem Folgenden). – III 234.
STRÖBEL, Christoph Siegmund, Schüler Hegels am Gymnasium in Nürnberg. – IVb 49, (109).

STRÖHLIN, Friedrich Jakob (1744–1802), stud. im Tübinger Stift, 1764 Magister, bis 1781 Prediger in Genf, dann in Bordeaux, 1786 Prof. f. Französisch u. Klass. Philologie a. d. Hohen Karlsschule in Stuttgart, 1794 Prof. am Gymnasium daselbst. – I 35, 71.

STRÖMSDÖRFER, Fräulein, in Nürnberg. – IVa 198, 202.

STROMBERG, C. Graf von. – III (411).

STROMER von Reichenbach auf Holenstein, Helena Maria Katharina Karoline (1796–1849), Tochter der Folgenden. – I 340.

STROMER von Reichenbach auf Holenstein, Maria Sabina Hedwig Freifrau, geb. Kreß von Kressenstein (1767–1812), Gattin des Christoph Friedrich Str. – I 340.

STRUENSEE, von; nach 1820 Polizeipräsident von Köln. – II (467).

STUCKERT (Stuckart), Georg (geb. 1804), aus Heidelberg, seit 1823 dort stud. theol., Bekannter Ludwig *Fischers. – IVa 242, (363).

STUTZMANN, Johann Josua (1777–1816), 1804 Privatdoz. in Heidelberg, 1806 Gymnasiallehrer, Zeitungsredakteur u. Doz. in Erlangen, 1808 Hegels Nachfolger als Redakteur der „Bamberger Zeitung“. – I 255, 260, 278 f., 284, (492 f.); - IVa 97.

SUABEDISSEN, David Theodor August (1773–1835), 1800 Prof. d. Philos. in Hanau, gründete 1803 eine eigene Schule in Homburg, 1805 Lehrer in Lübeck, 1812 in Kassel, dort Instruktor des Kurprinzen, 1822 Prof. d. Philos. in Marburg. – II 399, 401, 406; - III 179, 286 f.

SUCKOW, Johann Lorenz Daniel (1723–1801), Mathematiker u. Physiker; 1756 Prof. in Jena, zur Zeit von Hegels Habilitation Senior der Philos. Fakultät. – IVa 79, (308); - IVb 5.

SÜSKIND, Christian David von (1771–1850), Mitschüler Hegels in Stuttgart, 1802 Kammerrat, 1817 Finanzkammerdirektor in Ludwigsburg, später Direktor und Präsident des Steuerkollegiums. – IVa 15.

SÜSSKIND, Friedrich Gottlieb (1767–1829), Bruder des *Christian David S., Stipendiat in Tübingen, 1785 Magister, 1791 Repetent, 1798 Prof. d. Theol. in Tübingen, 1805 Konsistorialrat. – IVa 50.

SÜSSKIND, Johann Gottlob (1773–1838), Bruder der beiden Vorigen; Stipendiat in Tübingen, Kompromotionale F.W.J. *Schellings, 1792 Magister, Hofmeister in Stuttgart und Jena, 1800 Repetent, 1805 Diakon in Sindelfingen, 1817 Pfarrer in Löchgau. – I 12 f., 25, 36, 71.

SÜVERN, Johann Wilhelm (1775–1829), Gymnasiallehrer in Berlin, dann Gymnasialdirektor in Thorn u. Elbing, 1808 als Hilfsarbeiter, 1809 als Staatsrat u. ständiger Referent in der Unterrichtssektion des preuß. Innenministeriums, seit 1817 im neugebildeten Kultusministerium als Geh.Staatsrat u. Mitdirektor; beteiligt an der Neugestaltung des preuß. Volks- u. höheren Schulwesens. – II 134, (400).

SUHR, Christoph (1771–1842), Maler, Lithograph u. Radierer; tätig in Hamburg, 1796 Mitgl. der Berliner Akad. d. Künste; schuf zus. mit seinem Bruder Cornelius (1781–1857) Panoramen europ. Städte u. Landschaften. – IVa 206, (358).

SULLA, Lucius Cornelius (138–78 v. Chr.), röm. Staatsmann u. Feldherr. – III (382).

SULZER, Johann Georg (1720–1779), Mitgl. d. preuß. Akad. d. Wiss. in Berlin; bekannt durch philos. u. psychologisch-ästhetische Schriften. – I 91, (456).

SUTHMEYER, Hermann (1784–1824), 1805/06 Hörer Hegels in Jena; befreundet mit van *Ghert, *Gabler u. *Zellmann; 1810 Pfarrer in Alt-Lüneburg, 1815 in Otterndorf/Elbe. – I 421, 426; - II 11.

TACITUS, Cornelius (ca. 55–117 n. Chr.), röm. Historiker. – II 159, (417).

TÄUBER (gest. 1850), Gymnasialprof., 1804 Prof. d. philos. Sektion in Bamberg, Hegels Vorgänger in der Redaktion der „Bamberger Zeitung“. – I 143 f., 196.

TAFINGER, Johann Andreas (1728–1804), stud. in Tübingen, 1746 Magister, 1750 Repetent am Stift, 1753 Prof. d. Religion u. d. alten Sprachen am Gymnasium in Stuttgart, 1783 dessen Rektor; Mitglied d. Akad. d. Wiss. zu Berlin. – IVa 16, (261).

TALLEYRAND-PÉRIGORD, Charles Maurice Duc de (1754–1838), frz. Staatsmann. – II (379, 382).

TALMA, François-Joseph (1763–1826), frz. Schauspieler. – I 248; - III 187.

TAYLOR, Thomas (1758–1835), engl. Übersetzer antiker Philosophen. – II 288, (488 f.).

TEICHMANN, Johann Valentin (1791–1860), 1816 Sekretär im Büro der Generalintendantur der kgl. Schauspiele in Berlin, später Hofrat; Theaterhistoriker. – III 107, (387); - IVb 51, (111).

TENNEMANN, Wilhelm Gottlieb (1761–1819), promov. u. habil. in Jena, versuchte in seiner Magisterdisputation, *Kants

Kritik der rationalen Psychologie zu widerlegen; 1798 ao. Prof. d. Philos., 1804 o. Prof. in Marburg, 1816 Univ. Bibliothekar; Verfasser einer umfangreichen Geschichte d. Philos. – II 231, (401, 453); - III 138, 249, 301, (403, 438, 454).

TERENTIUS, Publius T. Afer (ca. 200–159 v. Chr.), röm. Komödiendichter. – III (418).

TERLINDEN, Charles. – II (386); - III (389).

TERNITE, Wilhelm (1786–1871), Maler, 1826 Galerieinspektor in Berlin, 1834 Hofrat. – III 301, (454).

THADEN, Nikolaus von (gest. 1848), stud. Philos. u. Kameralwissenschaften in Kiel, dann Hausvogt im Amte Flensburg, später in Tremsbüttel, 1826 dän. Kammerrat, 1829 Justizrat; Freund *Reinholds und *Bergers. – II 54, 138, 183, 205, 223, 278, (382, 413, 425, 430, 450, 486).

THANNER (nicht: Thammer), Ignaz (1770–1825), kath. Philosoph, Anhänger *Schellings, Prof. d. Philos. in Landshut u. Innsbruck, später in Salzburg. – I 206.

THEINER, Augustin (1804–1874), kath. Kirchenhistoriker, Präfekt an der Bibliotheca Vaticana. – III (438).

THEINER, Johann Anton (1799–1860), Bruder des Vorigen, 1824 Prof. d. Exegese u. d. Kirchenrechts in Breslau. – III (438).

THEODERICH I. der Große (ca. 456–526), ostgotischer König. – III (418).

THEODORAKOPOULOS, Johannes. – IVa (346).

THERESE von Sachsen-Hildburghausen (1792–1854), Gemahlin des Kronprinzen *Ludwig von Bayern. – II 62.

THÉRÈSE; 1817 im Haushalt Hegels. – IVb 30.

THIBAUT, Frau, geb. Ahlers, Gattin des *Anton Friedrich Justus T. – I 380.

THIBAUT, Anton Friedrich Justus (1772–1840), Schüler *Kants, 1798 ao. Prof., 1799 o. Prof. d. Rechte in Kiel, 1802 in Jena, 1806 in Heidelberg; gegen die historische Rechtsschule *Savignys eingestellt; auch bedeutend als Musikschriftsteller. – I 72, 73, 103 f., 104 f., 380, (454, 483, 509); - II 7, 93, 108, 110, 149, 154, 186, 220, 230, 264, 301, 352, (372, 396, 406 f.); - III 17 ff., 80, 82, 87, 90 f., 121, 127, 162, 239, 268, 275, 279, (379, 397, 437); - IVb 49, 76.

THIEL, Tischler in Berlin. – IVa 208.

THIEL, Georg, Bekannter Ludwig *Fischers. – IVa 242, (364).

THIERS, Adolphe (1797–1877), frz. Historiker u. Staatsmann. – III 198.

THIERSCH, Friedrich (1784–1860), 1808 Privatdoz. in Göttingen, 1809 Gymnasialprof. in München, 1811 am Lyzeum,

gründete 1812 das Philolog. Institut der Akad. d. Wiss., 1826 Prof. d. Philologie an der Univ. München; erwarb sich bes. Verdienste um das Studium der alten Sprachen in Bayern. – I 335, (495); - II 111, 295, 337, (383, 482); - III 139, 140, 143, 146, 268, (396, 403, 404, 442); - IVb 67, (117).

THIERSCH, Heinrich Wilhelm Josias (1817–1885), ältester Sohn des *Friedrich T., stud. phil. in München, stud. theol. in Erlangen, 1842 Prof. d. Theol. in Marburg. – I (495).

THIETMAR von Merseburg (975–1018), mittelalterl. Chronist. – IVa 32.

THILENIUS, wahrscheinlich Hauslehrer bei der Familie Heinrich *Beer. – III 347.

THILO, Karl Johann (1794–1853), ev. Theologe, Kirchenhistoriker u. Exeget. – III (449).

THIRIOT (oder Thieriot) (1696–1772), Freund *Voltaires. – II (463).

THOLUCK, Friedrich August Gottreu (1799–1877), Schüler *Neanders, 1823 ao. Prof. d. Theol. in Berlin, 1826 o. Prof. d. Theol. in Halle, 1868 Oberkonsistorialrat; vertrat die sog. Vermittlungstheologie zwischen Rationalismus u. extremer Orthodoxie. – III 164, 207, 225, 230, (412, 428, 449, 460); - IVb 60, (115).

THORWALDSEN, Bertel (1768–1844), dän. Bildhauer. – III 401.

THOUVENEL, Pierre (1747–1815), seit 1770 Arzt, durch aufsehenerregende Versuche über den tierischen Magnetismus bekannt. – I 142.

THÜRHEIM, Friedrich Graf von (1763–1832), 1803 Präsident der Landesdirektion Bamberg, 1808 Generalkommissar in Nürnberg, später Geheimrat u. bayer. Staatsminister. – I 91, 114, 116, 133 f., 177, 181, 197, 208, 259, 269, 275, 289, (456, 493); - IVa 95.

THUKYDIDES (ca. 460–ca. 400 v. Chr.), griech. Historiker. – I 387; - II 157, 159, 177, (417, 424); - IVb 29, (102).

TIBULL, Albius (ca. 50–19 v. Chr.), röm. Elegiendichter. – I 248.

TIECK, Amalie, geb. Alberti (1769–1837), seit 1798 Gattin des *Ludwig T. – II 79.

TIECK, Christian Friedrich (1776–1851), Bruder des *Ludwig T., Bildhauer, 1801/05 mit der Ausschmückung des Weimarer Schlosses beschäftigt, 1820 Prof. an der preuß. Akad. in Berlin; schuf die Büsten verschiedener berühmter Zeitgenossen. – I 69; - III (401).

TIECK, Ludwig (1773–1853), dt. Dichter; gehörte zum Jena-

er Romantikerkreis, lebte später bei der gräfl. Familie *Finkenstein auf dem Gute Ziebingen in der Neumark, 1819 Übersiedlung nach Dresden, 1825/30 dramaturgischer Berater des Dresdener Kgl. Schauspielhauses, hielt in dieser Zeit seine berühmten Leseabende, seit 1842 in Berlin. – I 165; - II 79, 293, (427, 448, 490); - III 48, 49, 74, 168, 239, (401, 413, 419, 421, 439).

TIEDEMANN, Friedrich (1781–1861), Sohn des Philosophen Dietrich T.; 1806 Prof. d. Medizin in Landshut, 1816 in Heidelberg; bedeutender medizin. Forscher u. Schriftsteller. – II 150, 231, 301, (492).

TIESMEYER, L. – II (416).

TISCHBEIN, Johann Friedrich August (1750–1812), Porträtmaler, 1800 Direktor der Kunstakademie in Leipzig. – I 380.

TIZIAN (= Tiziano Vecelli) (1476/77–1576), ital. Maler. – III 187.

TOD, James (1782–1835), engl. Orientalist u. Offizier im Kolonialdienst. – III 85, (380).

TÖPFER, Karl Friedrich Gustav (1792–1871), dt. Dramatiker u. Novellist. – III (399).

TORELLI, ital. Tänzerin, um 1824 in Wien. – III 70 f.

TRALLES, Johann Georg (1763–1822), 1810 Prof. d. Mathematik in Berlin u. Mitgl. d. Preuß. Akad. d. Wiss. – III (440).

TRAUTTMANNSDORF, Maximilian Graf von (1584–1650), österr. Staatsmann. – III (448).

TREBRA, Friedrich Wilhelm Heinrich von (1740–1819), 1791 Berghauptmann in Clausthal, 1801 in Freiberg, Leiter des sächs. Bergwesens; angesehener Fachmann. – IVa 87.

TREDE, Johann Heinrich. – IVb (119).

TREITSCHKE, Heinrich Gotthard von (1834–1896), dt. Geschichtsschreiber u. polit. Schriftsteller. – II (447 f.); - IVb (112).

TRENDELENBURG, Friedrich Adolf (1802–1872), Schüler *Reinholds und *Bergers in Kiel, 1824/26 Hörer Hegels in Berlin, dort Promotion, 1826 Hauslehrer, 1833 Privatdoz., 1836 Mitgl. d. wissenschaftl. Prüfungskommission, 1837 Prof. d. Philos. u. Pädagogik in Berlin; Gegner der Hegelschen Philosophie. – IVa 125, (332).

TRIEST, Leutnant in Berlin. – IVb 34, (105).

TRIEST, August Ferdinand (geb. 1767), Beamter beim Hofbauamt in Berlin, 1803/06 in Posen, 1809 Reg.rat in Potsdam, 1814 Baudirektor in Berlin. – II (431).

TROTT zu Solz, Heinrich August von (1783–1840), aus Kassel, Hörer Hegels in Jena, später in württ. Diensten, zuletzt Gesandter am Bundestag. – IVa 86.

TROXLER, Ignaz Paul Vitalis (1780–1866), schweizer. Philosoph; zunächst Sekretär, dann 1800 stud. phil. in Jena, dort Hörer *Schellings u. Hegels, dann stud. med. in Göttingen, dort Promotion, 1805 prakt. Arzt in Luzern, löste sich von der Naturphilosophie Schellings u. entwickelte ein eigenes System, 1820 Gymnasialprof. d. Geschichte in Luzern, dann wieder prakt. Arzt in Aarau, 1830 Prof. d. Philos. in Basel, 1834 in Bern. – I (452); - III 253, (440); - IVa 86.

TRUCHSESS von Wetzhausen, Christian Frh. (1755–1826), fränk. Edelmann, 1775/87 Offizier im Dienst d. Landgrafen v. Hessen-Kassel, lebte dann auf der Bettenburg b. Coburg; bedeutender Kunstfreund. – IVa 234, 235, (364).

TRUCHSESS, Wilhelm, Verwandter des *Christian v. Tr. – IVa 235.

TRÜTZSCHLER, von; Kammergerichtspräsident in Berlin. – III 15.

TUCHER von Simmelsdorf, Familie. – I 359, 381, 383, 422, (506, 510); - II 295; - IVa (322, 358, 360, 361); - IVb (103).

TUCHER von Simmelsdorf, Christoph Karl Gottlieb Sigmund Freiherr (1798–1877), Bruder von Marie *Hegel, besuchte das Nürnberger Gymnasium unter Hegel, stud. 1816 in Erlangen, 1817/19 in Heidelberg, wo er auch Hegel hörte, 1819/21 in Berlin ebenfalls Hörer Hegels, lebte dort in Hegels Familie, 1822 Dr. jur. in Erlangen, dann Referendar in Dinkelsbühl u. Schwabach, 1825 Assessor am Stadt- u. Kreisgericht in Nürnberg, 1833 in Schweinfurt, 1841 in Nürnberg, 1849 Appellationsgerichtsrat in Neuburg, 1856 in München; bekannt auch als Bachforscher u. Förderer des ev. Kirchengesanges. – II 58, (431, 432 ff., 437); - III (383); - IVa 169, (324, 345); - IVb 30 f., 63, (103).

TUCHER von Simmelsdorf, Christoph Wilhelm Friedrich Frh. (1768–1848), Onkel von Marie *Hegel, Offizier in dänischen Diensten, nahm 1820 seinen Abschied, kehrte als Senior der Familie nach Nürnberg zurück. – III (384).

TUCHER von Simmelsdorf, Friedrich Wilhelm Karl Frh. (1736–1817), Großvater von Marie *Hegel, Senator, seit 1797 Ratsdirektor u. zweiter Losunger von Nürnberg. – I 364; - II 7; - III (384); - IVa 103, 193 f., (321, 355).

TUCHER von Simmelsdorf, Jobst Wilhelm Karl Frh. (1762–1813), Vater von Marie *Hegel, Senator u. Bürgermeister der Stadt Nürnberg. – I 363 f., 375 f., 377, 382; - II 7, 9; - IVa 99, 104, 186, 193 f., 200, 227, (321, 324, 361).

TUCHER von Simmelsdorf, Johann Siegmund Karl Frh. (1794–1871), Bruder von Marie *Hegel, seit 1814 im bayer.

Militärdienst, später Major; heiratete 1823 Maria Magdalena Karoline Katharine von Grundherr zu Altenthann u. Weierhaus. – II 50, 51, 67, 69, 293; - III 139, (383 f.).

TUCHER von Simmelsdorf, Karl Friedrich Wilhelm Frh. (1805–1875), jüngster Bruder von Marie *Hegel. – II (431); - III 134; - IVa 185.

TUCHER von Simmelsdorf, Maria Helena Wilhelmina Freifrau, geb. Haller von Hallerstein (1804–1834), seit 1828 verh. mit ihrem Vetter, Hegels Schwager *Gottlieb T. – IVb 63.

TUCHER von Simmelsdorf, Marie Freiin siehe *Hegel, Marie.

TUCHER von Simmelsdorf, Siegmund Friedrich Karl Freiherr (gest. 1812), Bruder der Marie *Hegel; Leutnant in bayer. Diensten, gefallen bei Polozk. – IVa 104.

TUCHER von Simmelsdorf, Sophie Marie Friederike („Fritz") siehe *Meyer, S.M.F. v.

TUCHER von Simmelsdorf, Susanna Maria Freifrau, geb. Haller von Hallerstein (1769–1832), Mutter von Marie *Hegel. – I 342, 376, 377, 382; - II 7, 9, 64, 107, 306, 319, 348, 363, (429, 487); - III 121, 124 f., 131, 134, 136 f., 269, (383 f., 434); - IVa 99, 101, 104, 225, (324, 337, 356, 358, 360 f.); - IVb 29, 69, (103, 116).

TUCKEY, James Kingston (1776–1816), engl. Seeoffizier u. Erforscher des Kongogebietes. – III 45, (373).

TÜMPLING, Adam von (1781–1871), preuß. General; Jenaer Freund *Goethes. – I 122.

TUPPY, Josef (geb. 1803), Ungar, erhielt 1826 ein Ausländerstipendium am Tübinger Stift. – III 292, 293, (453).

TWESTEN, August Detlev Christian (1789–1876), 1813 Gymnasiallehrer in Berlin, 1814 ao. Prof., 1819 o. Prof. d. Philos. u. Theol. in Kiel, 1835 Nachf. *Schleiermachers in Berlin. – II (401, 409); - III (414).

TYCHSEN, Thomas Christian (1758–1834), Theologe, seit 1785 Prof. in Göttingen, zugleich ein namhafter Orientalist. – IVa 221.

TZSCHOPPE, Gustav Adolf von (1794–1842), 1823 preuß. Geh.Regierungsrat, später Direktor des Geh. Staatsarchivs. – II (440).

ÜBERFELD, J.W., Herausgeber der Werke Jakob *Böhmes. – I (499).

ÜXKÜLL, Frau von; Mutter des *Boris v. Ü., 1820 in Desden, wo Hegel sie kennenlernte. – II 338, (482, 504).

ÜXKÜLL, Boris Frhr. von (1793–1870), estländ. Gutsbesitzer, Rittmeister d. russ. Armee, stud. in Heidelberg, wo er Hegel kennenlernte; später mit ihm in freundschaftlicher Verbindung. – II 214, 297, 300, 304, 305, 310, 338, (482, 491 f., 498); - III (444); - IVb (109).
ÜXKÜLL-GYLLENBAND, Karl Friedrich Emich Frh. von (1755–1832), Beamter im württ. Staatsdienst; Kunstsammler u. -schriftsteller. – I 69 f.
UHDEN, Wilhelm von (1763–1835), Staatsrat im preuß. Kultusministerium. – II 180, (405, 409, 422, 425); - III (457).
UHLAND, um 1820 Arzt in Neustadt/Aisch, behandelte Hegels Schwester *Christiane. – II 228 f.
UHLAND, Ludwig Josef (1722–1803), ev. Theologe, 1744 Repetent am Tübinger Stift, 1749 Diakon in Marbach, 1761 Prof. d. Geschichte in Tübingen, 1772 Ephorus des Stifts, 1776 Prof. d. Theol., 1777 zweiter Superattendent; Lehrer Hegels. – IVa 37 ff., 58, 89, (268).
UHLAND, Robert. – IVa (320).
UKERT, Friedrich August (1780–1851), Bibliothekar u. Geograph. – III (468).
ULLMANN, Karl (1796–1865), 1826 Prof. d. Theol. in Heidelberg, 1829 in Halle; trat im Halleschen Streit für die theol. Lehrfreiheit ein; 1836 wieder in Heidelberg. – II 315; - III 150, (405, 449).
ULRICH, Herzog von Württemberg (1487–1550), seit 1503 Regent, führte die Reformation in Württemberg ein. – IVa 51.
ULRICH, Johann August Heinrich (1746–1813), Prof. d. Philos. in Jena; versuchte die von ihm vertretene *Wolff- *Leibnizsche Philosophie mit der Lehre *Kants zu vereinen. – I 173, 236, (484); - IVa 25, 80, 83 f., (274, 308).
ULRICH, Karl, stud. jur. in Breslau u. Berlin, einer der Hauptführer der Burschenschaft, später Justizbeamter. – II 330, (498 ff., 501 f.); - IVb (113).
UMBREIT, Friedrich Wilhelm Karl (1795–1860), 1819 ao. Prof. d. Theol. u. Philos. in Heidelberg, 1823 o. Prof. – III (405, 449).
UNGER, Friederike Helene, geb. von Rothenburg (1751–1813), Gattin des Folgenden, dt. Romanschriftstellerin u. Übersetzerin. – III (473 f.).
UNGER, Johann Friedrich Gottlieb (1753–1804), Buchdrukker u. Verleger in Berlin. – III (473).
UNTERBEIN; Baumeister in Berlin. – IVa 210.
UNZELMANN, Friederike Auguste Konradine, geb. Flittner

(1760–1815), dt. Schauspielerin, vornehmlich in Berlin. – I 69.
URSULA, Heilige. – III (422).
UZ, Johann Peter (1720–1796), dt. anakreontischer Dichter. – I 201, (478); - IVa 135.

VANDELLONS, Chemiker in Brüssel. – II 137.
VARNHAGEN von Ense, Karl August (1785–1858), Diplomat u. Schriftsteller; schon früh literarisch interessiert, gab 1803 mit Chamisso einen Musenalmanach heraus, später Teilnehmer an den Befreiungskriegen, 1814 in *Hardenbergs Gefolge als Diplomat auf dem Wiener Kongress, 1815 Ministerialresident in Karlsruhe, 1819 im Ruhestand, lebte dann in Berlin, wo sein Haus zu einem Zentrum des geistigen Lebens wurde. Häufiger Umgang mit Hegel, 1827 Mitbegründer u. Mitarbeiter der „Jahrb. f. wiss. Kritik". – I (476, 478, 485, 503); - II (446 ff., 490, 491 f., 502); - III 153, 154, 155, 161, 174, 211, 217, 302, 351 f., 353, 355, (365 f., 376 f., 392 ff., 397 f., 401 f., 406, 407, 409 ff., 416, 424 ff., 434 f., 442, 454 f., 460, 470, 471, 473, 475); - IVa 170, 171, (339, 346, 347); - IVb 66, (117).
VARNHAGEN von Ense, Rahel Antonie Friederike, geb. Levin (1771–1833), seit 1814 Gattin von *Karl August V., bekannt durch ihren liter. Salon in Berlin. – II (385, 491); - III 174, (394, 415, 475); - IVa (346, 347).
VARRENTRAPP; Verlagsbuchhandlung in Frankfurt a. M., gegr. von Johann Friedrich V. (1742–1814). – II 289.
VARRO, Marcus Terentius (116–27 v. Chr.), gelehrter röm. Schriftsteller. – III (460).
VATKE, Johann Karl Wilhelm (1806–1882), stud. theol. seit 1828 in Berlin bei *Neander u. *Schleiermacher, Lieblingsschüler *Marheinekes, auch Hörer Hegels, 1830 Privatdoz. in Berlin, 1837 ao. Prof. d. Theol.; seit 1831 Freund von D. Fr. *Strauß, von der orthodoxen Partei stark angefeindet. – III (448).
VEILLODTER, Valentin Karl (1769–1828), Stadtpfarrer in Nürnberg, 1809 an St. Egidien, 1814 an St. Sebald. – II (375); - IVa 101, (321).
VEIT, Moritz (1808–1864), Sohn des Malers Philipp V.; Hörer u. Anhänger Hegels in Berlin; Schriftsteller u. Buchhändler, gründete 1833 den Verlag Veit u. Co. – IVa 125, (332).
VERHAGEN, Freund van *Gherts, den Hegel persönlich kennenlernte. – III 5, 8, 23.

VHALL, von; um 1824 württemberg. Staatsminister. – III 46.
VICTOR, d. i. Claude Perrin, gen. Victor, Duc de Bellune (1764–1841), General *Napoleons, nach 1806 Marschall u. Gouverneur von Berlin. – I 239.
VIEWEG; Sammlung in der Bibliothek Wolfenbüttel. – II (502).
VILLÈLE, Jean Baptiste Guillaume Joseph, Comte de (1773–1854), frz. Staatsmann; Anhänger der Bourbonen, 1822 Ministerpräsident. – III (387, 428).
VILLERS, Charles François Dominique de (1765–1815), frz.-dt. Gelehrter u. Schriftsteller; geb. Lothringer, 1792 Emigrant, lebte in Lübeck, Kassel u. Göttingen; interpretierte in seinen Schriften die dt. Bildung für Frankreich. – II 141, (414).
VIRGIL; Publius Vergilius Maro (70–19 v. Chr.), röm. Dichter. – II (396).
VIRNICH; „Sammlung V.“, Kölner Gemäldesammlung, zurückgehend auf J.J. *Lyversberg. – II (506).
VISCHER siehe auch *Fischer.
VISCHER, Christ. Friedrich Benjamin (1768–1814), Stipendiat in Tübingen, 1788 Magister, 1793 Repetent, 1799 Diakon in Weinsberg, 1806 in Ludwigsburg. – IVa 49, 59, 61, 69.
VISCHER, Peter d. Ä. (ca. 1460–1529), Bildhauer u. Erzgießer aus Nürnberg. – II 340, (504).
VISCHER, Wilhelm Friedrich (1768–1822), aus Göppingen, Stipendiat in Tübingen, 1788 Magister, 1793 Pfarrer in Eybach, 1803 in Willsbach, 1811 in Schnaitheim. – IVa 59, 61.
VISSCHER, Lodewijk Gerard (1797–1859), Freund van *Gherts, 1826 Prof. d. niederländ. Sprache u. Literatur am Collegium philosophicum in Löwen; später a. d. Univ. Utrecht. – II (474).
VITRUV; Vitruvius Pollio (1. Jh. v. Chr.), röm. Militärtechniker, Architekt u. bautechnischer Schriftsteller. – III 320, 332, (459 f.); - IVb 79.
VLOTEN, J. van; Hrsg. d. Werke Spinozas. – II (373).
VÖLKER, Fräulein, in Jena. – IVb 13.
VÖMEL, Johann Theodor (1791–1868), ab 1809 stud. phil. u. theol. in Heidelberg, Schüler *Creuzers, 1814 Gymnasiallehrer in Wertheim, 1816 Gymnasialprof. in Hanau, 1819 in Frankfurt; bekannt durch philologische Arbeiten. – II 315, (497); - III 82.
VOGEL, Georg Wilhelm (1743–1813), Bürgermeister von Jena. – IVb (96).

VOGEL, Karl (1798–1864), 1826 Hofmedikus u. Rat in Weimar, Leibarzt *Goethes u. Herzog *Karl Augusts, später Staatsrat. – III 205.

VOGEL von Frommannshausen, H. – I (465, 484, 506 f.); - II (385, 386, 397, 409, 416, 429, 494, 497); - III (433).

VOIGT, Frau, geb. von Eckardt, Schwester der Frau *Niethammer, Gattin des *Johann Heinrich V. – I 120 f., 123, 146, (463).

VOIGT, Christian Gottlob von (1743–1819), Beamter in Weimarer Staatsdiensten, 1777 Regierungsrat, später Kurator der Univ. Jena, 1791 Minister; bekannt als Freund *Goethes. – I 94, 156, 159, (461, 463); - III (471).

VOIGT, Friedrich Siegmund (1781–1850), 1807 ao. Prof. d. Medizin u. *Schelvers Nachf. als Direktor d. Botanischen Gartens in Jena, 1818 o. Prof. d. Botanik; führte das *Linnésche natürliche Pflanzensystem in die dt. Wissenschaft ein. – I 146, (460, 463).

VOIGT, Johann Heinrich (1751–1823), 1789 Prof. d. Mathematik in Jena, 1802 Prof. d. Physik; bei Hegels Habilitation Dekan der Philos. Fakultät. – I (476); - IVa 78, 80, 84 f., (308); - IVb 6, 7, (93, 94).

VOIGT, Johann Sigismund, in Jena; Eintrag im Stammbuch Ludwig *Fischers. – IVa (363).

VOIGT, Johannes (1786–1863), preuß. Historiker, 1817 ao. Prof., 1823 o. Prof. d. Geschichte in Königsberg. – III (464).

VOIGT, Nikolaus (1756–1836), Hauslehrer *Metternichs, später Senator in Frankfurt, danach Prof. d. Geschichte an der Univ. Mainz; Freund *Sinclairs. – I 323.

VOIGT, Susette, geb. von Lowenich, in Jena (vielleicht Gattin des *Johann Sigismund V.); Eintrag im Stammbuch Ludwig *Fischers. – IVa (363).

VOIGTEL, Traugott Gotthold (1766–1843), Lexikograph u. Historiker. – I (449).

VOLCKAMER, Chr. F. W. – IVa (356).

VOLKE, Werner. – IVa (266).

VOLLGRAFF, Karl Friedrich (1794–1863), zuerst Buchhändlerlehrling, dann Studium in Marburg u. Göttingen bei *Bouterwek u. *Eichhorn, 1819 Privatdoz., 1824 ao. Prof., 1827 o. Prof. d. Staatswissenschaften in Marburg. – III 243, (437).

VOLMAR, Ernst Ludwig Friedrich (1774–1824), Vetter *Hölderlins, Karlsschüler u. 1793 stud. jur. in Tübingen, später Amtmann in Unter-Riexingen. – IVa (344).

VOLTA, Alessandro Graf (1745–1827), ital. Physiker. – I 211, (466); - III 216.

VOLTAIRE (= Arouet, François Marie) (1694–1778), frz. philosophischer Schriftsteller u. Dichter. – I 217, (485, 488); - III 187, (418); - IVa 146, 156, (268).
VOLZ, Frau; Gattin des *Karl Friedrich V. – I 66.
VOLZ, Johann Christian (1721–1783), seit 1749 Prof. am Gymnasium in Stuttgart, 1774 Rektor desselben. – IVa (256).
VOLZ, Karl Friedrich, Kaufmann in Frankfurt/Main; Bekannter Hegels. – I 66.
VOSS, Frau; Bekannte der Familie Hegel in Berlin. – II 361.
VOSS, Friederike Margarete, Gattin des *Heinrich V. – II (411).
VOSS, Heinrich (1779–1822), Sohn des *Johann Heinrich V., 1804/06 Gymnasiallehrer in Jena, dort mit *Goethe, *Schiller u. Hegel bekannt, 1806 Prof. d. Philologie in Heidelberg; arbeitete mit seinem Vater an versch. Übersetzungen antiker Dichtungen. – II 154 ff., 220, 301, (395, 421); - IVa (364).
VOSS, Johann Heinrich (1751–1826), Mitgl. des Hainbundes, Rektor in Otterndorf, dann in Eutin, 1802 Honorarprof. in Jena, 1805 o. Prof. in Heidelberg; Schüler, später lit. Gegner Heynes, Freund *Goethes; in enger Verbindung mit H.E.G. *Paulus; berühmt durch seine Homer-Übersetzung. – I 95, 102, 103 f., 140, 380, (457 f., 467, 469, 475); - II 68, 90, 159, 224, 267, 276, 289, 302, (383, 392, 395, 396, 443, 451, 481, 483); - III 19, 44, 80, (372, 401 f.).

WAAGEN, Gustav Friedrich (1794–1868), Kunsthistoriker; Neffe L. *Tiecks, stud. phil. in Breslau u. Heidelberg, dort wahrscheinlich Hörer Hegels, promov. 1819 daselbst, 1823 Berufung nach Berlin zur Einrichtung des kgl. ägyptischen Museums, 1844 ao. Prof. d. Kunstgeschichte. – III 5, (366, 394).
WACKERNAGEL, Wilhelm (1806–1868), 1833 Prof. d. Germanistik in Basel. – III (473).
WÄCHTER, Georg Friedrich Eberhard (1762–1852), Maler; 1773 Karlsschüler in Stuttgart, Reisen nach Paris u. Rom, 1798/1808 in Wien, dann als Inspektor der Kupferstichsammlung in Stuttgart. – I 69, (448).
WÄCHTER, Karl Eberhard (1758–1829), seit 1796 Reg.rat in Stuttgart, später Geh.Rat. – IVa (302).
WAGNER, Gottlob Heinrich Adolf (1774–1835), stud. in Leipzig u. Jena, Hörer *Fichtes, dann freier Schriftsteller in

Leipzig; Übersetzer u. Verfasser ästhetischer Schriften u. Biographien. – III 239, (437).
WAGNER, Johann Jakob (1775–1841), Schüler *Fichtes in Jena u. Heynes in Göttingen, dann Zeitungsredakteur in Salzburg, 1803 auf *Schellings Empfehlung ao. Prof. d. Philos. in Würzburg, entzweite sich bald mit Schelling, 1809 im Ruhestand, im gleichen Jahr Privatdoz. in Heidelberg, 1815 wieder Prof. in Würzburg. – I 81, 91, 311 ff., 346, 379, 381, (504, 509); - II 8, 32.
WAGNER, Lorenz Heinrich (gest. 1841), Rektor in Bayreuth, 1820 in Augsburg, später Hofrat. – II 60, 76.
WAHL, Frau von; baltische Adelige aus Dorpat, Bekannte der Familie Hegel in Berlin. – III 270 f., 276, (444 f.).
WAHL, von; Sohn der Vorigen, 1829 zum Studium in Berlin, Pflegesohn der Familie Hegel. – III 276, (445).
WALDSTEIN, Graf; Nachkomme *Wallensteins. – III 278.
WALLENSTEIN, Albrecht Eusebius Wenzel von (1583–1634), Feldherr des 30jährigen Krieges. – III 125, (448).
WALLRAF, Ferdinand Franz (1748–1824), kath. Geistlicher u. Prof. für Naturgeschichte, Botanik u. Ästhetik in Köln, nach Aufhebung der Univ. 1799 Prof. d. Geschichte u. schönen Wissenschaften an der Kölner Zentralschule; bekannt durch seine großen Sammlungen verschiedenartiger Kunstschätze. – II 353, 354 f., (506); - III 202.
WALTER, Ferdinand (1794–1879), 1813 Freiwilliger, dann stud. jur. u. aktiver Burschenschaftler in Heidelberg, mit *Carové befreundet; 1819 ao. Prof., 1821 o. Prof. d. Rechte in Bonn; Schwiegersohn *Windischmanns. – II 352, (457, 459).
WALZ, David Friedrich (1761–1829), Stipendiat in Tübingen, 1781 Magister, später Pfarrer in Münklingen u. Ruit. – IVa 60, 61, 65, 68, 69.
WANGENHEIM, Karl August Frh. von (1773–1850), im württemberg. Staatsdienst, 1816 Kultusminister, 1817/23 Gesandter beim Bundestag, dann wegen liberaler Grundsätze auf Betreiben *Metternichs abberufen. – I 391, 410; - II 153, (415); - III (397).
WAP, Jan, Schüler u. Freund van *Gherts, Mitarbeiter an dessen philosophischen Zeitschriften. – II (379); - III (366).
WARDA, Arthur. – II (491); - IVb (126).
WARNKÖNIG, Leopold August (1794–1866), Privatdoz. in Göttingen, 1817 Prof. d. Rechte in Lüttich, 1827 Prof. d. Pandekten in Löwen, später in Freiburg u. Tübingen. – II 158.

WEBER, Georg Michael von, 1793 ao. Prof. d. Rechte u. Politik in Bamberg, 1796 Beisitzer, 1804 Direktor des Hofgerichts. – II 32, (377).
WEBER, Karl Maria von (1786–1826), dt. Komponist. – II (490); - III (373).
WEBERLING, Karl jun. – IVa 147.
WEECH, Friedrich von. – II (443).
WEELDEN, A.J. van, Verleger einer von P.G. van *Ghert gegründeten philos. Zeitschrift. – III (433).
WEGELE, Franz Xaver (1823–1897), Prof. d. Geschichte in Würzburg. – I (449).
WEGELER, Eleonore, geb. von Breuning (1771–1841), Jugendfreundin *Beethovens, seit 1802 verh. mit *Franz Gerhard W. – IVb 65.
WEGELER, Franz Gerhard (1765–1848), nach 1789 Prof. f. Gerichtl. Medizin u. Geburtshilfe a. d. Univ. Bonn, 1793/94 deren Rektor, zeitweise in Wien, seit 1807 in Koblenz, 1825 Geh.Medizinalrat; Freund *Beethovens. – IVb 65.
WEGELER, Julius (1807–1883), Sohn des Vorigen; Arzt. – IVb 65.
WEGSCHEIDER, Julius August Ludwig (1771–1849), ev. Theologe, 1810 Prof. in Halle, 1830 Mittelpunkt des Halleschen Streites. – III (460).
WEIGELIN, Johann Philipp (1769–1830), Stipendiat in Tübingen, 1788 Magister, 1800 Pfarrer in Remmingsheim. – IVa 140.
WEIHENMAYER, Christoph Friedrich (1768–1845), Stipendiat in Tübingen, 1788 Magister, 1804 Diakon in Dettingen, 1810 Pfarrer in Adelberg, 1827 in Aldingen. – IVa 137.
WEILLER, Kajetan von (1761–1826), kath. Geistlicher, 1792 Lehrer d. Mathematik u. Philos. an der Realschule in München, 1799 Prof. am dortigen Lyzeum, dann Rektor, 1812 Direktor der Münchener Studienanstalten u. Prinzenerzieher, Mitglied der Schulsektion des Innenministeriums, Gegner von *Niethammers Lehrplan, 1823 Generalsekretär der Bayer. Akad. d. Wiss.; vertrat mit *Berg u. *Salat gegen *Schelling u. Hegel die Aufklärungsphilosophie; als Pädagoge *Herbart nahestehend, Anhänger *Campes; Pestalozzi lehnte er ab. – I 93 f., 229, 294, 296, (450, 456, 460, 468 f., 475, 483 f., 494); - II 59 f., (383, 387, 392, 395).
WEINHOLD, Karl, Autographensammler. – IVb (92).
WEINHOLTZ, Karl (1794/95–1885), stud. phil. in Göttingen und Heidelberg, dort Hörer Hegels, seit 1824 Privatdoz. in Rostock. – III 264, (443).

WEISS, Christian (1774–1853), 1796 Privatdoz. in Leipzig, 1801 Prof. d. Philos., 1805 Gymnasialprof. in Fulda, 1808 Direktor d. Bürgerschule in Naumburg, 1816 Schulrat in Merseburg. – I (449); - II (409).

WEISS, Eberhard Friedrich Philipp (1770–1807), Kompromotionale Hegels in Tübingen, 1805 Pfarrer in Spielberg (Kr. Calw). – IVa 18, 28, 36, 50, (285, 306).

WEISSE, Christian Hermann (1801–1866), habil. 1823 in Leipzig, dann Gymnasialprof. in Naumburg, seit 1826 in brieflicher Verbindung mit *Schelling u. Hegel; 1828 ao. Prof., 1845 o. Prof. d. Philos. in Leipzig; zunächst Verfechter der Hegelschen Philos., von der er sich seit 1835 abwendet. – II 68, 73, (406); - III 103, 253, 259, 297, (385, 439, 443, 453).

WEISSHAAR, stud. theol. in Tübingen (nicht nachgewiesen). – IVa 49.

WEKHRLIN, Wilhelm Ludwig (1739–1792), Journalist u. Schriftsteller, wegen politischer Artikel mehrmals in Haft. – IVa (266, 287).

WELCKER, Karl Theodor (1790–1869), Staatsrechtslehrer u. Politiker; habil. 1813 in Gießen, dort 1814 ao. Prof., im gleichen Jahr o. Prof. d. Rechte in Kiel, 1817 in Heidelberg, 1819 in Bonn; während der Demagogenverfolgung verdächtigt, 1823 Prof. d. Rechte in Freiburg/Breisg., 1831 wegen seines nachdrücklichen Eintretens für die Pressefreiheit suspendiert, später Abgeordneter u. Mitglied der Nationalversammlung. – II 379, (423); - III 87, (397); - IVa 109, (326).

WELDEN, von; Gutsbesitzer in der Nähe von Bamberg. – I 218.

WENCK, Karl Friedrich Christian (1784–1828), 1810 Prof. d. Rechte in Leipzig, 1814 Hofgerichtsrat, 1821 Prof. d. Natur- u. Völkerrechts. – III 138.

WENDT, Amadeus (1783–1836), 1810 Prof. d. Philos. in Leipzig, 1829 in Göttingen; von seiner Vielseitigkeit zeugen Schriften aus den verschiedensten Wissensgebieten; Redakteur des „Großen Brockhaus“, in dem er den Artikel über Hegel verfaßte. – II (406, 480); - III 138, 141, 239, 249, (384, 403, 438); - IVa (335); - IVb 84, (125).

WENG, Johann Daniel von (1734–1808), Oberstleutnant und Kriegsrat in Stuttgart, bekannt durch eine Kunstsammlung, für die sich *Goethe u. *Schelling interessierten. – I 69.

WENK siehe *Weng, Johann Daniel von.

WENNING-INGENHEIM, Johann Nepomuk von (1790–1831), 1816 Prof. d. Zivilrechts in Landshut, 1818 Hofrat,

1826 Prof. d. Rechte in München. – III (396).
WERDENBERG, Verda Graf von, Geheimrat am Hof Kaiser *Ferdinands II. – III (448).
WERDER, Karl Friedrich (1806–1893), Philosoph u. Dichter; 1825 stud. jur. u. phil. in Berlin, Schüler Hegels, promov. 1833, 1834 Privatdoz., 1838 ao. Prof. d. Philos., Vertreter der Hegelschen Philosophie. – III (402).
WERNEBURG, Johann Friedrich Christian (1777–1851), stud. in Jena u. Leipzig, habil. 1803 in Göttingen, dann Gymnasiallehrer, 1818 Prof. d. Mathematik in Jena. – I 64, 66, 336, (446, 452, 503).
WERNER, Bekannter Ludwig *Fischers aus Leipzig. – IVa 243.
WERNER, Zacharias (1768–1823), dt. Dramatiker; weilte 1807/08 in Weimar, wo er mit *Goethe verkehrte; nach seiner Konversion zum Katholizismus kath. Geistlicher u. berühmter Kanzelredner in Wien. – I 213, (480).
WERNIKE, stud. theol. in Berlin; Hörer Hegels. – IVa 226.
WERTHER, Heinrich August Alexander Wilhelm Frh. von (1772–1859), preuß. Diplomat, 1824 Gesandter in Paris. – III 342, (375, 468).
WERTHERN, Cäcilie von siehe *Henning, Cäcilie von.
WESCHE; Buchhandlung in Frankfurt am Main. – IVa (337); -IVb 67 ff.
WESSELHÖFT, Elisabeth („Betty“), unverh. Schwester der Frau Johanna *Frommann, siedelte 1808 mit ihrer Schwester, der Wwe. Sophia *Bohn nach Jena über, später nach Stuttgart. – I (484); -II 155, 307, (411); -III (383); -IVa 231, 237.
WESSELHÖFT, J. Eduard, Verwandter der Vorigen u. d. Folgenden; eingetragen im Stammbuch Ludwig *Fischers. – IVa 236, (363).
WESSELHÖFT, Johann Georg; Eintrag im Stammbuch Ludwig *Fischers. – IVa 235.
WESSELHÖFT, Karoline, eingetragen im Stammbuch Ludwig *Fischers. – IVa (363).
WESSELHÖFT, Robert, Neffe Fr. *Frommanns; Burschenschaftler, später Arzt. – II (442); -III (377); -IVa (363).
WESSELHÖFT, Wilhelm, Bruder des *Robert W., cand. med., Burschenschaftler. – II 204.
WESSELHÖFT, Wilhelmine; Eintrag im Stammbuch Ludwig *Fischers. – IVa (363).
WESSENSTEDT; Kaufmann in Berlin. – IVa 216.
WESTENRIEDER, Lorenz von (1748–1829), bayer. Histori-

ker, Gymnasialprof. in Landshut, seit 1777 Mitgl. d. Akad. d. Wiss. in München. – IVb 18 ff., (99 f.).
WESTFALEN, Königin von siehe *Katharine von Württemberg.
WETTE, Henrietta de, geb. Frisch, gesch. Beck, 2. Gattin des Folgenden. – II 219, (446).
WETTE, Wilhelm Martin Leberecht de (1780–1849), 1805 Doz. d. Philos. in Jena, 1807 Prof. in Heidelberg, 1809 auch Prof. d. Theol., 1810 Prof. d. Theol. in Berlin, 1819 wegen eines teilnehmenden Briefes an die Mutter *Sands abgesetzt; lebte dann in Weimar, 1822 Prof. d. Theol. in Basel. – I 139, 173, (458); - II 32, 218 f., 271, (377, 399 ff., 402 f., 405, 435, 444 ff., 447, 450, 459, 479, 499, 502); - III 240, (414, 437); - IVa 207, (358).
WETZEL, Friedrich Gottlob (1779–1819), politischer Schriftsteller; übernahm 1809 die Redaktion des „Fränkischen Merkur“ in Bamberg als eigentlicher Nachfolger Hegels. – I (493).
WETZEL, Johann Christian Friedrich (1762–1810), Philologe; Lehrer in Halle, seit 1793 in Berlin. – II (377).
WEYDEN, Rogier van der (1397/1400–1464), niederl. Maler. – II 356, (507).
WEYHER, von; Leutnant. – II (470).
WICHMANN, Ludwig Wilhelm (1788–1859), Bildhauer, Schüler *Rauchs; bekannt durch Porträtbüsten, u. a. von Hegel (1820). – III 136, (401).
WIEGAND, Adalbert. – II (446).
WIELAND, Christoph Martin (1733–1813), dt. Dichter; seit 1772 als Prinzenerzieher in Weimar, 1775 freier Schriftsteller. – I 110, 122, 164, 248, (433, 435, 487); - IVb 20, (99).
WIELAND, Johann Heinrich (1768–1818), Stipendiat in Tübingen, 1788 Magister, später Pfarrer in Pfalzgrafenweiler. – IVa 49.
WIESINGER, Bekannter van *Gherts, besuchte Hegel in Berlin. – III 22 f.
WILDER, Johann Christoph Jakob (1783–1838), Pfarrer in Nürnberg. – II (375).
WILHELM (1769–1837), 1799 „Herzog in Bayern“, 1803/06 Regent von Berg. – I 178, (473).
WILHELM, Prinz von Preußen (1783–1851), Sohn *Friedrich Wilhelms II., diente in der preuß. Armee, 1830 Generalgouverneur der Rheinprovinzen u. Westfalens. – I 202; - II (490); - III 26.
WILHELM II. von Hessen-Kassel (1777–1847), seit 1821 Kurfürst. – II 347, (406).

WILHELM I. FRIEDRICH, König der Niederlande (1772–1843), Gegner der Franzosen, übernahm 1802 die Regierung der seinem Vater verbliebenen Besitzungen in Deutschland, 1813 Einzug in Holland, erhielt auf dem Wiener Kongreß Belgien u. Lüttich zugesprochen, 1815 zum König ausgerufen, mußte später abdanken. – II 69, 247, (374, 386, 428, 474); - III 113, 117, 2?4, (388, 389).

WILHELM I. FRIEDRICH KARL, König von Württemberg (1781–1864), 1816 Nachf. seines Vaters *Friedrich I., erließ 1819 eine Verfassung. – II 153, 175, (416, 452); - IVb (117).

WILHELM, Johann Christian Gottlob (1771–1824), Stipendiat in Tübingen, 1791 Magister, später Diakon in Möckmöhl u. Pfarrer in Kochersteinsfeld. – IVa 45, 46.

WILHELMINE (eigentlich Friederike Luise Wilhelmine) von Preußen (1774–1837), Tochter *Friedrich Wilhelms II. von Preußen, 1791 Gemahlin Wilhelms VI. von Oranien (*Wilhelm I. Friedrich), 1815 Königin der Niederlande. – III 8, 202.

WILKEN, Frau, geb. Tischbein (gest. 1842), Tochter des Joh. Fr. Aug. *Tischbein, seit 1806 Gattin des *Friedrich W. – I 380; - II 197; - III 257.

WILKEN, Friedrich (1777–1840), 1805 Prof. d. Geschichte in Heidelberg, 1807 Oberbibliothekar, 1817 in gleicher Eigenschaft nach Berlin berufen; Mitarbeiter u. seit 1827 Redaktionsmitgl. der „Jahrb. f. wiss. Kritik"; stand mit Hegel in freundschaftlicher Beziehung. – I 380; - II 109, 117, 149, 156, 189, 192, 196, (407, 415, 427, 428); - III 18, 45, 257, 321, (368, 442); - IVa 126, (333, 335); - IVb 48, 59, (123).

WILLDENOW, Karl Ludwig (1756–1812), 1798 Prof. d. Naturgesch. am med. Kollegium in Berlin; 1810 Prof. d. Medizin a. d. Univ. daselbst, Mitgl. d. Akad. d. Wiss. – II 52.

WILLEMER, Johann Jakob von (1760–1838), Bankier u. Geheimrat in Frankfurt. – II (384).

WILLEMER, Marianne von, geb. Jung (1784–1860), seit 1814 Gattin des Vorigen, Freundin *Goethes. – II (384).

WILLHÖFT, Charlotte siehe *Stieglitz, Charlotte.

WILLICH, Philipp Karl (1806–1882), stud. in Heidelberg u. Berlin, wo er Hegel hörte, 1830 Lehrer an der Zipfschen Erziehungsanstalt in Hanau, 1833 Hilfspfarrer, 1837 Lehrer am Schullehrerseminar in Schlüchtern, 1841 Pfarrer in Seckbach, 1851 Seminardirektor u. Oberschulrat in Oldenburg. – III 279.

WILLMANN, Max, 1825 stud. med. in Heidelberg, Bekannter Ludwig *Fischers. – IVa (363).

WINCKELMANN, Johann Joachim (1717–1768), Archäologe und Kunsthistoriker. – I 399.

WINDISCHMANN, Johanna („Nannchen"), Tochter des Folgenden. – III 17, 34.

WINDISCHMANN, Karl Josef Hieronymus (1775–1839), kath. Philosoph; stud. phil. u. med. in Würzburg, 1798/1801 prakt. Arzt in Mainz, dann Hofmedikus in Aschaffenburg, 1803 Prof. d. Philos. u. Geschichte, 1818 Prof. d. Philos. in Bonn; stand zunächst mit seiner Lehre *Schelling nahe, näherte sich später der Hegelschen Philosophie. – I 140, 306, 313, 315, 323, 416, 418, (453, 465, 467, 477 f., 484, 496, 498 f., 501, 504); - II 54, 184, 223 f., 352 f., (382, 425, 451, 505); - III 16, 25, 33, 36, 37 f., 39, 46, 98, 202, 265, (367 f., 369, 370, 371, 372, 373, 383, 443 f., 461).

WINER, Johann Georg Benedikt (1789–1858), ev. Theologe, 1818 ao. Prof., 1823 o. Prof. d. Theol. in Erlangen, 1832 in Leipzig; bekannt als Hebraist. – III (431).

WINTER; Universitätsbuchhandlung u. Verlag C.F. Winter (später: C. Winter), seit 1822 in Heidelberg. – II 416; - IVb (118).

WINTER, Christian Friedrich (1773–1858), gründete 1801 in Heilbronn eine Buchhandlung, verband sich 1815 in Heidelberg mit J. Chr. B. *Mohr zu dem Verlag *Mohr u. Winter, aus dem 1822 die Verlagsbuchhandlung C.F. Winter (später: C. Winter) ausgegliedert wurde; 1819 Abgeordneter in der 2. Ständekammer, 1820 im Zuge der Demagogenverfolgung verhaftet, 1822/23 u. 1831/35 Landtagsabgeordneter; trat für Pressefreiheit u. Förderung des Volksschullehrerstandes ein. – I (465); - II 177, 239, 252, 299, (415 f., 424, 479); - III 294, 299, 316, 317, (453, 454, 457, 459); - IVb 69, 76, 77, 78, 80, (118, 121, 122, 123).

WINTER, Karl, Sohn des *Christian Friedrich W., dessen Verlagsbuchhandlung er fortführte. – IVa 242.

WINTERL, Jakob Josef (1732–1809), Prof. d. Medizin, Chemie u. Botanik in Pest; bekannt durch die vermeintliche Entdeckung eines chemischen Elements „Andronia". – I 78, 173, (451).

WINTERSCHMIDT, Johann Jakob (1764–1826?), Kupferstecher, Kunst- u. Musikalienhändler in Nürnberg. – I 341.

WISMAYR, Josef (1767–1858), 1792 Präfekt eines Erziehungsinstituts in Salzburg, 1803 Rat bei der Schul- u. Studiendirektion in München, 1807 Mitgl. d. Akad. d. Wiss. daselbst, 1808 Oberschulrat u. Kollege *Niethammers, 1816 Oberkirchenrat. – I 192, 227, 365, 374, (468, 476, 507); - II 76, (387, 392, 395).

WIT gen. v. Döring, Ferdinand Johannes (1800–1863), Schriftsteller u. Politiker; 1817 stud. jur. in Kiel, 1818 in Jena, Burschenschaftler, undurchsichtiger Abenteurer. – III (375 f.).

WITLOX, J. H. J. M. – II (473).

WITTE, Karl (1800–1883), Jurist u. Danteforscher; 1821 habil. in Breslau, dort 1829 Prof. d. Rechte, 1834 in Halle; neben jurist. Schriften Verfasser von Übersetzungen aus dem Italienischen, bes. *Dantes. – III 251.

WITTGENSTEIN, Wilhelm Ludwig Georg Graf zu Sayn-W.-Hohenstein (1770–1851), seit 1794 im preuß. Staatsdienst, 1812 Geh.Staatsrat u. Leiter der höheren Polizei, 1814 Polizeiminister; trat bei den Demagogenverfolgungen besonders in Erscheinung. – II (459, 461); - IVb (112).

WITTWER, J.W., Buchhändler in Nürnberg. – IVa 98.

WÖLCKERN, Martin Karl Wilhelm von (1755–1832), bayer. Distrikts-Stiftungsadministrator in Nürnberg. – I 274 f., (491).

WOHLFAHRT, Familie. – IVb 122.

WOHLFAHRT, Johann Martin Daniel (1773–1837), Pfarrer in Gehren/Uckermark, mit Hegel bekannt. – IVb 77, (122).

WOLF, Friedrich August (1759–1824), 1783 Prof. d. Philologie in Halle, 1810 in Berlin; befaßte sich als erster mit der Problematik der Verfasserschaft *Homers; mit Hegel verband ihn ein freundschaftliches Verhältnis. – I 113, (462); - II 286, 287, 345, (487); - III 87.

WOLF, Johann (1765–1824), Hauslehrer bei d. Fam. *Haller von Hallerstein, seit 1792 Lehrer in Nürnberg, 1808 Prof. d. Naturgesch. am Realinstitut; 1801 Gründer d. naturhist. Gesellschaft in Nürnberg, bekannt als Ornithologe. – II 28.

WOLFF, Anna Amalie, geb. Malcolmi, gesch. Becker (1783–1851), Schauspielerin in Weimar, 1816 Mitglied des Berliner Theaters; seit 1804 Gattin des *Pius Alex. W. – III 120.

WOLFF, Christian Frh. von (1679–1754), dt. Philosoph. – III 292, (397, 399).

WOLFF, Pius Alexander (1782–1828), Schauspieler in Weimar, 1816 Mitglied des Berliner Theaters; auch Verfasser von Schauspielen. – III 120, (373).

WOLLSCHLAEGER; Geh.Sekretär im Badischen Innenministerium. – IVa 106 f.

WOLTHERS, H., Dr.; machte Beobachtungen zum tierischen Magnetismus; (identisch mit Joh. Hermann Gerhard W., 1777–1840, seit 1813 Prof. d. Philos. in Groningen ?). – II (379).

WOLTMANN, Alfred (1841–1880), Kunsthistoriker. – II (490).

WOLTMANN, Karl Ludwig von (1770–1817), Historiker u. Dichter; 1795 Prof. d. Geschichte in Jena, 1798 in Berlin, dann Übertritt in den diplomatischen Dienst. – II 233.

WOLZOGEN, Caroline von, geb. von Lengefeld (1763–1847), seit 1794 Gattin des Wilhelm v. W., Schwägerin *Schillers; bekannt als Romanschriftstellerin u. Verfasserin einer Schillerbiographie. – I 380, (443).

WOLZOGEN, Wilhelm von (1762–1809), Jugendfreund u. später Schwager *Schillers; Oberhofmeister in Weimar, 1804 Geheimrat u. weimarischer Minister. – I 190.

WREDE, Karl Philipp Fürst von (1767–1838), zunächst Jurist, dann Offizier in bayer. Diensten, 1805 Oberbefehlshaber der bayer. Truppen, 1814 Feldmarschall. – II 22, (372, 375).

WÜRTTEMBERG, Herzog von siehe *Friedrich Eugen; *Karl Eugen.

WÜRTTEMBERG, König von siehe *Friedrich I.; *Wilhelm I. Friedrich Karl.

WÜRTTEMBERG, Königin von siehe *Katharina Paulowna von Rußland.

WÜRZBURG, Bischof von siehe *Fechenbach, Georg Karl von.

WÜRZBURG, Großherzog von siehe *Ferdinand III. von Toskana.

WULFFEN, von; preuß. Garde-Leutnant; Bekannter Hegels in Berlin. – IVb 67.

WULLEN, Luc.; Vater des *Georg Friedrich W.; seit 1773 Präzeptor a. d. Lateinschule in Cannstatt. – IVa (263).

WULLEN, Georg Friedrich; Mitschüler Hegels in Stuttgart. – IVa 16, 17, (263).

WURM, Christian (1771–1835), 1806/18 Polizeidirektor in Nürnberg. – I 250, 289; - II 27.

WYTTENBACH, Daniel (1746–1820), schweizer. Philologe u. Philosoph; 1771 Gymnasialprof. der Alten Sprachen u. der Philos. in Amsterdam, 1799 Prof. d. Philos. in Leyden; als Philosoph gegen van *Hemert u. die von diesem vertretene *Kantische Philosophie eingestellt. – I 316, (499); - II (493).

XELLER, Christian (1784–1872), Maler; Freund von P. v. *Cornelius, 1810 in Frankfurt, 1817 Restaurator bei den Brüdern *Boisserée in Heidelberg, dort malte er auch ein Porträt Hegels, 1825 Restaurator in Berlin. – III (469).

XENOPHANES (ca. 570–ca. 478 v. Chr.), griech. Dichter u. Philosoph. – III 228, 235, (429).

YORK von Wartenburg, Hans David Ludwig Graf (1759–1830), preuß. Feldmarschall in den Napoleonischen Kriegen. – II (372).
YPSILANTI, Demetrios (1793–1832), griech. Prinz. – III 64.

Z., Magister – vielleicht: Magnus Friedrich Zeller (1768–1821), Stipendiat in Tübingen, 1788 Magister, 1793/95 Repetent, 1795 Pfarrer in Mundelsheim, 1815 Dekan in Herrenberg. – IVa 141.
ZACHARIAE, Karl Salomo (1769–1843), Staatsrechtler; 1802 Prof. d. Rechte in Wittenberg, 1807 in Heidelberg. – I 139; - II 232, (453); - III 81.
ZACHARIAS, biblisch. – IVa 38.
ZEHNTER (Zehender ?), aus Bern, Verfasser einer philos. Dissertation (um 1795). – I 36.
ZEISNER siehe *Eissner.
ZELLER, Eduard (1814–1908), Tübinger Stiftler, Freund von D. Fr. *Strauß, 1839 Repetent am Tübinger Stift, 1840 Doz., 1847 Prof. d. Theol. in Bern, 1849 in Marburg, 1862 in Heidelberg, 1872 in Berlin; bekannt als Philosophiehistoriker. – I (442); - IVa (299).
ZELLMANN, Christian Gotthilf (1785/6–1808), Hörer Hegels in Jena 1805/06, befreundet mit G.A. *Gabler. – I 137, (467); - IVb 14, (97).
ZELTER, Karl Friedrich (1758–1832), Komponist u. Chormeister; zuerst Maurermeister, bildete sich selbständig zum Musiker, 1800 Leiter der Berliner Singakademie, gründete 1809 die erste Liedertafel, 1809 Prof. a. d. Berliner Akad. d. Schönen Künste; seit 1795 mit *Goethe bekannt, später eng befreundet, nach 1818 auch freundschaftl. Beziehungen zu Hegel. – I (443); - II (485 f.).; - III 9, 84, 91, 120, 135 f., 204 ff., (380, 381, 426, 444, 469, 474); - IVa 205, (335); - IVb 65, 82, (106, 121).
ZENON (ca. 490–430 v. Chr.), griech. Philosoph der eleatischen Schule. – III 228, 235, (429).
ZENTGRAF, Burschenschaftler. – II (433).
ZENTNER, Georg Friedrich Frh. von (1752–1835), 1777 Prof. d. Rechte u. d. Geschichte in Heidelberg, 1792 Eintritt in den bayer. Staatsdienst, 1808 Vorstand der Sektion für

Erziehung u. Unterricht im Innenministerium, förderte bes. das philologische u. philosophische Studium; 1818 Mitarbeiter an der bayer. Verfassung, nach 1820 mehrmals Minister. – I 134, 165 f., 256, 296, 327, 338, 390, (469, 472, 482); - II 59, 78, 120, 126, 130, 142, 170, 172, 208, 337, (393, 395, 408, 410).

ZEPHANIA, biblisch. – IVa 37.

ZEUNE, Johann August (1778–1853), Gymnasialprof. in Berlin, gründete 1806 eine Blindenschule, deren Direktor er wurde, 1810 Prof. d. Geographie in Berlin. – III 139.

ZIEGESAR, Anton Frh. von (1783–1843), 1804 Regierungsassessor in Weimar, tat sich nach der Schlacht bei Jena durch seine Umsicht hervor; 1816 Präsident des Oberappellationsgerichts in Jena, 1829 Kurator der Univ. – I 126; - IVb 58.

ZILLING, Johann Ernst Christoph (1771–1835), Stipendiat in Tübingen, 1791 Magister, 1798 Repetent, später Diakon in Nürtingen u. Freudenstadt. – IVa 49.

ZIMMER, Patricius Benedikt (1752–1820), 1783 Prof. d. Theol. an der Univ. Dillingen, 1795 abgesetzt u. Pfarrer in Steinheim bei Dillingen, 1799 Prof. d. Dogmatik in Ingolstadt, 1800 in Landshut, wegen starker Anfeindungen 1806 im Ruhestand, 1807 als Prof. d. Exegese wieder berufen, 1819 Rektor d. Univ. – I 184, 206 f., (466).

ZIMMERMANN, Ernst Christoph Philipp (1786–1832), Hofprediger in Darmstadt, gründete 1822 die „Allgemeine Kirchenzeitung", 1824 die „Allgemeine Schulzeitung". – III (388).

ZIMMERMANN, Friedrich Theophil, aus Weimar; 1805/06 Privatdoz. d. Philos. in Jena. – IVa 84.

ZIMMERMANN, Johann Christoph Gottlieb, 1811/12 u. 1826/33 Privatdoz. d. Philologie in Erlangen, zugleich Gymnasialprof. – III 116, (431).

ZIMMERN, Sigmund Wilhelm (1796–1830), 1821 großherzoglich-badischer Rat u. Prof. d. Rechte in Heidelberg, 1826 Prof. für röm. Recht in Jena, 1827 Oberappellationsgerichtsrat. – III 139.

ZINZENDORF, Nikolaus Ludwig Graf von (1700–1760), Begründer der Herrnhuter Brüdergemeinde. – III 302, (454).

ZOËGA, Georg (1755–1809), dänischer Altertumsforscher; weilte seit 1779 in Rom zum Studium der Antike, 1798 dänischer Generalkonsul beim Vatikan. – III 242, (437).

ZSCHOKKE, Heinrich (1771–1848), schweizerischer Historiker, Schriftsteller u. Politiker. – II 18, (374).

ZWANZIGER, Burschenschaftler. – II (433).

ZWIEDINECK-SÜDENHORST, Hans von. – III (463).
ZWILLING, Jakob (1776–1809), Freund *Sinclairs, stud. phil. in Jena, dann Soldat, später Offizier in österr. Dienst; seit 1797 mit Hegel bekannt. – I 322, 332, 416.
ZYLLENHARDT, Karl Frh. von (1779–1828), 1803 Justizrat in Mannheim, 1807 Legationsrat in Karlsruhe, 1808 Vizepräsident, 1814 Präsident des Hofgerichts in Mannheim, 1819 badischer Staatsrat, 1821/22 Kurator der Univ. Heidelberg, 1822 Präsident des Justizministeriums u. der gesetzgebenden Versammlung. – II 301, 310.

REGISTER DER KORRESPONDENTEN

Die Namen der Korrespondenten Hegels sind in alphabetischer Reihenfolge aufgeführt. Behörden suche man ggf. auch unter dem Ortsnamen ihres Sitzes.

Vornamen sind aus Gründen der äußeren Anordnung teilweise abgekürzt; die vollständigen Namen finden sich im Personenregister.

Unter den einzelnen Korrespondenten sind die Briefe in chronologischer Folge verzeichnet. Jeder Brief erscheint mit seiner laufenden Nummer (links) und mit dem Datum seiner Abfassung (rechts).

Bei Briefen, die an Hegel gerichtet sind, stehen Nummer und Datum in Klammern.

Die mit a, b, c, versehenen Zwischennummern gehören zu den Nachträgen im vorliegenden Band IV, Teil 2, ebenso die mit „Zu" eingeleiteten Ergänzungen zu Briefen, die schon in den Bänden I bis III ediert sind.

Band I	enthält die Briefe	1 bis 217
Band II	enthält die Briefe	218 bis 443
Band III	enthält die Briefe	444 bis 694
Band IV, 2	enthält die Briefe	695 bis 701
		ferner alle Zwischennummern mit a, b, c sowie Ergänzungen mit „Zu".

ABEGG, Julius Friedrich Heinrich
(462) (15. 9.1823)

ABEL, Karl Gustav von
502a 16.12.1825

ADLER, Dr.
351a 2.11.1818

ALTENSTEIN, Karl Sigmund Franz vom Stein zum
(326) (26.12.1817)
328 24. 1.1818
(332) (18. 3.1818)
(339) (8. 5.1818)
343 17. 7.1818
353a 30.12.1818
374 10.10.1820
(397) (24. 8.1821)
413 6. 6.1822
(417) (25. 6.1822)
418 3. 7.1822
544 11. 6.1827
545 18. 6.1827
599 16. 5.1829
(601) (27. 5.1829)
620 16.10.1829
627a 13. 1.1830
637 27. 5.1830
(638) (31. 5.1830)
639 21. 6.1830
644a 6. 8.1830
651 24.10.1830
(657) (6.12.1830)
(666) (25. 1.1831)

ASSAL
37a nach 21.5.1803
37c Ende Juni/Anf. Juli 1803

ASVERUS, Gustav
484a 18.10.1824
486a 8. 1.1825
487c 29. 3.1825
571a 4. 1.1828

BAADER, Franz Xaver von
466a 19. 1.1824
(648) (20. 9.1830)

Badisches Innenministerium
315 15. 2.1817
334 21. 4.1818

BAIER, Dr.
651a 25.10.1830

Bamberg, Gen.kommissariat
137 9.11.1808

Bayerisches Innenministerium
290 24. 8.1816

BEER, Heinrich
640a 3. 7.1830
681 29. 8.1831
682 1. 9.1831

BERGER, Johann Erich von
(120) (13. 4.1808)
(392) (5. 7.1821)

Berlin, Königliche Bibliothek
406a 10. 1.1822
415 7. 6.1822
473 26. 5.1824

Berlin, Königliche Ministerial-kommission
451 26. 5.1823
(452) (1. 6.1823)

BERTHOLDT, Bernhard
299 6. 9.1816

BESSER, Konrad Moritz
(641) (13. 7.1830)

BEYME, Karl Friedrich von
675b 21. 5.1831

Bibliothek Berlin
siehe: Berlin

BLOCH, August Friedrich
(679a) (27. 8.1831)

BOISSERÉE, Sulpiz
274 20. 7.1816
282 8. 8.1816
553 9. 8.1827

BOISSERÉE und BERTRAM
371a 17. 7.1820

BREIDENSTEIN, Karl
374a 11.10.1820

BUTTEL, Christian Dietrich von
466c 11. 2.1824
(625) (16.12.1829)

BUTTMANN, Philipp Karl
502b 13. 2.1826

CAROVÉ, Friedrich Wilhelm
(377) (27.11.1820)
(578) (8. 4.1828)
(591) (26.10.1828)
(652) (7.11.1830)

CASPART, Friedrich Gottlob
(457) (12. 8.1823)
(474) (1. 9.1824)
(499) (22.10.1825)

CONRADI, Kasimir
(674) (5. 4.1831)

COTTA, J.F. von
665 22. 1.1831
677 29. 5.1831

COUSIN, Victor
344 5. 8.1818
(494) (1. 8.1825)
(501) (13.12.1825)
508 5. 4.1826
(509) (25. 4.1826)
(517) (1. 8.1826)
(530) (15.12.1826)
(537) (15. 3.1827)
547 1. 7.1827
(550) (16. 7.1827)
575 3./25.3.1828
(577) (7. 4.1828)
(583) (15. 8.1828)
630 26. 2.1830
(634) (4. 4.1830)
(683) (13. 9.1831)
(684) (15.10.1831)

CREUZER, Georg Friedrich
(123) (29. 5.1808)
124 28. 6.1808
359 30.10.1819
(368) (30. 5.1820)
389 Ende Mai 1821
(399) (8. 9.1821)
400 11. 9.1821
(403) (23. 9.1821)
(408) (26. 1.1822)
(416) (14. 6.1822)
(428) (9. 9.1822)
(429) (9. 9.1822)

[CREUZER, Forts.]
450a 6. 5.1823
(454) (8. 6.1823)
(488) (8. 4.1825)
(492) (12. 6.1825)
493 29. 7.1825

DAUB, Karl
(277) (30. 7.1816)
279 6. 8.1816
(285) (16. 8.1816)
286 20. 8.1816
(287) (20. 8.1816)
291 25. 8.1816
298 8. 9.1816
(305) (26. 9.1816)
(372) (30. 9.1820)
387 9. 5.1821
(401) (19. 9.1821)
(506) (29. 3.1826)
519 15. 8.1826
531 19.12.1826
(541) (13. 5.1827)
543 29. 5.1827
(596) (15. 4.1829)
609 27. 9.1829
(615) (11.10.1829)

DÖDERLEIN, Ludwig
223a 3.11.1813
318 29. 4.1817
(320) (27. 6.1817)

DUBOC, E.C.B.
(414) (6. 6.1822)
(420) (Juli 1822)
422 30. 7.1822
442 22.12.1822
(444) (3. 3.1823)
450 29. 4.1823
611 Ende Sept. 1829

ENDEL, Nanette
22 9. 2.1797
23 22. 3.1797
24 2./17.7.1797
25 13.11.1797
27 25. 5.1798

Erlangen, Senat d. Universität
(302) (19. 9.1816)
303 21. 9.1816

FEUERBACH, Ludwig
(592) (22.11.1828)

FICHTE, Immanuel Hermann
(602) (2. 6.1829)
(616) (12.10.1829)

FÖRSTER, Friedrich Chr.
487a 14. 3.1825
613 8.10.1829
626 Anfang Jan. 1830
640 22. 6.1830
650 3.10.1830

FRANCK, G. Hermann
(595) (15. 4.1829)

FROMMANN, Johanna
182 30. 4.1811
184 18. 5.1811

FROMMANN, Karl Friedrich Ernst
81 17.11.1806
125 9. 7.1808
237 2. 9.1814
243a 2.11.1814
257 20.12.1815
262 14. 4.1816
275 20. 7.1816
293 28./29.8.1816
317 19. 4.1817
351 7.10.1818
411 8. 4.1822
419 9. 7.1822

GABLER, Georg Andreas
(568) (28. 9.1827)
576 4. 3.1828
(579) (10. 4.1828)
(582) (Sommer 1828)
(584) (16. 8.1828)
(606) (11. 8.1829)

GANS, Eduard
(464) (Oktober 1823)
(526) (20. 9.1826)
(527) (26. 9.1826)
528 3.10.1826
(644) (5. 8.1830)
687 12.11.1831

Generalkommissariat
siehe: Bamberg; Nürnberg

GERLACH, Gottlob Benjamin
(671) (6. 3.1831)

GHERT, Peter Gabriel van
(149) (4. 8.1809)
152 16.12.1809
(160) (22. 6.1810)
(164) (21. 9.1810)
166 15.10.1810
(177) (25. 2.1811)
192 29. 7.1811
(201) (12. 4.1812)
(212) (26.10.1812)
215 18.12.1812
(222) (24. 6.1813)
(240) (4.10.1814)
(261) (1. 3.1816)
(304) (23. 9.1816)
(319) (26. 6.1817)
323 25. 7.1817
(342) (12. 6.1818)
(380) (5. 2.1821)
435 28. 9.1822
(445) (25. 3.1823)
447 4./7.4.1823
456 10./22.8.1823
463 30. 9.1823
(466) (5.11.1823)
505 8. 3.1826
(514) (20. 6.1826)
(581) (23. 5.1828)

GÖRIZ, Ludwig Friedrich
365 19. 3.1820
367 13. 5.1820
370 17. 6.1820

GÖSCHEL, Karl Friedrich
(617) (14.10.1829)
659 13.12.1830
(661) (31.12.1830)
(670) (24. 2.1831)

GOETHE, Johann Wolfgang von
(43) (27.11.1803)
(44) (15.12.1803)
49 29. 9.1804
(64) (27. 6.1806)
65 30. 6.1806
(75) (18.10.1806)
87 Ende Januar 1807
92 März 1807
(321) (8. 7.1817)
322 20. 7.1817
(373) (7.10.1820)
381 24. 2.1821
Zu 381 ohne Datum
(384) (13. 4.1821)
393 2. 8.1821
432 15. 9.1822
(471) (3. 5.1824)
489 24. 4.1825
535 6. 3.1827
(536) (15. 3.1827)
(540) (9. 5.1827)
546 29. 6.1827
(554) (17. 8.1827)

GRIES, Johann Diederich
48 7. 9.1804

GRÜB, E. B.
267 9. 6.1816

GRÜNEISEN, Karl
473a 26. 6.1824

GÜNTHER, Anton
(643) (31. 7.1830)

GUIGNIAUT, Joseph Daniel
(589) (29. 9.1828)

HARDENBERG, Karl August von
376 Mitte Okt. 1820

HAUG (nicht: Haag)
1 8. 6.1785

HEGEL, Christiane Luise
(28) (15. 1.1799)
228 9. 4.1814
232 April 1814
238 8. 9.1814
242 Oktober 1814
(253) (November 1815)
294 28. 8.1816
Zu 294 28. 8.1816
324 26. 7.1817
347 12. 9.1818
395 12. 8.1821
426 31. 8.1822
Zu 426 31. 8.1822
497 20. 9.1825
502 16.12.1825
542 16. 5.1827
624 7.12.1829
664 18. 1.1831

HEGEL, Karl
358a 13. 8.1819
358b 29. 8.1819
440 12.10.1822

HEGEL, Maria Helena Susanna
178 13. 4.1811
180 17. 4.1811
186 Sommer 1811
187 Sommer 1811
(195a) (Aug./Sept. 1811)
312 29.10.1816
402 20. 9.1821
431 15. 9.1822
433 18./20.9.1822
434 24. 9.1822
436 28. 9.1822
437 3.10.1822
438 8./10.10.1822
439 12.10.1822
441 18./19.10.1822
476 7. 9.1824
477 11./12.9.1824
478 14./17.9.1824
479 21./23.9.1824
480 25. 9.1824
481 27.9./1.10.1824
482 2.10.1824
483 3./7.10.1824
484 8./11.10.1824
515 25. 7.1826
516 29. 7.1826
518 10. 8.1826
520 17. 8.1826
521 22. 8.1826
524 29. 8.1826
555 19. 8.1827
556 23. 8.1827
557 28./29.8.1827
558 30. 8.1827
559 3. 9.1827
560 9. 9.1827
561 13. 9.1827
562 19./21.9.1827
563 26. 9.1827

[HEGEL, Forts.]
564 30. 9.1827
565 7.10.1827
566 12.10.1827
567 17.10.1827
(582a) (Sommer 1828)
607 3./6.9.1829

HEIBERG, Johann Ludwig
(487) (20. 2.1825)

Heidelberg, Senat der Universität
311 25.10.1816
335 21. 4.1818

HELD, Johann Christoph
(157) (16. 5.1810)

HENNING, Leopold von
360 13.11.1819
422a 1. 8.1822
449 20. 4.1823
458 13. 8.1823
487b 19. 3.1825(?)
490 undat., 1825
600 25. 5.1829

HINRICHS, Hermann Friedrich Wilhelm
(353) (6.12.1818)
(356) (26. 3.1819)
357 Sommer 1819
363 November 1819
(375) (14.10.1820)
(382) (14. 3.1821)
383 7. 4.1821
(386) (22. 4.1821)
(388) (28. 5.1821)
(405) (13.10.1821)
(407) (25. 1.1822)
409 4. 4.1822
410 7. 4.1822
(412) (1. 5.1822)
425 13. 8.1822
433a 19. 9.1822
(455) (11. 6.1823)
472 4. 5.1824
(485) (21.10.1824)
(522) (Ende April 1826)

HJORT, Peder
(460) (1. 9.1823)

HÖLDERLIN, Friedrich
(5) (10./14.7.1794)
(9) (26. 1.1795)
(15) (25.11.1795)
18 August 1796
(19) (24.10.1796)
20 November 1796
(21) (20.11.1796)

HUFNAGEL, W. F.
32 30.12.1801
(37) (4. 5.1803)

HUMBOLDT, Wilhelm von
(532) (25. 1.1827)

JARCKE, Karl Ernst
(468) (5. 3.1824)

Jena, Philosophische Fakultät
30a 8. 8.1801
(vgl. auch: Voigt)

KAPP, Christian
(461) (15. 9.1823)
(612) (23. 9.1829)

KARL AUGUST von Sachsen-Weimar
142 November 1808

KASTNER, K. W. G.
(57) (15.11.1805)
(80) (15.11.1806)

KEYSERLINGK, H. von
(667) (28. 1.1831)
668 Ende Jan. 1831

KIEHL, W. F. P.
(649) (Herbst 1830)

KLAUSEN, Rudolf Heinrich
(619) (14.10.1829)

KNEBEL, Karl Ludwig von
690 Ende Juli 1806(?)
104 30. 8.1807
(105) (11. 9.1807)
109 21.11.1807
(110) (27.11.1807)
(128) (28. 9.1808)
(130) (7.10.1808)
131 14.10.1808
(170) (Ende Nov. 1810)
171 14.12.1810

LANGE, Christian Friedrich
(58) (4.12.1805)

LENZ, Johann Georg
107a 17.11.1807

LEO, Heinrich
(571) (20.12.1827)
(573) (25. 2.1828)
(623) (29.11.1829)
(646) (5. 9.1830)
(662) (4. 1.1831)
(678) (12. 8.1831)

LICHTENBERG
592a 5.12.1828

MATTHIAS, C.
(621) (26.10.1829)

MEHMEL, G. E. A.
30b vor 16.8.1801
31 26. 8.1801
33 26. 3.1802

MEYER aus Dresden
(655) (3.12.1830)

MEYER, Jeremias
(672) (20. 3.1831)

MEYER, Chilipp Guido von
605a 9. 8.1829

Ministirialkommission Berlin
siehe: Berlin

MÖLLER, Nikolaus
(50) (14.11.1804)

MÖSER, Karl
610 Ende Sept. 1829

MOHR und WINTER
324a 20. 8.1817

NICOLAIsche Buchhandlung
368a 9. 6.1820
443a 14. 2.1823
635a 3. 5.1830
647 10. 9.1830
683a 29. 9.1831
699 undatiert

NIETHAMMER, Fr. I.
52 10.12.1804
(53) (19.12.1804)
54 4. 3.1805
59 14. 1.1806
61 17. 5.1806
(62) (26. 5.1806)
67 6. 8.1806
68 5. 9.1806
(69) (12. 9.1806)
70 17. 9.1806
(71) (3.10.1806)

[NIETHAMMER, Forts.]

72	6.10.1806
73	8.10.1806
74	13.10.1806
76	18.10.1806
77	22.10.1806
78	24.10.1806
79	3.11.1806
84	16. 1.1807
(88)	(16. 2.1807)
89	20. 2.1807
94	7. 4.1807
96	2. 5.1807
98	30. 5.1807
101	8. 7.1807
102	8. 8.1807
103	29. 8.1807
106	13.10.1807
108	November 1807
111	23.12.1807
112	22. 1.1808
117	11. 2.1808
119	28. 3.1808
120a	21. 4.1808
(121)	(8. 5.1808)
122	20. 5.1808
126	20./23.8.1808
127	15. 9.1808
129	1.10.1808
(132)	(25.10.1808)
(133)	(26.10.1808)
135	28./29.10.1808
136	4.11.1808
(140)	(17.11.1808)
141	22.11.1808
144	14.12.1808
145	12. 2.1809
146	20. 2.1809
147	7. 5.1809
148	26./29.6.1809
150	2./7.9.1809
151	4.10.1809
153	21.12.1809
154	15./16.3.1810
156	11./12.5.1810
161	7. 8.1810
165	27. 9.1810
168	27.10.1810
169	3.11.1810
173	22.12.1810
(175)	(10. 2.1811)
176	23. 2.1811
181	18. 4.1811
(183)	(5./7.5.1811)
185	30. 5.1811
190	14. 7.1811
194	16. 8.1811
195	27. 8.1811
196	10.10.1811
197	28.12.1811
198	5. 2.1812
200	24. 3.1812
(205)	(21. 6.1812)
207	19. 7.1812
208	13. 8.1812
(209)	(20. 9.1812)
211	23.10.1812
(214)	(8.12.1812)
216	20.12.1812
219	21. 5.1813
221	11. 6.1813
223	4. 7.1813
225	23.12.1813
(226)	(2. 1.1814)
227	6. 1.1814
229	10. 4.1814
(231)	(24. 4.1814)
233	29. 4.1814
234	1. 7.1814
239	27. 9.1814
243	26.10.1814
(244)	(29.11.1814)
245	29.12.1814
246	21. 2.1815
247	19. 3.1815
(248)	(Mai 1815)
249	17. 7.1815
252	20. 9.1815

[NIETHAMMER, Forts.]
(254) (19.11.1815)
255 23.11.1815
258 28.12.1815
(259) (19. 1.1816)
(260) (27. 2.1816)
(264) (21. 5.1816)
266 8. 6.1816
(270) (16. 6.1816)
271 5. 7.1816
272 12. 7.1816
283 11. 8.1816
(288) (21. 8.1816)
(301) (13. 9.1816)
309 10.10.1816
316 19. 4.1817
325 11.12.1817
(327) (27.12.1817)
329 31. 1.1818
(354) (19. 1.1819)
355 26./27.3.1819
(385) (16. 4.1821)
390 9. 6.1821
(404) (1.10.1821)
421 18. 7.1822
(427) (9. 9.1822)
513 11. 9.1826
(529) (12.10.1826)
552 9. 8.1827
(572) (Januar 1828)
620a 29.10.1829
(676) (27. 5.1831)
696 undatiert

NIETHAMMER, Rosina
99 30. 5.1807

Nürnberg, Generalkommissariat
(139) (15.11.1808)

Nürnberg, Stadtkommissariat
(193) (14. 8.1811)
(224) (13.12.1813)
(295) (5. 9.1816)
297 7. 9.1816
(308) (7.10.1816)

OHLERT, Albert Leopold Julius
(656) (4.12.1830)

OKEN, Lorenz
(675) (17. 4.1831)

PAULUS, Elis. Fr. Caroline
(114) (Januar 1808)
(115) (Januar 1808)
(116) (Januar 1808)
(134) (Ende Okt. 1808)
(172) (15.12.1810)
(174) (8. 1.1811)
189 13. 7.1811
(191) (18. 7.1811)
(206) (Sommer 1812)
(213) (30.11.1812)
(220) (23. 5.1813)
(256) (12.12.1815)

PAULUS, H. E. G.
(138) (10.11.1808)
(143) (28.11.1808)
(220) (23. 5.1813)
230 18. 4.1814
235 30. 7.1814
(236) (16. 8.1814)
241 9.10.1814
250 16. 8.1815
263 2. 5.1816
(265) (28. 5.1816)
268 13. 6.1816
269 13. 6.1816
273 20. 7.1816
(276) (30. 7.1816)
281 8. 8.1816
289 22. 8.1816
296 6. 9.1816
300 13. 9.1816

[PAULUS, Forts.]
310 13.10.1816
313 19. 1.1817
314 29. 1.1817

PETERS, Adolf
(586) (30. 8.1828)

PFAFF, J. W. A.
(202) (Sommer 1812)
(203) (Sommer 1812)
(204) (Sommer 1812)

PHILIPSBORN
(675a) (8. 5.1831)

Philosophische Fakultät Jena
siehe: Jena; ferner: Voigt

Preußisches Kultusministerium
(331) (16. 3.1818)
333 31. 3.1818
(337) (30. 4.1818)
338 9. 5.1818
(341) (25. 5.1818)
345 10. 9.1818
348 19. 9.1818
(349) (30. 9.1818)
350 4.10.1818
(369) (14. 6.1820)
371 21. 6.1820
379 23.12.1820
443 26.12.1822

Preußisches Polizeiministerium
358 27. 7.1819

RAKOW
(632) (23. 3.1830)
673 30. 3.1831

RAMANN, Gebrüder
30 8./10.8.1801
35 25. 5.1802
36 2. 7.1802
36a 5. 4.1803
43a 28.11.1803
58a 9. 1.1806
67a 18. 8.1806

RAUMER, Friedrich Ludwig Georg von
278 2. 8.1816
(280) (7. 8.1816)

RAVENSTEIN
(594) (5. 4.1829)
598 10. 5.1829
(608) (21. 9.1829)
(618) (14.10.1829)

REIMER, Georg Andreas
634a 8. 4.1830
634b 25. 4.1830(?)
645 31. 8.1830
650a 18.10.1830
653 9.11.1830

ROBERT, Friederike
694 29.4.(zwischen 1827 u. 1831)

RÖSEL, J. G. S.
448 17. 4.1823
(495) (27. 8.1825)
505a 21. 3.1826
(523) (27. 8.1826)
(642) (19. 7.1830)

ROSEN, Friedrich August
576a 25. 3.1828

ROSENBERGER, Magdalena Katharina
(701) (undatiert)

ROTH, Karl Johann Friedrich
(378) (18.12.1820)

ROUX, Jakob Wilhelm Christian
(597) (24. 4.1829)

RÜTTE, David von
2 24. 8.1793
3 11. 9.1793

RUOFF, A. K. M.
(33a) (2. 4.1802)

RUST, Isaak
(496) (2. 9.1825)
(503) (15. 2.1826)
(510) (8. 5.1826)
(538) (24. 3.1827)
(549) (13. 7.1827)
(580) (26. 4.1828)
(588) (8. 9.1828)
(614) (7.10.1829)

SALING, J. A.
(511) (19. 5.1826)

SCHALL, Karl
513a 12. 6.1826

SCHELLING, Friedrich Wilhelm Josef von
6 24.12.1794
(7) (6. 1.1795)
8 Ende Jan. 1795
(10) (4. 2.1795)
11 16. 4.1795
(13) (21. 7.1795)
14 30. 8.1795
(16) (Januar 1796)
(17) (20. 6.1796)
29 2.11.1800
(34) (24. 5.1802)
(37b) (Ende Mai 1803)
(38) (11. 7.1803)
40 16. 8.1803
(41) (31. 8.1803)
42 16.11.1803
45 27. 2.1804
(46) (3. 3.1804)
(47) (14. 7.1804)
82 3. 1.1807
(83) (11. 1.1807)
90 23./27.2.1807
(93) (22. 3.1807)
95 1. 5.1807
(107) (2.11.1807)

SCHELVER, Franz Josef
(86) (Ende Jan. 1807)

SCHLEIERMACHER, Friedrich Ernst Daniel
(361) (16.11.1819)
362 17.11.1819

SCHLOSSER, Friedrich Christoph
(498) (20.10.1825)

SCHRAG, Johann Leonhard
307 6.10.1816
569 29.10.1827

SCHUCKMANN, K. F. von
(284) (15. 8.1816)
292 28. 8.1816
486 4.11.1824

SCHÜTZ, Chr. W. von
(391) (14. 6.1821)

SCHÜTZ, Friedrich Karl Julius
689 undat., 1801/02

SCHULTZ, Christoph Ludwig Friedrich
(585) (19. 8.1828)
(658) (6.12.1830)
669 29. 1.1831

SCHULZE, Johannes
525 7. 9.1826
660a 14.12.1830
663 6. 1.1831
693 Sommer 1823 (?)

SEBER, Franz Josef
(512) (3. 6.1826)

SEEBECK, Frau
196a 16.10.1811

SEEBECK, Thomas Johann
(100) (29. 6.1807)
(113) (29. 1.1808)
(118) (13. 3.1808)
(188) (13. 6.1811)

Senat der Universität
siehe: Erlangen; Heidelberg

SIETZE, K. Fr. F.
660 14.12.1830

SINCLAIR, Isaak von
(60) (25. 4.1806)
(63) (27. 6.1806)
(66) (28. 7.1806)
(91) (6. 3.1807)
(97) (23. 5.1807)
(162) (16. 8.1810)
167 Mitte Okt. 1810
(179) (16. 4.1811)
(199) (5. 2.1812)
(210) (12.10.1812)
(217) (29.12.1812)
218 Anfang 1813

SOLGER, Karl Wilhelm Ferdinand
(340) (Mitte Mai 1818)

SONNENSCHEIN, Valentin
(26) (13.11.1797)

Stadtkommissariat Nürnberg
siehe: Nürnberg

STÄGEMANN, F. A. von
574 2. 3.1828

STÄUDLIN, Gotthold Fr.
(4) (14.12.1793)
(Zu 4) (14.12.1793)

STARCKE, Johann Friedrich
688 13.11.1831

STEIGER, Karl Friedrich von
12 9. 7.1795

STEINHART, Karl Heinrich August
(622) (13.11.1829)

STICH, Auguste
692 19.5.(zwischen 1819 u. 1823)

STIEGLITZ, H. W. A.
(534) (22. 2.1827)
(679) (27. 8.1831)
680 28. 8.1831

STRÖBEL, Christoph Siegmund
465a 20.10.1823

TEICHMANN, Johann Valentin
466b 7. 2.1824 (?)
507 5. 4.1826

TERNITE, Wilhelm
635 30. 4.1830

THADEN, Nikolaus von
(251) (27. 8.1815)
306 30. 9.1816

[THADEN, Forts.]
(336) (26. 4.1818)
(352) (12.11.1818)
(364) (22. 1.1820)
(394) (8. 8.1821)

THIBAUT, Anton Friedrich Justus
(587) (1. 9.1828)

THIERSCH, Friedrich Wilhelm
593a 4. 4.1829

THOLUCK, Friedrich August Gottreu
514a 3. 7.1826

TRIEST
363a 1819

TUCHER, Marie von
siehe: Hegel, Maria

TUCHER, Susanne von
(324b) (2.12.1817)

TUPPY, Josef
(627) (3. 1.1830)
628 Mitte Jan. 1830

UEXKÜLL, Boris von
406 28.11.1821

UEXKÜLL, Frau von
430 10. 9.1822

ULRICH, Karl
(423) (2. 8.1822)

VARNHAGEN von Ense, Karl August
533 30. 1.1827
570 24.11.1827
587a 5. 9.1828
636 23. 5.1830
(685) (4.11.1831)
686 Anfang Nov. 1831

VARNHAGEN von Ense, Rahel Antonie Friederike
551 30. 7.1827

VOIGT, Johann Heinrich
30c 16. 8.1801
30d 26. 8.1801

VOLLGRAFF, Karl Friedrich
(590) (13.10.1828)

VOSS, Johann Heinrich
55 Mai 1805
(56) (24. 8.1805)

WAAGEN, Gustav Friedrich
446 2. 4.1823

WEINHOLTZ, Karl
(604) (15. 7.1829)

WEISSE, Christian Hermann
(504) (4. 3.1826)
(603) (11. 7.1829)
(631) (27. 2.1830)

WENDT, Amadeus
(593) (12.12.1828)
700 undatiert

WILKEN, Friedrich
346 10. 9.1818

WINDISCHMANN, K. J. H.
(155) (27. 4.1810)
158 27. 5.1810
(159) (31. 5.1810)
(163) (30. 8.1810)
(453) (2. 6.1823)

[WINDISCHMANN, Forts.]

459	23. 8.1823
(465)	(13.10.1823)
(467)	(3. 3.1824)
470	11. 4.1824
(475)	(5. 9.1824)
(500)	(27.10.1825)
(605)	(1. 8.1829)

WINTER, Christian Friedrich

330	1. 2.1818
608a	27. 9.1829
629	10. 2.1830
633	27. 3.1830
649a	1.10.1830
654	10.11.1830
654a	20.11.1830
664a	18. 1.1831

WOHLFAHRT, J. M. D.

651b	3.11.1830

WOLF, Friedrich August

396	23. 8.1821
(398)	(27. 8.1821)

ZELLMANN, Christian Gotthilf

85	23. 1.1807
94a	30. 4.1807

ZELTER, Karl Friedrich

491	1. 5.1825

Unbekannte Absender bzw. Adressaten

(27a)	(7. 8.1798)
366	13. 5.1820
424	10. 8.1822
445a	Ende März 1823
469	31. 3.1824
539	5. 4.1827
548	6. 7.1827
579a	19./21.4.1828
691	undatiert
695	undatiert
697	undatiert
698	undatiert

ANHANG

ZEITTAFEL ZU HEGELS LEBEN UND WERK

Jahr	*Hegels Leben*	*Zeitgenössische Ereignisse*
1770	27. August: Geburt in Stuttgart.	Hölderlin und Beethoven geboren. Gründung des militärischen Waisenhauses, später Militärakademie (Karlsschule).
1771		Klopstock: Oden.
1772		Erste polnische Teilung.
1773	April: Geburt der Schwester Christiane. Mit 3 Jahren Besuch der deutschen Schule.	
1774		Goethe: Die Leiden des jungen Werther.
1775		Lavater: Physiognomische Fragmente.
1776	Wahrscheinlich von diesem Jahre ab: Besuch des Gymnasiums.	Unabhängigkeitserklärung der USA, Erklärung d. Menschenrechte.
1777		Verhaftung Schubarts, Gefangenschaft auf dem Hohenasperg.
1778		Rousseau gestorben.
1779		Lessing: Nathan der Weise.
1780	Erste Teilnahme am Landexamen.	Tod Maria Theresias, Regierungsantritt Josephs II. Lessing: Erziehung des Menschengeschlechts.
1781		Toleranzedikt Josephs II. Tod Lessings. Schiller: Die Räuber. Kant: Kritik d. r. Vernunft.
1782		Erhebung der Karlsschule zur Universität.
1783	„Gallenfieber“ in Stuttgart, auch Hegel sehr krank; 20. Sept.: Tod der Mutter.	

Jahr	*Hegels Leben*	*Zeitgenössische Ereignisse*
1784	Ab Herbst Schüler des Obergymnasiums.	Herder: Ideen z. Philosophie d. Geschichte, Teil 1.
1785		Jacobi: Über die Lehre des Spinoza.
1786	100-Jahr-Feier des Stuttgarter Gymnasiums.	Tod Friedrichs II. Mozart: Figaros Hochzeit.
1787		Entlassung Schubarts.
1788	September: Abgang vom Gymnasium; Abiturrede. Oktober: Eintritt ins Tübinger Stift, Beginn des Studiums an der philosoph. Fakultät. Dezember: Rede zum Baccalaureatsakt.	Kant: Kritik der praktischen Vernunft.
1789		Französische Revolution.
1790	September: Erwerb des Magistergrads. Übergang zur theolog. Fakultät.	Leopold II. Kaiser. Kant: Kritik der Urteilskraft.
1792		Beginn des 1. Koalitionskrieges. Fichte: Versuch einer Kritik aller Offenbarung.
1793	September: Konsistorialexamen in Stuttgart. Oktober: Reise nach Bern, Antritt der Hauslehrerstelle bei C. F. v. Steiger.	Hinrichtung Ludwigs XVI. Tod Karl Eugens; Ludwig Eugen Herzog von Württemberg.
1794		Hinrichtung Robespierres. Fichte: Grundlage der gesamten Wissenschaftslehre.
1795	Mai: Reise nach Genf.	Direktorium in Frankreich. Schiller: Die Horen (bis 1797); darin: Über die ästhetische Erziehung des Menschen.
1796	Juli: Wanderung durch die Berner Alpen. Jahresende: Reise von Bern nach Stuttgart.	Schelling: Über die Möglichkeit einer Form der Philosophie überhaupt. Schelling: Vom Ich als Prinzip der Philosophie.

Jahr	*Hegels Leben*	*Zeitgenössische Ereignisse*
1797	Januar: Antritt der Hauslehrerstelle bei J. N. Gogel in Frankfurt.	Friede von Campo Formio (Österreich – Frankreich). Hölderlin: Hyperion, Band 1. Schelling: Ideen zu einer Philosophie der Natur.
1798	Anonym erschienen: Vertrauliche Briefe ... (übersetzt u. bearbeitet).	Helvetische Republik. Rastatter Kongreß (bis 1799). 2. Koalitionskrieg gegen Frankreich.
1799	Januar: Hegels Vater gestorben.	Napoleon erster Konsul. Schleiermacher: Reden über die Religion.
1800	September: Reise nach Mainz.	Schiller: Wallenstein. Fichte: Bestimmung des Menschen. Schelling: System des transzendentalen Idealismus.
1801	Übersiedlung nach Jena. Erstes philosoph. Buch: Differenz des Fichteschen und Schellingschen Systems. 27. August: Habilitation. De orbitis planetarum.	Friede von Lunéville.
1802	Zusammen mit Schelling: Kritisches Journal der Philosophie (bis 1803).	
1803		Reichsdeputationshauptschluß. Herder u. Klopstock gestorben.
1804		Napoleon Kaiser der Franzosen. Jean Paul: Vorschule der Ästhetik.
1805	Ernennung zum a. o. Professor.	3. Koalitionskrieg gegen Frankreich. Tod Schillers.
1806		Rheinbund. Württemberg Königreich. Oktober: Schlacht bei Jena.
1807	Geburt des unehelichen Sohnes Ludwig Fischer.	Friede von Tilsit (Preußen – Frankreich). Reformen in Preußen.

Jahr	*Hegels Leben*	*Zeitgenössische Ereignisse*
1807	Redakteur der Bamberger Zeitung. Erscheinen der Phänomenologie des Geistes.	
1808	November: Rektor des Gymnasiums in Nürnberg. (Bis 1815:) Gymnasialreden.	Erfurter Kongreß. Fichte: Reden an die deutsche Nation.
1810		Gründung der Berliner Universität. Goethe: Farbenlehre.
1811	September: Heirat mit Marie von Tucher.	Beginn des Wirkens von Jahn.
1812	Wissenschaft der Logik, Buch 1.	Napoleons Feldzug gegen Rußland.
1813	Ernennung zum Schulrat. Wissenschaft der Logik, Buch 2. Geburt des Sohnes Karl.	Völkerschlacht bei Leipzig.
1814	Geburt des Sohnes Immanuel.	Wiener Kongreß. Ludwig XVIII. in Frankreich. Görres: Rheinischer Merkur.
1815		Schlacht bei Waterloo (Belle-Alliance). Beginn des Deutschen Bundes. Gründung der deutschen Burschenschaft. Savigny: Geschichte des römischen Rechts.
1816	Wissenschaft der Logik, Buch 3. Oktober: Professur in Heidelberg.	K. L. v. Haller: Restauration der Staatswissenschaften, Band 1.
1817	Enzyklopädie der philosophischen Wissenschaften. Mitredakteur der Heidelberger Jahrbücher. Jacobi-Rezension. Besprechung der Landstände-Verhandlungen.	Wartburgfest.

Jahr	*Hegels Leben*	*Zeitgenössische Ereignisse*
1818	Oktober: Professur in Berlin (Nachfolger Fichtes). In den folgenden Jahren: zunehmende Wirkung durch die Vorlesungen an der Universität.	Verfassungen in südwestdeutschen Staaten.
1819		Karlsbader Beschlüsse. Beginn der Monumenta Germaniae historica. Schopenhauer: Die Welt als Wille und Vorstellung.
1820	Mitglied der wissenschaftlichen Prüfungskommission. Herbst: Grundlinien der Philosophie des Rechts (Erscheinungsjahr „1821").	
1821		Beginn des griechischen Freiheitskampfes. K. M. v. Weber: Der Freischütz.
1822	Vorrede zu Hinrichs' Religionsphilosophie. Oktober: Reise in die Niederlande.	Unabhängigkeit Griechenlands. Humboldt: Akademierede über die Aufgabe des Geschichtsschreibers.
1823		Monroe-Doktrin.
1824	September/Oktober: Reise nach Wien.	Karl X. in Frankreich.
1827	Beginn der Jahrbücher für wissenschaftliche Kritik. Humboldt-Rezension. Enzyklopädie, 2. neubearbeitete Ausgabe. September: Reise nach Paris.	A. v. Humboldt: Vorlesungen über physische Weltbeschreibung.
1828	Rezension über Solger und Hamann.	
1829	September: Reise nach Prag. Besuch bei Goethe. Oktober: Rektor der Universität Berlin.	Bachs Matthäuspassion durch Felix Mendelssohn wiederaufgeführt.

Jahr	*Hegels Leben*	*Zeitgenössische Ereignisse*
1830	Enzyklopädie, 3. Ausgabe. Lateinische Rede zur 300-Jahr-Feier der Augsburgischen Konfession.	Parlamentsreform in England. Julirevolution in Frankreich.
1831	Neubearbeitung des 1. Buches der Wissenschaft der Logik (1832 erschienen). Über die englische Reformbill. 14. November: Hegels Tod. Dezember: Ankündigung der Gesamtausgabe der Werke.	

ABKÜRZUNGEN

In Band I-IV werden folgende Werke abgekürzt zitiert:

Eckermann, Gespräche mit Goethe = *Johann Peter Eckermann: Gespräche mit Goethe in den letzten Jahren seines Lebens.* Hrsg. v. Eduard Castle. Berlin o. J. [1916].

Goethes Werke (S. A.) = *Goethe: Werke.* Hrsg. im Auftrage der Großherzogin Sophie von Sachsen. Weimar 1887–1920. 143 Bde in 4 Abteilungen (sog. Sophien-Ausgabe).

Harnack = *Adolf von Harnack: Geschichte der königlich preussischen Akademie der Wissenschaften zu Berlin.* Bd 1, 2. Hälfte. Berlin 1900.

Hegel, WW. 1832 – *G. W. F. Hegel: Werke.* Vollständige Ausgabe durch einen Verein von Freunden des Verewigten: Ph. Marheineke, J. Schulze, E. Gans, L. v. Henning, H. Hotho, K. L. Michelet, F. Förster. Berlin 1832–1845.

Hegel, Berl. Schr. = *G. W. F. Hegel: Berliner Schriften 1818–1831.* Hrsg. v. Johannes Hoffmeister. Hamburg 1956.

Hegel, Nürnb. Schriften = *G. W. F. Hegel: Nürnberger Schriften.* Hrsg. v. Johannes Hoffmeister. Leipzig 1938.

v. Hellingrath = *Hölderlin: Sämtliche Werke.* Historisch-kritische Ausgabe. Hrsg. v. Norbert von Hellingrath. München, Leipzig 1913–1916; Berlin 1922–1923.

Hölderlin: Sämtliche Werke = *Hölderlin: Sämtliche Werke.* Hrsg. v. Friedrich Beißner. (Große Stuttgarter Ausgabe.) Stuttgart 1946–1977.
– Daraus besonders Bd 7, T. 1–4: Dokumente. Hrsg. v. Adolf Beck. Stuttgart 1968–1977.

Hoffmeister Dok. = *Dokumente zu Hegels Entwicklung.* Hrsg. v. Johannes Hoffmeister. Stuttgart 1936.

Janet = *Paul Janet: Victor Cousin et son oeuvre.* Paris 1885.

K. H. = *Briefe von und an Hegel.* Hrsg. v. Karl Hegel. Leipzig 1887. (Hegel: Werke. Bd 19, T. 1 u. 2.)

Plitt = *Gustav Leopold Plitt: Aus Schellings Leben.* In Briefen. Leipzig 1869–1870.

v. Reichlin-Meldegg = *Karl Alexander von Reichlin-Meldegg: H. E. G. Paulus und seine Zeit.* Nach dessen literarischem Nachlasse, bisher ungedrucktem Briefwechsel und mündlichen Mitteilungen dargestellt. Stuttgart 1853.

Ros. = *Karl Rosenkranz: Georg Wilhelm Friedrich Hegels Leben.* Berlin 1844.

Schwab = *Christoph Theodor Schwab: Beiträge zur Biographie Hölderlins.* In: Westermanns Illustierte Deutsche Monatshefte. 30 (1871).

Strahm = *Hans Strahm: Aus Hegels Berner Zeit.* In: Archiv für Geschichte der Philosophie. 41 (1932).

Varnhagen v. Ense und Th. Mundt = *Karl Ludwig von Knebels literarischer Nachlaß und Briefwechsel.* Hrsg. v. K. A. Varnhagen von Ense u. Th. Mundt. Leipzig 1835.

Vogel v. Frommannshausen = *Zwölf Briefe Hegels.* Hrsg. v. H. Vogel von Frommannshausen. In: Blätter für deutsche Philosophie. 9 (1935).